« Votre Centre a maintenant un renom international. C'est bien un Centre unique dans le monde pour les études de cette sorte ».

Jan Tinbergen, Prix Nobel de Sciences Economiques (Conférence devant le Centre Polytechnicien d'Etudes Economiques Juillet 1938).

« X Crise, à sa date et dans son ordre, fut sans aucun doute la plus remarquable société de pensée, de confrontation, d'élaboration jamais rassemblée ».

Raymond Abellio (Ma dernière mémoire II Les militants 1927-1939).

X-CRISE

Centre Polytechnicien d'Etudes Economiques

DE LA RECURRENCE DES CRISES ECONOMIQUES

SON CINQUANTENAIRE
1931-1981

ECONOMICA
49, rue Héricart, 75015 Paris
1982

PRÉFACE

Gérard Bardet, André Loizillon, John Nicoletis m'ont fait l'honneur et l'amitié de me convier à revivre avec eux un moment de notre jeunesse. Les lignes qui vont suivre sont, comme ils en ont exprimé le vœu, destinées à servir d'introduction à l'ouvrage qu'en ce cinquantième anniversaire de la Fondation d'X-Crise, ils ont souhaité voir consacrer à une évocation du rôle tenu, au cours de la décennie qui a précédé la Seconde guerre mondiale, par ce groupe de réflexion créé, à leur initiative, à l'automne de 1931 et devenu, deux ans plus tard, le Centre Polytechnicien d'Etudes Economiques.

Les circonstances de la création de ce groupe et les finalités que se sont proposées ses fondateurs sont mises en relief, de la manière la plus éclairante, par la reproduction dans le second chapitre du présent volume, des appels lancés, au départ, en août, septembre, octobre 1931, par mes trois amis, à l'adresse de leurs camarades polytechniciens, dans X Information, par celles, également, des « Réflexions sur six mois de travaux » de Gérard Bardet, parues, dans la même publication, en mai 1932 et faisant l'objet du quatrième chapitre.

Le déroulement, dans les années ultérieures, de l'action d'X-Crise, puis du Centre Polytechnicien d'Etudes Economiques (C.P.E.E.) est retracé, en troisième lieu, de façon aussi complète qu'objective, dans l'exposé historique de M. Gérard Brun. Sont rassemblées, dans un cinquième chapitre, les parties essentielles des conférences les plus significatives prononcées, sous l'égide du C.P.E.E., de 1931 à 1939. Vient, ensuite, une étude, à tous égards passionnante, d'Alfred Sauvy, décrivant la contribution fournie par X-Crise notamment à l'évolution et au progrès de la science démographique et à l'adoption, à la veille immédiate du déclenchement de la guerre, en 1939, de l'ensemble des mesures d'aide à la famille qui ont été à l'origine du relèvement, hélas, momentané, de la natalité française.

Montrer, dans le domaine proprement économique, l'influence exercée, au cours des décennies écoulées, par l'apport d'X-Crise tant sur les doctrines que sur les faits et la part d'actualité que cet apport peut conserver de nos jours, telle avait été la mission dont avait bien voulu accepter de se charger, quelques semaines avant sa mort, le regretté Jean Ullmo. Les pages laissées par lui, qui constituent le septième chapitre de ce volume, sont l'illustration d'une lucidité et d'une maîtrise qu'il aura affirmées jusqu'au dernier jour.

Thierry de Montbrial, enfin, dans une postface, nous livre son appréciation sur les étapes parcourues et porte son regard vers l'avenir.

*

* *

Pour répondre au vœu de mes trois amis, qu'il me soit permis, à moi aussi, de me replacer, brièvement, avec eux, cinquante ans en arrière. A peine notre pays vient-il de dépasser les séquelles les plus directes de la Première Guerre mondiale que le voici frappé par la crise qui, après avoir mis à l'épreuve l'économie américaine, atteint maintenant l'Europe. Responsables à tous les niveaux, dirigeants d'entreprises, gouvernants donnent le spectacle d'une même difficulté à faire face à l'événement. Les opinions les plus diverses sont émises, les remèdes les plus disparates sont proposés par les maîtres de la pensée et de la science économiques.

Les fondateurs d'X-Crise estiment que l'extrême gravité de la situation requiert une étude et une réflexion approfondies, prenant appui, en dehors de tout a priorisme doctrinal, de toute considération d'intérêt particulier, sur une observation conduite selon la méthode scientifique la plus rigoureuse et se donnant précisément pour ambition de définir les nouvelles lignes directrices dans lesquelles doit s'engager l'action de ceux qui sont en charge de la gestion de notre économie et, plus généralement, au niveau supérieur, des destinées de notre pays.

Ils pensent, à cet égard, que la formation à base de sciences qualifiées traditionnellement d'exactes, parmi lesquelles, au premier rang, les mathématiques, donnée à l'Ecole Polytechnique dont ils sont issus est, par excellence, de nature à permettre de satisfaire, dans les conditions les plus fructueuses, à une telle exigence.

La diversité des voies ouvertes, au terme de leur scolarité, aux anciens élèves de la rue Descartes et des cheminements suivis par eux par delà leurs études est une considération qui revêt, à leurs yeux, une importance non moindre. S'il advient que, le cap de la conquête des diplômes franchi, maints d'entre eux choisissent de se vouer à des activités d'enseignement ou de recherche, plus nombreux sont ceux que la vie appelle, à des niveaux divers, à l'exercice de responsabilités de direction et de gestion dans le domaine économique, les uns au service de l'Etat ou de collectivités publiques, les autres à la tête ou au sein d'entreprises privées. Tels d'entre eux encore, après avoir suivi l'un ou l'autre itinéraire, s'engagent dans l'action politique, accèdent à des mandats électifs et ont vocation à tenir un rôle au sein des Assemblées parlementaires et des instances gouvernementales.

Ces deux termes de référence : identité de formation marquée d'un haut souci de rigueur scientifique, large variété d'expérience, auxquels s'ajoute un troisième, à savoir l'esprit de camaraderie qui unit les membres de la famille polytechnicienne, ont eu valeur déterminante aux yeux de mes trois amis. L'écho rencontré par leur appel, d'emblée, manifeste que leur initiative répond, dans le contexte du moment, à une aspiration largement ressentie. La qualité, d'autre part, de la concertation qui, grâce à eux, s'instaure, vient, sur le champ, administrer la preuve de la justesse de l'intuition qui a inspiré leur démarche.

De deux dizaines, au point de départ, en octobre 1931, le nombre des polytechniciens participant aux travaux d'X-Crise ne cesse d'aller croissant. Moins de dix huit mois plus tard, le chiffre de 500 est dépassé. Après s'en être remis, jusqu'à la fin de 1932, à X Information du soin de rendre compte de ses activités, X-Crise se donne son propre bulletin à compter de janvier 1933.

Le groupe, dans le même temps, est attentif à ne pas se constituer en cercle fermé auquel seraient seuls à avoir accès les anciens élèves de la rue Descartes. Dès ses premières réunions, en 1931-1932, il convie à prendre la parole devant lui des personnalités extérieures : René-Paul Duchemin, Président des Etablissements Kuhlmann, Président, depuis 1926, de la Confédération Générale de la Production Française, homologue de notre C.N.P.F. d'aujourd'hui ; Georges Boris, Directeur, à l'époque, de l'hebdomadaire « La Lumière », plus tard, en 1938 directeur du Cabinet de Léon Blum à la Présidence du Conseil, l'un, ensuite, parmi les premiers Français à avoir rejoint, à Londres, le Général de Gaulle, premier collaborateur, enfin, au lendemain de la Libération et sous la Quatrième République, de Pierre Mendès-France. Autre intervenant encore, en 1931-1932, devant X-Crise, Charles Spinasse, député socialiste, futur Ministre de l'Economie Nationale, dans le premier gouvernement Léon Blum, en 1936.

En mai 1933, c'est François Simiand, Professeur au Collège de France qui, sur « Le déroulement de la crise mondiale », vient donner une conférence vivement applaudie. Deux semaines après, ce sont René Gillouin, plus tard, à Vichy, Chargé de mission auprès du Maréchal Pétain et de l'Amiral Darlan, et le Professeur Foerster, l'un parmi les premiers universitaires allemands contraints de fuir la persécution hitlérienne, qui traitent de « L'idéologie du Troisième Reich ».

Le groupe, d'autre part, dans ses réunions, accueille, au sein de l'auditoire, un nombre croissant de participants qui n'appartiennent pas à la famille polytechnicienne : au noyau initial des X ou anciens X s'adjoignent des ingénieurs en provenance de toutes écoles, des économistes de toutes formations, des intellectuels, des chercheurs de toutes spécialités, des industriels, des commerçants, des syndicalistes, des hommes politiques, enfin, de toutes origines et de toutes tendances.

A l'automne de 1933, est décidée la transmutation d'X-Crise en Centre Polytechnicien d'Etudes Economiques, association de la loi de 1901, ouverte, désormais, statutairement, non seulement aux polytechniciens et anciens polytechniciens, mais aux non polytechniciens. Le numéro spécial, deux ans plus tard, du Bulletin du C.P.E.E., daté d'octobre-novembre 1935, permet de mesurer l'ampleur du chemin parcouru. Les « Perspectives d'activité » tracées, dans ce même Bulletin, par Jacques Branger insistent à nouveau sur le souci du C.P.E.E. de « chercher dans une formule inédite » l'affirmation de son « caractère propre ».

« A côté d'organismes qui poursuivent scientifiquement des recherches économiques sans se préoccuper de leurs applications, il existe actuellement des Sociétés et Comités, qui, au contraire, sans un souci prédominant d'impartialité, fournissent arguments et documents pour servir certaines Institutions et certains intérêts. Le C.P.E.E. ne vise ni à élaborer, ni à défendre certaines doctrines, ni à être un institut de recherches statistiques pures. Il doit tenter de rassembler et critiquer les travaux de ces organismes en vue d'organiser leur application à la vie économique réelle qu'il est, par ailleurs, particulièrement à même d'analyser objectivement ».

L'invitation ainsi renouvelée à l'adresse de ceux qu'anime la même préoccupation a la plus large résonance. En 1936, l'année suivante, les adhérents au C.P.E.E. sont au nombre de 2 000, parmi lesquels 700 non-polytechniciens.

*
* *

De cette même année 1936, à l'automne, date ma rencontre avec mes trois amis et avec le frère aîné de Georges Boris, l'Ingénieur Général du Génie Maritime Roland Boris, qui, avec sa souriante et délicate courtoisie, assume, depuis la fondation d'X-Crise, la présidence de son Bureau. Pendant toute ma scolarité rue d'Ulm, mon maître aux Hautes Etudes, puis au Collège de France, vient d'être François Simiand. Gérard Bardet, sur la suggestion de Louis

Vallon et de Jean Thomas – futur Directeur Général de l'U.N.E.S.-C.O. – me demande de joindre à mes fonctions d'assistant à l'Institut Scientifique de Recherches Economiques et Sociales que dirige, rue Michelet, Charles Rist, celles de Secrétaire du C.P.E.E. Ces fonctions, rue de Poitiers, je les ai tenues seulement pendant un temps très court, puisqu'y a mis fin, l'année suivante, mon entrée au service de l'Etat. Mais l'apport, qu'à tous égards, elles ont fourni au novice que j'étais a revêtu une telle richesse que cette année ou, plus exactement, ces dix mois prennent, à mes yeux, dans la durée, une dimension incomparablement plus ample.

La réflexion du C.P.E.E., durant son cycle de travaux d'octobre 1936 à juin 1937, et l'effort auquel, corrélativement, j'ai été associé ont été centrés essentiellement en trois directions, toutes trois particulièrement révélatrices des préoccupations des fondateurs du groupe et de l'esprit qui les animait : les méthodes en science économique – l'économie française et les problèmes avec lesquels elle est confrontée – les expériences en cours dans les pays étrangers.

Au nom de cette idée que « plus que jamais, il importe d'unir les intelligences pour une méditation sereine des difficultés présentes », l'une des missions imparties au nouveau secrétaire du C.P.E.E. est de promouvoir l'organisation d'une série de conférences donnant une présentation de la contribution fournie par les différentes disciplines à une connaissance objective des réalités économiques.

Ainsi me revient-il d'aller exposer le but poursuivi par le groupe et demander leur concours à des personnalités aussi éminentes que Gaetan Pirou, l'un des maîtres les plus réputés de l'enseignement de l'économie politique dans les Facultés de Droit de l'époque ; Georges Darmois, Professeur de Mathématiques à la Sorbonne et Professeur, également, à l'Institut de Statistiques de Paris ; l'admirable Marc Bloch, fondateur avec Lucien Febvre des Annales d'Histoire Economique et Sociale, Professeur d'Histoire Economique à la Sorbonne, héros, quelques années plus tard, et martyr de la Résistance ; Mauriche Halbwachs, son collègue à la Sorbonne, titulaire de la chaire de Sociologie, victime, lui aussi, plus tard, du nazisme et mort en déportation ; Jean Ullmo, enfin, notre ami Jean Ullmo, alors répétiteur d'analyse à l'Ecole Polytechnique qui veut bien accepter de venir travailler devant le groupe, dont il a été l'un des membres éminents, des « Problèmes théoriques de l'Economie dirigée ».

Les exposés de ces cinq orateurs ont été de la plus haute qualité et ont trouvé des auditoires particulièrement attentifs. Il en a été de même de cette autre conférence donnée, celle-là, à l'Ecole Polytechnique en présence du Général Huré, Président du Conseil de Perfectionnement de l'Ecole, par cet autre disciple d'Emile

Durkheim, Célestin Bouglé, Directeur de l'Ecole Normale Supérieure, sous le titre « Le Saint Simonisme et les Polytechniciens ». Le lecteur trouvera, parmi les textes reproduits, au cinquième chapitre du présent ouvrage des extraits de plusieurs de ces exposés. A elles seules, sur ce thème de « La méthode en science économique », les mêmes conférences, dans leur texte intégral, assorti des compléments et observations auxquels elles ont donné lieu, mériteraient, de surcroît, d'être regroupées en plaquette distincte, tellement elles gardent, aujourd'hui, valeur d'aliment à notre méditation.

Deuxième centre d'intérêt proposé, en cet automne de 1936 et au printemps de 1937, aux membres du C.P.E.E. : le devenir de l'économie française. Porté au pouvoir, en juin précédent, le Gouvernement présidé par Léon Blum aspire à tenir les engagements pris par lui envers la majorité de Français qui lui a accordé ses suffrages. Son effort est vu avec sympathie par nombre de membres du C.P.E.E. La création d'un Ministère de l'Economie Nationale, distinct du Ministère des Finances et chargé de coordonner l'activité des autres départements ministériels à compétence économique, répond à une demande dont Jean Coutrot, notamment, avec la vigueur qui caractérise ses interventions, s'est fait, de longue date, l'ardent protagoniste. Non moins significative d'affinités analogues est la présence auprès de Charles Spinasse, le nouveau ministre, de Jacques Branger qui, sans retard, donne ses soins à la réalisation d'une idée chère à Gérard Bardet, à savoir la création de la Caisse Nationale des Marchés de l'Etat.

Fidèle à la ligne de conduite qu'il s'est fixée, le C.P.E.E. est attentif à promouvoir entre ses membres, sur la nouvelle orientation de la politique économique française, la concertation la plus ouverte, la plus respectueuse de la liberté d'appréciation de chacun. La parole est donnée, tout d'abord, sur « Le problème des prix de revient et l'avenir de la production française », à l'ancien Ministre des Finances Germain-Martin, dont l'exposé alimente une discussion particulièrement nourrie, avec la participation, notamment, de Jean Coutrot. L'économiste Maurice Kellersohn, deux semaines plus tard, entretient son auditoire de « Chances et risques de l'expérience française ». A ces deux intervenants, qui ne dissimulent pas leurs appréhensions, succèdent deux responsables syndicaux : René Belin, alors Secrétaire Général adjoint de la C.G.T., qui traite de « La position du syndicalisme français devant les problèmes économiques actuels », puis, le mois suivant, Robert Lacoste, membre de la Commission Administrative de la C.G.T., dont la conférence a pour titre « Le syndicalisme français et le redressement national ». C'est, à nouveau, en contrepoint, le mois d'après, une opinion critique qui s'exprime dans l'exposé d'Henri Michel : « Inquiétudes 1937 ».

Troisième centre d'intérêt, enfin, retenu par les responsables du C.P.E.E., durant cette même année 1936-1937, comme il l'avait été, par eux, les années précédentes : les expériences économiques étrangères. Ainsi la parole est-elle donnée successivement au Professeur Henri Laufenburger, de l'Université de Strasbourg, sur « La consommation dirigée en Allemagne », à Philippe Schwob, Secrétaire Général de l'Institut Scientifique de Recherches Economiques et Sociales, sur « L'expérience suédoise », à Robert Davée sur « L'aspect économique de la crise espagnole ». Sous le titre plus général « L'enseignement des événements économiques récents », Fernand Baudhuin, Professeur à l'Université de Louvain, traite des leçons à tirer de la « reprise » en Belgique, en Angleterre et aux Etats-Unis. Au même thème, sous cet autre intitulé « Les reprises économiques artificielles », est consacrée, le mois qui suit, la conférence prononcée par Alfred Sauvy.

Ce cycle de conférences en séance plénière qui ont, le plus généralement, pour cadre l'un des amphitéâtres de la Sorbonne, est loin de constituer la seule manifestation de l'effort du C.P.E.E. Dans le même temps, se poursuit et se développe le travail des « Equipes » créées l'année précédente et dont chacune prend en charge l'étude d'un problème déterminé : équipe de conjoncture, équipe financière, équipe de l'organisation économique, équipe de l'énergie, équipe des prix de revient.

Le Bulletin du Centre, à partir de septembre, redevient mensuel. En même temps qu'il publie le texte des conférences et des échange auxquels elles ont donné lieu, il retrace également l'activité de chacune des équipes. Sa chronique initiale, en particulier, « Le Point Economique » est l'œuvre, désormais, de l'équipe de conjoncture. D'autres pages sont consacrées aux « Travaux de camarades », d'autres, plus généralement, à des comptes-rendus des ouvrages les plus signicatifs dans le domaine économique récemment parus.

La collection, enfin, des « Documents » du C.P.E.E. va s'enrichissant. Après les « Réflexions sur l'U.R.S.S. » d'Ernest Mercier, « Le Socialisme expérimental » de Louis Vallon, « L'Humanisme économique » de Jean Coutrot et Gérard Bardet et les deux volumes concernant, l'un « Le problème des transports », l'autre les « Questions agricoles », c'est « L'Economique rationnelle » de Georges et Edouard Guillaume qui sort des presses en janvier 1937.

*

* *

Donner son concours à la préparation, à l'animation, au développement de cette activité n'est pas de nature à ménager au secrétaire du C.P.E.E. une ample marge de loisirs. Mais c'est, à tous égards, une tâche d'un passionnant intérêt. L'intérêt, il tient à la nature des sujets abordés. Il tient à la qualité, jointe à la compétence, des intervenants. Il tient à leur diversité : diversité d'origine, diversité de formation, diversité d'expérience, diversité d'opinion. Il tient, essentiellement et surtout, à ces traits qu'ont en commun les membres du C.P.E.E. et, avec eux, les autres participants aux réunions et travaux du groupe, à savoir un même appétit de connaissance sereine, objective et, conjointement, un même esprit de disponibilité et d'ouverture, une même allergie à l'égard des attitudes tant partisanes que rétrogrades.

En raison de l'ombre croissante qu'en cet automne de 1936 et ce premier semestre de 1937, fait peser sur l'horizon international et, plus directement, sur l'Europe et sur la France, la montée des dictatures, les travaux, dans le même temps, du C.P.E.E. s'inscrivent dans un climat qui tend à conférer aux rencontres et aux échanges dont ils sont l'occasion plus de gravité, plus de densité et contribue à en augmenter infiniment le prix.

De l'apport qui, grâce à eux, m'a été ainsi procuré, que Gérard Bardet, André Loizillon, John Nicoletis me permettent de leur dire, leur redire combien profondément je leur suis et leur demeure reconnaissant.

René Brouillet
Ambassadeur de France.

NAISSANCE D'X-CRISE

Extraits d'une lettre de Gérard Bardet parus dans « X Information », bulletin mensuel polytechnicien du 25 août 1931

Réflexions sur le monde présent

« Si nous essayons de regarder au-delà de notre horizon quotidien, qu'observons-nous ? Le développement universel d'une crise qui affecte toutes les formes de l'activité humaine et dont les répercussions, tant matérielles que morales, accusent l'extrême gravité. Sécurité et désarmement, nationalisation et protection douanière, sursaturation du marché et chômage, économie libérale et dogme socialiste, internationalisme de la finance et étatisme : quelle que soit la question envisagée, aucune étude d'ensemble ne se révèle dans les programmes successivement adoptés et abandonnés. Nous avons de plus en plus l'impression d'être irrésistiblement conduits vers des événements redoutables, tandis que les gouvernements angoissés usent d'expédients éphémères pour des fins hasardeuses ».

« Devant cette situation, n'avons-nous pas le devoir, en dehors de toute considération de parti, de réfléchir, de comprendre et de prévoir ? On se plaît à répéter que nous constituons une élite. Il appartient donc au milieu polytechnicien d'examiner en toute indépendance d'esprit les données de ce problème vital. Nous y intéresser, c'est justifier notre réputation et être fidèle aux principes selon lesquels l'Ecole polytechnique a été conçue ».

« Echanger nos réflexions, déterminer l'orientation générale nouvelle qui doit guider nos raisonnements et inspirer nos actes, grouper ensuite, s'il le faut, nos énergies et nos ressources pour poursuivre la tâche que nous nous serons imposée, ne devons-nous pas le tenter ? »

Lettre de Gérard Bardet publiée par « X Information » dans son bulletin mensuel du 25 septembre 1931

« Le problème de l'avenir humain, tel que le pose le précédent numéro d'« X Information » est, à mon avis, un problème d'ordre essentiellement général. Qu'il faille ultérieurement le décomposer en paragraphes nettement définis : « Chômage, production, consommation, protectionnisme, financement de l'activité humaine, problème de l'or, etc., cela est certain. Mais avant de discuter chacune de ces questions dont la complexité risque de nous égarer loin de l'objet réel du débat, ne devons-nous pas réfléchir aux causes profondes du bouleversement des notions économiques, politiques et sociales qui sont le fondement actuel de notre société ? »

« L'armature de notre société craque. Dans toutes les classes sociales, les individus ressentent une inquiétude croissante de jour en jour ; il y a même, pour un grand nombre d'entre eux, perspective de misère. Le fait brutal est là. Mauvaise répartition des richesses, disent les uns ; entraves apportées au libre fonctionnement des lois économiques naturelles, disent les autres. Et tous de discuter passionnément les mérites et les vices de la formule capitaliste ou de la formule socialiste. Mais, à mon avis, la valeur d'une formule ne réside pas dans la somme ou dans la part de progrès matériels mise à la disposition de l'individu. Notre tort fondamental, c'est de négliger ce qui devrait être le but de toute civilisation : l'élévation de la mentalité humaine ».

« Est-ce progresser que d'avoir donné à l'homme la libre disposition d'une puissance matérielle énorme ; lorsque cet homme, incapable généralement de comprendre le travail que représente cette concentration d'énergie, l'use, la gaspille pour des fins dangereuses et intéressées ? Est-ce progresser que d'avoir, en cent ans, fait de l'être humain une chose incapable de penser et de réfléchir, tout juste bonne à chercher au milieu du tourbillon général quelques dérivatifs à l'ennui où le condamne le vide de son esprit ? Ecoutez plutôt ce court extrait d'une œuvre récente d'un des plus puissants écrivains américains modernes, Ludwig Lewisohn : « Ils nous amusent, ces petits écrivains, ces petits peintres, qui vont proclamant que notre époque est l'âge de la machine, l'âge de la vitesse. Ils écrivent en mauvais style télégraphique et peignent des carcasses d'acier et des gratte-ciel vidés de leur intérieur. Notre époque est, à la vérité, plutôt une époque qui rampe. Le monsieur qui, un flacon d'alcool caché dans sa poche, s'en va comme un fou dans sa Cadillac à soixante mille à l'heure, a la mentalité de la limace. Il voit tant et si vite qu'il ne voit rien ; la pensée des véritables grands esprits, ses contemporains, est tellement hors de sa portée que son esprit est un magasin d'idées fausses moisies. Le moine sordide du désert de Lybie qui avait su pénétrer Saint Augustin, était un individu bien davantage de son époque, à l'esprit plus alerte, bien plus avancé que l'autre... Notre homme à la Cadillac a probablement ses vagues articles de foi : la supériorité nordique ! L'Amérique aux Américains ! Soyons prêts ! L'hygiène des livres et des jeux ! La sagacité de Calvin Coolidge ! La décevante maîtrise de la vitesse physique et des raccourcis mécaniques ne sert qu'à le confirmer dans ses plates superstitions ».

« Je ne veux d'ailleurs pas nier la bienfaisance du progrès matériel. Mais ce devrait être, dans mon esprit, non une fin, mais seulement le moyen qui permette à l'individu, en le soulageant de ce qu'il y a d'abrutissant dans sa besogne quotidienne de s'élever mentalement ».

« Et, si des esprits religieux m'objectent qu'une foi seule est capable de guider l'individu vers un perfectionnement moral quelconque, je leur répondrai qu'une tâche terrestre noblement conçue n'est incompatible avec aucune croyance et est susceptible de constituer pour nous tous la base d'une activité sincère et désintéressée ».

« Mais encore, me dira-t-on sûrement, les hommes sont en majeure partie incapables de désirer et de rechercher une élévation d'esprit quelconque ni d'y attacher le moindre prix, et seuls des mobiles égoïstes président à leurs agitations. Que nos semblables soient actuellement déformés par une morale utilitaire dont le mépris du prochain est le trait caractéristique, c'est une constatation évidente. Mais cette morale est-elle la seule qui soit compatible avec la nature humaine ? Nous avons connu de tels élans, tant de manifestations de solidarité et d'abnégation, que nous avons le droit d'affirmer que les enthousiasmes pour un idéal commun ne sont pas des forces mortes ou impuissantes ».

« Il faut bien se pénétrer de cette idée que les changements que personne n'avait cru possibles ont eu lieu en quelques générations. Nos enfants pensent que les Assurances Sociales, la journée de huit heures et les dames en robes d'avocats à la barre, font partie de l'ordre naturel, en ont toujours fait partie et en feront toujours partie. Mais nos grand'mères auraient tenu pour fou quiconque leur aurait dit que ces choses allaient arriver, et pour malfaisant quiconque aurait souhaité qu'elles arrivassent. Depuis l'Antiquité où la liberté de quelques uns était obtenue au prix de l'esclavage du plus grand nombre, la conscience humaine n'a-t-elle pas évolué ? Prétendre que celle-ci, dans sa médiocrité présente, a atteint le plus haut degré de son perfectionnement, c'est imaginer que l'on est condamné à vivre égoïstement, sans but et sans joie, dans une société dont on profite sans scrupules ».

« Les contradictions entre les conséquences des principes économiques actuels et la morale élémentaire deviennent manifestes. Peut-on nier que la puissance accordée à l'argent est telle que, chez une foule d'individus, le désir de sa possession et les procédés employés dans ce but conduisent à une dégradation morale évidente ? Peut-on nier que la loi de l'offre et de la demande, scientifiquement idéale, conduit pratiquement à des abus si choquants que c'est un devoir pour l'Etat – c'est-à-dire la collectivité – de les tempérer ? Quand on pénètre un peu profondément dans le monde du travail, on ne peut pas ne pas sentir cela. Toute l'évolution de notre législation sociale en est le vivant témoignage ».

« En résumé, j'estime qu'il faut reprendre la question à son point de départ. Ne cherchons pas les remèdes pour rétablir le bon fonctionnement des lois économiques, avant de nous demander – en dedans de nous-mêmes – si ces lois nous mènent vers l'idéal que nous assigne notre conscience. Mettons-nous d'accord sur le but à atteindre. Nous pourrons peut-être travailler utilement ensuite ».

Extrait de la première page de « X Information » dans son bulletin mensuel du 25 octobre 1931

Réflexions sur le monde présent

...... Enfin signalons qu'en vue de discuter des questions actuelles et de confronter au cours de causeries les suggestions diverses qui peuvent être présentées, un petit groupe s'est constitué pour organiser lesdites réunions. Son Bureau composé de Bardet (22), Loizillon (22), Nicoletis (13) invite tous les camarades que cette initiative intéresse à se joindre au noyau initial.

PREMIERE PARTIE

LES FAITS

Au sein d'X-Crise se sont réunies ou affrontées les personnalités les plus responsables, en France et à l'étranger, d'activités économiques, financières ou industrielles.

Pour faire revivre ces grandes figures des années trente, est donnée, ci-après, en témoignage de leur contribution au rayonnement du Centre Polytechnicien d'Etudes Economiques, *l'histoire d'X-Crise.*

Les premiers débats se sont heurtés à une grande profusion d'idées et un premier essai de leur mise en ordre a été effectué dans une étude : *Réflexions sur six mois de travaux* qui suit cette histoire d'X-Crise.

Cette première partie est enfin consacrée à un *recueil des conférences* les plus significatives prononcées à la tribune d'X-Crise.

HISTOIRE D'X-CRISE

Gérard Brun a soutenu en 1977 devant l'Université de Droit, d'Economie et de Sciences Sociales de Paris (mention T.B.), une thèse de Doctorat d'Etat sur « Les Techniciens et la Technocratie en France de 1918 à 1945 ». Il s'est livré à un travail considérable pour réunir la masse des documents relatifs aux groupes et formations qui ont apporté leur contribution au foisonnement des réflexions sur les problèmes de cette époque. Il a, en particulier, étudié de très près le rôle d'X-Crise comme laboratoire d'idées dans le grand effort de ces années d'avant-guerre pour maîtriser les effets d'une crise mondiale.

La thèse de Gérard Brun va être publiée prochainement par les Editions Albatros.

Nul n'était donc mieux désigné que lui pour rédiger de façon objective et désintéressée l'histoire d'X-Crise.

Les fondateurs de ce Centre sont ainsi particulièrement reconnaissants à Gérard Brun du texte qu'il a bien voulu élaborer spécialement pour commémorer son cinquantenaire et qui est donné ci-dessous.

Au cours de l'été 1931, les abonnés du bulletin polytechnicien **X-Information**[1] pouvaient lire, dans la livraison du mois d'août, une lettre qui leur était adressée par l'un de leurs camarades et singulièrement ces lignes : « Si nous essayons de regarder au-delà de notre horizon quotidien, qu'observons-nous ? Le développement universel d'une crise qui affecte toutes les formes de l'activité humaine et dont les répercussions tant matérielles que morales accusent l'extrême gravité ». Cette phrase, qui pourrait être écrite de nouveau aujourd'hui sans qu'il soit besoin d'en changer un mot,

1. Bulletin dirigé par le Polytechnicien Sasportès.

exprimait l'inquiétude d'un jeune ingénieur, Gérard Bardet, devant la montée de la crise née en 1929 aux Etats Unis et frappant la France tardivement mais durement tout de même, sans que les responsables en prissent vraiment conscience. Il poursuivait dans ces termes : « Echanger nos réflexions, déterminer l'orientation générale nouvelle qui doit guider nos raisonnements et inspirer nos actes, grouper ensuite s'il le faut nos énergies et nos ressources pour poursuivre la tâche que nous nous serons imposée, ne devons-nous pas le tenter ? » L'expérience fut tentée et aboutit à l'une des plus éclatantes réussites des années Trente, par ailleurs fertiles en déceptions : X-Crise (Centre Polytechnicien d'Etudes Economiques, à partir de 1933).

Depuis la fin du premier conflit mondial, plusieurs tentatives notables de rénovation économique et sociale avaient vu le jour en marge des milieux politiques : le **Conseil Economique du Travail** (constitué notamment par la C.G.T. et la Fédération des fonctionnaires en 1921), le **Redressement Français** de l'industriel polytechnicien Ernest Mercier, les groupes gravitant autour de la Librairie Valois, etc.[1]. Mais l'influence immédiate de ces rassemblements sur le cours des événements ne fut pas toujours nette et, semble-t-il, en aucun cas décisive. D'autre part, ils étaient liés, ou passaient pour l'être, soit à la gauche, soit à la droite, ce qui contrariait leur désir de dominer les problèmes de l'heure. Et puis, dans une France à bien des égards sclérosée après la saignée due à la Grande Guerre, les esprits n'étaient pas prêts à admettre les changements profonds et nécessaires qui s'imposaient. De ce point de vue, « à quelque chose malheur est bon », la Crise causa un choc salutaire qui ouvrit la voie à X-Crise dont le nom indiquait clairement les origines.

Les Polytechniciens se souciaient apparemment peu de cette Crise : Gérard Bardet et son ami André Loizillon qui partageait ses préoccupations et ses initiatives reçurent une seule réponse émanant d'un camarade plus âgé, John Nicoletis. Cette unique recrue était précieuse grâce à ses multiples relations. Et le N° d'octobre 1931 **d'X Information** annonça la formation du triumvirat initial qui ne cessera désormais de s'étoffer jusqu'à la guerre, tout au long d'une évolution où l'on peut distinguer deux phases, le Front populaire constituant la charnière.

---

1. Sur ces mouvements cf. Bauchard : *Les Technocrates et le Pouvoir* - Arthaud 1966, Saunier : *La Synarchie* - C.A.L. 1971, etc. (cf. bibliographie in Brun, op. cit.).

1931-1935 - L'Essor

La première réunion d'X-Crise eut lieu dans les salons du magasin « Le Bûcheron », mis à la disposition du groupe par le Polytechnicien Boutillier[1]. Outre les trois fondateurs, Gérard Bardet, imaginatif, créateur, toujours en avance sur son époque, André Loizillon, ouvert, accueillant, très préoccupé par les problèmes sociaux et John Nicoletis, militant s'il en fût, on note la présence de Roland Boris, qui restera l'inamovible Président du groupe, de l'ingénieur socialiste Louis Vallon, hérétique autant que sarcastique et caustique, de Jules Moch, un socialiste lui plutôt austère, et de Jean Coutrot. Ce dernier, venu à la suite d'un appel téléphonique de John Nicoletis, à qui il avait répondu ne rien connaître à l'économie, se révèlera un personnage central, l'une des figures les plus étonnantes de la troisième république, quoiqu'une des plus méconnues. La perte d'une jambe à la guerre n'avait fait que décupler une énergie qu'il mit largement au service d'X-Crise où il défendit avec passion les méthodes modernes de gestion et aussi où il prophétisa le développement des Sciences de l'homme.

A cette première réunion, John Nicoletis exposa les buts de l'entreprise : il s'agissait de susciter l'intérêt « pour les affaires publiques », de discuter « des grands problèmes de l'heure » et cela non pas « dans le choc des partis », mais au sein d'un milieu plus serein, dans le respect des opinions de chacun : « si notre groupe veut répondre à son but, il ne se laissera inféoder à aucune tendance et s'inspirera uniquement du bien général. Et c'est ainsi que nous espérons lui voir faire œuvre utile au tournant si grave auquel se trouve aujourd'hui l'humanité »[2]. Jamais X-Crise ne se départira de cette ligne, malgré des tentatives d'étouffement, puis de récupération, de la **Confédération Générale de la Production Française**[3] (C.G.P.F.). Chaque membre venait à titre individuel et l'on annonçait dans les discussions suivant l'usage polytechnicien, « le camarade N....., X telle année » sans autre considération. Le résultat dépassa toutes les espérances : petit à petit se constitua un forum baignant dans une atmosphère exceptionnelle de tolérance et de courtoisie, alors que les événements de 1934 et 1936 surtout occasionnaient des déchaînements de haine. Le Centre Polytechnicien d'Etudes Economiques fut pendant plus de huit années une oasis de sérénité presque unique dans la France de l'entre-deux-

---

1. Homonyme du ministre du Gouvernement de Vichy, Yves Bouthillier.
2. *X Information* 25 novembre 1931, page 116.
3. « ..... du Patronat Français » après 1936, ancêtre du C.N.P.F.

guerres illustrant à merveille l'un des côtés les plus sympathiques de l'esprit technicien en général et polytechnicien en particulier.

Dès la première séance, Gérard Bardet avait commencé à remettre en cause l'économie libérale dont la Crise révélait les tares et les faiblesses, en tout cas l'inadaptation. A la séance suivante, Coutrot défendait déjà explicitement l'« économie coordonnée », cependant que de nouveaux membres s'agrégeaient au groupe, tel Jacques Branger, rencontré alors qu'il prononcait une conférence à laquelle assistaient Coutrot et Bardet devenus amis. Collectionneur de diplômes, inventeur d'un pétrin électrique, amateur d'art et de littérature, faux dilettante, il était probablement le plus jeune membre d'X-Crise mais sera aussi l'un des plus actifs participants. Un autre jeune nouveau venu, Georges Soulès, socialiste révolutionnaire, qui deviendra après la guerre l'écrivain Raymond Abellio, contribua à fonder avec Louis Vallon, Claude Beaurepaire et leur chef de file Jules Moch[1] **le Centre Polytechnicien d'Etudes Collectivistes,** fonctionnant en marge d'X-Crise. Ce centre comprenait aussi des communistes et des trotskystes comme, respectivement, Marcel Bloch et le Professeur Charles Platrier. Jules Moch créera ensuite, à partir du Centre Polytechnicien d'Etudes Collectivistes une **Union des Techniciens Socialistes** qui fournit des cadres au Gouvernement de front populaire en 1936. Du côté du patronat, c'est surtout Ernest Mercier qui se manifesta en envoyant une lettre de félicitations. Il comptera parmi les membres les plus prestigieux d'X-Crise, malgré une participation intermittente. Puis les adhésions affluèrent, venant de tous les horizons.

La gauche était représentée notamment par le Centre Polytechnicien d'Etudes Collectivistes, par le député Charles Spinasse économiste modéré de la S.F.I.O., par l'un des fondateurs, John Nicoletis, et, pour les « néo-socialistes », nés en 1933, par Louis Vallon et aussi Barthélémy Montagnon (ancien animateur du **Conseil Economique du Travail** de la C.G.T., une dizaine d'années auparavant). La droite se manifestait particulièrement dans l'aile libérale du Centre Polytechnicien d'Etudes Economiques, dominée par Jacques Rueff et souvent dans son aile patronale.

Le grand patronat était présent avec René P. Duchemin qui côtoyait son futur successeur à la tête de la Confédération Générale de la Production Française, C.J. Gignoux[2]. Il faut citer également

1. Cf. ses Mémoires *Une si Longue Vie*, Laffont, 1976.
2. Différents organismes à caractère plus ou moins patronal et plus ou moins technique, liés ou non à la C.G.P.F., étaient représentés, à la fois par leurs dirigeants, dont certains prononcèrent des conférences et par des membres actifs du C.P.E.E. tels Coutrot pour le C.N.O.F. et Detœuf pour la CEGOS. Outre ces deux noms, il faut citer ceux de la S.E.I.E., de l'AFNOR, du CPAS, etc.

Ernest Mercier et Auguste Detœuf « l'enfant terrible »[1] du patronat, dirigeant de Thomson-Houston. André Loizillon était un cadre de la grande industrie, John Nicoletis dirigeait la représentation parisienne de la Société anglaise I.C.I., mais Gérard Bardet et même Jean Coutrot étaient des patrons issus de ce que l'on appelle aujourd'hui les « P.M.E. ». Quant aux syndicats, et singulièrement la C.G.T. alors réformiste, ils montreront un intérêt croissant pour les activités d'X-Crise : outre Louis Vallon et ses amis, on verra Robert Lacoste (syndicats de fonctionnaires), René Belin, considéré comme le dauphin de Jouhaux, Gaston Tessier de la C.F.T.C., des militants du syndicalisme des cadres en plein essor. Enfin, les groupes réformateurs et techniciens s'exprimant dans de petites publications qui proliféraient à la faveur de l'intense effervescence intellectuelle des années 30, n'étaient pas en reste. Les rédacteurs de ces revues, journalistes professionnels ou d'occasion, souvent ingénieurs, fonctionnaires ou patrons, fréquentèrent beaucoup les soirées d'X-Crise : Georges Valois, Alfred Fabre-Luce, Paul Marion, Pierre Pucheu, Henri Clerc,...

Ce « melting pot » politico-social donnait naissance à trois grands courants. On peut distinguer d'abord un courant néo-libéral avec Clément Colson, professeur à l'Ecole Polytechnique, l'économiste Henri Michel et surtout Jacques Rueff dont la notoriété était déjà bien établie. Celui-ci prononça une conférence, paradoxale dans le climat plutôt dirigiste d'X-Crise, intitulée « Pourquoi, malgré tout, je reste libéral »[2]. Le second courant, en quelque sorte symétrique, était le courant collectiviste, volontiers marxisant, avec le Centre Polytechnicien d'Etudes Collectivistes aux travaux duquel participait souvent John Nicoletis. Entre les deux, le courant « centriste » était le plus nombreux. Il rassemblait le gros des effectifs, les réformistes de diverses nuances, les tenants de l'économie dirigée plus ou moins étatiste et même de « l'humanisme économique » selon la formule de Coutrot. Celui-ci, Bardet, Detœuf, Loizillon peuvent notamment y être rattachés.

Les débuts d'X-Crise, ainsi que l'a noté un auteur[3], furent parfois marqués, comme dans tout nouveau groupe, par une certaine imprécision de pensée, cependant toute relative si l'on considère les idées échevelées agitées au sein de certains groupuscules contemporains, et d'ailleurs due aussi à un parti pris de large ouverture.

---

1. G. Lefranc et R. Nordling « La rencontre franco-suédoise de Pontigny » in *Paul Desjardins et les décades de Pontigny* (A. Heurgon-Desjardins, PUF, 1964, p. 224).
2. Cf. le texte page 63.
3. Desaunay *X-Crise - Contribution à l'étude des idéologies économiques d'un groupe de polytechniciens durant la grande crise économique (1931-1939)*. Thèse dirigée par Raymond Aron, Paris 1965.

Quelques membres d'X-Crise étaient encore, pour peu de temps, tributaires de l'attitude assez répandue à l'époque qui consistait à juger la crise selon des schémas de pensée moralisants. X-Crise se dégagea aisément de ce moralisme naïf pour apprécier les événements selon des critères strictement rationnels, ce qui n'excluait pas pour autant toute préoccupation morale par ailleurs. Les animateurs assurèrent au groupe la participation de conférenciers de valeur, y compris parfois des ministres[1] en exercice ou non, ou aussi de futurs ministres[2]. Certaines des conférences prononcées dans les premières années firent date, ainsi celle de Jacques Rueff déjà citée et l'exposé de Paul Reynaud favorable à la dévaluation[3], technique qui était à l'époque pour beaucoup une sorte d'épouvantail jusqu'à ce que la réussite de la dévaluation belge surtout en montre les avantages dans certaines situations. Les autres sujets abordés vont de la rationalisation, cheval de bataille des techniciens depuis déjà des années, et des problèmes financiers et monétaires au « New deal », en passant par l'économétrie, la semaine de 40 heures, le profit ou les transports. Notons que les transports, confiés à André Loizillon, étaient l'un des thèmes dévolus à des équipes permanentes qui traitaient également d'agriculture, d'économétrie, de conjoncture et plus tard d'autres sujets comme l'énergie.

La référence au « New Deal » montre qu'X-Crise était ouvert sur l'extérieur. Les conférences sur le IIIe Reich[4], la Grande Bretagne[5] ou la concurrence japonaise[6] en fournissent une illustration. Mais les fondateurs, qui avaient compris l'importance de l'idée de Plan, n'en restèrent pas là : ils allèrent jusqu'à organiser des séances d'information, en petit comité (chez Gérard Bardet), sur la planification en U.R.S.S. avec des fonctionnaires de l'ambassade soviétique qui n'était pas à l'époque considérée comme très fréquentable. Cette absence de préventions et de préjugés fit que le Centre Polytechnicien d'Etudes Economiques devint progressivement un lieu de rencontre privilégié jouant un rôle de rassemblement de tous les esprits en quête de solutions nouvelles. Parmi les membres actifs d'X-Crise, on remarque ainsi Robert Gibrat qui sera plus tard à l'origine de la construction de l'usine marémotrice de la Rance et

---

1. René Brunet, Marcel Deat, Germain Martin, Bertrand Nogaro, Paul Reynaud, etc.
2. René Belin, Robert Lacoste, Jules Moch, André Philip, etc.
3. Cf. page 99.
4. R. Gillouin « L'Idéologie du IIIe Reich ». Bulletin n° 5, juillet 1933.
5. M. Roskill et O.W. Zvegintzov « Où va l'Angleterre ? ». Bulletin n° 22-23, mai-juin 1935.
6. R. Lévy. « Le Japon à la conquête des marchés ». Bulletin n° 18-19, janvier-février 1935.

qui, pour l'heure, était l'un des animateurs de « L'Ordre Nouveau » de Robert Aron et Arnaud Dandieu. Il faudrait citer aussi le **Plan du 9 juillet**, œuvre collective à laquelle participèrent sous la présidence de Jules Romains, J. Coutrot, Bardet, Branger, Alfred Fabre-Luce, Marion, Vallon,... Ce dernier, Coutrot, Nicoletis, écrivirent dans le journal **L'Homme Nouveau** (lié au Plan du 9 juillet et aux néo-socialistes) qui participait à l'offensive « planiste »[1] dans la mouvance des idées du Belge Henri de Man dont l'essai **Au delà du Marxisme** eut une profonde influence, consolidée par les succès du gouvernement à tendance « planiste » de Paul Van Zeeland (auquel participait de Man).

Ainsi, les membres du Centre Polytechnicien d'Etudes Economiques avaient noué des liens partout où quelque chose se faisait, ce qui permettait au Centre d'ajouter à ses propres expériences celles développées dans ces petits cercles, de même d'ailleurs que chez leurs devanciers des années vingt. En effet, certains des membres les plus éminents d'X-Crise avaient participé aux travaux du **Redressement Français** d'Ernest Mercier et notamment aux **Cahiers** qui constituaient un travail de synthèse et de proposition considérable, quoique déjà un peu démodé, touchant à tous les domaines de la vie publique. C'était surtout le cas de Raoul Dautry qui dirigeait les Chemins de Fer de l'Etat, et d'Auguste Detœuf. Le « Redressement Français » dont l'activité culmina avant la crise, se saborda en 1935 après plusieurs années de déclin et Mercier, comme on le verra, trouva au Centre Polytechnicien d'Etudes Economiques la tribune qu'il avait perdue avec la disparition de son mouvement. X-Crise, de par ces liens multiples, était tout désigné pour devenir le « creuset doctrinal »[2] de l'économie dirigée où venaient se fondre les idées ambiantes en vue de l'élaboration de synthèses non seulement homogènes mais aussi susceptibles d'utilisation pratique immédiate comme l'avenir le montra.

En 1933, le groupe déborda les trop courtes pages d'**X Information** pour créer son propre organe : **X-Crise - Bulletin du Centre Polytechnicien d'Etudes Economiques**, dont John Nicoletis assuma la gérance. En avril-mai, la revue annonçait 500 adhésions. Les premiers articles donnaient le ton, un ton moderniste : ainsi « l'Etat actionnaire » par Roland Ziegel[3], « Les voies de la prospérité »[4],

---

1. Sur le « planisme », appellation qui trouve son origine dans la prolifération des « plans » (tel le Plan du 9 juillet) et non pas seulement dans l'idée de planification de l'économie, cf. les auteurs cités au début et aussi la conférence de J. Branger (texte page 124).
2. Abellio. *Les Militants.* Gallimard 1975, page 102.
3. Bulletin n° 2 de février-mars 1933.
4. Bulletin n° 4 de juin 1933.

l'un des premiers articles français sur Keynes signé par le bilingue John Nicoletis. A la fin de l'année 1933, Jacques Barnaud de la Banque Worms, Francis Delaisi, économiste assez connu lié à la C.G.T., Henri Fayol, fils de celui que l'on nommait « le Taylor français », et bien d'autres comptaient parmi les habitués. Les Polytechniciens resteront jusqu'au bout majoritaires, malgré l'ouverture grandissante du Centre Polytechnicien d'Etudes Economiques, voulue par les fondateurs (encouragés par Mercier) en dépit du particularisme tenace de certains de leurs camarades : 100 % à la fondation, 62 % en 1934, 54 % en 1939[1]. Le nombre élevé de polytechniciens montre en tout cas qu'X-Crise avait réussi à entraîner des hommes à formation scientifique vers l'économie alors enseignée dans les Facultés de Droit.

Les années qui vont de la fondation jusqu'aux prémices de la victoire du Front populaire furent mises à profit intensivement par le Centre Polytechnicien d'Etudes Economiques dans un grand effort collectif, pour approfondir ses réflexions économiques, comme en témoigne un copieux et convaincant numéro récapitulatif du bulletin paru en 1935, dressant le bilan de quatre années de travail.

Mais l'on commença aussi plus nettement à « avoir un rôle dans la cité » selon le vœu d'André Loizillon dans les débuts. Ainsi, Coutrot, Dautry et Branger participèrent autour de C.J. Gignoux à l'élaboration des réformes notamment administratives engagées par le Gouvernement Laval en 1935 qui constituèrent l'une des rares actions gouvernementales d'envergure de la première moitié des années trente. Ces premiers pas discrets sur la route des responsabilités publiques allaient bientôt se multiplier à la faveur du choc social et politique de 1936 qui imprima un nouvel élan au Centre Polytechnicien d'Etudes Economiques.

1936-1939 - La consécration

Le rôle de pôle d'attraction et de rassemblement rempli par X-Crise ne fit que s'accroître pendant cette période. Faire une conférence à X-Crise n'était plus depuis longtemps une faveur ou un témoignage d'amitié, si tant est que cela ait jamais été le cas, mais plutôt une consécration ou une chance. D'autre part, les membres des petits groupes réformateurs, remuants mais désargentés et peu organisés, qui disparaissaient, végétaient ou jouis-

1. Cf. Desaunay, op. cit.

saient d'une audience limitée à une catégorie particulière, trouvèrent encore plus qu'auparavant un asile et une tribune au Centre Polytechnicien d'Etudes Economiques. Ce fut le cas des animateurs ou des sympathisants de **l'Homme Nouveau**, de **L'Ordre Nouveau** ou encore de **l'Etat Moderne**, revue prospère mais dont l'aire de diffusion était limitée à un noyau de fonctionnaires novateurs. La fréquentation de participants d'origines diverses était favorisée par l'atmosphère de tolérance et aussi par l'absence de liens contraignants avec la patronat, contrairement à ce qui s'était passé, par exemple, au « Redressement Français ». Le Centre Polytechnicien d'Etudes Economiques avait su rester indépendant. Il était de plus devenu puissant : M. Desaunay a recensé pour 1939 372 adhérents polytechniciens, 307 non polytechniciens, 75 sociétés. Il faudrait ajouter à cela tous ceux qui négligeaient la formalité de l'adhésion. Le nombre de 2 000 membres fut atteint. On arrive ainsi à un chiffre considérable pour un organisme de ce type, composé essentiellement de responsables de haut niveau et abordant des sujets souvent complexes.

Le tirage du bulletin atteignit probablement 2 500 exemplaires environ et peut-être même 5 000 en 1936-1937. Quand on lit ce bulletin, composé d'articles assez techniques, où les équations économétriques de Robert Gibrat occupaient parfois des pages entières, on saisit mieux l'importance de ce tirage. De plus, le Centre Polytechnicien d'Etudes Economiques avait une activité d'éditeur puisqu'il fit paraître à partir de 1936 plusieurs documents et d'abord la conférence de Mercier, de retour d'U.R.S.S., **U.R.S.S. Réflexions**[1] qui fit scandale dans les milieux conservateurs, ce qui confirme l'anticonformisme d'X-Crise. Mercier, dirigeant de grandes sociétés dans le secteur de l'énergie (électricité et pétrole), qui avait naguère subventionné une feuille anticommuniste, montra son ouverture d'esprit en acceptant de ne pas trouver que des défauts à l'U.R.S.S., en proposant des échanges commerciaux avec elle et surtout en préconisant une alliance en vue de contenir l'expansionnisme allemand. On ne comprit bien souvent la pertinence de son analyse qu'à la veille de la guerre où l'on mena avec les soviétiques des négociations tardives et maladroites qui n'empêchèrent pas la signature du pacte germano-soviétique. L'essai de Mercier était l'indice d'une évolution dans les préoccupations d'X-Crise, jusque là axées principalement sur l'économie. A partir de 1936, le groupe s'oriente un peu plus vers la politique étrangère.

---

1. Cf. le débat à propos de ce livre, reproduit partiellement page 187 (réponse d'Ernest Mercier).

Officiellement, il ne se prononçait pas, mais l'article de John Nicoletis attirant l'attention sur l'importance des importations de pyrites espagnoles, par exemple, montre qu'à titre individuel les membres d'X-Crise suivaient de près les événements. Cependant, il fallut les accords de Munich pour voir le Centre Polytechnicien d'Etudes Economiques prendre position, d'une façon pluraliste, avec un débat anonyme titré « Nos préoccupations »[1].

La collection des ouvrages édités par X-Crise montre aussi une orientation plus nette vers les questions sociales avec, par exemple, le **Socialisme Expérimental** de Louis Vallon qui entendait travailler « pour la cause de la justice sociale » et qui manifestait son hétérodoxie marxiste en qualifiant Marx de « grand polémiste allemand ». Il défendait d'autre part la technique accusée d'être la cause de la crise, et mettait son espoir dans une « économie consciente » c'est-à-dire non-libérale. Le Centre Polytechnicien d'Etudes Economiques publia aussi, et peut-être surtout, le livre de Jean Coutrot, **L'Humanisme Economique**, ouvrage lyrique, frémissant, optimiste, écrit à la suite des grèves de 1936, étonnant exemple de l'esprit « pionnier » qui animait beaucoup d'hommes des années 1930, intellectuellement traumatisés au sens fort du terme par la crise et cherchant avec enthousiasme des remèdes. Au livre de Coutrot, très favorable aux ouvriers en grève, était annexé un texte exposant les expériences sociales de Gérard Bardet menées dans son entreprise et qui préfiguraient la cogestion. Ces deux textes valurent à leurs auteurs des rancunes durables ; ce fut aussi le cas d'ailleurs de Mercier et de Detœuf de leur côté.

Les conférences de René Belin, de Robert Lacoste, de Gaston Tessier, de Detœuf, sur le syndicalisme des salariés et du patronat et leurs rapports sont également à classer dans la partie sociale des activités d'X-Crise qui noua par ailleurs des liens avec une revue créée en 1938 par Detœuf et ses amis Jacques Barnaud, Henri Davezac, André Isambert et Guillaume de Tarde : **Nouveaux Cahiers**. Le tirage en était modeste mais le public visé et les membres du groupe, qui étaient en grande partie communs avec ceux d'X-Crise, occupaient souvent des positions-clés dans la société française. Les **Nouveaux Cahiers**, axés sur la recherche d'un consensus social permettant une rénovation économique, réussirent le tour de force de réunir l'aile marchante du patronat et l'aile réformiste et « planiste » du syndicalisme, un certain nombre d'intellectuels français et étrangers tels que Denis de Rougemont, Simone Weil,

---

1. Bulletin n° 51 de novembre 1938.

Aldous Huxley, Salvador de Madariaga, Boris Souvarine, constituant un troisième courant. Le grand moment de cette expérience, parallèle dans son domaine à celle d'X-Crise, fut la rencontre franco-suédoise de Pontigny où patrons et syndicalistes suédois étaient venus ensemble converser avec leurs homologues français beaucoup plus circonspects en raison de l'ambiance politique. X-Crise était intéressé à un double titre par cette rencontre : d'abord parce que la Suède avait déjà fait l'objet d'un débat en mars 1937 et ensuite parce que l'abbaye de Pontigny et ses « décades » organisées par Paul Desjardins était devenue le lieu de rencontre privilégié des divers courants techniciens réformateurs.

C'est à Pontigny que Coutrot organisa des rencontres dans le cadre des groupes qu'il fonda en dehors d'X-Crise et où le rejoignirent aussi bien des écrivains que des scientifiques en renom.

Ces groupes fondés par Coutrot furent, chronologiquement dans l'ordre de leur création : **l'Humanisme Economique** (1936) puis **le Centre d'Etude des Problèmes Humains** (C.E.P.H., 1937).

Le C.E.P.H. se proposait de « dominer le déchaînement des techniques de la matière grâce au développement des sciences de l'homme », en réunissant pour la première fois – grande nouveauté pour l'époque –, des spécialistes de tous les domaines de la vie de l'homme, les appelant à une mise en commun « horizontale » de recherches jusqu'alors demeurées étroitement cloisonnées, « verticales »[1].

Le but : découvrir les lois de l'équilibre interne de l'homme et les lois de l'équilibre des hommes entre eux, attira, outre certains des participants d'X-Crise, un tout autre public, en particulier Alexis Carrel, l'historien d'art Henri Focillon, Aldous Huxley, André Siegfried, Le Corbusier, Teilhard de Chardin, le professeur Tchakhotine, auteur du **Viol des Foules**, etc. Les recherches et les débats, d'un excellent niveau, étaient d'un grand intérêt et contribuèrent à lancer l'intelligentsia française et même européenne sur des pistes qui se révélèrent fécondes quoique parfois fort délicates, comme en témoignent les textes de Coutrot sur la propagande et la manipulation des esprits. Certains régimes politiques montraient déjà, et montrèrent par la suite, que Coutrot et ses amis avaient mis l'accent sur un sujet brûlant.

Ainsi X-Crise, ses prolongements et les groupes amis parvenaient à contribuer à un renouvellement en profondeur des sciences hu-

---

1. Cf. le prospectus qui était inséré dans le bulletin d'X-Crise, titré « De l'homme des cavernes... par l'homme des casernes... vers l'homme de demain » et qui annonçait la parution du Document n° 1 du C.E.P.H. (il n'y en aura pas d'autre) : *Entretiens sur les Sciences de l'Homme* constituant le premier volet d'un triptyque. Cf. aussi les livres de Jean Coutrot : *De Quoi Vivre* et *L'Humanisme Economique.*

maines entendues dans un sens large et singulièrement de l'économie politique que l'on voulait développer le plus rationnellement et le plus rigoureusement possible en réaction contre l'optique qui prévalait jusqu'alors. Et derrière ces développements apparaissait en filigrane le fait sociologique majeur de l'époque : la montée des techniciens et leur substitution aux capitalistes traditionnels[1]. Comme l'avait si clairement démontré Henri de Man dans « Au-delà du Marxisme », la gestion prenait de plus en plus le pas sur la propriété, diluée dans les sociétés anonymes ou même transférées à la puissance publique. Ces nouveaux gestionnaires s'affirmaient précisément au sein d'X-Crise et dans les groupes analogues. La technocratie avec son efficacité, ses travers et son cortège de rivalités et de polémiques était en train de naître.

Parmi les autres documents publiés par X-Crise, un essai d'A. Sauvy[2] participant actif aux travaux du Centre Polytechnicien d'Etudes Economiques durant cette période, rappelle que le thème dominant d'X-Crise resta jusqu'au bout l'économie. La préoccupation centrale demeurait l'alternative économie dirigée-libéralisme. L'économie dirigée fit l'objet d'un exposé de Jean Ullmo[3] qui joua un rôle important à X-Crise dans ses trois dernières années. L'agonie lente mais certaine du libéralisme traditionnel inspira à Detœuf une conférence fameuse : « La fin du libéralisme »[4], au cours de laquelle il déclara : « Le libéralisme est mort ; il a été tué non par la volonté des hommes ou à cause d'une libre action des gouvernements mais par une inéluctable évolution interne ».

L'avènement d'une économie beaucoup plus collective nécessitait des statistiques fiables. On l'avait compris à X-Crise dont le bulletin publiait une rubrique de conjoncture précise et appréciée, due à Alfred Sauvy et à son collègue Jean Dessirier qui avait quitté la Statistique Générale de la France pour créer son propre institut de conjoncture où, seul, il déployait une intense activité[5]. La naissance de la nouvelle économie avait aussi des conséquences sur l'organisation des entreprises et sur leurs relations mutuelles. Ces conséquences furent tirées avec minutie par André Monestier qui traita deux sujets connexes, les ententes et l'organisation professionnelle, abordés par lui également à **Travail et Nation**, le petit cercle de Bernard de Plas et Pierre Pucheu (membre d'X-Crise) et au

---

1. Ceux que J. Coutrot appelait « les arrière-neveux dégénérés des grands capitaines d'industrie du XIXe siècle ».
2. *Essai sur la Conjoncture et la Prévision Economique.*
3. Cf. le texte page 209.
4. Cf. le texte page 71.
5. Cf. Alfred Sauvy : *La Vie en plus.* Calmann-Lévy 1981 - page 47.

Comité National de l'Organisation Française, le C.N.O.F., cher à Coutrot. Monestier élabora notamment un projet de texte législatif visant à la création de « Technicats » préfigurant assez exactement le système des Comités d'organisation qui permirent à la France de survivre matériellement dans une situation d'extrême pénurie pendant les années d'occupation et de l'immédiat après-guerre[1].

Les autres sujets abordés pendant ces années étaient très variés, dans la tradition du Centre Polytechnicien d'Etudes Economiques. Leur choix et leur dosage démontraient un « sens de l'époque » souvent aigu. Ainsi le professeur Laufenburger, étudiant l'économie nazie, avait prévenu que l'Allemagne autarcique était tout à fait en mesure de supporter une guerre[2]. Dans le même ordre d'idées, l'équipe de l'énergie, en 1937, envisageait l'éventualité d'un conflit et ses implications.

Mais les débuts portaient aussi sur des sujets plus généraux comme les rapports entre l'économie et la population avec Alfred Sauvy[3]. Et parfois X-Crise abandonnait la technique pour aborder les idées générales, soit en restant dans sa sphère polytechnicienne familière avec la soirée sur le saint-simonisme, soit en s'évadant plus nettement. Paul Valéry, l'historien Marc Bloch et le sociologue Maurice Halbwachs présentèrent des conférences dans les années 1937-1938[4].

Cependant, l'autorité acquise par X-Crise et sa notoriété ne furent pas sans conséquences sur la destinée de ses animateurs et sur leurs possibilités d'action sur la vie politique. L'avènement du Gouvernement de Front populaire de Léon Blum ayant amené Charles Spinasse à devenir le premier ministre de l'économie nationale à part entière que la France ait connu, il fit appel surtout aux animateurs d'X-Crise qui entrèrent en force dans la nouvelle administration, constituée à la hâte. On recruta ainsi Branger, Coutrot, Sauvy, Francis Hekking, Georges Soules par ailleurs chargé de mission à la Présidence du Conseil aux côtés de Jules Moch dont l'Union des Techniciens Socialistes issue du Centre Polytechnicien d'Etudes Collectivistes accèdait aussi aux responsabilités. D'autre

---

1. Sur les ententes, cf. bulletin n° 34, janvier 1937 et *Travail et Nation* du 15 juillet 1937 ; sur l'organisation professionnelle, cf. bulletin de juillet 1939 et *Nouveaux Cahiers* 15 avril 1939 et 1er mai 1939.
2. Cf. conférence « l'économie de guerre dans le IIIe Reich, bulletin n° 57, mai 1939 et Alfred Sauvy : *De Paul Reynaud à Charles de Gaulle*, Casterman 1972 - page 109.
3. *Les Problèmes de Population du Point de Vue Economique*, bulletin n° 31-32, juin-juillet-août 1936 et *Crise Financière et Crise de Population*, bulletin n° 55, mars 1939.
4. Pour Valéry et Bloch, cf. les textes pages 167 et 138, pour Halbwachs, cf. bulletin n° 35, février 1937 : *Le Point de Vue du Sociologue*.

part Louis Rosenstock-Franck, membre actif d'X-Crise et Georges Guillaume membre du Groupe d'études **Humanisme Economique** créé par J. Coutrot en 1936, furent consultés. Charles Spinasse n'avait, en fait, guère de pouvoirs et de moyens faute de poids politique, d'autant plus que les libéraux dont Jacques Rueff, très puissant au Ministère des Finances de Vincent Auriol, maintenaient « malgré tout » une ligne traditionnelle trop orthodoxe pour s'accorder avec les projets dirigistes de l'équipe venus d'X-Crise et avec ceux des « planistes » disséminés dans les ministères. Les circonstances n'étaient donc pas favorables à la mise en place d'une planification, ni des « réformes de structure » que la C.G.T. encore « planiste » n'était pas parvenue elle-même à imposer à la majorité au pouvoir. Toutefois, on créa un organisme appelé à une forte croissance, sur une idée de Gérard Bardet : **la Caisse Nationale des Marchés de l'Etat** confiée à Wilfrid Baumgartner, gendre d'Ernest Mercier, assisté de Jacques Branger. D'autre part, l'institution d'un **Centre National d'Organisation Scientifique du Travail** (C.N.O.S.T.) comblait les vœux de Coutrot qui se dévoua pour le nouvel organisme. Après la chute du Gouvernement Blum, l'Economie Nationale perdit son rang ministériel et les hommes venus d'X-Crise quittèrent les services gouvernementaux à l'exception d'Alfred Sauvy, tandis que Coutrot restait au C.N.O.S.T. jusqu'à la défaite de 1940 et Branger à la Caisse Nationale des Marchés de l'Etat (jusque dans les année soixante-dix). Mais les idées défendues à X-Crise faisaient leur chemin. On put le vérifier lors de la formation de l'éphémère second gouvernement Blum, à la tonalité cette fois plus keynésienne. Léon Blum s'était entouré notamment des conseils de Georges Boris et Alfred Sauvy. Il faudra cependant attendre 1938 et le Gouvernement Daladier pour observer une nouvelle percée des idées débattues à X-Crise. Paul Reynaud, devenu ministre des finances, fit élaborer, en effet, un ensemble de décrets-lois à la rédaction desquels s'attelèrent ses collaborateurs, Sauvy en particulier et aussi Leca, Devaux, Bouthillier, Debré, Rueff, Couve de Murville,... Ces textes touchaient à des domaines variés, mais surtout limitaient l'effet de blocage exercé par la loi sur les « 40 heures », d'une application trop rigide comme l'avaient démontré à X-Crise Jean Ullmo et Alfred Sauvy[1]. Les décrets-lois aboutissant à rallonger la durée du travail suscitèrent des remous et même la grève générale du 30 novembre 1938 lancée avec réticence par une C.G.T. en fait divisée quoique officiellement réunifiée. La reprise économique qui suivit l'application des textes fut l'une des plus nettes que la France ait connue et cela malgré des prévisions

1. Cf. leurs articles et conférences dans les bulletins des années 1936 à 1938.

presque unanimement pessimistes. Il était manifeste que le pays commençait cette fois réellement à se convertir à l'économie moderne et X-Crise pouvait se targuer d'y avoir largement contribué, non pas en tant que groupe de pression idéologiquement orienté, ce qu'il n'était pas, mais à la fois grâce à l'action de ses animateurs formés au moins partiellement par les débats du Centre Polytechnicien d'Etudes Economiques et par l'influence des idées agitées en son sein sur l'évolution des mentalités.

*
* *

Il fallut la guerre pour briser l'élan irrésistible pris en 1931. Le dernier numéro du bulletin est daté « août 1939 », il n'y en aura pas d'autre. Les membres d'X-Crise se dispersèrent. Certains pourtant se retrouvèrent momentanément dans l'entourage de Raoul Dautry devenu ministre de l'armement et dont le ministère fut créé pratiquement de toutes pièces comme celui de Spinasse en 1936, mais trop tard. Quant à Alfred Sauvy, il était auprès de Jean Monnet au « Comité des programmes et des achats alliés ». Parallèlement, sous l'impulsion de Jacques Branger, une revue, « Economie Française », éphémère avatar du bulletin du Centre Polytechnicien d'Etudes Economiques (contenant sa rubrique de conjoncture) en prit en quelque sorte la suite, avec la collaboration de Jean Coutrot, André Philip et Edouard Dolleans (professeur de droit et premier titulaire de la chaire d'histoire du travail créée par le front populaire). Mais la défaite de juin 1940 mit fin à cette ultime tentative. Cependant, en huit années, le Centre Polytechnicien d'Etudes Economiques avait eu le temps de développer beaucoup d'idées nouvelles qui germèrent par la suite comme, par exemple, l'institution d'une grande école d'administration[1]. Il faut noter au passage que les idées d'avenir se mêlaient parfois curieusement à des vues étriquées : ainsi Henry de Peyerimhoff, l'un des grands dignitaires du patronat de l'époque, prononça une conférence où, après avoir souligné les perspectives offertes par les recherches dans le domaine de « la physique de l'atome », déclara que les chemins de fer ne seraient probablement jamais électrifiés, pour des raisons militaires et de rentabilité...[2]. Chaque conférence, faite par un spécialiste de la question, était suivie d'un débat généralement animé, passionné, passionnant, mais toujours courtois et dégagé des passions

1. Cf. R. Paraf in bulletin n° 2, février-mars 1933.
2. « Le Charbon », bulletin n° 20-21, mars-avril 1935.

politiques, il faut le répéter. D'ailleurs, l'amitié et la camaraderie polytechnicienne ont joué un grand rôle dans la fondation et le développement d'X-Crise. Gérard Bardet apportait sa « méthodique ténacité », Louis Vallon, facétieux, mettait la touche d'humour indispensable et Jean Coutrot insufflait aux discussions une part de sa vitalité en développant inlassablement ses thèmes favoris : la normalisation, la spécialisation et la rationalisation des usines (NSR, disait-il), les contrats souples et l'urgence du développement des sciences humaines. Et le président Roland Boris maintenait la stricte objectivité qui sied à un « laboratoire d'idées ».

Pendant le conflit mondial, les idées développées à X-Crise se répandirent au gré des choix politiques des différents membres, présents aux Etats Unis, à Londres, à Alger, en France dans la clandestinité ou dans l'administration en place. La notion de politique économique, largement ignorée par les gouvernements de la troisième république, qui s'en tenaient généralement à la manipulation de leviers quelque peu archaïques, comme les droits de douane, allait trouver à s'appliquer.

L'entourage « planiste » du Général de Gaulle et les équipes techniciennes qui constituaient l'armature active du gouvernement de Vichy, empétré par ailleurs dans des querelles idéologiques et des luttes d'influence, et même l'armature d'une grande partie de la Résistance métropolitaine, s'employaient à préparer une après-guerre dont on discernait déjà les grandes lignes dans les débats du Centre Polytechnicien d'Etudes Economiques. On les discerne encore plus nettement dans les travaux d'un organisme dirigé par Gérard Bardet, **le Conseil Supérieur de l'Economie Industrielle et Commerciale** (C.S.E.I.C.). Ce conseil préparait ouvertement quoique discrètement l'avenir de la France, en liaison avec la Résistance, notamment **l'Organisation Civile et Militaire** (O.C.M.[1]), sans que les occupants comprissent réellement, semble-t-il, la portée de ses activités. Les rapports du C.S.E.I.C.[2] élaborés dans le droit fil des débats d'X-Crise, et souvent par d'anciens membres comme Detœuf, décrivaient avec exactitude ce qu'allait devenir l'économie française dont le redressement spectaculaire sous la quatrième république dut beaucoup à des dirigeants formés dans les divers groupes réformateurs et singulièrement le Centre Polytechnicien d'Etudes Economiques. On peut penser que la société dite « de consommation » fondée sur l'expansion économique, dont on voit surtout maintenant les abus et les désagréments, mais qui a long-

1. Représentée par exemple par Pierre Lefaucheux, futur patron de la Régie Renault et Aimé Lepercq, futur ministre des finances (à la Libération).
2. Une analyse des grandes lignes de ces rapports est donnée in Brun, op. cit.

temps pu passer à bon droit pour un progrès dans le domaine matériel, s'est mise en place dans les esprits avant d'être construite dans les faits. Sans doute, et la distance prise volontairement à l'égard de la politique par beaucoup d'entre eux n'y est peut-être pas étrangère, les animateurs d'X-Crise et des cercles divers des années trente, avaient-ils imaginé une société plus conforme à leurs rêves enthousiastes et généreux. Ils ont au moins pu éprouver la satisfaction d'avoir joué un rôle important, voire décisif, dans l'histoire de leur temps, ce qui justifie le jugement porté sur X-Crise par un ancien participant des débuts : « A sa date et dans son ordre, ce fut là sans aucun doute la plus remarquable société de pensée, de confrontation, d'élaboration jamais rassemblée »[1].

1. Abellio. op. cit., p. 101.

RÉFLEXIONS SUR SIX MOIS DE TRAVAUX
(novembre 1931 à mai 1932)

La création d'X-Crise n'avait pas été accompagnée d'un programme de travaux visant à ordonner le flot des idées, la masse des informations statistiques, les multiples propositions de remèdes ou de mesures économiques appropriées.

Il ne fallait donc pas s'étonner de ce que, devant ce foisonnement de pensées, malgré la mise en évidence de communautés de vues, les débuts d'X-Crise (1931-1932) aient été marqués par une certaine improvisation dans les échanges, une grande dispersion des opinions et la difficulté de rapprocher les oppositions ou d'harmoniser les analyses.

Il était nécessaire, – si on voulait qu'X-Crise parvienne à remplir un rôle positif et à apporter quelque lumière sur des notions jusque là confuses – de prendre un peu de recul et d'essayer, en élevant le débat, de mettre de l'ordre dans cet amas de divergences.

C'est le mérite d'un des fondateurs de s'être livré à cette tentative dans une étude intitulée « Réflexions sur six mois de travaux », étude qui, en canalisant les courants d'idées et en dégageant des bases d'accord sur les tendances, devait éviter à X-Crise de se perdre dans des discussions stériles et lui permettre, en sériant les difficultés de façon cartésienne, de donner, par la suite, à ses travaux une cohésion plus marquée.

C'est ce texte, important pour ce nouvel essor d'X-Crise, qui est proposé ci-après comme premier document sur la vie de ce Centre.

Déclaration du bureau de X-Crise

Les réunions tenues par « X-Crise » depuis son origine nous ont permis de mettre en évidence un certain nombre de points essentiels qui ont projeté sur le problème du temps présent quelques clartés intéressantes. Il était donc naturel de penser qu'un essai de synthèse des différentes idées émises au cours des discussions ne serait pas inutile pour nous aider, en quelque sorte à « faire le point ». Un des fondateurs s'est proposé de rédiger un travail de ce genre et a essayé de traduire ce qui pouvait ressortir, à son avis, de toutes les réflexions suscitées par la crise.

Dans cette rapide introduction, nous voudrions préciser la portée de son étude.

Un certain nombre de nos camarades ont affirmé, au cours des réunions, leur attachement aux doctrines libérales. Tous, cependant, ont été d'accord pour reconnaître qu'un régime libéral pur, régime idéal, ne pouvait plus correspondre à une réalité pratique et qu'un retour immédiat à un libéralisme désirable soulevait des difficultés de tout ordre. Nous sommes, en fait, soumis à une économie semi-dirigée, instable d'ailleurs, et sur les caractères de laquelle ont porté à peu près toutes nos discussions. Les uns voient dans cette tentative de direction l'origine de tous nos maux. Les autres, au contraire, accusent une telle direction d'être encore insuffisante et estiment qu'un équilibre satisfaisant ne pourra être atteint qu'en la faisant complète.

Il semblerait donc que, prise entre un libéralisme utopique et un contrôle intégral opprimant, l'économie actuelle devrait passer par une période de transition pendant laquelle une direction partielle sainement conçue essaierait de lui donner l'élan et la souplesse nécessaires. C'est sur cette forme intermédiaire de notre évolution économique qu'un accord unanime, semble-t-il, nous a réunis, indépendamment de nos convictions particulières à l'égard d'un tel régime.

Cette conciliation faite, il devait être possible. en se tenant sur le plan le plus élevé et en dehors de tout dogme, de dégager les conséquences naturelles des causes de la crise examinées sous cet angle, et de déterminer l'orientation nouvelle qui serait appelée à guider nos recherches et à aiguiller nos raisonnements.

C'est en partant de ces notions que notre camarade a rédigé cette courte étude dont la présentation condensée n'enlève rien à la logique du développement, et qui n'engage que sont auteur : une telle étude doit, en effet, garder son caractère personnel. Notre devoir était de la livrer à la critique de nos camarades, comme nous l'avons fait pour les thèses les plus diverses qu'elles s'efforce d'intégrer. Mais, si nous la présentons ainsi, c'est en raison du généreux optimisme qui l'inspire autant que de la solide substance dont elle est faite.

Il est clair que ce travail ne peut pas être interprété comme l'expression d'une mentalité commune aux membres de « X-Crise », car l'indépendance absolue des tendances qui se sont librement manifestées au sein de notre groupement est la condition primordiale du caractère élevé essentiel à nos débats.

Sommaire

I. CLASSIFICATION SOMMAIRE DES CAUSES DE LA CRISE, TELLES QU'ELLES SE DÉGAGENT DES DISCUSSIONS.

a) Causes économiques.

Le déséquilibre entre la production et la consommation constitue, aux yeux de tous, la manifestation fondamentale des troubles économiques dont souffre le monde entier.

Pour les **marxistes**, ce déséquilibre résulte du **principe** même du capitalisme. (Réinvestissement des réserves et théorie de la plus-value conduisant à la surproduction dans un monde où les marchés se bouchent tant en surface qu'en profondeur. Concurrence effrénée conduisant, indépendamment du gaspillage d'énergie qui en résulte, à la création d'une armée permanente de réserve des sans-travail, par suite du libre jeu des prix sur le marché du travail d'où baisse du salaire relatif).

Pour les **libéraux**, le déséquilibre résulte uniquement des **entraves apportées au libre jeu du mécanisme des prix.** (Influence abusive des ententes patronales fixant les prix à des niveaux artificiels. – Action des syndicats ouvriers sur les conditions de travail. – Intrusion des pouvoirs publics. – Protection douanière.)

Enfin, indépendamment de toute école, le déséquilibre entre production et consommation résulte également des **conditions nouvelles de production.** (Développement irréversible du machinisme. – Reclassement des grands pays producteurs provoqué dans le monde par la guerre et interpénétration des civilisations industrielles des peuples de continent à continent luttant pour la suprématie économique. – Concentration des entreprises et inflation des inventions conduisant également à des amortissements élevés, tandis que les frais de vente, publicité, commissions... croissent parallèlement, d'où rigidité dans l'écoulement des produits. – Gestion financière de ces entreprises supplantant la gestion technique. – Rationalisation de la production en face d'une consommation non évoluée. – Absence de liaison entre les activités productives par suite du manque total de documentation.)

b) Causes financières.

Tout le monde est d'accord sur le trouble apporté dans l'économie par la liquidation de la guerre, et, en particulier, par les charges financières qui en résultent, quoique les uns voient dans la volonté de l'Allemagne de ne pas payer l'unique cause du mal, tandis que d'autres estiment qu'il y a là une impossibilité, et que les dettes ou créances internationales ne peuvent être soldées qu'en marchandises ou services rendus, et cela, dans des limites qui ont été rendues de plus en plus étroites.

Indépendamment de ces causes historiques et des causes plus spécifiquement inhérentes à l'individualisme humain. (Abus de spéculation, thésaurisation), interviennent les **causes bancaires** et les **causes monétaires**, causes qu'on ne peut séparer puisqu'on ne peut parler de volume monétaire sans tenir compte des billets, effets, papiers de commerce... en circulation.

Pour les uns, le principe du système bancaire actuel n'est pas viable (absence de régulateurs), notre système boursier est irrationnel (aucune possibilité périodique de réajustement entre la valeur réelle d'un titre et sa cote, notion du capital fictif) et notre système monétaire inexpansible est périmé dans un régime où il n'y a aucune compensation entre l'économie publique et l'économie privée, et où l'inflation, comme la déflation, diminuent le pouvoir d'achat réel de l'ensemble des consommateurs.

Les libéraux, au contraire, estiment que nous ne souffrons que d'abus de crédit, dont nous nous faisons une notion fausse, car la monnaie étant la représentation de la richesse, toute extension de crédit doit être passagère.

c) Causes politiques.

Tout le monde est encore d'accord sur l'interdépendance étroite des causes économiques et politiques et sur la triste répercussion qu'ont sur les activités économiques l'instabilité politique et la fragilité des notions de sécurité et de paix.

Chaque pays poursuit égoïstement sa politique nationale, alors que, dans *notre monde fini,* on ne peut concevoir l'isolement des politiques et que tout gaspillage à l'intérieur d'une nation cause à la communauté une perte de richesse.

En politique intérieure, il fait clairement défaut au pouvoir politique des conditions de qualité (incompétence technique, absence de programme), de continuité et d'indépendance (tendances démagogiques selon les uns, emprise des puissances d'argent selon les autres) nécessaires à la convergence des économies nationales.

d) Causes morales.

Laissant de côté les causes d'ordre **métaphysique** (faux concepts de notre activité, confusion du progrès technique et du progrès social, tendance à négliger l'élévation de la mentalité humaine devant l'accroissement de l'énergie matérielle mise à la disposition de l'individu pour des fins égoïstes), causes dont la discussion entraînerait à des considérations philosophiques élevées mais quelque peu en dehors des contingences matérielles, on est frappé par l'opposition de plus en plus violente ressentie entre les conséquences des principes économiques actuels et la morale élémentaire. Cette opposition est accentuée encore par la **déflation morale** ayant suivi la guerre et caractérisée par la perte de la notion d'obligation morale et de respect des engagements que l'on constate dans les rapports particuliers, nationaux et internationaux.

On a l'impression que la lutte économique dans une Société où l'argent est l'unique stimulant sans même qu'il y ait corrélation entre le gain et l'effort fourni, où le travail n'est pas dirigé vers le bien-être humain mais vers le profit d'intérêts particuliers sans possibilités de contrôle, où, avec le développement de l'anonymat sous toutes ses formes, la notion de responsabilité a presque totalement disparu, on a l'impression que cette lutte nous déforme et nous conduit à une morale individualiste, utilitaire et égoïste en contradiction avec les aspirations de nos consciences. Et, de même que la diffusion de la culture a détruit les castes, de même, la diffusion du pouvoir technique détruira, semble-t-il, toute hiérarchie sociale.

Enfin, on assiste à un véritable divorce entre les forces industrielles productives et les forces intellectuelles, antagonisme de la plus haute gravité qui sape le régime économique actuel par la destruction des éléments moraux qui en constituent une des bases.

II. DISCRIMINATION DES CAUSES.

Tel est le classement aussi clair que possible que l'on peut faire des causes de la crise telles qu'elles se dégagent des discussions du groupe. Mais qu'est-ce qu'une cause, sinon la manifestation à une époque donnée de la poussée de certaines forces agissant dans une direction donnée avec une intensité variable dans le temps ?

On a trouvé des causes économiques, des causes financières, des causes politiques, des causes morales. Oublions un instant cette classification. Ne considérons plus la manifestation de la poussée, mais la poussée elle-même et la variation des forces qui la déterminent en fonction du temps. Les causes examinées jusqu'à présent sont de deux natures nettement différentes.

D'une part, les causes correspondant à des **poussées systématiques** liées à l'évolution de la mentalité humaine et au développement des conditions économiques, poussées en quelque sorte irréversibles que nous pouvons peut-être freiner à certaines époques et dans certaines conditions, mais contre le cours desquelles ce serait folie de vouloir lutter.

Et, d'autre part, les causes qu'on appellera **accidentelles**, c'est-à-dire résultant de poussées ayant à leur point de départ des faits accidentels dont on peut concevoir et même provoquer la disparition et qui, par cela même, s'évanouiraient du même coup.

*
* *

Il est indiscutable, aux yeux des marxistes, que la surproduction et le chômage sont la conséquence fatale et systématique de l'évolution normale du régime capitaliste.

Les libéraux démontrent que les entraves apportées au libre jeu du mécanisme des prix constituent la cause essentielle du déséquilibre entre production et consommation. D'accord, mais les ententes patronales et le syndicalisme traduisent chez les individus le désir de s'assurer contre les risques de ce libre jeu des prix, la volonté de ne pas gaspiller la presque totalité de leur énergie dans une concurrence stérile, et le refus de considérer la main-d'œuvre comme une marchandise. Ce sont là des forces dont certains peuvent déplorer la réalité, mais dont l'évolution, plus ou moins rapide, paraît systématiquement liée au progrès même de la mentalité humaine.

Quant au développement du machinisme, à l'inflation des inventions et à l'interpénétration des civilisations industrielles, ne sont-ce pas encore là des manifestations de poussées systématiques et irréversibles ?

Enfin, moralement parlant, la réaction contre une économie basée sur le profit, et où l'argent est l'unique stimulant, ne correspond-elle pas à une aspiration violente de nos consciences et à ce désir de justice qui, à travers l'histoire, a animé tous les grands actes de l'humanité ?

*
* *

Par contre, lorsqu'on parle de l'anarchie présidant au développement des activités productives par suite du manque total de documentation, ou encore de l'absence de régulateur dans notre système bancaire, ne vise-t-on pas des causes purement accidentelles dont l'existence ne présente aucun caractère d'irréversibilité systématique ?

*
* *

Ainsi donc, il est possible de faire entre les causes de la crise, telles qu'elles ont été fréquemment exposées, une discrimination assez nette. Mais, il paraît fondamental de remarquer que, alors que tout le monde est d'accord sur la détermination et le rôle des causes d'origine accidentelle, les interprétations divergent complètement en ce qui concerne les manifestations des poussées systématiques. Il y a là un paradoxe apparemment curieux, car ces poussées sont pourtant des phénomènes qui se manifestent nettement, que nous constatons, que nous pouvons étudier. Or, il ne s'agit plus de nier la prédominance de certaines tendances ni l'irréversibilité de certains équilibres. Il faut, au contraire, en déterminer logiquement les répercussions sur notre monde économique nouveau.

Aussi longtemps que, indépendamment de tout dogme et de toute préférence, le mécanisme des poussées systématiques qui sont à la base de la crise n'aura pas été déterminé analytiquement, on risque, en laissant peut-être dans l'ombre des causes fondamentales, de saisir insuffisamment l'envergure du problème, et par conséquent de le traiter mal.

III. LE DÉPLACEMENT DE L'ÉQUILIBRE ÉCONOMIQUE

Si, dans les pages précédentes, on a essayé d'indiquer la distinction fondamentale qu'il y a lieu de faire entre les différentes causes de la crise, c'est que, seule, cette discrimination paraît pouvoir expliquer le dérèglement apparent des anciennes lois économiques. Avant de porter remède à un organisme profondément atteint, il faut connaître la raison première de ses troubles généralisés. Vouloir, par des recettes habiles mais temporaires, recréer un équilibre illusoire et le rétablir sans cesse par des mesures fictives, c'est vouloir remettre de quelques années la crise définitive qui bloquera irrémédiablement notre économie.

On est en présence d'un déséquilibre généralisé : déséquilibre économique entre production et consommation, déséquilibre financier entre la richesse réelle et les signes représentatifs, déséquilibre politique entre la nécessité d'une solidarité internationale étroite devant la crise et la constatation effective du renforcement des égoïsmes nationaux, déséquilibre moral enfin entre l'intensité de l'effort fourni par les individus et l'amélioration de bien-être qui en résulte, tant pour la communauté que pour eux-mêmes.

Or, maintenant que sont dégagées les causes profondes de ce déséquilibre, on est amené à étudier les possibilités et le sens d'une intervention.

Notre éminent camarade, Henri Le Chatelier, concluait sa récente étude publiée par **X-Information** : « Rationalisation et chômage », en écrivant :

« ... Accessoirement, l'on peut chercher à remédier au mal quand il s'est produit... Mais cette intervention ne peut être utile qu'à condition d'agir dans le sens où l'équilibre tend naturellement à se rétablir ; on peut chercher à accélérer les mouvements économiques spontanés, mais c'est folie de vouloir lutter contre leur cours naturel. »

Cette généralisation aux phénomènes économiques d'une loi physique à laquelle le nom de notre camarade restera lié paraît parfaitement juste. Mais le « cours naturel des mouvements économiques » ne résulte-t-il pas précisément de la composition de ces poussées systématiques qui ont été mises en relief dans le précédent chapitre ?

En écrivant ces lignes, leur auteur escomptait vraisemblablement le retour aux lois dites naturelles de l'économie libérale. Mais, étant donné que, historiquement, économiquement, humainement, il existe des forces qu'il est possible d'analyser et d'étudier, qui agissent irréversiblement sur l'équilibre économique, comment ne pas admettre que cet équilibre doit fatalement se déplacer dans le sens même où, sous l'action de ces forces, il tend à s'établir ?

Que ce déplacement, soumis aux actions et aux réactions de poussées et de milieux humains, ne présente pas le caractère de mathématique continuité des déplacements d'équilibres physico-chimiques, c'est certain. On pourrait même, en poussant un peu plus loin l'analogie mécanique, considérer chacun des membres de l'équation d'équilibre comme doué d'élasticité dans le temps et susceptible de résister aux facteurs de perturbation pour autant que la limite de déformation permanente n'est pas atteinte. Mais, lorsqu'il s'agit de poussées profondes, systématiques, il semble certain qu'il y a mouvement et que le déplacement de l'équilibre tend à s'effectuer dans le sens même où le prévoit la loi physique rappelée ci-dessus.

En ce qui concerne par exemple l'individu, il est de fait qu'une lente évolution dans la législation tend de plus en plus à créer autour de lui une protection partielle contre les risques qui le menacent. Qu'il en résulte un déplacement de l'équilibre, c'est certain ; mais la contre-partie naturelle n'existe-t-elle pas dans l'évolution de la notion du service que l'individu doit à la Société ? Devoir pour la communauté d'assurer la vie de l'individu, devoir pour l'individu de donner à la communauté la part de travail qui lui est assignée, n'y a-t-il pas dans cette réciprocité, non seulement des droits, mais encore des devoirs, la tendance à un nouvel équilibre social, et la justification morale même des notions parallèles de travail et de sécurité ?

En ce qui concerne les Sociétés privées, les charges croissantes de la fiscalité d'une part, et les subventions à certains organismes d'autre part, démontrent suffisamment la nécessité d'équilibrer entre elles la plupart des activités économiques du pays. Que l'on ne crie donc pas au crime de lèse-liberté. Que l'on essaye plutôt de favoriser le déplacement de l'équilibre économique dans un sens correspondant aux tendances auxquelles il est soumis. Or, comment espérer y parvenir quand des intérêts particuliers puissants, mus par un esprit de conservation mal conçue, tendent, au contraire, à s'opposer à tout déplacement ?

La conviction apparaît de plus en plus que, si, restant impassible, on laisse courir les événements, on aboutira à des oppositions violentes, à des chocs brutaux, avec leur cortège de troubles, de misère et d'anarchie.

Il faut donc intervenir, non pas seulement par devoir humain, mais par nécessité sociale, intervenir scientifiquement, généreusement, intervenir sans parti pris, hors de tout égoïsme. Nul n'a le droit, quand il constate que le monde où il vit s'asphyxie lentement, de « laisser faire », car, selon le mot de Gœthe, la mort est le seul équilibre naturel auquel on arrive par défaillance de la volonté.

IV. ORIENTATIONS NOUVELLES

Le chapitre précédent a montré comment les poussées systématiques irréversibles agissent sur l'équilibre économique et tendent à le déplacer dans un sens nettement défini.

Mais il faut comprendre que ces forces n'ont pas seulement une action effective par les efforts directs ou les liaisons rigides qu'elles exercent sur les équilibres économiques. Résultant également de l'évolution de la mentalité humaine et de la conscience prise par la masse de sa vie propre, ces poussées dérivent d'un potentiel psychologique qui leur donne une valeur singulièrement active.

Le but commun doit donc consister, d'une part, à rechercher en toute indépendance d'esprit la suppression possible d'entraves intolérables amenant un véritable divorce entre les mobiles de notre activité réelle et notre pensée profonde, et à définir d'autre part une nouvelle organisation permettant, avec le maximum de souplesse, le déplacement de l'équilibre économique devant les actions des poussées et les réactions du milieu.

Il ne peut être évidemment question, dans un monde moderne en perpétuelle évolution, de déterminer d'une façon absolue l'organisation idéale susceptible d'assurer cette adaptation mécaniquement et instantanément.

Tout au plus, peut-on, en une rapide esquisse, énoncer les concepts et les principes — « l'esprit », en quelque sorte — qui doivent guider dans cette tâche à la fois destructrice et constructive, qu'il est nécessaire d'accomplir.

a) Dans le domaine économique.

Dire que le problème de toute organisation économique consiste à assurer l'équilibre entre la production et la consommation, c'est dire que, étant donné des individus doués de pensée et vivant sur un sol dont ils ont appris à extraire les richesses et à les transformer grâce à l'héritage qu'ils ont recueilli du labeur accumulé de générations millénaires, il s'agit de trouver entre l'énergie dont sont susceptibles ces individus et leurs besoins de tout genre un équilibre qui corresponde simultanément à la satisfaction de leurs désirs égoïstes et aux aspirations sociales de leurs consciences.

Par conséquent, à la classique équation économique d'équilibre :

Production = Consommation

ne convient-il pas de substituer, dès à présent, cette autre équation plus humaine ?

Travail des individus = Besoins des individus

Depuis un siècle, obéissant aux règles d'une économie explosive et réellement anarchique, le premier terme de l'équation a été démesurément enflé : en même temps, pour maintenir l'équilibre, on s'ingéniait à créer chez l'homme de nouveaux besoins, souvent au prix d'un gaspillage d'énergie considérable. S'il en est résulté un progrès matériel indiscutable, on n'en a pas moins abouti, par le jeu des causes précédemment mises en lumière, au ridicule paradoxe de la misère par excès d'abondance.

Est-on en présence d'un simple déphasage dans l'adaptation de l'individu aux possibilités matérielles que lui ouvre le progrès, et suffit-il de munir le système actuel d'un régulateur ; ou bien le problème a-t-il été pris par le mauvais bout, et faut-il, au contraire, adapter le travail humain aux besoins des individus, en laissant à une autorité suprême, de quelque nature qu'elle soit (politique ou économique), le soin d'assurer systématiquement l'équilibre ?

Mais, dans un cas comme dans l'autre, n'est-ce pas traiter le problème en mathématicien et oublier qu'il s'agit de phénomènes humains ? Ne doit-on pas essayer d'abord de voir un peu clair dans cette notion préliminaire de « besoins » qui doit constituer le point de départ ?

Les besoins de la consommation sont infinis, a-t-on souvent dit. Or, une discrimination fondamentale s'impose. Sans vouloir faire de cloisons étanches, on peut distinguer chez l'homme, au point de vue matériel, les besoins nécessaires à la vie (nourriture, logement, vêtement) et les besoins accessoires (luxe, confort). On peut également remarquer que, si les besoins accessoires des individus se sont au cours des siècles considérablement développés, et sont très difficilement mesurables en valeur absolue, il y a incontestablement pour les besoins vitaux un minimum incompressible dans des conditions déterminées de temps et de milieu.

Cette notion n'est pas factice et la discrimination s'impose essentiellement dans la recherche de l'équilibre économique. En effet, de tous côtés, nous avons entendu dire par nos camarades : « On secourt les victimes de calamités naturelles ; pourquoi ne pas secourir les victimes de calamités économiques ? » Ou bien : « Le travail doit être dirigé vers le bien-être humain et non vers le profit d'intérêts particuliers » ; ou bien encore : « La main-d'œuvre n'est pas une marchandise comme les autres » ; ou bien enfin : « Nous n'admettons pas que les pièces de rupture de la machine économique soient des hommes ». N'est-ce pas la preuve que dans le travail humain il faille considérer un **travail minimum dû à la Société** qui représente la part de l'effort que chaque individu doit à la communauté en échange de la garantie que cette communauté lui assure contre les risques de la vie ? Et, n'y a-t-il pas dans ce sentiment profond de solidarité humaine la plus belle justification morale du concept de « travail » ?

Il faut comprendre qu'entre l'organisation économique actuelle et celle de l'avenir existe la même différence qu'entre ces bandes armées du moyen âge guerroyant à la solde d'un seigneur riche, et nos armées constituées, gardiennes désintéressées d'une vaste communauté. Ce qu'on a su réaliser pour la sécurité de nos vies et de nos biens, ne pourrait-il donc l'être pour tout ce qui concerne la satisfaction de nos besoins les plus immédiats ?

Une première conclusion sera donc que, économiquement parlant, le devoir primordial et fondamental d'une société est, indépendamment de tout intérêt privé, d'assurer l'équilibre entre la production des richesses nécessaires aux besoins vitaux des individus et leur consommation, et qu'il y a là, pour la communauté, non seulement nécessité sociale, mais encore obligation morale.

Dans quelles conditions cet équilibre doit-il être assuré ?

Un de nos camarades rappelait récemment fort à propos que le principe de Dirichlet pouvait être étendu aux phénomènes économiques, c'est-à-dire que « tout système soumis à des forces qui dérivent d'un potentiel, tend vers un état d'équilibre stable pour lequel ce potentiel est minimum », à condition évidemment, de considérer comme potentiel les « besoins » de la société humaine et d'admettre que toute force ne procédant pas de ce potentiel est une force perturbatrice.

Par conséquent, on déduira immédiatement du principe fondamental ci-dessus cette autre notion élémentaire, à savoir : **que la production des richesses nécessaires aux besoins vitaux doit être obtenue par la dépense d'énergie minimum, car cette dépense, divisée par le nombre d'individus de la communauté, représente, à un cœfficient près, la dépense d'énergie que chacun d'eux doit fournir pour acquérir sa part de richesses.**

Cette affirmation peut paraître évidente, mais, si l'on insiste de la sorte, c'est qu'il y a là une notion de service d'intérêt social qui paraît trop souvent perdue de vue. Une entreprise, quelle qu'elle soit, ayant charge d'un pareil service, ne doit avoir d'autre but que celui de gérer ce service dont elle a la **responsabilité**, dans les conditions de rendement les meilleures pour la communauté. Autrement dit, une pareille entreprise ne doit pas réaliser de bénéfices au sens capitaliste privé du mot, ou, si l'on préfère, les bénéfices pouvant résulter de sa gestion doivent être répartis sur l'ensemble de la communauté pour laquelle, globalement, ces services constituent une **richesse inaliénable**. Que cette notion pose un problème juridique délicat à résoudre c'est certain : mais il est des poussées profondes auxquelles nulle institution immuable ne saurait résister, surtout quand elles dérivent d'un principe de justice dont, tôt ou tard, l'application apparaît inéluctable.

Dans ces conditions, peut-on concevoir dans l'avenir une économie qui concilie à la fois cette notion de devoir social et cette autre notion, chère à la nature humaine, de liberté économique assurant à chacun la possibilité de faire ce qui lui plaît, dans la mesure évidemment où la communauté n'en souffre pas ? Peut-il exister un juste milieu entre le dogme de la répartition et l'anarchie présente où le profit est l'unique stimulant ? Là encore, semble-t-il, un équilibre est possible. Il faudra, pour y parvenir, non seulement des mesures légales, mais surtout une évolution profonde de certains esprits encore insensibles à la vie d'un monde dont la transformation leur a échappé.

Il faudra, par exemple, se mettre d'accord sur ce que devraient être dans une entreprise quelconque le capital et le travail, en posant en principe que tous les individus coopérant à la marche d'une affaire, du directeur au manœuvre, doivent se sentir des salariés **solidaires** ayant un intérêt matériel commun à la bonne gestion de l'entreprise. La concentration du capital, d'une part, et l'anonymat irresponsable du salarié, d'autre part, nous ont, en effet, progressivement écartés, au cours de ces dernières années de tout accord fécond entre le capital et le travail. Si l'on veut donc rendre une activité harmonieuse et créatrice à nos sociétés défaillantes, on ne saurait y arriver qu'en assignant au capital et au travail un même but élevé.

Et maintenant, il faudrait conclure. Toutes ces notions, pour justes qu'elles apparaissent, comment en concevoir la réalisation ? Le prochain chapitre contiendra quelques mesures immédiates dans cet ordre d'idées, sans prétendre toutefois bâtir un système susceptible de résoudre le problème social. Là encore, la splendide phrase de Henri Poincaré traduit assez exactement la vérité :

« Il n'y a pas des problèmes résolus et des problèmes non résolus ; il y a des problèmes plus ou moins résolus. »

On est en présence d'une question dont seules des approximations successives permettront de mieux saisir les nuances. Que l'on soit d'accord sur les principes sommairement énumérés, c'est peut-être peu de chose en tant que réalisation matérielle, mais, en fait, c'est déjà beaucoup. Car il suffit de déterminer l'orientation nouvelle qui doit guider les efforts et de vouloir faire converger les volontés matérielles et morales dans cette direction pour que, puisant dans nos consciences la puissance génératrice de notre activité, la tâche apparaisse soudainement, tout à la fois possible et magnifique.

b) Dans le domaine financier.

Avant même d'aborder dans ce nouveau paragraphe l'examen des principes qui paraissent fondamentaux dans la conception de toute organisation financière saine, il est essentiel de se mettre d'accord sur la place que doit occuper cette organisation au sein de toute activité économique.

On a dit souvent que la finance devait être à l'économie ce que la comptabilité est à la conduite des entreprises. C'est assez vrai. Née, en effet, de la recherche de la commodité des échanges et de la création de la représentation des richesses, la finance doit être à la fois un instrument de transaction et un système de mesure. A partir de cette base fondamentale peuvent s'édifier toutes sortes de super-structures financières susceptibles de jouer dans l'activité humaine des rôles plus larges, soit régulateurs, soit accélérateurs. Mais, étant donné que seule l'activité économique peut créer une richesse, il faut comprendre que tout organisme financier, parfaitement improductif en lui-même, ne peut jouer ce rôle de régulateur ou de stimulant qu'en escomptant les richesses créées par cette activité économique. **On accordera donc aux systèmes financiers une valeur essentiellement comptable, à la fois dans l'espace et dans le temps, mais on se refusera à y voir la source première de toute énergie productive, car ils ne font que constater ou prévoir des travaux réels.**

Et, dans un autre ordre d'idées, lorsque l'on constate que dans ces dix dernières années, les différents problèmes généraux n'ont été attaqués que du côté strictement financier, sans tenir compte des équilibres économiques futurs, on ne doit pas s'étonner des faillites successives des solutions adoptées, car un projet financier, basé sur une conception erronée ou insuffisante des courants nouveaux d'énergies productrices, est totalement incapable d'amener ou de créer à lui seul un équilibre quelconque.

Par conséquent, il est essentiel de bien comprendre que tout **système financier doit être un système basé sur la véritable représentation de la richesse**, au sens économique du mot, c'est-à-dire un système basé sur la notion de valeur sur laquelle il est nécessaire de se mettre d'accord.

La valeur d'un objet ou d'un service est, par définition, d'après les libéraux, sa mesure par le nombre d'unités monétaires, contre lesquelles il s'échange. Or, une telle définition valable pour des objets chez lesquels la variété de fabrication et d'origine ne permettait guère de disposer d'éléments communs d'appréciation ne semble plus aussi rigoureuse pour des objets dont on n'ignore plus la plupart des parties constitutives. Il est certain, par exemple, que la connaissance exacte de nos prix de revient, base actuelle de toute activité industrielle et commerciale, est un facteur dont nous poursuivons avec opiniâtreté l'amélioration. Dans cette recherche constante, nous ne faisons que déterminer avec toujours plus d'exactitude le rapport existant entre l'objet et les éléments qui le constituent, et qui ne sont, en définitive, que des éléments de travail.

Par conséquent, sans vouloir rejeter complètement la notion libérale de la valeur d'échange, on devra constater qu'il existe une tendance systématique à essayer de régler l'écoulement des marchandises, à rechercher les facteurs qui jouent sur les prix, et surtout à se rendre compte que toute richesse ne procède que du travail. Dire que la terre est source de toute richesse, c'est dire qu'un effort appliqué peut seul nous livrer les trésors qu'elle renferme et qui sont nécessaires à notre subsistance. Dire qu'un capital est une richesse, c'est dire qu'il constitue un labeur accumulé en vue de nos besoins actuels. Dire, comme nous l'avons souvent entendu répéter, que la valeur d'un produit ne représente que des salaires, c'est dire que toute création matérielle ne contient que des travaux élémentaires.

Par suite, tout signe représentatif valable de la richesse ne sera, en dernière analyse, qu'une grandeur de même dimension que le travail. Il faut se pénétrer de cette idée et lever dans notre esprit l'indétermination qu'y a mise la théorie libérale de la valeur d'échange des produits qui ne semble applicable que dans des cas exceptionnels.

Or, cette notion qui vient d'être énoncée ne se rapporte qu'à un état statique, comprenant des richesses naturelles extraites, des capitaux constitués et des objets fabriqués et prêts à être consommés. Il faut concevoir maintenant le passage à l'état dynamique et, pour cela, comprendre qu'une richesse, quelle qu'elle soit, ne subsiste pas. **Toute richesse se détruit rapidement, et, si les signes représentatifs de la richesse subsistent, c'est qu'un labeur continu recrée inlassablement les richesses réelles, donnant ainsi à l'humanité sa raison d'être matérielle.**

A l'état dynamique, par conséquent, tout signe représentatif de la richesse représente un travail continu qui ne peut s'arrêter sans détruire du même coup ce signe représentatif d'une richesse devenue fictive. Celui-ci ne peut, à son tour, se développer et fructifier que si ce travail continu augmente en intensité absolue, soit par lui-même, soit par le concours de facteurs nouveaux.

Le but essentiel de toute représentation de la richesse doit donc être de permettre à la fois de détruire ces richesses en favorisant leur consommation et de les recréer immédiatement en en finançant le travail nécessaire. Et ceci est vrai indépendamment du facteur temps, étant admis que la maison qui se détruit lentement subit le même sort inexorable que le pain qui nourrit ou que le charbon qui brûle.

On retrouve donc, ici encore, cette idée essentielle mise en évidence dans le paragraphe précédent, que tout se réduit, finalement, à un équilibre fondamental entre la satisfaction des besoins de l'individu et le travail qu'il doit fournir en conséquence. Dans cette équation homogène à laquelle se résout toute activité économique, le signe représentatif de la richesse sera l'élément de comparaison.

Ainsi donc :

1) tout signe représentatif de la richesse n'est qu'une grandeur représentative d'une quantité réelle de travail et n'a pour objet que la comparaison des membres de l'équilibre économique ;
2) ce signe représentatif est également fonction de la continuité du travail, et est, par conséquent, susceptible de subir des modifications en cas de discontinuité dans l'intégrale des quantités de travail.

A la lumière de ces principes, il sera possible de redresser un grand nombre de notions qu'on admet communément en partant d'une conception statique de la richesse, où tout bien garde une valeur fixe sans que le travail intervienne.

Il faudra bien se rendre compte que tout travail **improductif** crée des signes représentatifs d'une richesse fictive et amène une perturbation dans l'équilibre fondamental en agissant sur un des termes, sans affecter l'autre.

Il faudra bien se persuader également qu'un problème, comme celui de la liquidation de la guerre, par exemple, ne peut pas être un problème uniquement financier, car un déséquilibre profond comme celui-là ne peut se résoudre par des conventions d'experts, mais par la volonté commune des peuples d'effacer par le travail les ruines accumulées.

De même, il ne saurait plus être question de redouter les répercussions de l'écoulement sur tel ou tel marché de marchandises ou de services créés par des pays renaissants, mais d'en tenir compte comme de la seule façon dont ceux-ci peuvent, par le travail, s'acquitter de dettes formidables.

Il faudra revenir à de saines conceptions sur la véritable signification de la rente. Ne semble-t-il pas que sa justification ne repose que sur le développement continu d'une production progressive mettant à la disposition de tous un supplément de satisfaction à leurs besoins, ou, ce qui revient au même, permettant à la communauté d'acquérir des richesses vitales à un moindre prix, donc de les produire avec moins d'effort ?

En ce qui concerne la thésaurisation, dont le danger a été souvent mis en évidence, il faut comprendre qu'elle constitue une coupure dans le temps de la représentation du travail ; dans cette coupure, on a annulé délibérément une part du travail continu en faisant garder aux signes qui lui étaient liés leur valeur conventionnelle.

Si l'on veut également justifier la notion de crédit, il faudra se persuader que celui-ci ne peut représenter que l'escompte d'un travail futur, donc de déplacement dans le temps d'une quantité de travail réelle. Toute superposition de crédits, formant cette sorte de pyramide en équilibre sur sa pointe, ne peut donc, si ces travaux élémentaires ne sont pas fournis comme c'est le cas mis en évidence par le chômage actuel, se terminer que par un écroulement général de ces artifices financiers.

Il faudra ainsi étudier quel est le rôle exact de la spéculation. Tous les mouvements spéculatifs de ces dernières années ont-ils le moindre rapport avec une énergie productive quelconque ? Sans vouloir nier le pouvoir régulateur de la spéculation, on peut douter que celle-ci soit restée dans son orbite normale et apercevoir son malheureux effet dans bien des ruines matérielles et morales.

Enfin, il est certain que toutes ces mesures nationales pour maintenir des prix intérieurs au moyen de barrières dangereuses nous éloignent sans cesse des vraies conceptions de la richesse qui appartiendra, non à celui qui aura su accumuler un papier ou un métal illusoire, mais à celui qui, par ses efforts vers un équilibre nouveau, aura su rendre au travail son sens profond et perdu.

c) Dans le domaine politique.

Les paragraphes précédents ont tenté d'abord de montrer sur quels principes fondamentaux devait s'appuyer une organisation économique, puis, de définir la position d'une organisation financière par rapport à l'activité économique.

Ici encore, dans le domaine politique, on suivra la même voie, c'est-à-dire on essaiera, non pas d'imaginer un système idéal et d'en décrire les rouages, mais plutôt de définir les principes généraux qui devront présider à sa conception pour lui permettre d'assurer le jeu des équilibres économiques.

Cela étant, il est très difficile de parler d'organisation politique sans s'entendre préalablement sur une notion dont on a fait, selon les opinions, un épouvantail ou une panacée universelle – si bien qu'on n'ose plus en parler qu'en pesant ses mots – l'Etat. Il existe indiscutablement une poussée systématique tendant à établir entre les droits et les devoirs réciproques de l'individu et de la communauté un équilibre basé sur la garantie matérielle que la communauté assure à ses membres en échange de la part de travail qu'ils mettent à sa disposition. En langage politique, on dira que le citoyen demande à l'Etat de lui assurer le travail qui lui permette de gagner sa vie, moyennant un prélèvement librement consenti sur ce travail. Encore faut-il que l'Etat laisse au citoyen le maximum de liberté individuelle, et que, de plus, le citoyen ait la garantie que le prélèvement effectué sur son travail et qui constitue le fragment élémentaire des frais généraux grevant la production commune, soit minimum. Autrement dit, l'Etat doit n'avoir pour but que le bien public et donner toutes garanties de justice, d'impartialité, de bonne foi et de désintéressement. Il n'y a pas là une utopie, pourvu toutefois, que l'Etat soit non pas la représentation d'intérêts privés, mais l'**émanation réelle de la communauté**.

Il faut d'abord que, par le développement de la culture dans sa forme la plus générale, la masse prenne conscience de ses devoirs et que les élites, constamment renouvelées par l'apport d'individualités de tous milieux, comprennent qu'il y a pour elles, à **servir** le bien public indépendamment de tout intérêt privé, une obligation morale d'autant plus impérieuse qu'elles sont dotées d'une culture plus élevée.

Il faut ensuite que, dans son organisation même, soit maintenu dans l'Etat l'équilibre entre production et consommation. Dès lors, une double représentation de la communauté paraît s'imposer : d'une part, une représentation communale semblable à notre Chambre de députés ou au Sénat, et, d'autre part, une représentation syndicale professionnelle, de telle façon que chaque individu, toujours consommateur, et la plupart du temps producteur, ait une influence sur les deux pôles de toute activité économique. Ces deux organismes ne devraient pas constituer ce que nous appelons aujourd'hui le **pouvoir législatif**, car leur rôle devrait consister, non pas à légiférer, mais simplement à exprimer leurs volontés et à effectuer un contrôle absolu sans appel.

A côté de ce pouvoir représentatif, devrait travailler une administration de tout premier ordre pourvue de toute la documentation nécessaire ; on a suffisamment démontré au cours de nos discussions que la statistique devait constituer l'instrument de mesure de l'économie, pour qu'il soit inutile d'insister sur ce point essentiel. Cette administration serait-elle aussi nombreuse qu'on se plaît à l'imaginer, si ses cadres, puisés parmi les élites, avaient toute liberté d'organiser et de simplifier, en n'ayant pour but que le bien public ? Et qu'il nous soit permis de signaler que la Convention, en fondant notre école, s'était assigné ce but en insistant sur l'importance d'une communauté de culture, en vue du bien commun.

Faisant la liaison entre cette administration qui serait en quelque sorte l'émanation culturelle de la nation, et le pouvoir représentatif, émanation de la masse, devrait gouverner le pouvoir exécutif, responsable devant les Chambres et dont la tâche devrait être essentiellement animatrice.

Quant au pouvoir judiciaire, son indépendance totale doit en rester la caractéristique fondamentale étant bien entendu que les principes juridiques devront nécessairement subir une évolution parallèle à l'évolution économique que nous avons précédemment décrite.

En résumé, on ne demandera pas à l'Etat de gérer des entreprises, mais seulement de contrôler intelligemment. Il sera doté des éléments qui lui permettront d'évaluer la vraie richesse de la nation et de calculer les frais généraux de sa production. Ces frais généraux devront être couverts par des prélèvements justes. L'Etat aura à organiser sa tâche en n'oubliant pas que toujours le progrès consiste à aller du compliqué au simple. Il devra enfin avoir une autorité morale qui soit indiscutable. Et si l'on objecte qu'il y a là des impossibilités manifestes, on peut répondre que, dans l'anarchie actuelle où tout est faussé par l'appât du gain, le niveau moral de notre administration est certainement un des éléments réconfortants qui nous empêchent de désespérer de l'avenir.

On doit, en passant du cadre national aux groupements mondiaux, être encore plus catégorique.

Lorsque nos petits enfants apprendront qu'il fut un temps où chaque pays éleva autour de ses frontières de puissantes murailles de Chine pour protéger économiquement ses nationaux en leur faisant payer les produits essentiels à la vie – trois fois plus chers qu'à côté – autrement dit, en les faisant travailler quelques heures par jour de trop, nos descendants se demanderont certainement à quelle folle conception nous avons alors pu obéir. Au nom de quels intérêts économiques avons-nous le droit de laisser mourir de faim des millions d'individus ? Et si, par excès de misère, éclatait un de ces fléaux – guerre ou révolution – qui gaspillerait follement ce capital humain constituant notre vraie richesse, seraient-ce nos barrières douanières qui nous protégeraient ? Nous aimons tous notre patrie et nous comprenons tous ce que cela signifie. Mais chaque fois que nous invoquons cette notion pour défendre des intérêts qui diffèrent de ceux de l'humanité, ne devons-nous pas nous demander si nous raisonnons mal ?

Que l'on soit partisan d'une économie capitaliste ou d'une économie socialiste, il faudra bien, tôt ou tard, selon la parole d'un de nos récents ministres, que nous « dressions une carte économique de l'Europe ». Demain, le cadre politique ne groupera pas seulement les individus de même culture et de même race, mais encore tous les producteurs de richesses nécessaires aux besoins vitaux de cette communauté élargie. Les libéraux ont et auront toujours raison lorsqu'ils disent qu'il faut extraire la richesse là où elle coûte le minimum d'efforts et que c'est folie de vouloir défendre une économie par des artifices. Mais, demain comme hier, une guerre n'éclaterait pas pour des motifs purement politiques ou culturels, mais pour des raisons économiques, et c'est pour cela même qu'il est primordial d'assurer une organisation économique internationale.

Alors, pourquoi donc le monde tend-il à agir dans un sens directement opposé ? Tous les intérêts, si puissants soient-ils, ne doivent-ils pas s'incliner devant l'intérêt national noblement conçu qui se confond avec l'intérêt de l'humanité ? N'est-il pas pénible d'entendre à Genève des discussions byzantines sur la définition des armements offensifs ou défensifs, pendant que des millions d'individus sont dans la misère ?

Certes, ce n'est pas du jour au lendemain que les Etats-Unis d'Europe, seuls gages d'une paix réelle, seront réalisés, et que les barrières douanières pourront être détruites. Il faudra une période d'adaptation où l'Etat aura pour tâche essentielle d'amortir le retour à l'équilibre rationnel.

d) Dans le domaine moral.

Dans tout ce qui précède, on s'est efforcé de mettre en relief les facteurs intellectuels du problème. Si, au cours de leur étude, il n'a été inséré aucune considération d'un autre ordre, c'est que, en ce qui concerne les facteurs moraux, bases de toute vie agissante, un accord presque unanime paraissait unir nos camarades sur leur rôle d'inspiration.

Ce n'est pas, en effet, par pure spéculation, ni seulement par goût individuel pour une étude de caractère élevé que l'on s'est attaché ainsi au problème actuel. Nous avons tous constaté, quelles que soient nos convictions particulières, le glissement général de nos conceptions morales les plus chères.

C'est cet aspect de la crise, le plus angoissant de tous, qui nous a poussés à examiner ensemble et du point de vue humain les questions économiques, financières et politiques.

Il ne saurait s'agir ici de dégager les responsabilités, ni de faire la part des erreurs des chefs et des défaillances anonymes. A chacun le soin d'assurer dans sa propre sphère d'apostolat le redressement moral qu'il juge nécessaire et conforme à ses propres aspirations.

Mais deux points paraissent essentiels à mettre en lumière dans ce domaine.

Une Société humaine progresse quand elle substitue aux mobiles individuels de ses activités composantes d'autres mobiles plus généreux, susceptibles de tenir compte de facteurs moins matériels et d'intéresser la vie de la communauté tout entière. Vouloir progresser, c'est par conséquent admettre qu'on puisse rejeter l'appât du gain comme seul stimulant. Un simple regard sur le passé nous montre, en effet, que le profit n'a jamais été le facteur psychologique des grands progrès. Chez un inventeur digne de ce nom, l'appât du gain n'est jamais le principal mobile de son activité. Et même, sans vouloir ne considérer que les stimulants d'un haut caractère moral, il semble que le loisir, par exemple, réponde chez l'individu à un besoin parfaitement justifié. On a trop souvent confondu la possession des biens avec la liberté, ou l'économie idéale avec l'indépendance égoïste de toutes les activités. Il faut admettre aujourd'hui que seuls des stimulants applicables à tous les individus et faisant appel à leurs désirs les plus sacrés sont capables de rendre à notre activité le souffle qu'elle a perdu.

Le second point concerne notre conception de la misère. Si la misère ne peut être tolérée, ce n'est pas tant parce qu'elle rend les gens malheureux que parce qu'elle les dégrade. La pauvreté telle que nous l'avons de nos jours, dans nos grandes villes, avilit les pauvres et infecte de leur avilissement tout leur voisinage. **C'est peut-être la plus grande folie dont une Société puisse se rendre coupable que de tenter d'user de la misère comme d'une punition pour des délits qui ne sont pas punis de prison.** Nous savons bien qu'il y aura toujours un ample besoin de bonté dans le monde ; mais celle-ci ne devrait pas être gaspillée à soulager la misère et la maladie qui pourraient être évitées. Ce sont les gens qui détestent la pauvreté, et non ceux dont elle attire la sympathie, qui y mettront fin. La misère est un dommage public qu'il est criminel de tolérer. Il n'est donc pas une mesure qui ne devrait être prise sans penser à cette plaie effroyable de notre civilisation, et sans considérer qu'après plusieurs siècles de progrès dont nous sommes si fiers, reste encore actuelle, l'observation de La Bruyère : « Il y a des misères sur terre qui saisissent le cœur ; il manque à quelques-uns, jusqu'aux aliments, ils redoutent l'hiver, ils appréhendent de vivre. »

V. UN PROGRAMME POUR « X-CRISE ».

Nous ne saurions mieux terminer cette étude qu'en essayant de préciser quelle devrait être, de l'avis du signataire de ces lignes, la tâche prochaine de « X-Crise ».

Nous ne reviendrons pas sur les raisons qui nous ont amenés, avec l'aide de quelques-uns de nos camarades, à créer, au sein de notre milieu polytechnicien, ce groupe d'étude et d'échange d'idées. Nous n'insisterons pas non plus sur la marche rapide des événements qui se sont déroulés depuis nos premières réunions. Nous devons considérer maintenant comme notre devoir le plus strict de nous intéresser à l'évolution actuelle de notre monde. Nous ne savons nullement si l'avenir n'engagera pas notre intelligence, notre culture ou notre cœur dans un mouvement où nous aurons besoin de nos réflexes les plus rapides, de connaissances accumulées ou de générosités instinctives.

Aux camarades qui ont compris qu'une telle éducation n'était pas inutile, « X-Crise » a offert un cadre restreint où ont pu s'affronter librement les réflexions sincères de ceux qui, avec une même formation, jugent ou essayent de juger les faits.

Nous devons persévérer dans la voie de ces réunions fréquentes dont le succès a certainement été pour tous un réel réconfort. Notre seul programme devrait être de continuer le contact entre nous et de provoquer le choc d'idées nécessaires à l'orientation de nos réflexions.

A notre avis personnel, notre effort en commun devrait se résumer ainsi :

- Observation et interprétation des événements,
- Education réciproque,
- Discussion aussi large et aussi libre que possible,
- Discrimination fondamentale des poussées et recherche du sens dans lequel doit se déplacer l'équilibre économique.

Nous devons constituer, par conséquent, un milieu en continuelle fermentation. Nous savons bien que c'est en cherchant à connaître, sans nous leurrer, les événements et leurs conséquences, que nous parviendrons à trouver un terrain sur lequel il nous sera possible de bâtir notre confiance et d'exercer notre ténacité.

Et si l'on nous reproche une inquiétude qui ne devrait plus être admise en un moment où la foi devrait nous animer, nous répondrons qu'avant de croire il faut chercher, et nous rappellerons la phrase d'Anatole France : « Une chose surtout donne de l'attrait à la pensée des hommes, c'est l'inquiétude. Un esprit qui n'est point anxieux m'irrite ou m'ennuie. »

C'est aux esprits anxieux et généreux que nous nous sommes adressés pour collaborer à cette tâche et, par les résultats déjà atteints, nous avons le droit et le devoir d'espérer de demain.

RECUEIL DES CONFÉRENCES LES PLUS MARQUANTES

Le témoignage, par des documents pris sur le vif, de l'approche kaléidoscopique proposée et réalisée par X-Crise de problèmes économiques toujours actuels.

Il est impossible de donner un aperçu du bouillonnement d'idées qui ont jailli dans les travaux d'X-Crise et qui ont été publiés dans les soixante bulletins et les dix opuscules qui constituent les archives de ce Centre.

Il a semblé plus important de marquer dans cet ouvrage commémoratif le sérieux et la variété des exposés et des discussions concernant un même sujet, le niveau des réflexions et la courtoisie des échanges : c'est par le respect de cette volonté de comportement que X-Crise fit œuvre novatrice, proposant et appliquant une méthode objective trop souvent négligée depuis lors.

Comme il ne pouvait être question de reprendre tous les problèmes abordés au cours de ces neuf années de vie du Centre, ont été retenues les questions les plus importantes mais toujours actuelles, volontairement regroupées en six ensembles dont la simple énumération du contenu de chacun d'eux témoigne du souci d'objectivité de l'œuvre accomplie.

A) LIBÉRALISME OU ÉCONOMIE DIRIGÉE ?

- Conférence de Jacques Rueff : « Pourquoi, malgré tout, je reste libéral ».
- Conférence d'Auguste Detœuf : « La fin du Libéralisme ».
- Conférence d'Albert Caquot : « Moyens nécessaires pour utiliser le potentiel économique de la France ».
- Conférence de Paul Reynaud : « La crise mondiale et le problème des monnaies ». Réponse de R.P. Duchemin.
- Conférence de Charles Rist : « Stabilité des changes et parités monétaires ».
- Conférence de Jacques Branger : « Le contenu économique des plans... et le planisme ».

B) MÉTHODE HISTORIQUE.

– François Simiand : « Les fluctuations économiques à longue période et la crise mondiale ». Critique par Jean Coutrot et réflexion par Louis Vallon sur l'œuvre de François Simiand.
– Conférence de Marc Bloch : « Que demander à l'Histoire ? ».

C) RELATIONS HUMAINES.

– Conférence de René Belin : « La position du syndicalisme français devant les problèmes économiques actuels ».
– Conférence de Robert Lacoste : « Le syndicalisme français et le redressement national ».

D) POINT DE VUE PHILOSOPHIQUE.

– Conférence de Paul Valéry : « Mes impressions de Science et de Philosophie ».

E) LES EXPÉRIENCES ÉTRANGÈRES.

– Conférence de Georges Boris : « L'expérience Roosevelt ».
– Réponse d'Ernest Mercier à la suite de sa conférence : « Retour d'U.R.S.S. ».

F) RECHERCHES ÉCONOMÉTRIQUES.

– Conférence de François Divisia : « Travaux et Méthodes de la Société d'Econométrie ».
– Conférence de Jean Ullmo : « Les Problèmes Théoriques de l'Economie Dirigée ».
– Etude de Jean Constant : L'Economique Rationnelle, des frères Guillaume.
– Conférence de Bernard Chait : « Le problème des crises économiques ».
– Conférence de Jan Tinbergen : « Recherches économiques sur l'importance de la Bourse aux Etats-Unis ».

Puissent les exposés qui suivent, des quinze conférences et études annexes ainsi sélectionnées, rappeler au lecteur la personnalité de leurs auteurs, lui révéler la qualité des débats et le convaincre que nombre des sujets traités seraient encore aujourd'hui, – un demi siècle plus tard –, d'une brûlante actualité.

Ces exposés sont quasi intégraux et les coupures nécessitées par l'abondance des matières n'altèrent en rien la pensée des auteurs.

*
* *

A) LIBÉRALISME OU ÉCONOMIE DIRIGÉE ?

La question fondamentale du choix entre un régime libéral et une économie dirigée a constitué le débat essentiel dans les discussions d'X-Crise, débat qui est loin d'être clos cinquante ans plus tard : l'affrontement des idées sur ces deux thèses s'est prolongé jusqu'à nos jours.

Il était donc particulièrement indiqué de rappeler les arguments invoqués autrefois pour soutenir ces théories opposées.

C'est pourquoi ont été choisies trois conférences qui ont connu, à l'époque, un éclat exceptionnel. Elles ont été prononcées par :

- *un haut fonctionnaire, expert en questions monétaires, Jacques Rueff,*
- *un fonctionnaire porté à la tête d'une très importante industrie française, Auguste Detœuf,*
- *un très grand ingénieur français du siècle, Albert Caquot.*

Ces conférences ont été présentées respectivement en 1934, 1936 et, la dernière, à un moment particulièrement dramatique, en juillet 1939. Elles constituent donc des témoignages précieux et des matières à réflexions pleines d'actualité.

Conférence de M. Jacques Rueff (8 mai 1934)

POURQUOI, MALGRÉ TOUT, JE RESTE LIBÉRAL

On m'a raconté qu'aux Etats-Unis, dans certains Etats du Sud, il existe des sectes nègres qui pratiquent la confession publique. Lorsqu'un membre de la communauté a commis un grand péché, les anciens lui imposent l'aveu de ses fautes devant le peuple assemblé. Eh bien, mes chers camarades, je me sens un peu comme le pauvre nègre. Depuis que votre groupe existe, j'en ai observé la croissance avec le plus vif intérêt et je crois bien ne pas me tromper en affirmant qu'elle ne s'est pas effectuée dans un sens purement libéral. Si telle elle était, elle serait d'ailleurs une exception dans notre pays comme dans tous les pays du monde. Je me sens donc parmi vous en état de singularité, et je vous prie de croire que je n'en éprouve nul plaisir, car ce n'est pas un mol oreiller que le non-conformisme. Aussi quand votre Bureau m'a fait le grand honneur et le très grand plaisir de m'inviter à prendre la parole parmi vous, de cette tribune à laquelle tant de précieux souvenirs sont attachés, aussitôt ai-je pensé que vous étiez précisément l'auditoire que je cherchais. A vous tous qui avez la même formation que moi, donc qui jugez de la même façon que moi, je viens avouer mon péché qui est d'être resté libéral dans un monde qui cessait de l'être. Je viens vous en dire les raisons et vous demander de les apprécier, et tout à l'heure, vous me direz, je l'espère, si je suis fou ou si c'est le reste du monde qui a perdu l'esprit.

*

* *

Etre libéral, c'est un état d'âme, mais c'est aussi un état de raison. L'état d'âme, parce que tous nous l'approuvons et que les arguments en sa faveur sont tellement familiers, je vous demande la permission de n'y pas insister pour le moment. Mais l'état de raison est plus discutable, et c'est de lui que je veux essentiellement vous entretenir.

Mes chers Camarades, vous est-il arrivé quelque fois de considérer nos univers économiques d'un peu haut ou d'un peu loin, du point de vue de Sirius, par exemple. Cela m'arrive quelquefois, en période de congé, et je dois dire que ce qui m'étonne le plus, ce qui me semble le plus admirable et le plus stupéfiant dans ce grouillement qui agite la surface de notre petit monde, c'est qu'il dure. Imaginez en effet le nombre de conditions qui doivent être satisfaites pour que ce petit groupement que constitue l'humanité puisse subsister. Je ne parle pas du miracle quotidien de la vie, bien qu'il y ait là aussi un problème de grande portée. Songez à ce qu'a d'admirable ce fait que le dédoublement d'une cellule qui paraît se produire sans qu'aucun biologue ne vienne en ordonner le plan, construise cet édifice si complexe qu'est un corps humain. Mais plus encore... imaginez ce qu'a de stupéfiant ce fait qu'un corps humain qui absorbe chaque jour une quantité d'aliments qu'aucun ordonnateur ne vient doser, qui respire sans plan, dont le cœur bat sans contrôle, qui digère et assimile sans que personne ne se préoccupe de mesurer ses échanges, puisse rester sensiblement égal à lui-même et durer.

Or, ce n'est pas seulement ce petit univers qu'est la collectivité de cellules qui constituent un être qui dure, mais aussi la collectivité de ces êtres assemblés en sociétés. Là encore, prenez une de ces sociétés d'avant-guerre dont la santé économique était si parfaite, que personne dans le grand public ne soupçonnait l'existence de problèmes économiques et monétaires pas plus qu'aucun de vous ne suppose qu'il a un foie ou un estomac qui puisse un jour faire entendre sa voix. Eh bien, imaginez le problème que soulève la pérennité d'un pareil état économique. Pour qu'il puisse durer, il faut que dans cet ensemble chaque individu ait trouvé chaque jour les produits qu'il désire, là où il les désire, dans la quantité où il les désire ; que tout le capital disponible trouve emploi et qu'aucun besoin de capital ne reste à satisfaire ; que tout individu qui a une dette à payer à l'étranger trouve les devises dont il a besoin pour la payer et que, dans tous les domaines, pour tous les articles nécessaires à la vie il y ait équilibre entre la production et la consommation, entre l'offre et la demande, et que cet équilibre rigoureux s'applique dans le temps et dans l'espace à tous les éléments innombrables qui font l'objet d'échanges entre les hommes. Et notez que tout cela n'est pas seulement théorie pure ; le défaut d'équilibre sur le marché du travail, ce sont des hommes qui ne trouvent pas d'emploi, c'est le désespoir, c'est la mort. Le défaut d'équilibre sur le marché du charbon ou du pain, ce sont les attentes désespérées à la porte des boutiques de ceux qui ne savent pas s'ils obtiendront la miche qu'ils souhaitent. Donc partout le déséquilibre. C'est la souffrance humaine et finalement la fin du système, alors que l'équilibre c'est la condition essentielle, en dehors de laquelle le système ne saurait durer. Je ne dis pas d'ailleurs que cet équilibre soit immuable ; bien au contraire, il se modifie sans cesse sous les influences les plus diverses, mais à chaque instant, il doit être maintenu pour que le système puisse durer.

Prenons un exemple plus précis. Celui du paiement des dettes étrangères. Jamais avant la guerre il n'est arrivé qu'un individu ou un Etat désireux de payer une dette à l'étranger se trouve dans l'impossibilité d'obtenir sur le marché les devises dont il avait besoin. Pour qu'il en fût ainsi, il fallait qu'il y eût sensiblement égalité entre les offres et les demandes de devises. Or les offres de devises sont le produit des activités innombrables de tous les individus qui ont quelque chose à payer dans le pays ; les demandes, le résultat de tous ceux qui ont une dette à payer à l'étranger. Or toutes ces activités s'exercent sans aucun lien entre elles. Et cependant le résultat était tel que toutes les demandes pouvaient toujours être satisfaites, c'est-à-dire qu'il y avait pratiquement égalité entre le total des offres et le total des demandes. Ne trouvez-vous pas ce résultat merveilleux ? Croyez-vous qu'un pareil résultat atteint en permanence, comme il l'était pratiquement avant la guerre partout et toujours, puisse être fortuit ? Pour moi, je m'y refuse. Qu'une fois par hasard on produise autant de blé qu'on en consomme, qu'une fois par hasard le montant des créances étrangères soit sensiblement égal à celui des dettes, c'est possible, mais que cela soit vrai en permanence prouve qu'un équilibre aussi improbable, aussi stupéfiant ne peut être le fait du hasard. Et, puisque cet équilibre ne peut être fortuit, il ne saurait exister que si un mécanisme approprié en assure l'existence.

Ainsi, durer pour un mécanisme économique comme pour tout être vivant, ce n'est aucunement un état naturel et fatal. Le docteur Knock disait que c'était un état morbide qui ne présageait rien de bon, mais c'est surtout un extraordinaire miracle qui suppose tout un ensemble d'adaptations concertées à défaut desquelles le système inévitablement cesserait d'exister. Et ainsi nous arrivons au problème central de toute l'économie politique, à celui qui domine toutes nos controverses politiques ou sociales. Celui du mécanisme par lequel la pérennité du système se trouvera assurée.

*

* *

Dans le système ancien le mécanisme nous est bien connu. C'est le mécanisme du prix. Et le résultat, c'était le quasi-équilibre que nous connaissions avant la guerre dans presque tous les pays civilisés. Ce résultat était obtenu non en supprimant la liberté individuelle, mais en faisant en sorte que le libre désir de l'individu libre le conduisit à jouer dans l'ensemble le rôle qu'il devait jouer pour que l'équilibre collectif fût assuré.

Prenons un exemple : supposez que dans une certaine carrière ou une certaine région on manque de bras, les salaires vont augmenter, et les individus, mettant en balance les avantages et les inconvénients, seront incités à se diriger dans cette voie. Aucun dictateur n'aura disposé d'eux. Ils auront conservé leur libre arbitre, mais compte tenu de leurs goûts et de leurs désirs, leur volonté aura été orientée de telle façon qu'elle leur inspire la libre décision que l'intérêt général exigeait qu'ils prissent. Et le mécanisme ne pourra pas ne pas être efficace, parce que la variation de prix ne prendra fin que lorsque l'équilibre aura été rétabli.

On a souvent qualifié ce régime individualiste de chaotique. Mesurez la portée de l'erreur. Certes il reste individualiste en ce sens que le moteur en est la libre volonté individuelle. C'est dans ce sens qu'on le qualifie de libéral, « qui convient à un homme libre ». Mais ce serait une grande erreur de croire que dans un pareil régime les intérêts généraux sont abandonnés au hasard. Bien au contraire, le mécanisme des prix, toujours présent, vient, compte tenu des désirs des hommes de leur préférences et de leurs penchants aussi bien que des conditions matérielles de l'univers dans lequel ils vivent, ce mécanisme des prix vient concerter l'action de toutes les molécules humaines de telle façon que soient respectées les conditions qui doivent être satisfaites pour que la collectivité envisagée puisse durer. Régime désordonné, dit-on, certes non, parce que l'ordre est assuré, mais il l'est par un monarque impérieux et discret qui commande sans jamais apparaître, et dont l'action ne peut pas ne pas être efficace parce qu'elle se prolonge jusqu'au moment où le résultat qui doit être obtenu l'a été.

Cependant un pareil régime ne peut pas ne pas provoquer de récriminations chez ceux qu'il affecte : les variations de prix sont extrêmement désagréables, en hausse pour les acheteurs qu'elles tendent à écarter, en baisse pour les vendeurs qu'elles veulent éliminer. Elles doivent donc faire contre elles l'unanimité des oppositions partielles, parce qu'elles ne tendent qu'à sauvegarder l'intérêt général, ce grand silencieux, puisqu'aucune voix jamais ne parle en son nom. D'ailleurs, dans cet amphithéâtre, il me sera particulièrement aisé de préciser ma pensée. La loi des prix, c'est seulement un cas particulier de la grande loi du déplacement de l'équilibre. Cette loi, aux termes de laquelle, « si l'on modifie l'un des facteurs de l'équilibre d'un système en équilibre, il se produit une modification du système qui, si elle s'accomplissait seule à partir de l'état primitif, entraînerait une variation inverse du facteur considéré ». Cette loi qui, en physique, prend la forme de la loi de Van't Hoff-Le Chatelier est, dit-on, la plus générale de la nature. Il paraît que Bichat, qui fut doyen de la Faculté des sciences de Nancy, la qualifiait de loi de « l'embêtement maximum », et ce qualificatif en fait bien comprendre le sens. Or dans un régime représentatif où tous les intérêts sont représentés, une loi de l'embêtement maximum doit faire contre elle l'unanimité des oppositions individuelles, même lorsque c'est une loi physique. Et comme dans tous les pays du monde les gouvernements considèrent que leur tâche essentielle, sinon unique, c'est d'obéir à la volonté de leurs mandants, tous les gouvernements se sont attachés, dès que la variation d'un facteur de l'équilibre aurait obligé la loi à jouer, à en paralyser le mécanisme.

Y avait-il insuffisance d'un article peu important, on en taxait le prix, et les longues queues à la porte des boutiques venaient révéler les demandes non satisfaites et le déséquilibre dont on avait ainsi évité la disparition.

Inversement, le blé se trouvait-il en excédent ? Aussitôt on créait un farm board où l'on fixait un prix minimum pour empêcher la baisse et éviter que la réduction des emblavures ne vienne mettre un terme à la crise. Et dans tous les domaines, par des trusts, par des cartels, par des plans – tel le plan Stevenson, jadis pour le caoutchouc – par le contingentement des importations, on réussissait, en se libérant du mécanisme des prix, à échapper à l'emprise des forces qui devaient tendre à maintenir les équilibres ou à les rétablir lorsqu'ils avaient été accidentellement troublés, donc à éviter les crises ou à en réduire au minimum l'ampleur et la durée.

Ces interventions n'ont d'ailleurs pas été limitées au domaine économique. En matière monétaire l'open market, le gold exchange standard et tous les artifices de la monnaie dirigée ne sont que des artifices pour échapper aux mouvements de taux qui eussent tendu à maintenir les équilibres monétaires et là encore à éviter des crises trop profondes ou trop graves. Le résultat, c'est que dans tous les domaines on détruit le régulateur qui faisait sortir l'ordre collectif du désordre des initiatives individuelles. Et nous avons vu ainsi se développer une économie en folie, où l'équilibre ne peut exister puisque l'on a fait disparaître le mécanisme qui tend à en assurer l'existence.

On voit ainsi que c'est un monstrueux mensonge que d'affirmer que l'économie classique, c'est-à-dire ce que l'on est convenu d'appeler le capitalisme, a fait faillite, parce que les désordres sont apparus précisément là où l'on a remplacé le régime ancien du régulateur automatique par ce régime absurde et insensé de l'économie libérée, qui est la négation même de l'économie libérale.

*

* *

Cependant cette économie libérée, libérée du contrôle des prix, est un fait, et un fait dont l'ampleur augmente chaque jour dans tous les pays du monde. Aussi certains esprits, et des plus vigoureux, ont-ils pensé que puisqu'elle répondait à la quasi-unanimité des volontés individuelles, il était vain d'essayer de résister, et que la sagesse était seulement de tenter de corriger ses conséquences désastreuses en conservant les avantages qu'elle implique.

La première et la plus grave de ses conséquences désastreuses, c'est le déséquilibre dont tous les marchés sont affectés, c'est-à-dire la crise à l'état endémique. Or si la crise résulte, comme j'espère vous l'avoir montré, du fait que le mécanisme des prix ne vient plus systématiquement assurer l'équilibre de l'offre et de la demande, de la production et de la consommation, du doit et de l'avoir, ne pourrait-on organiser systématiquement ces équilibres par voie comptable, en dressant un projet contingentant pour chacun des articles du marché les quantités produites et consommées et obligeant les individus à respecter les contingents ainsi établis ? Ainsi a pris naissance cette conception de l'économie consciente où la volonté des hommes doit remplacer le libre jeu des prix.

Nous allons voir en premier lieu comment une pareille économie pourrait fonctionner. Il faudra évidemment au centre un organisme qui sera chargé systématiquement d'adapter la production et la consommation ; mais la production implique un délai souvent appréciable. Il faudra donc prévoir, et pour cela faire un plan. Ainsi le plan, qu'il soit ou non de cinq ans, est le trait essentiel de l'économie organisée, que l'on appelle souvent économie planée, ou planifiée.

Ceci dit, voyons comment ce plan sera établi. Il devra décider des produits utiles et écarter les autres, donc orienter la production. En outre, parce que les rémunérations ne seront plus celles qui résulteront du libre jeu des prix et des salaires, il devra fixer la répartition et en outre pourvoir à l'épargne indispensable.

Le problème qui se posera donc devant le fonctionnaire ou les fonctionnaires responsables, ce sera un problème immense de choix entre tous les possibles.

Eh bien, Messieurs, pour vous faire comprendre le problème qui se pose, je veux vous présenter un cas concret. Je suppose que vous représentiez votre Gouvernement à une commission chargée de fixer des contingentements destinés à limiter les importations en provenance d'un certain pays et que ce pays vous dise : « Si je n'exporte pas chez vous telle quantité de nitrates ou de fruits, je ne pourrai payer le coupon des emprunts que vous m'avez généreusement consentis. »

Si vous acceptez les exportations de nitrates ou de fruits, vous ruinez des productions nationales. Si vous refusez vous ruinez des porteurs de titres. Il vous faut choisir entre les deux. Eh bien, certains esprits, pour choisir, ont besoin de raisons de choisir. Je sais bien que ce sont des attardés, qui ne connaissent pas les voluptés de la pensée diffuse. Mais ceux-là ont beau être des fonctionnaires consciencieux, désintéressés et désireux de faire leur devoir, ils ne voient aucun fondement légitime à la décision qui consistera à ruiner l'un plutôt que l'autre. On a beau leur dire d'adopter la solution juste, ils n'ont aucun moyen de la reconnaître. Messieurs, dans tous les problèmes de l'économie dirigée, c'est cela le problème véritable : on se trouve constamment devant des problèmes que résolvait jadis le mécanisme des prix et qu'à défaut de lui, seul l'arbitraire peut résoudre.

Et de même dans les problèmes de la répartition, si l'on ne donne pas à chacun la rémunération que lui vaut le mécanisme des prix, alors il faut fonder une éthique du juste prix et du juste salaire. Or, je vous le demande, sur quelles bases prendrez-vous vos décisions ? Serez-vous satisfaits avant que l'égalité complète des rémunérations soit atteinte ? ou voudrez vous une rémunération proportionnelle à la durée horaire de travail, ou au rendement, ou à l'effort – et si oui, comment mesurer ces critères ?

Messieurs, croire qu'on peut pratiquer la politique du juste prix sans la définir, c'est croire qu'on peut raisonner sans raison. La vérité, c'est que tous les régimes d'économie dirigée impliquent l'existence d'un organisme susceptible de prendre des décisions arbitraires, autrement dit dictatoriales. La dictature est ainsi une condition et une conséquence de l'économie planifiée.

Et d'ailleurs, l'expérience ne confirme-t-elle pas cette conclusion ? Pouvez-vous tenir pour fortuit le foisonnement des dictatures dans les pays où fleurit le régime de l'économie consciente ? Je crois que c'est La Bruyère qui a dit qu'une conscience dirigée est une conscience qui a un directeur ! Eh bien, une économie dirigée, c'est une économie qui a un dictateur, c'est-à-dire quelqu'un qui choisit sans raison, qui fait la fortune des uns, la ruine des autres, que ce soit Staline, Hitler ou M. Lebureau.

Mais là n'est pas la seule considération qui exige dans un univers organisé un pouvoir arbitraire et absolu. Lorsque le plan sera établi, il faudra qu'on l'exécute ? Or il aura été établi dans certaines conditions, et pour qu'il reste applicable, il faudra que ces conditions demeurent stables. Il devra en être ainsi notamment du volume de la main-d'œuvre et de sa répartition entre les diverses professions et puisque cette répartition ne sera plus assurée par le jeu des salaires, il faudra bien répartir les travailleurs par voie d'autorité en leur refusant toute possibilité de changement ou de migration.

Mais il faut aussi songer à l'état de la technique. Il faudra contrôler les inventions et interdire méthodiquement tout perfectionnement qui changerait les conditions de production.

Et ici je vous demande la permission de vous lire des extraits d'un délicieux petit livre : *Brave new world,* où Aldous Huxley, le plus connu peut-être des romanciers anglais contemporains, décrit un monde qui est celui-là même qui devrait exister pour qu'une économie organisée fût possible. Sur les monuments publics, on ne lit plus naturellement « Liberté, égalité, fraternité », mais « Communauté, identité, stabilité ». Toute l'économie est organisée par un « administrateur mondial », et voilà comment on y traite l'esprit de progrès. C'est ici l'administrateur mondial qui parle : « Le Bureau des Inventions regorge de plans de dispositifs destinés à faire des économies de main-d'œuvre. Il y en a des milliers. Et pourquoi ne les mettons-nous pas à exécution ? Pour le bien des travailleurs ; ce serait cruauté pure de leur infliger des loisirs excessifs. Il en est de même de l'agriculture. Nous pourrions fabriquer par synthèse la moindre parcelle de nos aliments, si nous le voulions. Mais nous ne le faisons pas. Nous préférons garder à la terre un tiers de la population ; pour leur propre bien, parce qu'il faut plus longtemps pour obtenir des aliments à partir de la terre qu'à partir d'une usine. D'ailleurs, il nous faut songer à notre stabilité. Nous ne voulons pas changer. Tout changement est une menace pour la stabilité. C'est là une autre raison pour que nous soyons si peu enclins à utiliser des inventions nouvelles. Toute découverte de la science pure est subversive en puissance ; toute science doit parfois être traitée comme un ennemi possible. Oui, même la science. »

Mais il ne suffit pas de discipliner la technique, il faut en outre prohiber toute expression de pensée libre. Cela implique un régime que Huxley encore décrit mieux que nous ne saurions le faire :

Voici comment, au nom de la stabilité, on traite dans le *Brave new world* celui qui s'est permis une idée originale : « Tous les gens qui, pour une raison ou pour une autre, ont trop individuellement pris conscience de leur moi pour pouvoir s'adapter à la vie en commun, tous les gens que ne satisfait pas l'orthodoxie, qui ont des idées indépendantes bien à eux, tous ceux, en un moi, qui sont quelqu'un, on les envoie dans une île, c'est-à-dire, ajoute l'administrateur mondial, dans un lieu où ils pourront frayer avec la société plus intéressante d'hommes et de femmes qui se puisse trouver nulle part au monde. »

Et ainsi vous voyez comment sera traité dans le paradis futur tout ce que l'on nous a appris à estimer, tout ce qui pour nous fait encore la grandeur de l'homme.

Mais passons à l'exécution technique du plan. D'abord une première observation ; c'est que dans un pareil régime l'organisation ne peut être partielle, elle doit embrasser tout ou rien. Et pourquoi ? C'est que si l'on veut éviter les crises qui résultent d'une première intervention, il faut étendre l'effort d'organisation systématique à tous les facteurs de la vie économique. Un simple exemple vous fera mieux comprendre ceci qu'un long raisonnement. Envisageons pour fixer les idées les conséquences du régime des contingents. A partir du moment où les balances commerciales sont cristallisées par des restrictions quantitatives, la quantité de devises qu'elles fournissent est limitée. Si pour une raison quelconque les besoins de change d'un pays augmentent, il ne peut faire face à ses obligations. D'où nécessité de choisir les dettes que l'on paye et celles que l'on ne paye pas, de réduire le montant des dettes que l'on continue à payer. Mais en même temps le maintien des stabilités monétaires devient impossible à moins de contrôles des paiements étrangers qui impliquent l'organisation de clearings de devises. Mais en même temps les prêts à l'étranger deviennent impossibles. D'où énormes différences de taux entre les pays où les capitaux sont surabondants et ceux où ils font défaut. D'où la nécessité d'envisager la répartition des encaisses monétaires, etc., etc.

Ainsi donc, à moins d'accepter la crise ou de s'y installer, il n'est d'autre solution que de consentir à la généralisation totale du régime d'intervention que l'on a voulu instaurer.

Mais alors, une question se pose : pareille généralisation est-elle possible ? Autrement dit, est-il concevable que l'on puisse appliquer le régime du plan à tous les éléments innombrables qui entrent dans les échanges ?

Pour ma part, je me refuse à le croire ; je pense qu'aucun esprit humain ne peut prétendre résoudre le système d'équation à inconnues innombrables qui traduit les conditions d'équilibre d'un marché, même si ces conditions étaient connues, ce qui n'est pas. Or, toute erreur dans l'élaboration du plan crée un déséquilibre, donc une crise.

Et d'ailleurs, les différentes tentatives d'économie planifiée ne confirment-elles pas ces vues théoriques ? La Russie elle-même est en train de restreindre le régime des équilibres conscients et de restaurer dans des domaines toujours plus étendus le mécanisme des prix. On m'a dit qu'actuellement 30 p. 100 de la production se vendait aux prix du marché libre, alors que 75 p. 100 des exploitations agricoles sont des kolkoz qui vendent leur blé sur le marché après prélèvement fiscal pour parer aux besoins de l'Etat. Il semble même qu'on ait rétabli dans le régime des Soviets des salaires différenciés, proportionnels au rendement.

Ainsi donc, les réalités se défendent, la crise endémique, résultat de l'économie organisée, a imposé le rétablissement du mécanisme des prix.

Faut-il déplorer cette évolution, faut-il considérer qu'elle nous ramène vers le régime immoral des intérêts privés, le régime où chacun cherche un avantage au détriment du voisin ? Pour ma part je ne le crois pas. Toutes les turpitudes de notre régime, j'en ai toujours trouvé la source dans des interventions de l'Etat. Je n'ai aucune peine à concevoir un régime libéral jacobin, où une justice égale et rigoureuse, en même temps qu'une charité active et généreuse, se concilieraient avec une politique tendant uniquement à améliorer les niveaux de vie, donc le sort du plus grand nombre. Et je crois qu'il serait dans un pareil régime plus de bonheur pour les masses que dans les systèmes malthusiens qui donnent à leurs auteurs toutes les apparences de l'action généreuse, mais organisent la misère et la ruine.

Jacques RUEFF.

Conférence de M. A. Detœuf (1er mai 1936)

LA FIN DU LIBÉRALISME

Je me propose, une fois de plus, de rechercher devant vous les causes du marasme actuel. Elles ont été assez étudiées jusqu'ici pour que je ne vous apporte rien de nouveau. Tout au plus puis-je essayer de faire un classement nouveau des causes déjà connues. Mais je le crois tel qu'on puisse en tirer des conclusions.

Je n'essaierai pas de vous y conduire insidieusement. Il me semble plus honnête de vous dire tout de suite ce à quoi je dois aboutir et de vous exposer ensuite mes raisons. Les faiblesses vous en apparaîtront mieux, et peut-être aussi leur force.

Cette conclusion, c'est la suivante : Le libéralisme est mort ; il a été tué, non par la volonté des hommes ou à cause d'une libre action des Gouvernements, mais par une inéluctable évolution interne.

Le libéralisme, tel qu'il a joué au XIXe siècle, est mort. Il est inutile de tenter de le faire revivre. Il faut s'adapter à l'état nouveau. Puisqu'il a été bienfaisant, puisqu'il recèle des ferments utiles nécessaires, il faut tâcher de sauver du libéralisme tout ce qui peut-être sauvé. Mais comme on ne peut tout sauver, il faut rechercher ce qui doit être sacrifié en lui. Il faut choisir. Il ne s'agit pas, comme on le pense souvent, de lest à jeter ; c'est une partie de la cargaison qu'il faut abandonner pour ne pas faire naufrage avec le reste.

Je crois que la fausse mystique libérale, les déclarations libérales sans sincérité, toute cette démagogie à l'intention des classes dites dirigeantes et d'un peuple qui confond la liberté économique avec la liberté tout court, sont des dangers publics ; car, empêchant de voir, elles empêchent aussi de se défendre. Je crois qu'il ne faut pas s'aveugler, qu'il faut regarder les choses en face ; si ceux qui souffrent le moins dans l'économie moderne pensent avoir individuellement intérêt à la liberté économique totale, ils se trompent. En tant qu'individus, non plus qu'en tant que collectivité dans la collectivité, ils n'y ont intérêt. Ils n'ont intérêt à sauver que ce qui est bon, et une part du libéralisme est aujourd'hui malfaisante. Tel est le théorème que je voudrais démontrer.

Après avoir taillé, il faut recoudre. Dans l'exposé que je veux faire, je n'essaierai pas de recoudre ; j'indiquerai seulement le mouvement qu'à mon avis il faut suivre pour reconstruire une Economie habitable. Ce que je devrais faire naître en vous, c'est le désir de ce mouvement, qui doit être une Renaissance. Les uns trouveront sans doute qu'en attaquant la théorie libérale classique, j'enfonce une porte ouverte, les autres que j'accomplis une mauvaise action.

Mais, sans doute n'aurai-je fait ni bonne, ni mauvaise action. Sans doute n'aurai-je fait qu'un discours de plus.

*
* *

Pour que vous m'écoutiez tous sans trop d'hostilité préconçue, tous (même ceux qui sont encore intégralement libéraux), je crois nécessaire de vous indiquer que ma conviction part du libéralisme. Ne regardez pas ce que je vais vous dire comme la construction d'un esprit hostile aux thèses libérales, mais comme celle d'un homme qui en est amoureux, qui a été convaincu de leur vérité totale, qui a eu une foi absolue dans les lois classiques de l'Economie, et qui n'a été amené à les critiquer que parce qu'elles ne lui paraissent plus faire leur métier.

*
* *

A l'origine de mes doutes, il y a ces questions que tout le monde s'est posées :

– Pourquoi, alors que l'économie classique déclare impossible la surproduction générale, y a-t-il aujourd'hui des périodes de surproduction générale ?
– Pourquoi, alors que l'Economie classique déclare que les prix pratiqués ne peuvent durablement demeurer au-dessous des prix de revient, voit-on pratiquer pendant plusieurs années de suite des prix nettement au-dessous des prix de revient ? Pourquoi, sans discontinuité, les industriels d'un pays pratiquent-ils à l'étranger (à moins qu'ils n'y disposent d'un monopole de droit ou de fait) des prix constamment inférieurs aux prix de revient ?
– Pourquoi, alors que l'Economie libérale annonce qu'en cas de crise les plus

faibles s'éliminent et que leur effacement assainit le marché, ne voit-on pratiquement aucun producteur disparaître ?

Toutes ces questions, jusqu'au début du présent siècle, elles ne se posaient pas. Les crises générales n'étaient pas des crises de surproduction générale, mais des crises de panique financière due à une surproduction limitée à certains domaines de l'activité ; les industries en excédent disparaissaient assez rapidement, les prix pratiqués sur l'ensemble d'un marché n'étaient que rarement, pour de courtes durées, inférieurs aux prix de revient.

Aujourd'hui, au contraire (même si l'on se défie de la tendance naturelle à l'homme de se croire, au moment présent, dans une situation unique, inconnue de ses prédécesseurs, inouïe) on n'osera pas contester qu'on se trouve en présence de phénomènes sans précédent, et nettement contraires à la théorie.

Les explications qu'on en donne ne m'ont pas paru satisfaisantes ; on dit : *abus du crédit, excès du machinisme, interventionnisme des Etats, conséquence de la guerre, arrêt de la conquête du monde par les Européens.* Mais l'abus du crédit, l'excès du machinisme, l'arrêt de la conquête du monde, la théorie libérale veut que tout cela se corrige de soi-même sans trop de souffrances. Alors, pourquoi le libéralisme n'a-t-il pas corrigé l'excès du crédit, l'excès du machinisme, et n'a-t-il pas adapté la vie économique de la race blanche à la situation nouvelle créée par la fin des conquêtes coloniales, en substituant, comme il eût dû le faire, le progrès en profondeur au progrès en surface ? La loi de l'offre et de la demande eût dû punir en temps utile les erreurs des banquiers et des industriels et provoquer l'adaptation de l'Economie à des marchés nouveaux. Elle ne l'a pas fait. Et le libéral ne peut répondre : cela n'est pas encore fait, mais attendez, tout s'arrangera. Car si le libéralisme ne peut nous offrir qu'une économie aussi variable, aussi bondissante, avec tant de ruines et de chômage à certaines périodes, personne de sensé ne voudra du libéralisme. S'il faut passer tous les quinze ans par une période où il y aura trente millions d'hommes de race blanche en chômage, qui prônera encore le libéralisme comme le protecteur du bien-être ? Ce qui faisait la force de la thèse libérale, ce n'est pas tant qu'elle assurait le maximum de richesses, c'est qu'elle l'assurait dans la continuité, qu'elle écartait les grandes variations, c'est qu'elle disait : Travaillez, on peut toujours travailler, et vous aurez 99 chances sur 100 d'être payé de retour. Si elle ne peut plus dire cela, elle est perdue.

Aussi, en fin de compte, les libéraux sont-ils obligés de mettre toute la misère actuelle, tous les troubles dont j'ai parlé, sur le compte de l'intervention. Pourquoi la surproduction générale ? Intervention douanière, intervention des Etats sur les monnaies. Pourquoi les ventes au-dessous du prix de revient à l'étranger ? Intervention des Etats. Pourquoi la permanence des entreprises déficitaires ? Intervention des Etats pour le maintien de ces entreprises. Pourquoi le chômage durable ? Intervention des Etats pour indemniser les chômeurs.

Eh bien, cette réponse – la seule que puissent donner valablement les libéraux – elle m'a paru radicalement inexacte. Qu'on prenne les Etats-Unis : le libéralisme y a joué au maximum ; même les Cartels et les Syndicats ouvriers étaient interdits par la loi comme s'opposant à la liberté de chacun. Cependant, la crise mondiale y est née ; c'est là que le chômage a été le plus terrible ; près de la moitié de la population ouvrière est restée inemployée. Les Etats-Unis ont fait tout ce qui était humainement possible pour ne pas intervenir et ce n'est qu'après trois ans, à la veille de la Révolution, que Roosevelt a commencé à agir. Durant trois ans, point d'indemnités de chômage, et le chômage ne se résorbe pas ; point d'aide à l'industrie, et la surproduction demeure ; point d'action sur la monnaie, et le malaise ne s'atténue pas.

L'Amérique a été un exemple presque parfait d'un monde libéral. Doit-elle s'en féliciter ?

*

* *

Qu'on examine la situation dans les autres pays, on constatera presque partout que le désastre précède l'intervention et que, laissé livré à son libre développement, il eût entraîné le désordre. Au surplus, si véritablement l'intervention devait être néfaste, comment expliquer que, sans exception, tous les pays libéraux ou non, agricoles ou industriels, parlementaires ou dictatoriaux, républiques ou monarchies – que tous les pays soient intervenus non seulement extérieurement, mais aussi intérieurement ? Une telle unanimité dans la maladresse ne peut signifier qu'une chose : il est impossible, humainement, de ne pas intervenir. Les hommes ne peuvent laisser le libéralisme jouer, parce que le libéralisme ne fait pas ce qu'ils attendent de lui.

*

* *

Cependant, la théorie classique est presque mathématique. Elle ne fait appel à nulle passion. Elle essaie de voir l'homme tel qu'il est ; elle le dépouille de ce qui en lui est d'influence négligeable sur le jeu des transactions et elle en fait l'*Homo Economicus.* Elle le définit ainsi, raisonnablement ; et les conclusions qu'elle apporte ne sont que les conséquences logiques de la définition qu'elle a donnée. Sa vérité se trouve confirmée, à peu de chose près, par toute l'expérience passée.

Elle ne l'est plus. Ce n'est pas une des conséquences les moins tristes de l'état actuel de l'Economie que de donner à notre logique un nouveau démenti, que de ruiner un des principes sur lesquels était fondée la science du XIXe siècle. Mais cette ruine est loin d'être la seule. De même que l'on a dû renoncer à l'absolu de la physique classique et la ramener à n'être qu'un cas particulier d'une physique plus générale, dans laquelle la masse ne se conserve plus ; de même que l'on a dû faire de la géométrie un cas particulier d'une géométrie plus générale parce que certains postulats considérés comme inévitables se sont révélés arbitraires, de même il doit se trouver que les principes de l'Economie libérale comportent des postulats implicites, que personne n'a contestés parce qu'ils répondaient très suffisamment à la réalité, mais qu'il faut contester maintenant parce qu'ils ont cessé d'y répondre.

J'ai cru découvrir expérimentalement plusieurs de ces postulats implicites qui ont cessé d'être vrais. Je vais vous les énumérer :

1) La théorie libérale admet implicitement que les hommes prennent des décisions d'achat et de vente, indépendamment les uns des autres. Elle admet que la majorité d'entre eux sont dans l'incapacité de faire des prévisions de longue durée sur les marchés et se reconnaissent incapables de faire de telles prévisions ; autrement dit elle admet que la masse ne spécule pas, et qu'il n'y a qu'une infime minorité d'hommes qui spéculent. Cela n'est plus exact. Si l'on suppose que la masse spécule, toute la théorie de la stabilité des marchés et de l'adaptation de la production à la consommation est renversée.

2) La théorie libérale suppose que les habitudes des hommes restent, en moyenne, dans un même pays, à peu près fixes. Elle suppose que les besoins des hommes varient lentement. La stabilité relative des prix n'est que la traduction de l'hypothèse implicite de la stabilité relative des besoins, imputable à la loi des grands nombres. Or, l'expérience actuelle montre que les hommes sont, de plus en plus, soumis à des besoins de foule, que tous en même temps ont un désir beaucoup plus vif de paraître et d'entreprendre et un besoin beaucoup plus vif de sécurité, en un mot, que les désirs d'achats et de ventes peuvent se modifier très brusquement et très profondément sous l'action d'une opinion commune. Si l'on suppose que les besoins des hommes ne sont plus individuels, mais sont des besoins de foule, tout le régulateur de l'économie libérale, qui était, secrétement, la loi des grands nombres, disparaît.

3) La théorie libérale suppose implicitement que le prix de revient partiel est assez proche du prix de revient total, autrement dit, que la part de frais généraux de toute nature est relativement faible dans le prix de revient. Elle conclut qu'on ne pratique pas durablement des prix de vente inférieurs aux prix de revient. Ce postulat n'est plus exact. Si l'on suppose que la part des frais généraux est élevée, les prix peuvent durablement rester au-dessous des prix de revient, soit sur une partie du marché, soit sur la totalité du marché, et la disparition des entreprises en perte, au lieu de se faire rapidement, exige un certain nombre d'années.

4) La théorie libérale suppose implicitement que le nombre des entreprises concurrentes est suffisant pour que la concurrence s'exerce réellement, et que des entreprises de fourniture de produits ou de services divers ne se soutiennent pas les unes les autres. Elle ne suppose ni l'extrême concentration des entreprises, ni leur entente. Elle suppose implicitement que l'Etat n'est acheteur et qu'il n'est entrepreneur que pour une faible part du marché, que le progrès étant lent, l'adjudication peut toujours être adoptée ; que les entrepreneurs étant nombreux, la collusion peut toujours être évitée.
Si l'on fait les suppositions inverses, on constate que le jeu de la loi de l'offre et de la demande est complètement faussé.

5) Enfin, elle suppose implicitement que l'entrepreneur est un – c'est-à-dire qu'il est à la fois le bailleur de fonds et le gérant – ou qu'en tout cas le

gérant agit exactement comme s'il était le bailleur de fonds. Si on écarte cette hypothèse, les lois libérales se trouvent une fois de plus gravement affectées.

Or, toutes ces transformations : développement de l'esprit de spéculation dans la masse, accroissement de la différence entre le prix de revient total et le prix de revient partiel, concentration des entreprises, accroissement formidable du rôle de l'Etat comme acheteur et comme entrepreneur, divergences de niveau de vie entre pays concurrents, résistance des nations à l'émigration ou à l'immigration massive, différenciation entre le bailleur de fonds et le gérant d'une entreprise, toutes ces transformations se sont produites, et continuent à se développer.

Et, ce qui est important, elles sont inéluctables, parce qu'elles résultent du jeu du libéralisme lui-même dans un milieu où le progrès scientifique permet le progrès technique. Elles ne sont point dues à une erreur de certains hommes, à une incompréhension des Gouvernements ; elles sont dans la nature des choses. S'il en est ainsi, il faut en tenir compte, et refaire une théorie, qui ne sera peut-être plus une théorie complètement libérale, mais qui sera actuellement vraie. Il faut expliciter ce qui était implicite, et modifier ce qui est devenu inexact dans l'implicite.

La théorie libérale restera un cas particulier, applicable aux conditions du XVIIIe et du XIXe siècles.

*

* *

Passons à la *démonstration*.

J'affirme d'abord que *la généralisation de la spéculation* détruit la théorie libérale des marchés. Que dit en effet celle-ci ? Un certain nombre de gens sont disposés à payer un produit ou un service jusqu'à un certain prix maximum, un certain nombre d'autres à vendre ce produit ou ce service au-dessus d'un certain prix minimum. Si les transactions sont connues, le prix qui s'établira est celui pour lequel le nombre des offres est égal à celui des demandes. On voit facilement que ce prix est stable, c'est-à-dire que si, par hasard, le prix varie, il reviendra de lui-même au prix normal parce que s'il hausse, l'excès des vendeurs sur les acheteurs entraîne des offres surabondantes ; et s'il baisse, l'excès des acheteurs sur les vendeurs entraîne une demande surabondante. Si, au cours du temps, un événement quelconque modifie la proportion des acheteurs et des vendeurs, le prix se modifie automatiquement.

Les spéculateurs, rares, mais spécialistes, prévoient les modifications futures : prévoient par exemple qu'une récolte sera pléthorique, qu'ainsi l'offre augmentera, la demande restant constante, ce qui entraînera la baisse des prix. Alors les spéculateurs vendent par avance, en rachetant à terme ; ils causent ainsi une baisse prématurée dont l'effet sera de développer la demande et de raréfier l'offre immédiate, et d'atténuer la variation. Les spéculateurs sont bienfaisants. Ils sont récompensés s'ils ont bien joué, et s'ils ont, par conséquent, atténué les variations du marché ; ils sont punis s'ils ont mal joué et s'ils ont ainsi causé des excès de variation dans un sens ou dans l'autre.

Ainsi, implicitement, la théorie libérale suppose une masse de non spéculateurs et quelques spécialistes de la spéculation. C'était le cas du XIXe siècle. Il était inutile d'expliciter que la masse ne spéculait pas : elle était dans l'impossibilité de le faire, faute d'informations, faute de moyens.

Supposons, au contraire, que la masse spécule, de la façon où peut spéculer une masse à informations sommaires, c'est-à-dire qu'elle tende à extrapoler le mouvement qu'elle constate et à tenir compte dans ses achats de la prévision qui en résulte.

Soit un léger mouvement de hausse ; la masse constatant la hausse, croit à sa durée, à sa continuation. Dès lors, elle accélère ses achats pour ne pas avoir à acheter plus cher plus tard ; elle ralentit ses ventes dans l'espoir de mieux vendre si elle attend. L'équilibre entre acheteurs et vendeurs se trouve ainsi troublé et l'excès de la demande sur l'offre suscite une nouvelle hausse qui renforce le public dans son opinion, et provoque un nouveau mouvement dans le même sens. La hausse appelle la hausse. Il faut bien cependant que le mouvement s'arrête, si le total des produits ou des services à vendre ne s'est pas modifié. A ce moment naît la croyance à la baisse, et un effet de boule de neige, analogue, mais inverse, se produit : les prix descendent, et, descendent fort au-dessous du prix normal, jusqu'à un minimum à partir duquel recommencera le mouvement de hausse. Tel est l'état sur un marché où la production est donnée, et où les besoins réels sont également donnés : le prix n'est plus stable ; il oscille constamment entre un maximum qui correspond à la psychose de hausse et un minimum qui correspond à la psychose de baisse.

Mais les mouvements amorcés suscitent des variations dans la production. Si les prix baissent, la production sera ralentie ; s'ils s'élèvent, elle sera excitée. Cependant la production s'élève lentement, elle est décalée par rapport à la hausse. Au fur et à mesure qu'elle tend à s'élever, et avant qu'elle ne se soit élevée, elle crée un pouvoir d'achat nouveau, celui des salariés, qui vient accroître la demande : les salaires montent, ce qui l'accroît encore : les bénéfices augmentent du fait de la hausse, ce qui provoque de nouveaux investissements, des créations d'outillage qui, à leur tour, provoquent l'embauche et favorisent la hausse. Sans qu'on fasse encore appel à l'inflation de crédit, la monnaie en circulation augmente du seul fait de l'utilisation pour l'achat et pour l'investissement d'une partie des sommes thésaurisées et de la création des effets de commerce correspondant aux marchandises nouvelles. Bientôt cependant, le bien-être général et durable entraîne, avec la confiance, le développement du crédit, en sorte qu'une véritable monnaie nouvelle se crée pour favoriser les achats. Les gouvernements qui disposent de suppléments de recettes les dépensent, créant eux aussi un pouvoir et un désir d'achat nouveaux. Alors s'établit la psychose de prospérité. Des lois nouvelles apparaissent : « Le progrès est indéfini. Les salaires doivent hausser sans fin et aussi la consommation. On ne risque rien à entreprendre, on ne risque rien à acheter. » Qui annoncerait la fin du bonheur serait regardé comme défaitiste, comme traître, et traité comme tel.

Tout cela doit s'arrêter un jour. Et le jour où cela s'arrête, le processus inverse se développe. Et d'autant plus la prospérité aura été éclatante, d'autant plus le désastre sera effroyable.

Dans cette économie, le spéculateur spécialiste est toujours récompensé, puisque, s'il joue à la hausse, la hausse se produit, non parce qu'il l'a prévue, mais parce qu'il l'a provoquée. Il est malfaisant, car il provoque, à coup sûr, des variations inutiles et d'une grande amplitude. Toute la différence entre le cas de la théorie classique et celle que j'esquisse ici sommairement, mais qui a la même rigueur que l'autre, c'est que dans le premier cas, le cas classique, la masse est un régulateur, un amortisseur, tandis que dans le second, le cas actuel, elle est un amplificateur, un résonateur.

Or, cela, c'est la réalité présente. Grâce au développement des informations, aux journaux, à la T.S.F., à la facilité des transports, à la concentration dans les villes, tous les hommes sont informés, et sont informés à peu près de la même façon. Ils croient tous en même temps à la prospérité, c'est-à-dire à la hausse des prix, à la sécurité des investissements, à la hausse des titres, à la valeur du crédit, et tous en même temps ils croient au marasme, à la baisse des prix, au danger des placements ; ils ont tous ensemble l'effroi du crédit.

La théorie libérale est fondée sur une inertie nécessaire des masses, sur leur inconscience. Elles achètent quand elles ont besoin ; elles vendent quand elles ont produit. Mais elles ne déterminent pas leurs décisions d'aujourd'hui sur ce que sera demain. A partir du moment où elles se posent la question, toute la stabilité des prix est jetée par terre.

*
* *

Mais, à côté du développement des informations, deux autres grands phénomènes, nés de l'évolution naturelle du libéralisme, ont conduit les hommes à la spéculation. Le premier, c'est *la multiplication des valeurs mobilieres* ; le second, c'est *la dévalorisation des monnaies* issue en partie d'une guerre qui n'était que l'expression militaire de l'Economie moderne. La valeur mobilière a appris aux hommes à spéculer. La dévalorisation des monnaies les a obligés à spéculer. Différence profonde de mentalité entre l'homme d'autrefois, qui ne pouvait que consommer ou accumuler pour acheter un jour un champ ou une maison, et l'homme d'aujourd'hui qui peut placer ses fonds en banque, les retirer, acheter une action, la revendre : qui, même s'il ne fait rien, s'il conserve ce qu'il a, risque de s'appauvrir et qui doit ainsi toujours se demander ce qu'il doit faire, toujours essayer de prévoir l'évolution prochaine des choses. Garder ses titres, garder sa monnaie, c'est spéculer, tout comme les échanger contre d'autres biens. Instruite dans la spéculation par le développement de la valeur mobilière, obligée à spéculer par les variations des monnaies, comment la masse ne serait-elle pas toute entière spéculatrice ? Et si elle l'est, quelle base offre-t-elle pour la stabilité des transactions ?

On peut, ici, me dire : « Mais, précisément, c'est cette variation des monnaies qui est cause de tout. Si on l'avait évitée, il n'y eût pas eu de spéculation généralisée. » Je prierai seulement ici de regarder l'exemple des Etats-Unis, qui n'ont point eu de dévaluation jusqu'en 1931 et qui, cependant, ont spéculé plus que le reste du monde. Je prierai également qu'on examine si les dévaluations des monnaies, je parle de celles qui ont précédé la crise, étaient vraiment évitables.

*
* *

La seule chose que j'essaie de montrer, c'est qu'il n'y a pas de responsables, que banquiers, industriels, gouvernements, presse, et les peuples tout entiers, sont emportés à la fois par un même mouvement – parce que tous se croient informés – et que tous essaient de prévoir ce que feront les autres.

Il n'y a d'autre responsabilité que celle du milieu où tous sont plongés. Il n'y a qu'une responsabilité de système. La masse s'est substituée à la personne. Nous avons devant nous, non des personnes, mais une foule qui, pendant dix ans, se repaît d'optimisme, qui, durant vingt ans, tremblera de peur. Car la modération n'est le fait que de l'inorganisation, de la compensation par les grands nombres des actes d'individus indépendants.

Ainsi vous ne pouvez plus compter sur la loi des grands nombres ; vous ne pouvez plus compter sur la loi de l'offre et de la demande pour assurer la stabilité, la continuité nécessaires.

*
* *

Je passe au deuxième point sur lequel la théorie classique doit être modifiée.

Cette théorie dit : Quand il y a *surproduction* dans un domaine, les prix baissent, la marge bénéficiaire disparaît, des pertes se produisent : les moins bien organisés, ceux dont les prix de revient sont les plus élevés doivent disparaître. Car il est incompréhensible que des hommes continuent à maintenir du capital investi dans une entreprise non rémunératrice. Dès lors, la surproduction cesse, et les bénéfices renaissent peu à peu.

Cette théorie reste exacte, mais sous la double réserve du temps considérable qu'exige la résorption des entreprises en excédent et des pertes importantes qui sont subies jusqu'à ce que cette résorption soit faite.

Pour que la résorption fût rapide, il faudrait que la liquidation fût à coup sûr une meilleure opération que la continuation de l'entreprise en perte. Cela serait vrai si tous les biens de l'entreprise étaient meubles, vendables à un prix voisin de celui auquel ils sont portés dans les comptes. Mais la technique accroît les immobilisations et développe l'organisation. Immobilisations et organisation ont une valeur d'usage ou d'exploitation ; dès qu'il y a surproduction, leur valeur d'échange est presque nulle. La liquidation se traduit donc par la perte de la presque totalité de l'actif de l'entreprise. Entre la certitude de perdre immédiatement 50 ou 80 % de son capital et le fait de subir annuellement une perte de 5 à 10 %, qui permet d'attendre de 5 à 15 ans avant d'en être au même point, on n'hésitera pas. L'entreprise en perte ira jusqu'à l'épuisement de sa trésorerie. Mais cet épuisement n'est généralement pas immédiat ; car la restriction des affaires fait rentrer une partie du fonds de roulement. La trésorerie épuisée, l'entreprise mise en liquidation ou déclarée en faillite, les créanciers estimeront en général avoir plus d'intérêt à investir ou à laisser investir contre des avantages spéciaux, un capital nouveau, peu important vis-à-vis du capital primitif. Cela permet de sauver une affaire qui, débarrassée de toutes ses charges anciennes, se trouvera en excellente situation de concurrence. Grâce aux prix bas qu'elle pratiquera, cette entreprise ruinera progressivement les autres. Ce n'est que lorsque tout le capital de toutes les entreprises aura été mangé que commencera la disparition définitive de certaines d'entre elles. Cinq ans, dix ans, quinze ans sont nécessaires pour cela.

On cite avec indignation différents cas où l'Etat est intervenu pour sauver ici une banque, là une compagnie de navigation, là une entreprise de cinéma. On attribue à ces interventions la non-résolution de la crise. Il suffit cependant de regarder autour de soi pour constater que, là même où l'Etat n'intervient pas, les entreprises en surplus ne disparaissent pas. Les liquidateurs ne liquident plus : ils administrent.

Il en était autrement dans l'Economie ancienne : la lenteur de l'assainissement est bien un phénomène nouveau, imputable à la surproduction générale et à l'importance des immobilisations. Leur développement a donné à l'Economie une roideur qu'elle n'avait pas autrefois.

On voit aussi qu'une solidarité bien plus étroite s'est établie entre entreprises de même nature ; la ruine de l'une, je crois l'avoir montré, entraîne la ruine des autres, avant le moment où se rétablira le bien-être. C'est ce dont le patronat a conscience, et ce qui explique le développement des ententes industrielles, c'est-à-dire de mesures nettement antilibérales, puisqu'elles s'opposent au jeu naturel de l'offre et de la demande, et à la ruine des moins adaptés. Après avoir lutté, et avec quelle âpreté, pour provoquer la faillite des concurrents, la plupart des entrepreneurs sont arrivés à conclure que cette lutte n'avançait à rien, et qu'elle les avait un peu plus appauvris, sans assainir leur profession. Et je puis assurer que cet état d'esprit est né dans des industries qui n'avaient point à compter sur le secours de l'Etat, dans des industries plongées dans un milieu aussi libéral que possible.

*
* *

Cette même importance des immobilisations trouble, indépendamment de toute intervention, *les relations internationales*. Jadis, lorsque la proportion des frais généraux était infime dans les prix de revient – autrement dit, lorsque le prix de revient partiel, celui du produit en sus, était peu différent du prix de revient total – nul n'avait intérêt à vendre au-dessous de ce prix de revient total. Il en est autrement dès que la différence devient appréciable entre les deux prix. On a, en effet, dès lors, intérêt à vendre un produit au-dessous du prix de revient total, de façon courante, à deux conditions :

La première est que le prix de vente soit supérieur au prix de revient partiel, c'est-à-dire qu'on couvre, en faisant la vente, plus de frais qu'on n'en a engagés pour la fabrication du produit considéré comme en sus.

La deuxième est que cette vente à perte ne soit pratiquée que sur une fraction de la vente totale, une fraction suffisamment importante étant vendue au-dessus du prix de revient total pour couvrir la part constante des frais généraux. Autrement dit, quand j'ai vendu une quantité N suffisante pour couvrir mes frais généraux fixes et les frais propres à l'exécution de N, tout ce que je vendrai en plus à un prix qui dépasse les seuls frais propres, m'apportera un bénéfice supplémentaire.

Mais il n'est même pas nécessaire, pour pratiquer des prix de vente inférieurs aux prix de revient, que j'aie couvert tous mes frais généraux par des ventes préalables. Si je sais que, malgré tous mes efforts, je n'arriverai pas à obtenir assez de commandes pour couvrir mes frais généraux fixes, j'aurai encore intérêt à vendre tout ce que je pourrai à un prix compris entre le prix de revient partiel et le prix de revient total ; car si, de cette façon, je n'ai aucun espoir de réaliser un bénéfice, au moins je diminuerai ma perte, en même temps que j'accroîtrai pour l'avenir ma clientèle.

Il est assez général que les industriels regardent les marchés étrangers comme destinés seulement à leur apporter des affaires en sus. Dès lors, sur ces marchés, le prix de revient partiel prend la place du prix de revient total. Mais un marché étranger pour l'un est un marché intérieur pour l'autre, et inversement. Il en résulte que sur le marché national, le producteur qui essaie de pratiquer un prix au moins égal au prix total, se trouve en présence de concurrents étrangers qui, eux, pratiquent le prix partiel. Or, dans des fabrications concentrées, la main-d'œuvre productive ne représente guère que le quart ou même le sixième des frais généraux totaux. De ces frais généraux totaux, la plus grande partie est fixe. Le résultat qui s'affirme avec la concentration des entreprises, est que la différence entre le prix total et le prix partiel peut être de 25, 30 et même 40 %.

On vend normalement à l'étranger 20 ou 30 % moins cher que dans son propre pays. Comment, dès lors, peut-on laisser jouer la concurrence internationale ? La libre circulation des marchandises devient inconcevable. Et si l'on veut établir des droits de douane, leur fixation est singulièrement malaisée : la différence qu'ils devraient compenser entre le prix de revient total national et le prix de revient partiel étranger dépend en effet de l'organisation des producteurs ; selon que celle-ci est faiblement ou fortement concentrée, cette différence peut varier du simple au double. Il faudrait tenir compte de l'importance des entreprises de chaque pays dans chaque nature de produits, et c'est impraticable. C'est en tout cas, incompatible avec la clause de la nation la plus favorisée.

Cette *prime à l'exportation,* elle existe dès maintenant, indépendamment de toute intervention d'Etat, dans tous les domaines. Peut-on dire que là encore le libéralisme tient ses promesses ?

Indépendamment des interventions étatistes et seulement comme conséquences des différences de tempéraments entre peuples, et ces différences (même entre peuples européens) sont énormes, nous voyons apparaître la nécessité de faire un choix entre la nation et la liberté économique internationale. Des nations et pas de liberté, ou la liberté et pas de nations.

Ces conséquences découlent uniquement de la concentration industrielle, du développement des immobilisations ; donc du libéralisme, jouant dans une Economie à larges progrès techniques.

*
* *

Parmi les éléments qui faussent profondément les lois libérales, il faut également compter le développement de la Société anonyme et, par conséquent, de *la gestion par mandataires.*

La théorie libérale est obligée de supposer que, dans l'ensemble, les hommes économiques défendent leurs propres intérêts, gèrent leurs propres biens. Cas général au XIXe siècle, cas limité aujourd'hui à l'artisanat, au petit commerce, à la petite culture et aux professions libérales.

Il y a une différence considérable entre l'homme qui gère sa propre entreprise et celui qui possède des actions de diverses sociétés. Le premier vit son métier. Il le développe lorsqu'il se croit vraiment assuré d'accroître ses bénéfices, il n'investit qu'à bon escient. Il abandonne, même en consentant une forte perte, s'il voit qu'il se ruinerait en continuant. Le propriétaire d'actions, au contraire, et à fortiori, l'obligataire ne se sent nullement lié à l'entreprise à laquelle il participe.

Mais, dira-t-on, celui qui remplace l'ancien gérant, ce n'est pas l'actionnaire, mais l'administrateur. C'est lui qui représente l'homme économique d'autrefois. Sans doute, c'est lui qui est chargé de la gestion. Mais tandis que les véritables propriétaires de l'affaire, les actionnaires, ne s'y intéressent pas, l'administrateur s'y intéresse à un point de vue différent.

Si honnête, si scrupuleux qu'il soit, il n'aura pas les mêmes hésitations à proposer une augmentation de capital, que celui qui doit accroitre ses propres investissements dans son entreprise. Il n'aura pas non plus les mêmes raisons de proposer la liquidation de l'entreprise, qu'un véritable propriétaire de la décider. En proposant la liquidation, l'administrateur condamne lui-même sa gestion. Il faudrait un Saint pour se sacrifier ainsi, avec la certitude que personne ne reconnaîtra la valeur de son sacrifice. Ainsi une grande partie du fonds que l'on peut faire sur la sagesse de l'homme économique, sur le souci qu'il a de son propre intérêt, on ne la trouve pas ici. Ni les mandants, ni les mandataires ne raisonnent comme l'artisan ou le petit industriel travaillant sous son nom. Ni le succès, ni l'insuccès, n'ont les mêmes conséquences.

Ce n'est que dans ce qui ressemble à l'économie primitive que les mobiles de l'homme économique sont restés les mêmes. Dans tout le reste, on ne peut plus compter sur lui.

*

* *

J'ai essayé de montrer que le libéralisme ancien ne peut plus fonctionner, même en l'absence de toute intervention. Je voudrais montrer maintenant qu'il oblige à *l'intervention*, qu'il ne laisse pas d'espoir d'échapper à l'intervention.

C'est qu'un autre aspect de l'évolution économique dans le libéralisme, c'est le développement de la démocratie, l'importance croissante de l'opinion publique.

Pourquoi le libéralisme mène-t-il à la démocratie ? Parce que le jeu de la loi de l'offre et de la demande donne la suprématie aux entreprises concentrées, à celles dont les séries sont énormes, dont les prix de revient sont particulièrement bas, dont les facultés de crédit sont singulièrement larges. Le libéralisme mène à *la concentration des entreprises* ; il mène aussi à *la spécialisation territoriale.* Autour d'un port, d'un carrefour de routes, d'une ville déjà grande et qui déjà offre un marché, se concentreront les industries ; ainsi les travailleurs seront rapprochés les uns des autres ; leurs existences seront mêlées ; leur puissance s'accroîtra du fait de la concentration de leurs masses. En menant à la concentration et à la spécialisation des régions, le libéralisme a créé l'Etat d'opinion.

Or, les peuples ne sont pas révolutionnaires, ils ne sont pas non plus tout à fait conservateurs. Ils sont interventionnistes. Ils désirent seulement déplacer la propriété vers la masse.

Et ainsi le libéralisme conduit à *l'intervention de l'Etat.*

Nous nous plaignons de l'intervention de l'Etat ; nous avons tort. Elle est inéluctable. Nous ferions mieux d'essayer de l'orienter. De tous les pays on n'en peut citer qu'un seul, l'Angleterre, où cette intervention ne soit pas éclatante. Mais si elle n'est pas aussi claironnante qu'ailleurs, elle n'en est pas moins profonde.

L'Angleterre est le pays où depuis quinze ans, on paie deux à trois millions d'hommes à ne rien faire : est-ce du libéralisme ? L'Angleterre est le pays qui a dévalué sa monnaie alors que la situation de sa Banque d'Etat ne l'exigeait pas ; est-ce du libéralisme ?

*

* *

Admettons cependant que l'Etat renonce à intervenir dans les affaires privées, dans les relations extérieures. Empêchera-t-on que par le jeu naturel de la technique, les services publics se développent, que les postes, les travaux publics, la guerre, la marine et l'aviation, deviennent un énorme machinisme ; que l'eau, le gaz, l'électricité, les transports soient plus ou moins contrôlés par l'Etat, et qu'ainsi une bonne part des commandes à l'industrie et à l'agriculture soient passées par l'Etat ou par ses délégués ? Et croit-on que dans une économie où la technique varie tous les jours, le système de l'adjudication, sauvegarde du libéralisme, mais qui suppose l'absence de progrès technique, puisse être appliqué universellement ? Quoi qu'on fasse, on a devant soi, de toutes parts – à l'extérieur et à l'intérieur – l'Etat, un Etat qui n'est que la forme matérielle de la solidarité nouvelle. Et vous voulez, devant cet être tout puissant, faire jouer la loi de l'offre et de la demande ?

Nous ne sommes donc pas en présence d'une crise du libéralisme. Nous ne pouvons pas dire : c'est la faute de la guerre : quand les effets de la guerre seront éteints, tout reviendra dans l'ordre ; ou : c'est la faute du protectionnisme : quand les gouvernements auront changé d'avis, tout ira bien ; ou : c'est la faute de l'insécurité des monnaies : quand on aura rétabli l'étalon international, les affaires reprendront et on ne pensera plus au passé. Tout cela, c'est ce qui nous aveugle ; ce qui nous empêche de voir le fond des choses ; le fond des choses, c'est que *le libéralisme s'est suicidé,* parce qu'il était, par sa nature même condamné au suicide.

Tenons compte de l'état réel des choses, abandonnons ce qui doit être abandonné et tâchons de nous tirer le mieux que nous pouvons, dans notre intérêt, du drame que nous jouons malgré nous.

Nous cramponner au libéralisme, nous, bourgeois, possédants ou profiteurs – selon qu'on préfère nous nommer, ou élite, comme nous aimons mieux qu'on nous nomme – n'est-ce pas pratiquer une politique qui ressemble fort à celle de la France vis-à-vis de l'Allemagne depuis la guerre ? N'est-ce pas s'acharner sur de vieilles formules, sur des vieux textes, sur de vieux papiers, et se laisser arracher année par année, tantôt les Réparations, tantôt la Sarre, tantôt la démilitarisation, sans profit, sans mérite, sans contrepartie, au lieu de chercher la solution humaine, celle qui satisfait à peu près le voisin en nous donnant des garanties efficaces ?

*
* *

Certes, l'abandon du libéralisme, on ne peut le consentir de gaieté de cœur. Le libéralisme a fait des merveilles ; il a enrichi le monde de telle façon que certainement nul autre système n'aurait fait, de loin, aussi bien. Il a transformé la moitié de la classe ouvrière en petite bourgeoisie : comptables employés, voyageurs de commerce, revendeurs, dessinateurs, agents de publicité, etc. S'il a rendu plus monotone et moins personnel le travail de l'ouvrier, il a multiplié son pouvoir d'achat par quatre ou cinq, en réduisant – sans doute en grande partie à cause du syndicalisme et du progrès de la démocratie – la durée du travail de 14 à 8 heures ; il a permis à l'Europe de nourrir deux fois plus d'habitants. Il a permis aux collectivités de fournir un nombre considérable de services nouveaux ou d'assurer dans des conditions incomparablement plus confortables les services anciens. Il a transformé le monde matériel. Il a joué le plus beau rôle ; mais nous sommes bien obligés de constater que ce rôle est terminé. Il faut savoir vieillir, sous peine d'être hors de la vie.

Mais l'abandon du libéralisme n'est pas seulement douloureux ; il est redoutable.

Les économistes paraissent avoir raison, quand ils vous disent : « Ne les lâchez pas, une fois entrés dans l'intervention, vous y passerez tout entier. Entre libéralisme et état totalitaire, il n'y a pas de moyen terme ». Ils ont raison, théoriquement, si la Société est constituée par les hommes économiques du libéralisme, qui par définition ne se préoccupent que de leur intérêt étroit ; ils n'ont plus raison si chacun a en soi la conscience qu'il doit agir de manière à éviter à l'Etat d'intervenir, à lui ôter toute raison valable d'intervenir. C'est par là, par là seulement, qu'on peut trouver une issue au dilemme.

Si l'on ne peut plus compter sur l'automatisme des lois, il faut qu'elles soient imposées. Il faut qu'on se les impose, ou que l'Etat les impose. Il faut qu'on s'organise ou que l'Etat dirige. Peut-on envisager l'organisation volontaire ? Oui, à la condition de sortir de l'Economie pure, de penser autrement que par prix de revient et prix de vente ou plutôt de les considérer comme des résultantes non seulement de son effort personnel, mais de l'atmosphère du milieu, des conditions générales dans lesquelles on est plongé. Pour ordonner l'Economie, il faut la dépasser sur le plan de la raison.

Demandons donc à la raison, non à la passion, ce qu'elle conseille.

La raison dit :

Une partie du libéralisme est désuète, celle qui se rapporte à la production concentrée, fortement immobilisée, à la société anonyme telle qu'elle est aujourd'hui conçue : il faut renoncer dans ce domaine à la liberté totale, à la part de la liberté qui consiste à mal faire, tout en croyant qu'on fait bien. Il ne faut pas attendre que l'Etat nous l'impose ; car il saura mal ce qu'il faut faire, et il sera mené par une démagogie dangereuse.

La recherche doit tendre à résoudre par l'esprit collectif, par l'entente, dans tous les domaines, les problèmes avant que l'Etat ne s'en saisisse. Jusqu'ici l'entente s'est développée, mais elle n'a été conçue comme une défense contre tout l'extérieur, comme une association sans sacrifices sensibles, destinée seulement à accroître les bénéfices ou à réduire les pertes. Elle n'a guère été essayée entre employeurs et employés. Elle n'a pas été dirigée vers la solution de certains problèmes qu'il faut nécessairement résoudre comme celui du chômage. Elle a résolu un certain nombre de problèmes personnels ; elle laisse en suspens les problèmes généraux. Elle laisse donc à l'Etat le soin de les résoudre au hasard. Ce qui est nécessaire, c'est l'entente pour l'intérêt public.

Seulement, si les groupements de volontés peuvent résoudre certains problèmes, on ne sera jamais certain ni d'obtenir l'unanimité aujourd'hui nécessaire pour le libre règlement des questions, ni certain de concevoir l'intérêt public comme d'autres le conçoivent. Il faut donc admettre un arbitrage. A mon avis, cet arbitrage doit être demandé à l'Etat, non pour qu'il l'exerce lui-même, mais pour qu'il désigne des experts indépendants et qu'il mette la force de l'Etat à leur disposition pour l'exécution de leurs décisions.

Dans une Economie qui se sera organisée, l'intervention de l'Etat sera ainsi réduite au minimum. Ce ne veut pas dire qu'elle ne se développera pas ; tout conduit inéluctablement à ce développement, mais elle se développera sur des plans bien délimités, tels que le commerce extérieur, où elle est dès maintenant considérable et désordonnée ; tels aussi que le plan social, j'entends le plan de toutes les dépenses non directement rémunératrices ; celles qu'il faut faire pour assurer le bien-être social et maintenir la paix, parce que personne, parce qu'aucun groupe ne pourrait les entreprendre.

Une autre partie du libéralisme n'est point touchée : l'artisanat, le petit commerce, les métiers libéraux, la culture, du moins si l'on isole la culture française de l'étranger : dans ces domaines, la liberté conserve tous ses attraits. Et à côté de la liberté économique, il est une autre liberté, bien plus précieuse, qui n'a rien à faire avec elle, la liberté de penser, de parler et d'écrire, la liberté d'agir, en dehors de l'Economie, comme il vous plaît : celle-là il faut la sauver à tout prix.

La raison dit aussi : Ne supprimons pas les mobiles d'activité des hommes comme en Russie pour les rétablir ensuite, ne leur substituons pas comme en Allemagne des mobiles de prestige et d'honneur qui préparent l'explosion et l'anéantissement de la civilisation.

La raison dit encore : La destruction de l'ordre, la fin de la discipline anéantissent toute la civilisation matérielle. On ne produit que dans l'organisation, lorsque chacun a sa tâche, et lorsque la qualité de cette tâche est surveillée, lorsqu'on est assuré qu'elle est bonne, avant de l'incorporer à une tâche plus large. Il faut donc maintenir l'ordre et la discipline.

Si l'ordre doit être changé, il faut donc que ce soit nous, tous ceux qui, à des degrés divers, sommes des chefs, qui en prenions l'initiative.

Et pour que cette initiative soit efficace, il faut que le peuple ait confiance en nous. Il faut qu'il croie que nous poursuivons uniquement l'intérêt public, et il ne le croira que si nous le croyons nous-mêmes, et si nous faisons ce qu'il faut pour qu'il le croie. Il faut qu'en particulier, nous remédions au *chômage généralisé,* cette monstruosité de l'Economie moderne, que nous fassions disparaître peu à peu l'idée et la réalité des classes sociales, par l'éducation et par les facilités d'accès de tous aux postes les meilleurs. Il faut que nous pensions tous comme si nous étions le peuple.

*

* *

En abandonnant le libéralisme, on ne peut éviter l'Etat totalitaire qu'en le rendant inutile. Cela exige que tous, et singulièrement les dirigeants de l'Economie, comprennent leur véritable intérêt qui est conforme à l'intérêt public ; cela exige que l'Etat, dont le rôle, qu'on le veuille ou non, grandira, cesse d'être à la fois le pourvoyeur et l'ennemi de tous, que les gouvernants soient les serviteurs de l'intérêt général et non ceux d'une cohue d'intérêts particuliers, en un mot cela exige que la morale soit changée. Je ne parle pas de restaurer la morale d'il y a cinquante ans, dont on déplore la disparition. Je parle de former une morale civique et sociale adaptée à l'économie nouvelle. *Le libéralisme nous a donné de bien mauvaises habitudes. Il a sanctifié l'égoïsme.* En bénissant le succès personnel, comme l'élément unique et nécessaire du bien-être général, il a détruit la notion du devoir social. Il a fait surgir cette Révolution française qui a fixé les droits de l'homme et ne lui a pas montré ses devoirs. Cet égoïsme qui se soucie de ses propres intérêts à l'exclusion de tous les autres, il était acceptable, il n'était pas dangereux dans une économie peu concentrée, dans une Economie d'indépendance. Que chacun restât sur son champ, cela suffisait. On pouvait compter que l'intérêt privé suffirait à éviter la famine.

Mais nous sommes aujourd'hui dans une économie de totale interdépendance. L'acte de chacun a cessé d'être indifférent à autrui.

Nous avons perdu notre sens social d'autrefois ; nous n'avons pas acquis le sens nouveau, celui qui s'adapte à l'Economie d'aujourd'hui.

Pourtant si le libéralisme économique est impossible, entre la dictature quelle qu'elle soit et l'organisation qui exige le changement de notre morale, mon choix est fait ; il faut que nous recréions une morale.

*
* *

Je crois ne m'être adressé qu'à la raison. Je n'ai fait appel à aucun des sentiments, pourtant humains, de justice, de pitié, d'égalité, qui servent généralement de base à toute proposition de transformation sociale ou politique. Je ne réclame que le jeu de l'intérêt : mais d'un intérêt raisonné, qui sait tenir compte en même temps que de ses propres appétits, des nécessités et des possibilités d'autrui.

C'est pourquoi je crois que l'adaptation est possible : il ne s'agit point de changer les hommes ; il s'agit seulement, peu à peu, de modifier notre compréhension profonde et qui deviendra instinctive, de ce qu'est aujourd'hui la Société.

Mais si tout cela nous paraît vain, impossible et surhumain, si nous refusons l'effort et le sacrifice, si nous les jugeons stériles et dangereux, soyez assurés que d'autres, sans doute plus jeunes que nous, moins déformés par un long passé, entreront dans la voie que nous n'aurons pas ouverte, et parce qu'ils ont l'âme fraîche et le cœur pur, recréeront sans nous et malgré nous, à travers l'injustice et la misère, le monde que nous aurons laissé mourir.

Auguste DETOEUF.

MOYENS NÉCESSAIRES POUR UTILISER LE POTENTIEL ÉCONOMIQUE DE LA FRANCE

Séance de clôture du VIIIe cycle à l'Amphithéâtre de Physique de l'École Polytechnique (juillet 1939)

Conférence de M. Albert Caquot
Membre de l'Institut
Président des Sociétés Nationales de Constructions Aéronautiques

Je dois parler aujourd'hui d'un sujet qui me tient à cœur parce que je crois que notre pays n'occupe pas, à l'instant présent, sur la carte du monde, la place qu'il devrait occuper en puissance.

Grandeur du potentiel français.

Depuis 1919, les Français de tout rang n'ont pas fait l'effort qui était nécessaire et je pense que la faute est surtout à nous, ingénieurs, qui sommes actuellement les maîtres de l'économie, de cette économie qui fait la grandeur et la puissance d'un pays. Si vous voulez mesurer le potentiel économique d'une nation, vous devez considérer tous les éléments de ce potentiel : la population, la grandeur du territoire, le climat, les richesses géologiques. Ce potentiel c'est ce que la nature met dans la main de ses enfants pour exercer leur puissance. Or, le nôtre est considérable.

Dans l'ensemble des puissances occidentales de l'Europe, notre place est certainement la première. Nous sommes nettement en avance sur l'Allemagne, de très loin sur l'Italie. En Europe, nous ne le cédons qu'à la Russie et à l'Angleterre ; et dans le monde, après ces deux puissances, au Japon et aux Etats-Unis.

Si nous examinons la France et que nous regardions ce que nous pouvons et devons faire pour assurer le maximum de rendement, nous voyons que notre puissance économique devrait être normalement, sans aucune surproduction, beaucoup plus du double de ce qu'elle est actuellement. Il est nécessaire qu'elle soit le double si nous voulons conserver notre position et notre rang. Il est nécessaire qu'elle soit plus du double, si nous ne voulons pas laisser les parties du globe où notre souveraineté existe moins bien outillées que celles qui sont entre les mains de nos rivaux.

Ce potentiel énorme de la France et la petitesse actuelle de son industrie ont, à l'origine, une allure paradoxale.

D'où vient ce phénomène ? C'est ce que je vais tâcher d'étudier avec vous dans les chapitres qui vont suivre.

Utilisation du potentiel.

Le potentiel, c'est ce dont nous disposons. Mais nous ne pouvons nous en servir pour nos besoins quotidiens que par un intermédiaire absolument indispensable ; cet intermédiaire, c'est l'outillage. Nous pouvons tirer de la nature les produits nécessaires, mais pour autant que nous disposons des moyens de transformation. Or, c'est là que notre déficience est essentielle. Depuis cinq ans, comme un pèlerin, j'ai visité tous les grands pays industriels ; successivement, j'ai eu l'occasion de voir la Russie, l'Allemagne, la Belgique, la Hollande, la Grande-Bretagne, les Etats-Unis d'Amérique. Chaque fois, je suis revenu les larmes aux yeux dans mon pays en voyant la faiblesse de notre outillage, le peu d'enthousiasme de nos producteurs devant les besoins à développer. Cette différence considérable, à quoi tient-elle ?

En 1914, la France était l'un des pays les mieux outillés du globe en position relative. Aujourd'hui, elle est l'un des plus mal outillés. Et pourquoi ?

Parce que l'outillage est la seule forme vraie de l'épargne. Faire une route pour permettre à la richesse de circuler, mettre un tour automatique dans une usine sur l'emplacement d'un tour semi-automatique, construire un haut fourneau de mille tonnes pour remplacer le haut-fourneau précédent de trois cents tonnes, c'est la seule façon pour un pays d'épargner. Placer son argent dans une caisse d'épargne pour que l'Etat reprenne cet argent et paie ses dépenses habituelles, ce n'est pas faire de l'épargne, c'est rester dans l'état où nous nous trouvons sans aucune amélioration. En n'épargnant plus, nous avons fait une grande faute dont seront victimes nos enfants : nous avons reçu, de nos parents, une situation extraordinairement favorisée, et nous transmettrons à nos enfants une France amoindrie et de beaucoup.

Voyons en quoi réside cette nécessité de l'outillage, en quoi elle correspond à cette transformation nécessaire du potentiel en puissance. Je montrais, il y a deux ans, comment un objet peut se fabriquer de deux façons – je parle ici en Polytechnicien, en considérant tout de suite les extrêmes – : d'une part, nous avons la façon artisanale (l'ouvrier constitue lui-même ses outils et, avec ses outils à main, fabrique l'objet : aucun capital, uniquement la main-d'œuvre), d'autre part, des esprits réfléchis pensent que l'objet va être construit et répété de nombreuses fois ; ces esprits réfléchis paient des ouvriers pour faire, à l'avance, une machine capable de produire l'objet. Cette machine étant constituée, l'objet est débité presque sans main-d'œuvre, avec un effort humain extrêmement faible. Dans ce second cas, nous avons imité la fourmi, nous avons réfléchi à l'avenir, nous avons constitué une épargne et désormais la fabrication va coûter un effort humain beaucoup moindre. Nous sommes capables d'une puissance beaucoup plus grande.

Nous venons d'assister, dans les dernières années de l'évolution industrielle, à des phénomènes extraordinaires dans cet ordre d'idée. Nous avons vu la carrosserie automobile, en dix ans, exiger un effort humain instantané dix fois moindre, grâce à l'effort d'outillage extraordinairement puissant qui a été fait, grâce à ces presses de plusieurs dizaines de milliers de tonnes qui, d'un seul coup, emboutissent les carrosseries et à ces autres machines qui, sur plusieurs mètres de longueur, font instantanément des soudures.

C'est la condition de cet outillage qui permet à une génération d'élever son niveau. Il est évident que la situation de l'ouvrier d'aujourd'hui est infiniment supérieure, au point de vue confort, à ce qu'était la situation du seigneur du Moyen Age vivant dans sa seule salle des gardes, dans un confort qui était absolument nul.

La loi du nombre.

L'efficacité de l'outillage dépend du nombre d'objets à construire. Lorsque vous avez à fabriquer, par exemple, une pièce tournée, vous pouvez vous adresser à trois outils différents : le tour universel si vous avez à faire une pièce unique, le tour semi-automatique si vous avez à faire un nombre de pièces de l'ordre d'un millier, et le tour automatique si vous avez à faire des pièces par centaines de mille. Les prix de revient diminuent par là chaque fois que le nombre d'objets augmentent. Le point optimum de choix de la machine dépend ainsi du nombre de la consommation. Vous pouvez toujours réduire la part du salaire instantané à un chiffre aussi faible que vous le voulez ; vous pouvez construire une machine complètement automatique qui fabrique l'objet. J'ai eu l'occasion, pendant la dernière guerre, de fabriquer des machines semi-automatiques qui réduisaient d'à peu près 97 % la main-d'œuvre et qui réduisaient le prix de revient total de l'objet au-dessous du dixième de sa valeur estimée à l'origine. Mais, pour cela, il faut avoir un très grand nombre d'objets à construire.

Ce qui vous intéressera aujourd'hui c'est simplement le résultat économique : le prix de revient diminue indéfiniment quand le nombre des objets augmente, et ceci sensiblement comme la racine cinquième du nombre des objets fabriqués. Je l'ai constaté dans la fabrication allemande et dans la fabrication américaine. Il en résulte que l'Amérique qui a, en ce qui concerne la mécanique générale, un marché vingt fois plus grand que le nôtre a, toutes choses égales d'ailleurs, ses objets à un prix qui est dans un rapport de 1 à 1,8 par rapport au nôtre. Dans ces trois dernières années, l'Allemagne a augmenté, dans une proportion formidable, sa puissance de fabrication mécanique ; sa puissance mécanique doit être le quadruple de la nôtre ; il en résulte, toutes choses égales d'ailleurs, que, pour chaque ouvrier allemand – en lui supposant la même qualité qu'aux ouvriers français et en supposant aux ingénieurs allemands la même qualité qu'aux ingénieurs français – la production par ouvrier doit être de 32 % supérieure à la nôtre. Ces données sont des données qui s'imposent à nous tous ; nous n'y pouvons rien, elles sont la conséquence de l'évolution actuelle de la machine en série.

J'étudiais tout à l'heure, dans un groupe d'économistes métallurgistes, la question des tôles fines en France. Nous avons, en France, une douzaine de producteurs de tôles fines ; ces producteurs de tôles fines ont un certain outillage ; on pourrait réduire de beaucoup le prix des tôles fines par les procédés modernes, avec des outils automatiques, mais la machine produirait plus que toute la consommation française et beaucoup plus. Par conséquent, lesdits producteurs devraient cesser de vivre ; mais le prix de revient évidemment baisserait dans des proportions considérables. Cette transformation entraîne immédiatement la loi du monopole qui a été si bien développée par mon vieux maître Colson quand j'étais à l'Ecole des Ponts et Chaussées : cette loi du monopole qui fait que, lorsqu'une industrie se développe, ses prix de revient tombent et par conséquent elle absorbe, peu à peu, ses rivales. Nous avons vu ceci se produire dans l'industrie automobile d'une façon extraordinaire. Quand je visitais les usines Ford, il y a trois ans, elles produisaient quatre mille voitures par jour, la fonte du haut fourneau était coulée directement en pièces de forme, le minerai était transformé directement en éléments de voitures de telle sorte que l'objet ressortait à un prix moindre que le lingot dont part notre fabrication en France.

Cette importance exceptionnelle de la loi du nombre joue actuellement. Nous sommes, à l'époque où je parle, dans la première moitié du XXe siècle, au commencement d'un développement en série qui ne s'arrêtera pas.

Aujourd'hui, dans une fabrication bien montée, la main-d'œuvre de fabrication n'est presque plus que le terme correctif. Dans la carrosserie de l'automobile, elle ne représente pas 10 % du prix de revient. Le terme essentiel c'est l'outillage. Mais l'outillage est lui-même produit en assez grande quantité pour que les mêmes principes soient appliqués, nous ferons baisser le prix de l'outillage. Et ainsi de suite pour le développement de la série. D'où la nécessité absolue de la normalisation qui entraîne, dans les fabrications, un plus grand nombre d'objets identiques.

De là résulte cette règle qu'il ne faut jamais oublier quand on fait des lois sociales : la réduction des heures de travail ne diminue pas les possibilités de consommation de la nation proportionnellement au nombre d'heures mais proportionnellement à la puissance 5/4 du nombre d'heures. Cela indique que le point d'équilibre entre la production et la consommation se place en un autre point de la courbe, et le prix de revient en effort humain réel.

Le travail en France.

Notre pays est un pays parfaitement équilibré, et qui n'a jamais eu de crise : en France, nous n'avons jamais eu de surproduction, nous avons cru l'avoir – puisque je suis ici sous la bienveillante tutelle du groupe X-Crise – mais je crois cependant qu'il n'y a jamais eu cette caractéristique de fièvre : une montée brutale de production suivie d'une descente brutale. Nous n'avons que des mouvements extrêmement lents, à direction constante et qui sont la caractéristique d'une anémie profonde. Si je prends seulement les statistiques de 1932 à 1939, les grands pays dont je viens de parler ont tous augmenté leur production. Ainsi les Etats-Unis d'Amérique, l'Angleterre, l'Italie, l'Allemagne ont augmenté leur production chaque année de beaucoup plus de 10 % ; la nôtre reste stationnaire et, si nous regardons la production actuelle, elle ne s'élève pas même de la quantité qui correspond à l'augmentation de production des armements, par conséquent celle-ci est compensée, en partie, par une anémie qui gagne davantage les autres industries.

L'élévation du prix de revient français est à la base de cette anémie persistante, continue et qui s'accroît. Et pourquoi cette élévation ? A deux choses. Tout d'abord la faiblesse du marché, conséquence de l'appauvrissement du pays. Mais il y a aussi l'impossibilité absolue pour nous de trouver les machines nécessaires à la fabrication de notre outillage ainsi que les ingénieurs habitués à les construire. Un jour, je voulais étudier une machine spéciale pour faire une opération de mécanique tout à fait particulière. J'ai fait le bilan de l'opération : 2 000 000 au moins de mise au point ; chiffre d'affaires par an en France, maximum 400 000 francs ; avec les impôts etc., un siècle pour amortir ; on ne pouvait donc pas faire la dépense. Je suppose que je sois Américain, je refais le même calcul : les études sont plus dures, je dépenserai donc le double : 4 000 000 ; mais j'ai un marché qui de 400 000 francs va passer à 8 000 000, plus de vingt fois plus ; j'amortis mon étude en 4 ans. En Allemagne, j'amortis en 10 ans. Par conséquent, il est impossible actuellement, avec l'organisation économique française, de faire de la machine-outil. Si cette industrie subit de temps en temps, des remous violents, si elle s'assoupit pendant de longues années puis, dans les époques d'armement, si elle subit des commandes à outrance, cela tient au régime général de notre vie qui est un régime non stabilisé pour la raison que, en France, dans le personnel dirigeant personne ne s'occupe de l'économie et personne ne fait ce qui est nécessaire pour que les ingénieurs puissent, en toute liberté, travailler et produire.

Pourquoi la Société France est-elle donc dans cette situation mauvaise ?

Cause de l'anémie de l'organisation économique.

La Société France est dans cette situation pour les causes suivantes : d'abord, elle s'est payé des frais généraux excessifs. Si vous parlez avec des parlementaires, – et nous en avons tous plus ou moins dans nos familles, dans nos amis, ils sont fort intelligents et toujours agréables – vous vous apercevez que ces faits leur échappent complètement et ne sont pour eux d'aucun intérêt, et vous constatez cette conviction extraordinaire que la France est un pays riche, riche parce que Dieu lui a donné la richesse et qu'on peut y puiser indéfiniment. Ils ont oublié de regarder les statistiques de l'impôt, celles des successions, toutes les richesses autrefois à l'extérieur de la France et qui étaient possédées par nous et sont aujourd'hui entre les mains d'étrangers. Quand je visitais à Détroit les usines Ford, la General Motors, j'ai voulu visiter les entreprises d'origine française qui sont à Détroit. Vous savez qu'elles sont nombreuses puisque toute l'automobile est de naissance française. Vers 1900, quand un Américain voulait faire une automobile, il achetait ici les ressorts nécessaires : il faisait venir ses essieux de France : il faisait venir de notre pays la plupart des éléments ; cela nous paraît aujourd'hui presque extraordinaire tant est grande notre faculté d'oubli. Beaucoup d'industriels français avaient ainsi en Amérique fondé des affaires très importantes. Toutes ces affaires sans aucune exception, sont passées entre les mains des Américains : aucune n'est restée française. Depuis la guerre, nous avons mené une telle politique économique que toutes nos maisons ont perdu leurs filiales.

Quand nous pensons encore aux étapes de la dernière guerre, quand nous voyons les Américains, près de dix-huit mois après la déclaration de guerre, ne pas encore posséder un avion ni un canon de campagne de leur propre industrie sur le front, quand nous voyons l'industrie française les leur fournir, nous pensons celle-ci capable d'un autre régime que celui où elle vit au moment actuel.

La Société France périt. Ses frais généraux sont excessifs. Nous nous sommes payés une armée de fonctionnaires qui dépasse de beaucoup nos besoins. Nous nous sommes payés, dans les ministères, une armée de contrôleurs formidable, à toutes les étapes. Des contrôleurs, c'est très bien ; il faut des freins sur les roues des voitures, mais point trop n'en faut ; il faut tout de même des moteurs. Or, plus nous allons, plus il y a de freins : moins il y a de moteurs.

La mauvaise assiette de l'impôt détermine, d'une façon absolue, la disparition de l'esprit d'entreprise. Pour ceux qui ont vécu l'avant-guerre, ils savent que partout où il y avait un grand travail à faire, il y avait un Français. Tous les travaux difficiles étaient dirigés par les Français. Il n'était pas d'industries qui n'aient à leur tête ou dans leur corps des ingénieurs français. Vous pouvez aller en Amérique du Sud, dans le Proche-Orient, vous ne trouverez plus que très rarement des Français. Il n'y a plus aucune vitalité dans ce domaine. Et ceci c'est dû uniquement à l'assiette de l'impôt.

Un pays ne vaut que par les hommes puissants qu'il fait naître, qui, à chaque instant, le conduisent dans les difficultés du chemin et forment ces points durs qui lui permettront de lutter contre l'adversaire. Aujourd'hui, les fils du peuple ne peuvent plus monter aux richesses. Ils ont du génie, ils resteront à un niveau moyen. Nos impôts réactionnaires le veulent. Nous ne voulons plus maintenir que la richesse acquise. Je calculais que pour qu'un de ces points durs naisse et puisse arriver à prendre le contrôle de l'industrie, il faudrait, avec les taux que l'impôt prélève actuellement sur les bénéfices, c'est-à-dire sur le mérite de chacun, il faudrait que la vie humaine soit augmentée et portée à plus de deux cents ans. Comme nos législateurs n'ont pas augmenté la vie humaine, il en résulte que nous allons tous rester dans la médiocrité.

Faisons la comparaison entre deux producteurs : d'une part un vieux producteur qui fait une gaine relai pour un obus avec des outils universels, il touche une certaine somme. Une commission de contrôleurs va définir son taux de bénéfice. Plus il construira cher, plus il gagnera d'argent. A côté de lui, prenez un homme jeune, inventif, il étudie la question et dit : « Cette gaine, l'Etat me la paie dix francs, je peux la faire pour trois francs, mais je vais être obligé de mettre au point une machine-outil automatique : je vais du reste peut-être la louper ; si je me trompe j'aurai perdu mon effort, mon argent, et mon amour-propre souffrira, si je réussis, je la ferai à trois francs. La commission de contrôle passera et lui dira : « Votre bénéfice était de cinquante centimes, soit 5 % ; si vous la faites à trois francs, je vous donnerai quinze centimes. » Vous comprenez qu'il ne pourra pas mettre sa machine au point. Il ne fera rien. Il perdra sa qualité d'homme d'entreprises et nous paierons tous un prix plus élevé. Un bénéfice élevé est nécessaire pour qu'un prix de revient soit bas. Avec des bénéfices bas, vous aurez des prix de revient élevés. C'est un dilemme absolu. Une nation qui ne peut pas le comprendre est une nation qui, certainement, est appelée à disparaître.

Puissance d'expansion.

Si le bilan de production est en équilibre, la puissance du pays est stationnaire. Le père donne en héritage à son fils ce qu'il a touché de son propre père : on n'améliore pas la situation, on la transmet sans modification. Ce bilan en équilibre qui est le point moyen, exige une certaine durée de travail.

Cette durée de travail est l'inverse de l'efficacité de l'outillage, puisque c'est le produit de ces deux facteurs qui donne le prix de l'objet. Pour réaliser l'équilibre qui existait en 1928-1930, les vingt-deux millions de Français doivent travailler cinquante-quatre heures par semaine. Ainsi, ils produisent ce qu'ils consomment. S'ils veulent produire en plus pour la défense nationale, il faut majorer d'autant les cinquante-quatre heures. Par conséquent, quand le législateur fait la loi de quarante heures, il décide que notre bilan sera en perte, que toutes nos richesses passeront entre les mains de l'étranger et que les ouvriers, dans quelques années, seront réduits au niveau de vie des puissances les moins évoluées.

La durée du travail ne peut pas plus être réglée par une loi que la loi ne peut régler le rendement du cycle Carnot et décréter que le rendement dépassera celui correspondant aux températures de la source chaude et de la source froide. La durée du travail résulte, à chaque instant, à chaque époque, de l'initiative des ingénieurs, de leur intelligence et de leur organisation. C'est par le travail des ingénieurs, la puissance de leur organisation que la durée de travail peut être réduite. La loi ne peut faire que constater. Si elle est en avance, elle détermine une catastrophe, l'affaiblissement du pays ; et alors, à ce moment-là, tous les dangers de guerre. Si, au contraire, la loi ne fait que constater, elle permet l'équilibre normal d'un pays.

La ruine rapide de la France tient, depuis 1919, dans la possibilité de production du pays, produit de la durée du travail par l'efficacité de l'outillage. La loi a ruiné les deux. Elle a réduit la durée du travail plus que ne le permettaient les possibilités ; elle a arrêté complètement l'outillage en consommant complètement l'épargne.

La paralysie des initiatives, jusqu'où peut-elle aller ?

Lorsqu'un entrepreneur travaille pour l'Etat, il doit lui remettre 89 % de son bénéfice pour les travaux de défense nationale ; s'il est en perte, il perd 100 %. Il vaut mieux jouer au plus mauvais jeu de hasard actuellement que de faire preuve d'esprit d'entreprise en France.

L'antisélection économique.

Le régime des lois françaises a donc conduit à l'antisélection. Cet industriel jeune dont je vous parlais tout à l'heure qui va travailler à faible prix de revient à côté d'un autre industriel fatigué qui travaille mal, cet industriel jeune, comment est-il aidé ? La nation devrait être tout sourire pour lui puisqu'il fabrique l'objet en consommant moins d'effort humain. Au contraire il subit sans cesse des handicaps : sur son bénéfice commercial, sur ses coupons, c'est en tous les points de la production qu'il va payer davantage. Donc, plus vous travaillez bien, plus vous payez d'impôts. Voilà le régime français ! Et cependant, à côté de cela, que de facilité nous aurions si nous voulions sortir de cette absurdité ! Les méthodes de travail françaises sont certainement les meilleures du monde. Je me souviens d'avoir visité des chantiers sur les autostrades allemands, il y a trois ans ; j'ai suivi, pendant quelques heures, le travail en regardant la façon de s'y prendre. Il est évident que la moyenne de nos entrepreneurs français aurait beaucoup moins gaspillé de main-d'œuvre, obtenu un rendement plus satisfaisant. En faisant le bilan des usines américaines, en plaçant en regard nos industries françaises avec leurs méthodes et les ingénieurs et leurs ouvriers et leur rendement, je dirai que – toutes choses égales d'ailleurs, c'est-à-dire pour les mêmes productions – nos méthodes françaises battent les méthodes américaines. Je ne parle pas des autres pays où les différences sont plus grandes. Les méthodes françaises sont certainement de beaucoup les meilleures et ce sont celles qui conduisent aux prix de revient les plus bas. C'est pourquoi, avant la guerre, nous étions imbattables dans tous les travaux : dès qu'une construction, un grand travail était à faire, un grand port, un grand canal, c'était des entrepreneurs français qui pouvaient le faire ; et c'est eux qui pouvaient faire fabriquer, en France, les meilleures machines, les meilleurs excavateurs, le meilleur outillage. Aujourd'hui, quand vous voulez faire travailler en France, dans l'intérieur du pays, non seulement vous n'avez plus d'outillage français, mais vous êtes même obligés de recourir à l'outillage de nos rivaux.

Ainsi disparaît, peu à peu, l'industrie française. En valeur absolue, cela n'apparaît pas tout d'abord. Mais en valeur relative, à côté de pays moins bien situés, vous voyez se développer tout le drame. Ce drame tient aussi en peu de mots, il est dû aux charges plus lourdes de l'industriel français. Un objet français, fabriqué en France, paie plus d'impôt qu'un objet étranger de douane. Par conséquent, l'industriel français est actuellement défavorisé par la loi française par rapport à l'étranger qui fabrique chez lui et vient amener son produit en France.

Ainsi les industries passent entre les mains de l'étranger. Nous le voyons dans les grandes villes comme Marseille, où l'industrie des matières premières alimentaires est en train de passer à des groupes internationaux. A Paris la situation s'aggrave.

Les lois d'exception.

Caquot examine l'incidence des lois d'exception qui – entre les deux guerres – ont maintenu les loyers à des taux dérisoires et ruiné l'industrie du bâtiment.

Supposez que demain le Gouvernement actuel, qui a déjà fait de très grandes améliorations du côté moral qui nous ont valu immédiatement des améliorations de rendement considérable, considère justement ce qu'il a fait comme un simple début, qu'il se dise que l'ère des paradoxes est finie, que l'homme ne peut pas aller contre les lois naturelles, qu'il doit y obéir comme il obéit aux lois physiques parce qu'elles sont intangibles comme elles et que, dès lors, se soumettant aux lois naturelles, il va chercher à élever le plus possible la condition du travailleur et augmenter la dignité de sa vie. Il rétablira l'esprit d'entreprise, il rétablira entièrement le bénéfice pour produire une intense concurrence et réduire les prix. Il fera en sorte que l'industriel français n'ait pas plus de charges que l'industriel étranger qui vient s'établir chez nous : et dès lors, la richesse circulera, l'augmentation de consommation entraînera, par la loi du nombre, une diminution considérable du prix de revient : nos prix seront, comme ils étaient avant la guerre, dans de nombreux compartiments, moins élevés que les prix de l'étranger ; nos exportations reprendront et notre richesse croîtra avec une rapidité inouïe. Nous avons tous les matériaux à pied d'œuvre, il suffit du pilote, il suffit que nous ayons auprès de lui des hommes qui, chargés de l'économie nationale, sachent ce que c'est qu'un outil, qu'une machine, qu'un prix de revient, comment il s'établit, qu'ils sachent faire un calcul réel et qu'ils ne confondent pas la richesse avec la monnaie, la trésorerie avec le capital.

Nous pouvons faire un démarrage extraordinaire. Mais, dans un démarrage, quoi qu'on fasse, c'est toujours un terme exponentiel qui représente la production et qui fait que, lorsque le démarrage est donné avec retard, il est difficile de le rattraper.

C'est actuellement le drame de notre situation, vis-à-vis de l'Allemagne. Nous venons de partir, en septembre, après Munich, dans l'industrie française de la défense nationale, avec un démarrage magnifique.

Mais, nous sommes partis deux ans après nos rivaux. Et, quoi que nous fassions, la route sera encore longue avant que nous arrivions à l'équilibre. Mais nous sommes sûrs, si nous continuons et si nous prenons les mesures dont j'ai parlé et qui peuvent se ramener à traiter le Français chez lui aussi bien que les étrangers, si nous faisons cela, nous sommes sûrs que, dans peu de temps, nous aurons dépassé l'étranger et que l'industrie française sera une des plus prospères.

Le métier du chef.

Actuellement, en France, aucun chef ne fait plus son métier dans l'industrie. Il ne s'occupe pas de savoir si ses machines sont disposées suivant une certaine place pour avoir le meilleur prix de revient, si les vitesses de coupe devraient être augmentées, s'il devrait changer la nature de ses outillages, il n'a plus le temps. Il ne s'occupe que de deux choses :

1) D'avoir un conseiller fiscal qui l'avertisse à temps de la façon dont il devra déclarer ses impôts parce que, en France, les mots ont de l'importance, non

pas les faits : suivant que sont classés les faits dans une catégorie ou dans une autre, ils ne paient pas la même quantité d'impôts ;

2) Il faut qu'il s'occupe des lois sociales pour pouvoir vivre en harmonie avec ses ouvriers.

Le chef ne dirige plus réellement son entreprise.

Supposez que le Parlement comprenne le danger des lois d'exception, à ce moment-là, nous construirons en France d'une façon continue. Nous augmenterons de plus d'un cinquième la production de la France puisque la production de l'habitation représente un cinquième de l'effort humain. Avec la reprise du bâtiment disparaît la dénatalité. La natalité dépend de deux données économiques : en premier lieu, les possibilités de vie sans fatigue de la femme et par conséquent son logement ; en second lieu, le salaire, c'est-à-dire la grandeur de l'économie générale.

Si ces deux problèmes sont résolus, la natalité est grande. J'ai eu l'occasion, en allant en Amérique, de passer au Canada, et d'y voir les résultats magnifiques de la natalité de la race française. La race française au Canada a dépassé comme natalité tout ce que l'on connaît des races chinoises et japonaises. Il n'y a pas de race qui se reproduise avec autant de puissance que la race française, quand celle-ci est dans les conditions voulues.

Les cadres de l'industrie française.

Il n'y a pas de pays où la solution économique puisse être plus facilement équilibrée qu'en France. Vous prenez une production, elle est déficitaire. Vous faites venir vos ingénieurs, vous encouragez vos ouvriers, vous placez l'outil efficace, la production monte dans des proportions considérables. La France possède tous les climats, elle a toutes les productions, mais elle a surtout – et c'est le point essentiel – des cadres. C'est le seul pays du monde actuellement qui dispose de cadres en surabondance. Dans tous les pays où je suis passé, il y a déficit de cadres. Un seul pays les a en surabondance, c'est la France. Et lorsque vous avez à organiser une industrie ou à résoudre n'importe quel problème quelque difficile qu'il soit, vous trouvez toujours en France un homme qui a la compétence nécessaire pour le faire. Ni les Anglais, ni les Américains, ni les Allemands ne disposent d'une telle facilité.

Vous avez des hommes d'une imagination fertile et en même temps d'un bon sens complet. C'est une joie, c'est la seule qui nous reste, de nous entretenir souvent avec ces jeunes collaborateurs que nous aidons et que nous aimons, ces collaborateurs qui vous mettent sur pied, avec de petits moyens, les plus belles machines.

Si nous avions la liberté totale, sans cadre de guidage, nous irions à l'anarchie et aux crises successives. Il ne faut pas que nous ayons davantage une économie dirigée, car si l'économie anarchique arrive à la surproduction puis à la crise, l'économie dirigée arrive toujours et nécessairement à la paralysie. Il faut un régime de liberté basé sur le haut rendement de l'individu, mais avec le cadre d'une régulation générale du poste de commandement actionnée rapidement par le Gouvernement d'après les indications de bord. L'homme à la barre doit donc être un homme efficace, spécialiste de la production. Il doit être dégagé de toute consigne autre que celle d'assurer par l'intérêt général, la meilleure navigation de son navire. Ce pilote doit donc être débarrassé de tout organisme à côté de lui, de toute commission. Les phénomènes économiques sont, par essence, maintenant, en raison des lois du nombre, des phénomènes instables. Une augmentation entraîne une augmentation indéfinie ; une diminution conduit à une diminution sans limite dans beaucoup de domaines. Nous connaissons cette instabilité dans les machines. Nous pouvons y remédier de deux façons : soit au moyen de régulateurs qui asservissent la machine, soit au moyen d'un pilote qui agit instantanément. Je prends le cas d'une machine instable comme l'étaient nos avions dans la dernière guerre (nous avons réussi maintenant à les rendre stables). Les avions que nous avions pendant la dernière guerre, étaient conduits par des pilotes qui étaient d'autant meilleurs qu'ils réagissaient plus vite. Si nous mettions une commission pour diriger un avion, nous serions sûrs d'une perte de vitesse et de l'écrasement au sol à la moindre perturbation. C'est l'image de notre pays : une perturbation arrive, on envisage des mesures, mais quand ces mesures arrivent la perturbation a changé de signe, et la mesure prise au lieu de diminuer la perturbation l'augmente. Ce phénomène est un phénomène absolument général. La paralysie de nos organes, la multiplicité de nos contrôles font qu'il est absolument impossible de pouvoir obtenir un rendement utile de l'organisation française telle qu'elle est imposée au Gouvernement. La législation ne doit, jamais, intervenir que pour permettre au pilote de diriger efficacement. Elle doit simplement lui définir l'intérêt général. Et, ceci étant, elle doit lui laisser la navigation libre. Le législateur ne doit jamais intervenir dans l'action, pas plus que le passager ne doit monter sur la passerelle, même si la mer est calme, *a fortiori* s'il est dans la tempête.

Aucun législateur, et de très loin, ne peut rivaliser avec l'action bienfaisante pour le travailleur, d'un ingénieur, d'un savant, d'un Jacquard, d'un Ampère. L'amélioration de l'outillage qu'ils ont permis est à la base même de l'amélioration de la vie ouvrière. La loi n'y peut absolument rien. Aujourd'hui, dans les circonstances graves que nous traversons, une économie saine est absolument indispensable à la vie de notre pays comme à la sécurité de nos amis. Quand nos ennemis nous ont cru perdus dans les rêves de la paresse, ils ont immédiatement réagi par la destruction des petites nations qui plaçaient leur confiance dans l'équilibre de l'Europe.

Nous savons ce que nous devons faire pour remettre la France en force et en santé. Nous avons pour devoir d'agir dans le seul intérêt général et en rétablissant, de toute urgence, par l'esprit d'entreprise, la joie de l'action, la loi de la concurrence, la volonté de mieux vivre.

Albert CAQUOT.

Conférence de M. Paul Reynaud (23 novembre 1934)
LA CRISE MONDIALE ET LE PROBLEME DES MONNAIES

Après une argumentation générale au sujet des deux grandes thèses : libéralisme - interventionnisme, qui se sont affrontées pendant tout le cours des travaux d'X-Crise, les problèmes économiques devaient nécessairement faire l'objet d'options politiques.

A la suite des dévaluations fracassantes de la livre et du dollar, le problème de la dévaluation du franc était devenu dès 1934 un des sujets brûlants débattus dans les réunions du Centre, opposant partisans et adversaires de la déflation. La conférence de Paul Reynaud suivie de la réponse de R.P. Duchemin, Président de la Confédération Générale de la Production Française, devait constituer le moment fort de ces nombreuses délibérations sur la question du jour. Cette question s'est de nouveau posée en France, par la suite, à neuf reprises et n'a sans doute pas fini, dans les discordances monétaires chroniques, de connaître des renouveaux d'actualité.

Seuls des hommes pliés comme vous aux disciplines scientifiques ont pu avoir l'audace de m'inviter à venir parler librement, ce soir, d'un sujet qui a pris, en France, un caractère religieux. Les théologiens monétaires propagent une foi nouvelle dans un monde incrédule.

En voulez-vous des preuves ?

La *Fédération des Porteurs de Valeurs mobilières* déclare que la lutte contre la dévaluation doit être « une croisade » et qu'il faut faire appel à « la poussée irrésistible du sentiment des masses ».

Un autre journal financier écrit qu'il faut organiser le statut du Bloc-or.

C'est une croisade nationale. Partis politiques, de la Fédération Républicaine aux Communistes en passant par l'Alliance Démocratique et les Radicaux, Chambres de Commerce, puissants groupements qui éditent de luxueuses brochures, campagnes de presse, tout est mis en œuvre. Puisque c'est une foi, les hérétiques doivent être brûlés et je crains bien d'en être. Déjà, en province, des affiches du parti communiste prenant acte que Paul Reynaud, c'est « le franc à zéro », réclament des poursuites contre moi. Parfaitement logique.

Voilà avec quelle indépendance d'esprit, quelle pondération et quelle mesure notre opinion publique aborde un problème qui relève de la science économique et qui est vital pour notre pays !

Je dois confesser que, pour un homme politique, prendre nettement position sur ce problème comme je l'ai fait, c'est se montrer un mauvais *manager* de sa propre carrière. Mais je n'accepte pas de laisser faire à mon pays la politique de l'autruche quand je la crois dangereuse pour lui. Je suis, d'ailleurs un récidiviste. Vous vous souvenez probablement de l'*émotion provoquée en mars 1930*, par mes déclarations sur la cause de la baisse des valeurs dans toutes les bourses du monde. J'avais pensé que l'épargne devait être avertie des périls qui la menaçaient. Mon interviewer avait corsé mes déclarations par une boutade de moi, dans la conversation, sur le « temple à colonnes ». Mais le fond de cette interview est toujours actuel. En voici le passage essentiel :

« La vérité, c'est que derrière le marasme de la Bourse, marasme que beaucoup de gens considèrent comme un phénomène artificiel, il y a une immense crise économique. Voilà la vraie cause de la crise boursière. Dans un monde où les matières premières ont baissé dans de grandes proportions, le pouvoir acheteur des clients a diminué d'autant. Prenez un exemple : les gens qui cultivent le coton aux Etats-Unis ont vu leur pouvoir acheteur diminuer exactement de moitié. »

Quel *tolle*, à l'époque ! Comment, un ministre des Finances qui n'encourageait pas la Bourse, qui, au contraire, la déprimait ! Un homme important prit ses avantages en déclarant quelques jours plus tard : « La crise est derrière nous ». Un grand journaliste financier me donna en exemple le président Hoover qui annonçait, alors, la « Prosperity round the corner ».

Tout cela se passait en mars 1930. Depuis, M. Hoover a été chassé et je me suis laissé dire que la crise a continué.

Si j'ai rappelé cet incident de 1930, c'est pour montrer que la légèreté avec laquelle on parle, en France, de la crise, date de loin. Le fait initial est celui que j'indiquais, en mars 1930 : la chute des cours des matières premières. J'ai fait dresser à votre intention cette courbe que je vous demande de regarder avec moi.

Elle tombe, cette courbe, vous le voyez, comme l'eau d'une cascade. C'est un des plus grands phénomènes auxquels l'humanité ait assisté. Les ruines particulières, les suicides dans les cinq parties du monde, les gouvernements renversés par les parlements, les prononciamentos dans tous les pays de l'Amérique du Sud, les dictatures dans l'ancien et le nouveau monde, la menace de guerre, peut-être de révolution, notre civilisation menacée, tout cela est inclus dans la chute tragique que cette courbe exprime.

Regardez cette ligne noire. Vous en êtes tous les victimes. La ligne noire vous dit que les matières premières sont tombées, en or, de 150 à 70. C'est un phénomène qui, je crois, n'a pas été assez fortement souligné en France. Il est pourtant essentiel. Tout en dépend. Pourquoi les cours des matières premières se sont-ils effondrés ? Le pouvoir acheteur de l'or a monté. Voilà le fait. Il a monté dans de telles proportions que l'on a pu observer deux phénomènes : l'un économique et l'autre financier.

Envisageons le phénomène d'ordre économique. C'est l'arrêt des échanges. Il faut faire, pour l'expliquer, une distinction **fondamentale** entre les **prix des matières premières et les prix de détail.** Ceux qui ne l'ont pas faite sont incapables de rien comprendre à ce problème. Les cours des matières premières sont mobiles et avec eux, mais dans une moindre mesure, les prix de gros possèdent aussi cette qualité. Au contraire, les prix de détail sont, par leur nature, inertes. Or, les trois quarts de l'humanité produisent des matières premières, notamment des produits agricoles. L'effondrement des cours des matières premières a donc entraîné l'effondrement du pouvoir d'achat des trois quarts de l'humanité. Ceux qui ravitaillent les humains en machines, ont perdu d'un seul coup la plus grande masse de leurs clients. Les échanges n'ont plus pu se faire, les prix de détail n'ayant pas baissé, bien loin de là, dans la proportion des prix de gros. Les prix de détail comportent en effet des éléments stables comme les impôts, les salaires, les transports, etc. Nous avons

INDEX OF WHOLESALE COMMODITY PRICES
1913 = 100

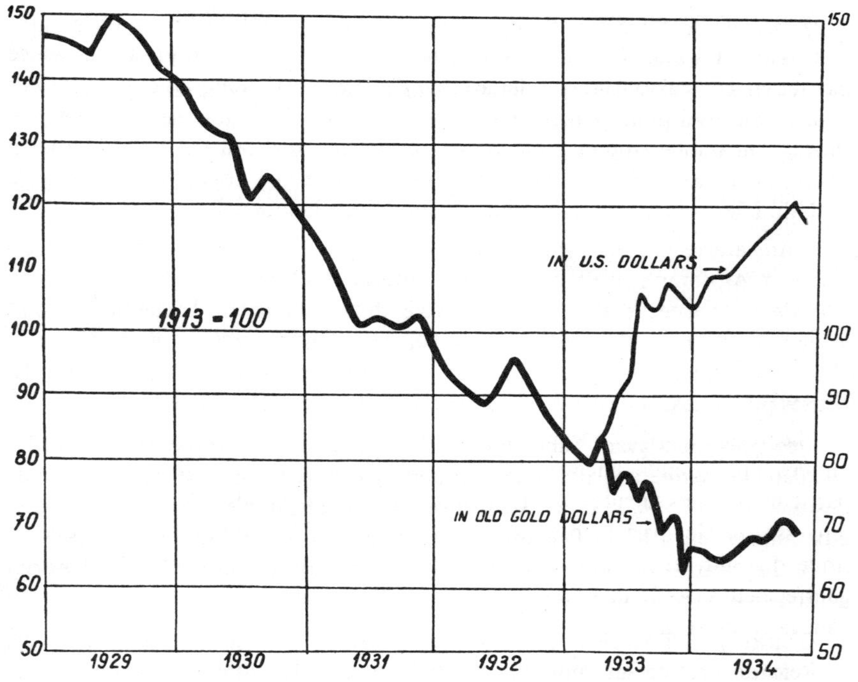

assisté à ce spectacle : deux géants, face à face, le producteur de matières premières et le producteur d'objets fabriqués, les bras croisés avec, à leurs pieds, leurs stocks invendus. Comment rétablir les échanges ? Comment permettre aux débiteurs de s'acquitter ? Comment permettre au plus grand de tous les débiteurs, l'Etat, de faire face à ses charges qui, pour la plupart, sont fixes, en prélevant son pourcentage sur moins de marchandises vendues à un moindre prix ?

Ce n'est pas une question d'état d'âme, comme on nous le raconte, ce n'est pas un problème de confiance. Nous sommes atteints d'un mal spécifique. Et si c'est un mal spécifique, la confiance n'y peut rien. C'est comme si on recommandait à un cancéreux d'avoir bon moral pour guérir.

Pour guérir, il faut d'abord connaître le mal et ensuite ne pas se tromper sur la nature du remède. Si l'opinion se trompe sur la dévaluation, c'est en raison de l'analogie désastreuse entre l'expérience actuelle et l'expérience Poincaré de 1926. M. Poincaré s'est trouvé en face d'un pays prospère, dans un monde prospère. Il lui a suffi de rétablir la confiance pour que l'aisance soit rendue à la trésorerie et le problème résolu. Aujourd'hui, le remède n'est pas psychologique mais physiologique.

Nous sommes en face d'un problème technique, du **problème des prix.**

Comment a réagi le monde en face de ce problème ? Le monde a commencé par tenter la diminution, la « déflation » des dépenses publiques et des prix des objets fabriqués pour se mettre au niveau des prix effondrés des matières premières. On oublie trop en France que l'étranger a d'abord fait un effort beaucoup plus considérable et beaucoup plus méritoire que nous dans la voie de la déflation des prix avant de faire la dévaluation de la monnaie.

L'Angleterre par exemple. La livre était dans le monde, la monnaie maîtresse. L'Angleterre avait un immense intérêt à la maintenir. C'est pourquoi, elle s'est acharnée d'abord dans la voie de la déflation. La déflation avait atteint 12 %, mais l'Angleterre s'est heurtée dans son effort, à la résistance des Trade Unions, imbues du dogme du salaire nominal. Dans l'ordre des dépenses publiques, la déflation avait rencontré les mêmes difficultés.

Quelques jours avant l'abandon de l'or, qui date du 21 septembre 1931, il y eut dans la marine anglaise, une mutinerie parce que l'on avait réduit la solde des marins de 15 %, je crois. Le Gouvernement anglais s'est incliné. On a laissé aux marins leurs 15 %. Quelques jours après, on a dévalué de 30 % puis de 40 %. Les marins ont été contents et ils ont eu raison, puisque leurs soldes ont gardé le même pouvoir acheteur.

D'autre part l'Angleterre, créancière en livres, dans le monde entier, s'est trouvée en face de ses débiteurs du Brésil et de l'Argentine, par exemple, qui lui ont dit : « Nous produisons toujours autant de café et de blé, mais pour vous payer, il nous faudrait vous donner trois fois plus de café ou de blé, ce qui est impossible ». C'était le système tout entier qui craquait et se désarticulait.

La livre ayant quitté l'or, contrainte et forcée, les Anglais ont eu la sagesse de se dire que « le nécessaire est bon ». Ils se sont inclinés devant les faits. Ils se sont réjouis de la dévaluation de la livre et l'expérience a prouvé qu'ils ont bien fait de s'en réjouir. Dévaluer, je le dis en passant, n'est pas un terme très exact puisque la livre n'est pas encore stabilisée. Voilà l'histoire de la dévaluation anglaise.

Vous voyez que lorsque l'on traite ici les Anglais de manipulateurs ou de jongleurs de monnaie, on est, pour le moins, injuste. Tous les pays qui dépendent économiquement de l'Angleterre comme les Dominions, les pays scandinaves puis l'Argentine, ont fait comme elle. Il y a pourtant un dominion qui a voulu résister : c'est **l'Afrique du Sud.** Il a voulu résister parce qu'il est le plus grand producteur d'or du monde. Il a voulu rester à la parité de l'or, mais bientôt il s'est trouvé isolé comme le Bloc-Or l'est aujourd'hui, avec des prix de revient de 30 % plus élevés que les prix de revient du reste du monde. Alors il s'est produit ceci : l'Afrique du Sud a vu diminuer son profit sur l'exportation de l'or, a vu ses exportations baisser, ses échanges intérieurs se ralentir. D'où ses ouvriers ont été mis en chômage, les rendements fiscaux ont diminué, les capitaux ont pris la fuite à l'étranger et l'or est sorti des caves de la Banque d'Emission. Alors l'Afrique du Sud a pu mesurer les inconvénients qu'il y avait à vouloir vivre isolée dans un monde qui avait dévalué. Elle s'est alignée sur la livre anglaise et, immédiatement, les affaires ont repris, les ouvriers chômeurs sont retournés au travail, les capitaux sont revenus, l'or est rentré dans les caves de la banque, l'Afrique du Sud s'est retrouvée dans la même situation que les autres pays qui avaient dévalué : le sang a de nouveau circulé dans le corps du pays.

Quel est l'intérêt de la dévaluation pour les débiteurs ? C'est de pouvoir travailler à nouveau pour payer leurs créanciers et non de pouvoir les payer en monnaie de singe puisque le prix de la vie ne hausse pas. Quant à l'Etat, des rentrées d'impôt accrues suppriment le déficit.

Aux Etats-Unis, mêmes causes, mêmes effets. On a pu lire récemment dans un document officiel français, l'exposé des motifs du projet de budget de 1935, qu'il n'y a aucune analogie entre les raisons pour lesquelles les Etats-Unis et l'Angleterre ont abandonné l'étalon-or. En lisant cela, les historiens de l'avenir auront une singulière idée de nos procédés d'investigation scientifique ! Aux Etats-Unis, la chute des prix a engendré un phénomène du même ordre qu'en Angleterre : l'impossibilité pour les débiteurs de s'acquitter. Toute une classe de débiteurs, les fermiers américains, se sont trouvés dans la même situation envers les banquiers locaux, que les producteurs de café ou de blé du Brésil et de l'Argentine envers leurs bailleurs de fonds anglais. Mêmes phénomènes : trois fois plus de blé à livrer pour s'acquitter d'une dette en dollars, arrêt des échanges, etc. Monotone histoire. « Moi, je suis partisan du dollar honnête », déclarait le sénateur Borah, ce qui fit grande impression. Le blé avait atteint 172 cents au plus haut prix. Or, au début de novembre 1932, il était à 42 cents, cours jamais atteint depuis Christophe Colomb ! Les mêmes causes produisant les mêmes effets, les Etats-Unis ont dévalué, les résultats de cette dévaluation ont été que le pouvoir acheteur des fermiers s'est considérablement accru, que le blé est remonté à 68, puis à 92 cents et a même dépassé un dollar tandis que malgré la N.R.A. qui est complètement étrangère à la dévaluation, et qui agit même dans le sens contraire, le prix de la vie montait très peu.

Dans les 49 pays du monde où la dévaluation monétaire a été faite, jamais un gouvernement n'a été interpelé sur ses effets soi-disant néfastes. Est-ce que cela ne vous frappe pas ? Est-ce que l'expérience de tant de pays situés sous tant de climats est sans valeur ? Est-ce que nous sommes vraiment incapables d'en tirer un enseignement pour nous mêmes ?

En Amérique, il y a eu des commentaires vifs sur la N.R.A. et sur les expériences, à certains égards socialisantes de M. Roosevelt ; mais la dévaluation n'est pas critiquée.

Tournons-nous maintenant vers le Bloc-Or, petit îlot battu par la tempête. Les Français lorsqu'ils parlent d'un de ces 49 pays qui ont dévalué, annoncent qu'ils reviendront de leurs illusions, que l'obstination des Anglais dans l'erreur est inconcevable. Cette attitude est ridicule car le moins que l'on puisse dire des Anglais, c'est qu'ils sont des marins et des financiers. Or, M. Chamberlain déclarait à la Chambre des Communes le 5 juillet 1934 : « La politique monétaire du Gouvernement anglais a contribué à améliorer la situation en Angleterre dans une proportion bien plus considérable que n'importe où ailleurs. »

Voyons comment se comportent les pays du Bloc-Or.

En Hollande où on a toujours aimé la liberté de pensée, on peut parler de ce problème sans se faire traiter de malfaiteur. La Hollande avait, comme clients de ses chantiers navals, les Pays Scandinaves. Récemment, le premier chantier naval d'Amsterdam a fermé ses portes parce que les pays Scandinaves s'étant rendu compte que la monnaie de la Hollande étant maintenant de 66 % plus chère que celle de l'Angleterre, les chantiers navals anglais ont soufflé les commandes des Scandinaves. Que faire contre un tel état de choses ?

En Suisse, nous assistons à des phénomènes comme le franc-touriste pour britanniques, franc rattaché à la livre, création charmante... et de nature à faire réfléchir.

En Italie, où le peuple est pourtant unanime derrière le Duce, la situation monétaire s'aggrave de jour en jour.

En Belgique, où je déjeunais récemment avec trois députés, un catholique, un libéral et un socialiste, l'on me mit sous les yeux un journal socialiste préconisant l'embargo sur l'or – c'est-à-dire la dévaluation – pour « la défense de la monnaie ».

Et la France ?

La France est le pilier central des pays du bloc-or.

La France se trouve actuellement dans la même situation que les autres membres du bloc-or. Ses prix sont trop élevés. Les lois de l'économie politique jouent en France comme la loi de la pesanteur. Nous sommes dans une situation analogue à celle de l'Angleterre de 1925 à 1931. Nous avons des prix supérieurs aux prix mondiaux et nous enregistrons les mêmes résultats que l'Angleterre : notre exportation s'est effondrée, notre exportation sur place, si importante, est à l'agonie. Un exemple : Le représentant d'un syndicat hôtelier me disait récemment que si l'on donnait aux hôteliers de Paris 30 jours pour s'acquitter de leurs impôts, de leurs loyers et de leurs factures en retard, 80 % des hôtels de Paris seraient en faillite.

Une des erreurs principales commises par ceux qui critiquent la position que nous prenons, est celle-ci : ils ne se rendent pas compte que le drame actuel en France ce n'est pas tant l'effondrement des exportations, c'est surtout **l'arrêt des échanges à l'intérieur du pays.** Phénomène observé partout, nous l'avons vu. Ce qui est la marque de la situation actuelle, c'est l'affaiblissement du prix des terres, des maisons, des produits agricoles, des objets manufacturés. Le pouvoir d'achat des paysans et des ouvriers a considérablement diminué.

Du fait de la réduction du chiffre d'affaires dû à l'effondrement des prix, les commerçants font faillite et les usines se ferment. L'économie française s'enfonce. A la baisse des terres correspond une baisse colossale des immeubles, des valeurs en bourse. C'est la déflation. Chaque fois que l'on en constate les effets, qu'il s'agisse des valeurs de bourse ou des produits agricoles, on s'écrie comme Guillaume II pendant la guerre : « Je n'ai pas voulu cela ! » Pourtant on y est mathématiquement conduit.

En face de ces faits, quelle est notre politique ?

On nous a dit d'abord : nous allons faire **la déflation des prix**. Diminuons, en premier lieu, cet élément important du prix de revient que sont les impôts. Or, si les dépenses ont été diminuées de 2 milliards et demi environ, le poids des impôts qui pèsent sur la production française est le même. **Pourra-t-on diminuer encore les dépenses publiques ?** Ecoutez M. Germain-Martin dans l'exposé des motifs du projet de budget de 1935 :

« Cette déflation obligatoire, nous croyons aussi l'avoir poussée à son extrême limite ; les crédits de matériel et de subventions ne peuvent plus être réduits sans que soit arrêtée la vie administrative, ralentie la vie économique du pays. Toute diminution des crédits de la défense nationale compromettrait sa sécurité. Des économies sur la dette ne peuvent être attendues qu'après de longues périodes dans la hausse des cours et du consentement unanime des rentiers. Aujourd'hui, un effort de compression plus important que celui que nous proposons ne pourrait s'obtenir que par des prélèvements nouveaux sur le personnel de l'Etat, les pensionnés et les victimes de la guerre. Or, nous estimons que les fonctionnaires et les retraités ont apporté à notre redressement financier une contribution suffisante, frappés durement dans leurs moyens financiers et atteints par une réduction d'effectifs, l'équité interdit de rien leur demander de plus surtout dans une démocratie qui doit, plus que tout autre régime, demeurer soucieuse de la santé morale et de l'activité de ses cadres. Les mêmes raisons commandent notre attitude à l'égard des anciens combattants et victimes de la guerre dont le concours volontaire n'a jamais manqué au Gouvernement. »

Donc, quittons toute espérance de voir diminuer les dépenses publiques, nous dit M. Germain-Martin.

Aujourd'hui, devant les résultats minimes obtenus, et les dégâts déjà opérés par la déflation, on nous dit : « Bonne nouvelle, la déflation est faite ! Les prix mondiaux et les prix français se rejoignent, nous allons vers la hausse. » Des esprits superficiels ont pu croire cela au moment où s'est produite, il y a deux mois, la dent de scie qu'accuse le graphique des cours des matières premières. Mais cette dent de scie est due à la sécheresse en Amérique et la ligne est maintenant étale. Certaines matières premières, comme le cuivre, sont au plus bas, même en dollars-papier. Aussi est-il bien inexact de dire que les prix mondiaux aient monté en or et est-il imprudent d'affirmer qu'ils vont monter. En tous cas, je me récuse comme prophète.

Vous avez tous lu dans la presse que les prix ont monté de 10 % en Angleterre depuis un an. Or, ce n'est pas vrai. Le prix de la vie en Angleterre, aujourd'hui, est moins cher en livres-papier – je le dis sous le contrôle de M. Duchemin qui m'écoute – qu'il ne l'était en livres-or à la veille de l'abandon de l'étalon or en septembre 1931. Depuis un an, l'écart entre les prix de gros anglais et français s'est-il amoindri ? Y a-t-il rapprochement ? Faible, car la livre a baissé de 7 % en or et les prix de gros n'ont pas baissé en papier. Depuis un an, le coût de la vie a baissé de 5 % en or en Angleterre et en France. Donc, l'écart a été maintenu.

La déflation est faite ? La formule est agréable mais fausse. Tout montre impérieusement qu'il est urgent d'aligner les prix français sur les prix mondiaux, lesquels ont baissé, en or, et non monté depuis un an. Le problème ne sera pas

EXPORTATIONS

– en millions –

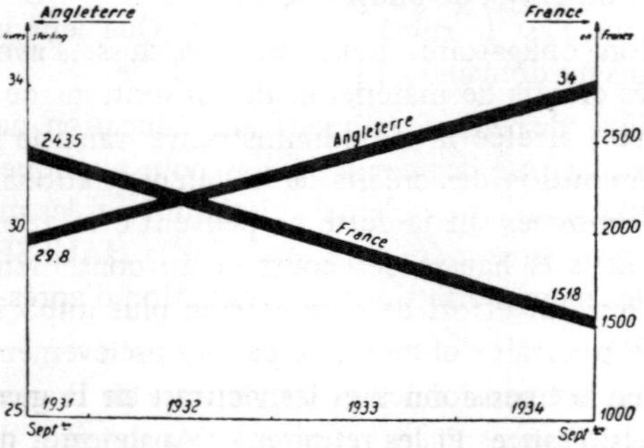

résolu par l'attente, il faut choisir entre une politique de déflation et une politique de dévaluation. On n'a encore osé faire aucun choix et c'est bien là le drame car nous allons continuer à assister à une déflation des prix.

En France, il ne faut pas nous le celer, faute de dévaluation, nous allons voir

Courbe de la RENTE 3 % et du CONSOLIDÉ anglais 2 1/2 %

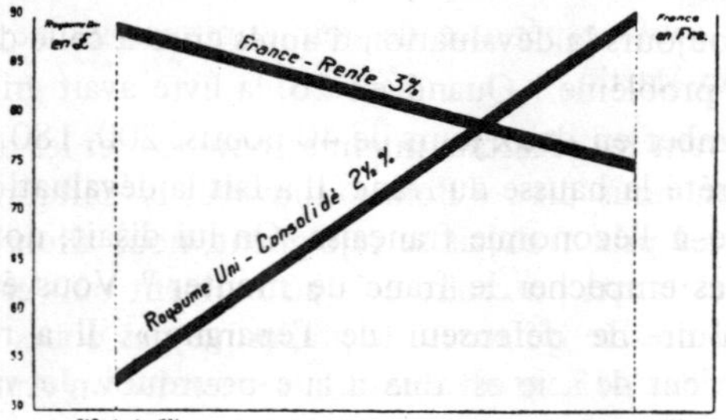

la déflation se continuer malgré lois, décrets et arrêtés. Les prix de gros baisseront, le pouvoir d'achat du producteur agricole et industriel sera diminué, les stocks non renouvelés, les usines fermeront, etc. Depuis que j'ai prononcé au mois de juin dernier, un discours qui a paru un peu scandaleux, les événements que j'annonçais alors se sont produits. Le déficit fiscal du troisième trimestre 1934 est presque égal à celui des deux premiers réunis. Tous les indices indiquent l'aggravation de la baisse de l'activité économique.

Le fait le plus saillant est que le reste du monde **va mieux**, ainsi qu'il résulte notamment du rapport de la Royal Bank of Canada, et du dernier discours de M. Chamberlain, alors que dans les pays du bloc-or, tout va plus mal.

Regardez ces divers graphiques favorables à l'Angleterre et défavorables à la France, si bien que les courbes se coupant forment des x, délicate attention envers mon auditoire. Ils sont édifiants.

Regardez les courbes : le nombre des chômeurs descend en Angleterre tandis qu'il monte en France, le consolidé anglais monte de 40 % – toujours depuis septembre 1931, date de l'abandon de l'or par la livre – tandis que le 3 % français baisse de 15 %. De même, d'ailleurs, ont monté la rente australienne de 50 % et celle du Danemark de 20 %. Cela n'empêche pas toutes les ligues, toutes les associations, tous les partis, tous les personnages officiels d'affirmer que la dévaluation, c'est la ruine des rentiers. Que leur importent les faits ? Nous sommes dans un domaine religieux, vous dis-je.

Si la République dispensait vraiment une éducation nationale, elle aurait, depuis longtemps, institué des cours du soir pour expliquer que la dévaluation d'après-guerre et la dévaluation d'après-crise n'ont pas les mêmes causes ; que la dévaluation d'après-guerre a été engendrée par la **HAUSSE** des prix et qu'elle n'a pu produire les mêmes effets que la dévaluation d'après-crise, engendrée par la **BAISSE** des prix...

On objecte que la hausse des prix s'ensuivrait en France, en cas de dévaluation, parce que la France n'a pas, comme l'Angleterre, des dominions où se ravitailler en matières premières ! Mais, dites-moi quelle loi interdit aux Français d'acheter de la laine en Australie au même prix que les Anglais ? Savez-vous d'ailleurs pour combien il y a de laine dans un vêtement d'homme de 700 francs ? 30 francs, si bien qu'une dévaluation de 40 % entraînerait une hausse de ce vêtement de moins de 2 %, c'est-à-dire de zéro.

Mais, dites-vous, l'Angleterre, c'est à part. Fort bien ! mettons-la à part. Mais il reste quarante-huit autres pays qui ont dévalué depuis la crise.

On compare toujours la dévaluation d'après crise à celle de M. Poincaré. Lui, avait compris le problème ! Quand en 26, la livre avait grimpé jusqu'où vous savez, il la fit tomber en deux jours de 40 points. 200, 180, 130, puis 125. Là, M. Poincaré a arrêté la hausse du franc. Il a fait la dévaluation au taux qui lui a paru le plus utile à l'économie française. On lui disait, notamment à droite : « Vous n'allez pas empêcher le franc de monter ? Vous êtes le Ministre des Finances, c'est-à-dire le défenseur de l'épargne ». Il a répondu : « Je vais dévaluer le franc des 4/5, et il a expliqué pourquoi. Je vais dévaluer de 4/5

NOMBRE DES CHÔMEURS

— en milliers —

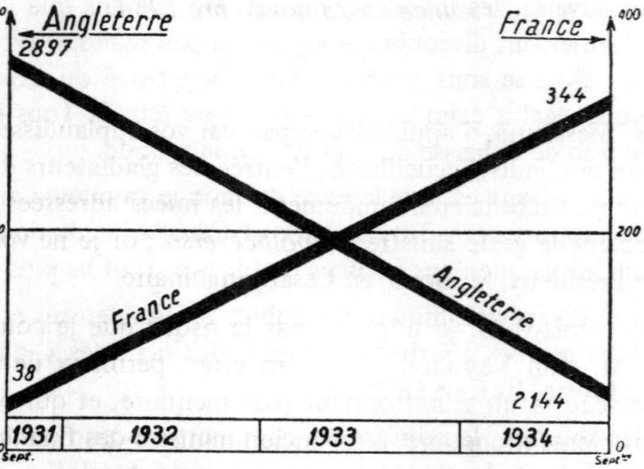

parce qu'il faut qu'il y ait un rapport donné entre la valeur or du franc et la valeur or des grandes monnaies internationales, livre et dollar. » Et il a cité l'exemple de l'Italie et du Danemark qui avaient eu le tort de ne pas dévaluer assez. Ceux qui ont loué M. Poincaré en 1928, d'avoir établi ce rapport entre le franc et la livre, aujourd'hui que ce rapport est rompu, déclarent que cela n'a plus aucune importance pour l'économie française ! Car leur raisonnement contre la dévaluation vaudrait encore, si la livre était à 25 francs et le dollar à 5 francs !

Vers quoi nous mène la politique actuelle ? Qu'elle est significative cette motion des Chambres d'Agriculture : « L'Assemblée des Présidents des Chambres d'Agriculture a le devoir d'avertir le Gouvernement, le Parlement et le pays que le désespoir du monde rural peut susciter demain des événements de la plus haute gravité ». Nous avons déjà parlé de la diminution des recettes fiscales et des recettes de chemins de fer. Le phénomène ne va pas s'atténuer, bien au contraire et pendant ce temps d'excellents contribuables ferment la porte de leur usine, de leur magasin, parce que leurs affaires ne sont plus viables. L'Etat va continuer à emprunter. Il a déjà emprunté quarante-six milliards depuis janvier 1932. Si les prêteurs se lassaient un jour de prêter, l'Etat fabriquerait du papier-monnaie pour faire ses échéances. Ce jour-là, après avoir ruiné la production française, on ruinerait le rentier français. On aurait alors bouclé la boucle. Il est regrettable que dans un grand pays comme la France, qui a toujours été le pays de la liberté de pensée, il n'y ait pratiquement plus de tribune, pour le simple citoyen qui pense, comme moi, que l'alignement de notre monnaie sur les monnaies mondiales, est nécessaire et que, plus on tardera à l'opérer, plus on infligera à ce pays des souffrances dont nul ne peut dire à quels troubles politiques et à quelles perturbations sociales elles aboutiront. Votre hospitalité m'en a été d'autant plus précieuse. Je vous en remercie.

Paul REYNAUD.

Intervention de M. René-P. Duchemin,
Président de la Confédération Générale de la Production française.
(séance du 23 novembre 1934)

Mesdames, Messieurs, n'applaudissez pas, car vos applaudissements évoquent pour moi ceux qui, jadis, accueillaient l'entrée des gladiateurs dans l'arène ; aux applaudissements succédaient, rapidement, les huées adressées au vaincu, et les huées précédaient le geste sinistre du *polliceverso* ; or je ne voudrais pas transformer notre Président, M. Boris, en César sanguinaire.

C'est que, voyez-vous, je n'ignore pas le risque que je cours en prenant la parole après M. Paul Reynaud. Il est, en effet, périlleux de se mesurer à un maître du barreau, à un grand orateur parlementaire, et qui plus est, quand il s'agit d'un problème monétaire, à un ancien ministre des finances.

Il est d'autant plus périlleux de le faire que, dans les périodes de crise, où l'on souffre, le conformisme a mauvaise presse. Or, c'est le conformisme que je veux défendre devant vous, à une heure où, en toute bonne foi, chacun doit dire ce qu'il pense.

Votre thèse, Monsieur le Ministre, c'est qu'il sera impossible, pour la France, de sortir de la crise sans dévaluer sa monnaie, si elle veut éviter des troubles sociaux dont on ne saurait prévoir l'aboutissement.

Avec infiniment d'esprit, vous vous êtes attaché à prouver que la dévaluation serait efficace, puisqu'elle n'entraînerait pas une hausse des prix dans notre pays et que, dans ces conditions, notre commerce d'exportation retrouverait des possibilités de vente, notre industrie touristique serait vivifiée et l'Etat lui-même verrait la fin de ses embarras financiers.

Votre raisonnement serait impeccable si l'on pouvait être assuré du maintien des prix français à l'étiage actuel ; malheureusement, si les prix montent, et, pour ma part, je suis convaincu qu'ils monteront, les avantages d'une dévaluation monétaire s'effondrent.

Pourquoi les prix monteront-ils ? Ils monteront parce que ceux qui ont vécu la période 1924-1926 où, confiants dans la stabilité monétaire, ils ne voulaient pas croire à la chute de la monnaie, ont su ce que leur avait coûté cette confiance. Vendant au jour le jour et croyant réaliser des bénéfices, ils se sont réveillés, après la dévaluation du franc, avec des stocks à reconstituer et ils ont alors constaté qu'ils avaient subi de lourdes pertes de substance. Bien souvent, en effet, leur trésorerie ne leur permettait plus de racheter les éléments constitutifs de leur stock normal.

Ces pertes de substance, les industriels et commerçants les subiraient aujourd'hui d'autant plus lourdement que la dévaluation serait plus poussée et qu'ils dépendraient davantage de l'étranger pour l'achat de leurs matières premières.

Comment croire, dans ces conditions, qu'en présence d'une dévaluation monétaire, ils ne perdraient pas leurs précautions ? Comment croire qu'ils ne remonteraient pas leurs prix pour être certains de ne pas éprouver, comme dans un passé encore récent, de cruelles pertes ?

J'entends bien que M. Paul Reynaud me dira que les matières premières ne jouent qu'un rôle insignifiant dans la constitution des prix de revient. J'en suis moins convaincu que lui, et je n'en veux pour preuve qu'un fait : la quote-part de main-d'œuvre dans les produits fabriqués varie, suivant les industries françaises de 10 à 90 %, et on peut dire que celle des matières premières varie en sens inverse et dans les mêmes proportions.

D'ailleurs, la hausse appelant la hausse, dès que les prix des matières premières importées de l'étranger s'élèveront, celles qui sont tirées du sol national ou produites sur notre territoire, suivront.

D'autres raisons, d'ailleurs, pousseront à la hausse. C'est ainsi que les détenteurs de **billets thésaurisés**, billets qui représentent actuellement près de trente milliards, désireux de ne pas voir diminuer la puissance d'achat de leurs réserves, chercheront à se procurer des valeurs réelles, se porteront aux achats et ce sera une nouvelle cause de hausse rapide.

Comment prétendre, dans ces conditions, que l'Etat puisse retirer un réel avantage d'une nouvelle dévaluation monétaire ? En présence de la hausse du coût de la vie qu'elle provoquerait, il se trouverait, immédiatement, en présence des revendications de ceux qui seraient les premières victimes de l'opération, c'est-à-dire les fonctionnaires, les pensionnés et les retraités. Et ce seraient, à juste titre, des demandes d'augmentations de salaires, traitements et pensions.

L'Etat subirait encore un autre fâcheux effet de la dévaluation monétaire : il se verrait, pendant de longs mois, dans l'impossibilité de faire appel au crédit public.

Comment croire, en effet, qu'il pourrait emprunter à des taux modérés et normaux, au lendemain du jour où, une fois de plus, il n'aurait pas respecté ses engagements ?

Et si l'on me dit que l'Etat n'aura pas besoin d'emprunter, puisqu'il bénéficiera des quelque vingt milliards que lui procurerait la réévaluation des stocks d'or de la Banque centrale, je répondrai que ces vingt milliards seraient peu de chose, par rapport aux besoins de la trésorerie, étant donné le volume du budget de la France, et qu'ils fondraient rapidement, comme beurre au soleil.

On peut, d'ailleurs, aller plus loin et envisager que la crise de défiance, engendrée par une nouvelle dévaluation du franc, pourrait provoquer **une inflation monétaire** et, par voie de conséquence, une chute de la monnaie beaucoup plus profonde que celle que l'on aurait envisagée.

Une variation de valeur, quelle qu'elle soit, provoque toujours la spéculation, et la variation de la valeur de la monnaie n'échappe pas à cette règle. Comment, dans ces conditions, une variation exclusivement orientée à la baisse, comme l'est une dévaluation monétaire, ne donnerait-elle pas une prime aux spéculateurs de tous rangs, en leur permettant de jouer à coup sûr contre les fonds d'Etat et contre la monnaie elle-même ?

Tout prouve, d'ailleurs, que les risques d'inflation ne seraient pas nuls. Si l'Etat, en effet, utilisait la réévaluation de l'encaisse or de la Banque centrale pour des paiements de trésorerie, il en résulterait la mise en circulation de quelque vingt milliards de billets, coïncidant avec la sortie des billets thésaurisés. La circulation des signes monétaires en serait accrue d'autant et l'on peut même penser que viendraient s'ajouter à cette masse de billets les moyens de paiement que nécessiterait l'augmentation générale des prix, ainsi que les accroissements de salaires et traitements.

Ajoutez à cela le désir auquel j'ai fait allusion il y a un instant, de se procurer des valeurs réelles, et l'on peut être sûr qu'il se traduirait à la Banque Centrale par des échanges massifs d'or contre des billets.

Certains prétendent qu'en présence d'événements de cette nature, il y aurait lieu de mettre l'embargo sur l'or. Je pense que, dans cette salle tous, sans exception, sont convaincus qu'une mesure de cette nature correspondrait à la chute définitive du franc.

La suppression de la convertibilité, en effet, mettrait notre franc à la merci des spéculateurs.

Si l'Etat ne trouve pas d'avantages à la dévaluation, les débiteurs seront-ils plus heureux ? Je ne le pense pas.

On nous dit que de nombreux débiteurs succombent sous la charge des intérêts des emprunts qu'ils ont réalisés pendant la période d'euphorie industrielle, que leur chiffre de vente s'est réduit, que leurs bénéfices se sont amenuisés, mais que leur dette est restée immuable. On ajoute que, seule, une dévaluation monétaire serait susceptible d'apporter un allègement indispensable à leurs charges financières.

J'avoue, pour ma part, ne pas comprendre. Si, en effet, comme le soutenait, il y a un instant, M. Paul Reynaud, il n'y a pas de hausse des prix, une dévaluation monétaire ne changerait rien à la situation actuelle des débiteurs. Seule, une hausse des cours serait de nature à alléger leurs dettes, au détriment de leurs créanciers.

Je demande donc que l'on m'explique comment l'Etat et les débiteurs peuvent, à la fois, retirer un avantage d'une dévaluation monétaire qui, pour être efficace, doit, pour l'Etat, être sans action sur nos prix intérieurs, et, pour les débiteurs, provoquer l'élévation de ces mêmes prix.

Mais j'ai hâte, Messieurs, d'en arriver au point central de la thèse de M. Paul Reynaud : les avantages que **notre commerce d'exportation** retirerait d'une dévaluation monétaire.

La thèse est séduisante, qui consiste à dire que notre exportation est rendue impossible par nos prix de revient trop élevés et qu'une dévaluation de la monnaie permettrait d'aligner ces prix de revient au niveau des coûts de production de l'étranger.

Une fois de plus, elle est dominée par l'axiome du maintien des prix en France, en cas de dévaluation. Si les prix montent, comme nous croyons l'avoir démontré il y a un instant la thèse s'effondre et notre commerce d'exportation ne trouvera aucun allègement à sa situation actuelle.

Nous allons plus loin, et nous prétendons que, même s'il n'y avait pas de hausse du coût de la vie en France, nos exportations ne tireraient aucun avantage de la dévaluation préconisée. La raison en est simple : le commerce mondial ne souffre pas seulement des manipulations de certaines grandes monnaies, il souffre encore des mesures de toutes sortes – prohibitions, droits de douane, contingentements – qui restreignent les échanges et qui sont, d'ailleurs, la conséquence directe des manipulations monétaires.

Que nos exportateurs trouvent une prime à l'exportation dans une dévaluation monétaire et, aussitôt, on verra les pays étrangers prendre des mesures de protection.

Je suis même convaincu que la Grande-Bretagne, qui nous a mis en demeure, et avec quelle rigueur ! de supprimer la surtaxe dont nous frappions les produits britanniques, ne manquerait pas de nous l'appliquer, comme l'a fait, d'ailleurs le Canada.

Remarquons, tout d'abord, que **la Grande-Bretagne** n'a pas abandonné l'étalon-or pour des raisons économiques. Elle l'a abandonné contrainte et forcée, à la suite d'un mouvement de panique qui, du fait de la congélation d'importants crédits, a provoqué le retrait, sur la place de Londres, de très importants fonds étrangers. Elle a craint de voir se réduire, dangereusement, son stock d'or.

De là, une première différence avec la France.

En voici une autre, qui explique que les prix n'aient pas monté en Angleterre, dès le lendemain du 18 septembre 1931, date de l'abandon de l'étalon-or par la Grande-Bretagne, comme ils monteraient ici.

Si les prix n'ont pas immédiatement monté en Angleterre, c'est pour trois raisons.

La première est imputable à l'admirable sang-froid britannique, qui a si souvent sauvé le pays. Les Anglais, confiants dans la maîtrise de leurs autorités financières, doués d'un admirable amour-propre national, n'ont pas fui devant leur monnaie et ont déclaré que ce n'était pas la livre qui avait abandonné l'or, mais bien l'or qui s'était détaché de la livre.

La deuxième raison, c'est que, après le mois de septembre 1931, les prix de gros ont continué à s'effondrer dans le monde, ce qui a freiné d'autant tout risque de l'élévation des prix de détail.

La troisième raison, « the last but not the least », c'est que les pays fournisseurs de la Grande-Bretagne, ne trouvant pas, du fait de la crise, d'autres acheteurs dans le monde, ont rattaché leur monnaie à la livre sterling et ont vendu leurs marchandises au même prix en livres papier qu'en livres or.

De ce fait, les industriels de Grande-Bretagne ont bénéficié, on ne saurait le nier, d'une véritable prime à l'exportation.

La situation change et la Grande-Bretagne commence à perdre l'avantage momentané qu'elle a connu.

Les prix montent outre-Manche et l'exportation britannique se défend moins bien que la nôtre, puisqu'elle a baissé, depuis 1929, de 67 %, alors que l'exportation française ne se réduisait que de 63 %.

Nous en trouverons, d'ailleurs, une nouvelle preuve, en examinant le cas des Etats-Unis.

Les Etats-Unis, comme la Grande-Bretagne, ont dévalué pour des raisons autres que commerciales. Ils ont abandonné l'étalon-or pour éviter une véritable révolution. Un endettement exagéré, succèdant à un abus immodéré du crédit, rendait, par suite de la baisse des prix, les charges financières insupportables.

Le Président Roosevelt a cherché pour réduire ses charges, à provoquer la hausse de ces prix, et c'est ce qui l'a amené – il l'a, d'ailleurs, lui-même déclaré – à dévaluer le dollar.

Les résultats attendus n'ont été obtenus que partiellement, puisque l'on n'a assisté qu'à une hausse de 20 %, contre une dévaluation monétaire de 40 %. Là encore, c'est la continuation de la baisse des prix de gros dans le monde, qui a freiné l'élévation des cours sur le marché américain.

Constatons, en outre, que l'amélioration de la situation économique a été très relative, puisque l'indice de la production ne s'est élevé que de 66 en 1932 à 70 en 1933, et que la baisse de l'exportation américaine a été la plus forte dans le monde, puisqu'elle a atteint, depuis 1929, 75 % contre 52 % dans les pays du bloc-or.

D'ailleurs, il faut une certaine période de maturité pour juger les effets réels des manipulations monétaires.

C'est ainsi qu'en France, après la stabilisation de 1928, nous avons dû attendre le second semestre 1931 pour en constater les conséquences définitives.

De même en Angleterre, ce n'est que maintenant que les incidences réelles de l'abandon de l'étalon-or apparaissent.

Mais, me dira-t-on, si vous vous opposez à la dévaluation, vous devrez demander que le gouvernement poursuive, à outrance, la déflation.

A cela, je répondrai : non, car je considère, qu'à quelques retouches près, **la déflation est faite.**

Les industries sont en perte, l'agriculture est en perte, et ce n'est pas dans de nouvelles compressions des prix qu'il faut chercher le salut, mais bien dans la hausse des prix mondiaux.

Elle est en cours, cette hausse, et les écarts entre les prix français et étrangers se resserrent chaque jour davantage.

J'entends bien que l'on me dira qu'il est impossible d'attendre, que notre commerce d'exportation s'effondre et que la France va mourir d'asphyxie.

Encore faudrait-il le prouver.

Si notre commerce d'exportation a baissé en valeur absolue, il a beaucoup moins baissé, en valeur relative, que celui de ses grands concurrents.

En voulez-vous la preuve ?

Ecoutez les chiffres de **variation des exportations des grands pays industriels, en valeur or**, entre 1929 et fin juin 1934 :

Réduction mondiale	66,5 %
Réduction des pays du bloc-or	62,7 %
Réduction de la France	63 %
Réduction des Etats-Unis	76,2 %
Réduction de la Grande-Bretagne	67,3 %
Réduction du Japon	63,2 %

Si l'on prend les chiffres **en poids**, on arrive, sauf pour le Japon, à des constatations identiques :

Baisse du commerce anglais	– 35,8 %
Baisse du commerce des Etats-Unis	– 47,5 %
Baisse du commerce du Bloc-or	– 31 %
Hausse du commerce du Japon	+ 20 %

Partout, nous trouvons la preuve que les exportations françaises se sont mieux défendues que celles des pays étrangers. Elles se sont défendues dans la douleur, certes, mais elles ont fait preuve d'une belle vitalité.

Pour attendre le moment où les prix de la Grande-Bretagne et des Etats-Unis regagneront les nôtres, développons notre marché intérieur.

Recréons la confiance, qui fera cesser la thésaurisation, laquelle atteint quelque 40 milliards, c'est-à-dire le fonds de roulement de la nation, qui réveillera une consommation nationale normale nous permettant de durer.

Je vous disais, il y a un instant, que les prix montent en Grande-Bretagne, alors qu'ils baissent en France.

Voici les chiffres, empruntés à l'« Economist » de sir Walter Laylon, qui confirment mon affirmation :

Entre le 18 septembre 1931 et le 18 septembre 1934, les prix de gros ont baissé en France de 20 %, alors qu'ils s'élevaient en Grande-Bretagne de 7 % et aux Etats-Unis de 14 %.

Ces mêmes prix de gros sont aujourd'hui, en France, à l'indice 353, c'est-à-dire inférieurs à l'indice de 1896, l'indice minimum connu depuis cent ans.

Quant au coût de la vie, sur la base 100 en 1913, il a passé, en Grande-Bretagne, de 136 en juin 1933, à 144 au 11 novembre 1934, alors que, pendant ce même temps, il baissait, en France, de 646 à 522.

Dira-t-on, après ces chiffres, que nous n'avons pas le droit d'espérer ?

Ils prouvent que l'écart diminue entre les prix des pays du bloc-or et ceux des nations aux monnaies dépréciées.

En ce qui concerne la Grande-Bretagne, en particulier, de nouveaux éléments apparaissent, qui montrent que le coût de la vie continuera à y monter.

Je reste donc, pour ma part, convaincu que nous sommes près du moment où les différences entre les prix du bloc-or et ceux des pays à monnaie dépréciée vont progressivement se combler et où les conditions de concurrence redeviendront normales.

Nous vivons le dernier quart d'heure de Nogi, car la reprise qui se manifeste dans différents pays, et que révèle la légère hausse des prix de gros, indique que la crise touche à sa fin.

J'entends bien qu'elle ne sera définitivement terminée que le jour où les monnaies seront de nouveau stables dans le monde, mais là encore, je reste convaincu que nous sommes plus près de la stabilisation britannique, qu'on ne le croit en général.

S'il est impossible, et ce seront mes derniers mots, d'attendre l'évolution des événements en appliquant simplement la pratique du *wait and see,* nous pouvons, cependant, aider leur évolution. A une condition, toutefois, celle de garder notre sang-froid et d'écarter les mesures artificielles, génératrices de nouveaux déséquilibres. **Parmi ces mesures dangereuses à écarter, en premier lieu, je place la dévaluation monétaire** ;

La dévaluation monétaire, qui provoquerait des désordres économiques et sociaux, et porterait un coup redoutable au crédit de l'Etat ;

Qui constituerait une nouvelle atteinte au respect des conventions, à l'heure même où le rétablissement de l'honnêteté publique et privée est indispensable au redressement du monde ;

Qui entraînerait l'inflation ;

Qui serait suivie d'une hausse du coût de la vie, laquelle rendrait illusoire l'élargissement de notre commerce d'exportation ;

Qui risquerait d'entraîner une nouvelle dévaluation des monnaies errantes et ferait entrer le monde dans le cycle infernal qui le conduirait tout droit à la faillite ;

Qui favoriserait enfin les spéculateurs et débiteurs malhonnêtes, au détriment des rentiers, des retraités, en un mot de tous les honnêtes gens.

M. Paul Reynaud :

M. Duchemin ne nie pas, en principe, qu'il y ait un problème des prix. Il ne nie pas qu'il y ait deux solutions à ce problème. Mais il écarte, d'abord, la première, ensuite la seconde. Il écarte la première en disant : Je ne veux pas de dévaluation parce que cela ferait monter le prix de la vie. Il est resté insensible aux faits et aux chiffres que j'ai énoncés devant vous. Il ne les a pas discutés. Il « croit » que le prix de la vie monterait et monterait assez pour causer des désastres, car s'il ne montait que de 5 % par exemple, nous nous retrouverions, à cet égard, dans la situation d'il y a un an. M. Duchemin, permettez-moi de vous dire, que vous êtes résolument placé sur le terrain de la foi. J'ai apporté à nos auditeurs l'expérience de la terre entière ; vous n'avez apporté que des convictions.

M. Duchemin affirme que ce qui a réussi partout ailleurs, échouera chez nous. Acte de foi. Il affirme que la déflation des prix est finie chez nous, parce que si elle continuait, les prix de vente tomberaient au-dessous des prix de revient. Hélas ; ils y tombent tous les jours et c'est pourquoi des usines ferment, tous les jours ! 43 % des ouvriers du textile sont en chômage. Est-ce de l'assainissement, ou est-ce du suicide ? Quant à attendre la hausse des prix mondiaux – la hausse en or, bien entendu – combien de temps l'attendrions-nous ? Allons nous faire dépendre notre sort d'un événement sur lequel nous n'osons aucune action ?

Précisons le désaccord à résorber.

M. Duchemin persiste à affirmer que tout le mal actuel provient de l'état d'âme, nettement mauvais du pays et que, si cet état était meilleur, les affaires reprendraient en France. Or, la catastrophe nationale, je l'ai dit et je le répète, puisque je n'ai pas été entendu, ce n'est pas tant l'effondrement de nos exportations, la ruine de notre industrie hôtelière et de nos industries de luxe que la diminution du pouvoir d'achat du producteur français, ouvrier ou paysan, dont le pouvoir acheteur s'est effondré parce que les prix de gros cèdent à l'attraction des prix mondiaux.

Les Anglais considèrent que les monnaies du bloc-or sont tellement surévaluées qu'elles ne peuvent pas « tenir ». Il faut donc tenter de provoquer un accord entre Angleterre, Amérique et bloc-or pour une stabilisation générale comportant un alignement des monnaies du bloc-or aux deux grandes monnaies mondiales. Même si cette stabilisation était faite pour la livre et le dollar à un cours plus bas que le cours actuel...

Si un accord se révèle impossible, cessons de jouer le rôle de dupes fournissant le monde, à nos frais, d'une monnaie étalon. Laissons, en ce cas, notre monnaie chercher son point d'équilibre comme l'ont fait l'Angleterre et l'Amérique, ou dévaluons comme l'a fait la Tchécoslovaquie et comme l'a fait l'Amérique, dont le crédit est resté intact et qui a reçu 15 milliards d'or depuis un an.

Prenez garde ! Si nous ne faisons rien, nous assisterons à des explosions monétaires dans le bloc-or et, faute d'avoir fait, en temps utile, l'opération à froid, il faudra, dans le désordre, la faire à chaud ! Terrible responsabilité pour les partisans de la politique des bras croisés ! Redoutable péril pour un pays exposé à tant de périls !

René-P. DUCHEMIN.

Conférence de M. Charles Rist, Membre de l'Institut (30 octobre 1935)

STABILITÉ DES CHANGES ET PARITÉS MONÉTAIRES

Toute l'économie mondiale secouée par l'instabilité monétaire créée par les dévaluations de la livre et du dollar, continuait – à la veille des événements de 1936 qui devaient régler définitivement en France la querelle dévaluation-déflation, – à mettre au premier plan la question de la stabilité des changes et des parités monétaires.

Il est intéressant de poursuivre les marques d'intérêt qu'y attachait X-Crise en donnant la parole à Charles Rist. Sa réputation d'économiste (il avait publié en 1909 avec Charles Gide « l'Histoire des Doctrines Economiques depuis les Physiocrates jusqu'à nos jours ») et de financier (Sous-Gouverneur de la Banque de France et Conseiller-Expert financier de pays étrangers) avait largement dépassé nos frontières.

La méthode d'approche du problème est caractéristique de son époque et un modèle de sa discipline d'esprit.

En acceptant votre aimable invitation à venir parler ici ce soir, je vous ai dit : « Vous me permettrez de parler en technicien devant des techniciens. » Mon intention est de me tenir à ce désir, exprimé par vous et par moi-même. J'essaierai d'éviter ce « grand dérèglement de l'esprit » qui consiste d'après Bossuet : « A croire ce que l'on désire ». En parlant de la stabilisation, je ne m'imagine pas rapprocher le moment où elle s'établira. J'essaierai aussi d'éviter cet autre dérèglement qui consiste à croire qu'on peut dire des choses nouvelles sur un très vieux sujet, et devant des hommes aussi informés que vous l'êtes des questions que je voudrais traiter ici. Je me bornerai à ramasser quelques très vieux matériaux de l'économie politique, et j'essaierai de faire ressortir ce qu'ils peuvent avoir encore d'utilisable.

Quand on parle de *stabilisation internationale des monnaies,* il faut se souvenir de l'état d'esprit avant 1931 et de la politique monétaire qui a été suivie depuis 1922. A ce moment, il ne s'agissait pas de stabilisation internationale. Il y avait alors deux grandes monnaies : la livre et le dollar ; ces monnaies étaient revenues à leur parité d'avant-guerre et elles disaient aux autres : Rattachez-vous à nous. Depuis lors, en 1931, quand la livre d'abord et plus tard encore, en 1933, quand le dollar s'est effondré, le problème s'est posé autrement. On parle maintenant d'une stabilisation internationale où chacun tiendra compte des besoins des autres, et où chacun fixera sa politique de manière à ne pas gêner le développement monétaire du monde entier. Il y a là un progrès appréciable mais inquiétant, car, après tout, si nous prenons les trois grandes monnaies : le dollar, la livre sterling et les monnaies du bloc or, il n'y en a qu'une qui ne soit pas stabilisée, c'est la livre. Il semblerait donc que la chose naturelle serait de parler de stabilisation de la livre, et c'est le plus grand hommage qu'on puisse rendre à la monnaie britannique que de constater le fait que la stabilisation britannique pose le problème de la stabilisation de toutes les autres monnaies.

Que surviendrait-il si la livre et le dollar se fixaient ? Pourrions-nous y rester indifférents ?

Le seul problème ou le grand problème qui arrête actuellement ceux qui parlent de stabilisation monétaire : c'est la question de savoir à quel niveau se fixera *la parité entre la livre et le dollar* ; c'est là le problème essentiel, duquel dépend la résolution de tous les problèmes secondaires.

Qu'est-ce que l'économie politique a à dire sur ce problème ? L'économie politique dispose à cet égard d'une vieille théorie appelée *la théorie de parité des pouvoirs d'achat.*

M. Cassel, qui a le don d'utiliser des brevets qu'il n'a pas toujours pris, l'a rajeunie en quelque sorte pour la littérature économique du monde et en a fait sa théorie propre : en réalité, elle ne lui appartient pas. On a constaté qu'à la longue, lorsqu'une monnaie est instable, quand on a à faire soit à une monnaie de papier en relation avec une monnaie-or, soit à deux monnaies de papier, il arrive un moment où le cours des deux monnaies, variant l'une par rapport à l'autre, s'ajuste au niveau des prix des deux pays. Supposons qu'on parle d'une position où les prix des deux pays soient exprimés l'un et l'autre par 100 et suffisamment équilibrés pour qu'il n'y ait pas de grand mouvement d'or d'un pays vers l'autre. Supposons que le dollar soit la monnaie du premier et vaille 5 francs. Si, quelques années après, ce pays se trouve avoir un niveau de prix égal à 200, c'est que le pouvoir d'achat de sa monnaie a diminué de moitié. Le cours des changes se modifiera en conséquence. Le dollar vaudra de moins en moins de francs. Plutôt que d'essayer de modifier le pouvoir d'achat nouveau, il est plus simple de le consacrer en stabilisant la monnaie et de fixer une nouvelle parité entre les deux monnaies. Cette parité dans ce cas particulier, serait de 2 fr. 50 pour un dollar.

On admet, en général, qu'à ce nouveau taux il n'y aura pas de troubles commerciaux graves ni de déplacements monétaires importants. Au contraire, s'il y a un écart considérable entre le niveau des prix des deux pays, sans que le cours de stabilisation en tienne compte, *l'ajustement se fait par un passage d'or de l'un à l'autre.* Le signe qu'une parité monétaire correspond réellement au niveau de prix des deux pays ou de plusieurs pays, c'est que justement il n'y a pas de passage d'or de l'un à l'autre. En d'autres termes, quand l'or vaut beaucoup moins dans un pays que dans un autre – lorsque les prix sont plus hauts dans ce pays – il a une tendance à être exporté. C'est là le fond de toutes les discussions auxquelles nous assistons depuis de nombreux mois sur la meilleure manière de stabiliser le dollar et la livre. Si l'on veut appliquer cette idée à la pratique, on se heurte à de grandes difficultés. On constate des mouvements d'or déterminés par des circonstances très différentes du simple écart des niveaux de prix : par des mouvements de capitaux et de services d'un pays à l'autre, par des craintes monétaires, etc., etc.

Acceptons cependant pour un instant cette idée qu'on devrait fixer la relation entre la livre et le dollar de telle sorte que le pouvoir d'achat de la monnaie d'or soit le même dans les deux pays, le problème se pose de savoir quel sera le point de départ à partir duquel nous calculerons la fixation de cette parité. Chose curieuse : suivant qu'on prend tel ou tel point de départ, les résultats sont différents. Je suppose que l'état d'équilibre existait avant la guerre en 1913 et que nous prenions les indices des prix à 100, voyons comment ils ont varié. Depuis lors jusqu'au mois de juillet de cette année, l'indice français, qui était de 100 en 1913, est tombé à 95. L'indice (coût de la vie-or) anglais serait tombé à 85, et l'indice des Etats-Unis à 83. En prenant comme point de départ 1913, ces indices sont relativement proches, il n'y a qu'un écart de 10 points entre l'indice français, celui des Etats-Unis et celui de la Grande-Bretagne. En d'autres termes, le coût de la vie aurait baissé un peu plus aux Etats-Unis et en Angleterre par rapport à 1913 qu'en France, mais les deux indices américains et anglais sont très rapprochés : 85 et 83.

Si nous prenons comme point de départ l'année 1928, année d'équilibre, les résultats sont différents. Aujourd'hui, en août 1935, l'indice français est à 90, de 10 points plus bas qu'en 1928, l'indice anglais à 51, l'indice des Etats-Unis à 48. Les résultats de la comparaison sont que la baisse des indices des prix aux Etats-Unis et en Angleterre est sensiblement égale et, dans les deux pays, beaucoup plus forte qu'en France. Le résultat de ces comparaisons paraît être, dans le cadre de la théorie de Cassel, que les mouvements des prix ont varié dans la même proportion aux Etats-Unis et en Grande-Bretagne. Donc la stabilisation dans les cours d'autrefois (de 4,86) ne serait pas impossible et ne donnerait lieu qu'à des fluctuations de prix très faibles. Il n'en est pas de même pour la monnaie française, très décalée par rapport aux monnaies anglaise et américaine. Cette méthode des indices est une méthode insuffisante, elle ne permet pas de comparer le niveau des prix les uns avec les autres directement. Nous avons essayé d'établir des indices basés sur le prix-or moyen de la tonne des marchandises exportées par différents pays, ce qui permet d'établir entre les marchandises exportées des différents pays l'écart moyen qui les sépare. Mais, nos recherches ne sont pas encore au point. Voilà la première difficulté, parité des pouvoirs d'achats, qui semble être résolue entre les deux grandes monnaies du monde, à tel point que leur stabilisation au point de vue technique ne présenterait pas de grandes difficultés ni de trop mauvais résultats. Le plus mauvais des résultats que les Anglais redoutent, c'est l'exportation de monnaies d'un pays à l'autre, qui se produirait si le niveau des prix américains était beaucoup plus bas que le niveau des prix anglais.

Cette question des *exportations de monnaies* est une de celles qui préoccupent les spécialistes : en particulier l'Angleterre. Les exportations de monnaies ont été attribuées dans une très large mesure à l'existence des capitaux flottants qu'on présente constamment comme un obstacle à la stabilisation des monnaies. Il n'y aura aucune sécurité, dit-on, aussi longtemps qu'une quantité de personnes ne se décideront pas à fixer leurs capitaux dans des investissements déterminés. *Les capitaux flottants ont depuis deux ans beaucoup flotté.*

On a vu un premier déplacement considérable d'or d'Amérique en Europe en 1933, par suite de la baisse du dollar. Puis, en 1934, quand le Président Roosevelt a fixé la nouvelle valeur or de sa monnaie, on a vu un déplacement énorme de capitaux à partir de février, de France et d'Angleterre vers les Etats-Unis (environ 1 milliard 200 000 000 de dollars). Et on assiste, cette année même, depuis quelques mois, à un nouveau mouvement qui a amené d'Angleterre aux Etats-Unis des quantités d'or considérables.

Ces faits ont servi et servent encore en Angleterre de prétexte pour déclarer qu'il y a quelque chose de faussé dans la balance des comptes entre l'Angleterre et l'Amérique, qu'il est impossible donc d'envisager une stabilisation des deux monnaies. Les Anglais sont sous cette impression que ces grands mouvements monétaires doivent être dus à certaines disparités de prix ou à certaines inégalités de balance des comptes, alors qu'ils proviennent d'une question de sécurité monétaire qui n'existait pas avant la guerre ni avant que tant de monnaies se fussent effondrées. Le problème se résoudra par l'absorption de ces capitaux flottants. Mais, cependant, il est probable que, dans tous les cas, certains déplacements de capitaux se produiront encore et que la répartition du métal précieux devra s'ajuster quelque peu : il est donc légitime que nos amis britanniques s'en préoccupent ; mais ici, au point de vue technique, il y a une situation relativement favorable, différente de celle qui existait il y a quelques années.

Ces déplacements d'or préoccupaient à juste titre les grands centres monétaires, lorsque les réserves de ces centres étaient faibles comme ce fut longtemps en Angleterre.

Un des points intéressants de la doctrine monétaire anglaise depuis la fin du XVIIIe siècle jusqu'à la guerre c'est que deux grandes tendances se sont opposées à cet égard. Certains esprits vivaient dans cette idée que *l'or est une matière superflue* dont il faut épargner l'usage, et que moins un pays en avait, mieux il était organisé et mieux il tirait parti de toutes ses ressources ; par conséquent, minimum de réserves.

Une autre tendance, au contraire, que l'on voit surgir dès le début du XIXe siècle, lorsque la Banque d'Angleterre se trouvait au régime du cours forcé, c'est la croyance à *l'utilité d'une grosse réserve* permettant d'éviter le relèvement du taux de l'escompte et de faire face cependant aux allées et venues d'or d'un pays à l'autre. Ce conflit d'idées s'est poursuivi jusqu'à la veille de la guerre : l'Angleterre à ce moment a su se rendre compte que sa réserve était trop faible. La controverse parait tranchée aujourd'hui dans le sens d'une réserve plus forte que jamais.

Le *Times* a publié récemment une statistique des sommes d'or entrées en Angleterre depuis trois ou quatre ans. Si l'on *soustrait* de ces sommes, celles qui ont été *achetées* par la Banque d'Angleterre, on arrive au total de 316 millions de livres sterling. En ajoutant à ces 316 millions les 200 millions de la Banque d'Angleterre et les sommes inconnues qui se trouvent dans le fonds d'égalisation (peut-être 100 millions, dont une bonne part échappe sans doute aux statistiques douanières), on arrive au total de 550 à 600 millions de livres sterling, qui dépasse du double ou du triple celui qui existait avant la guerre. *L'Angleterre, devenue un pays à grosses réserves d'or* peut donc envisager sans crainte les mouvements d'or éventuels qui pourraient se produire.

En Angleterre, ce problème est très important, et pour la raison suivante : le moyen employé par l'Angleterre jusqu'à la guerre pour retenir ses réserves d'or, lorsqu'elles avaient une tendance à s'échapper, et pour rétablir le change consistait à relever *le taux de l'escompte,* opération dont la Banque de France, au contraire, était très ménagère.

La Banque d'Angleterre, dans le dernier tiers du XIXe siècle, a multiplié ces relèvements de taux, sans que personne s'en plaignit, et ce n'est qu'au lendemain de la guerre que brusquement l'état d'esprit des milieux financiers anglais a changé et qu'on a considéré ces élévations fréquentes comme constituant non seulement un danger, mais l'une des causes principales de la crise monétaire qui a secoué l'Angleterre en 1931, et de la dépression économique qui a duré en Angleterre jusqu'en 1932.

Le relèvement du taux de l'escompte est devenu très impopulaire, prenant l'aspect d'un péril. Les événements qui se sont passés depuis trois ans ont tendu à fortifier cet état d'esprit, parce que la politique financière anglaise a consisté à maintenir un taux d'intérêt très bas et à pousser les banques à acheter des titres d'Etat avec la masse des dépôts qui se trouvaient dans ces banques. La grande masse de titres que constitue la Dette anglaise est très sensible aux mouvements du taux de l'escompte ; c'est pourquoi on voudrait éviter ceux-ci. Voilà une des difficultés qui pouvait arrêter l'Angleterre dans sa politique de stabilisation. Cette difficulté parait aujourd'hui écartée par l'existence même d'une grosse réserve.

Il y a un autre point qui préoccupe beaucoup l'Angleterre dans ces matières de stabilisation : les Anglais nous disent : avant la guerre, Londres était le centre financier incontesté du monde, et c'est Londres qui exerçait sur les mouvements de prix et sur les fluctuations de la valeur de l'or une influence considérable. Cette influence stabilisante, seul Londres pouvait l'exercer ; ni Paris, ni New-York n'en étaient capables. Depuis la fin de la guerre, depuis que Londres a perdu sa prééminence, les mouvements de prix ont été désordonnés, et les fluctuations de l'or ont pris des dimensions énormes.

J'ai beaucoup d'admiration pour le système bancaire anglais qui est supérieur à la législation qui y correspond. Le crédit repose, en Angleterre, sur la bonne foi, la confiance, et Londres a donné, à ce sujet, toutes les assurances possibles pendant un siècle.

Je suis très tenté d'admettre que le système bancaire et monétaire anglais a des vertus que les autres n'ont pas, mais je ne puis accepter cette sorte de prééminence dans le passé, qui semble indiquer qu'à défaut de cette prééminence rendue à Londres, tout espoir de voir disparaître ces mouvements de prix, doit être abandonné.

En réalité, ce qui a stabilisé les prix au cours du XIXe siècle, c'est quelque chose qu'on ose à peine nommer aujourd'hui, sous peine de passer pour un hérésiarque monétaire : c'est un système qui a longtemps fonctionné en Europe, *le système du bimétallisme.*

Au cours du XIXe siècle, après la découverte des mines californiennes, quand il y a eu une baisse brusque de l'or, la France, pays de circulation-argent et à régime bimétalliste, c'est-à-dire où l'argent s'échangeait à prix fixe contre de l'or, a fourni à la Grande-Bretagne pour ses paiements-argent, de l'argent à prix fixe, sans que l'or ait eu besoin pour cela de baisser. Si Londres avait dû acheter sur le marché libre les quantités d'argent dont elle avait besoin, l'argent aurait monté dans des proportions considérables. Il y a donc eu au XIXe siècle un élément stabilisateur très marqué dans le système bimétalliste. Il ne faut pas lui enlever ce mérite. Le jour où le bimétallisme a disparu, on a vu se produire à la fin du XIXe siècle, des fluctuations de valeur de l'or, qui, sans atteindre l'ampleur de celle à laquelle nous venons d'assister, ont été considérables, entre 1873 et 1895. A partir de 1895, l'or des mines du Transvaal a été déversé sur le monde et l'on a connu une exceptionnelle euphorie qui n'a rien à voir avec la prépondérance de Londres et qui était due simplement au fait que le monde était largement fourni du métal stable par excellence pour les échanges.

Un dernier point, qui milite en faveur des possibilités techniques d'une stabilisation libre de la livre et du dollar : c'est une tendance du mouvement des prix qui me paraît très caractéristique. Lorsqu'on examine les grands mouvements de prix depuis le milieu du XIXe siècle, on est frappé d'une chose : il y a entre *les accroissements annuels de la production de l'or* et *les grands mouvements de prix* en hausse et en baisse, un parallélisme curieux. C'est là une

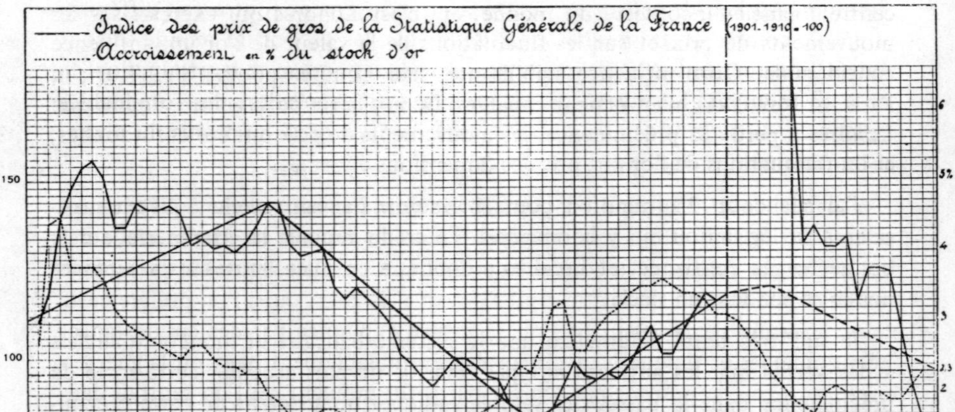

constatation purement empirique dont je ne veux pas exagérer la portée, mais nous sommes obligés en économie politique de nous contenter de constatations empiriques, et je crois que ce serait un manque de courage que de ne pas en tirer les conclusions qui semblent en résulter parce que nous n'avons pas la théorie complète du phénomène. Toutes les fois que l'accroissement annuel de l'or par rapport au stock existant à chaque moment dépasse une proportion de 2,2 % à 2,5 %, on a une période de hausse ou de stabilité considérable des prix, et toutes les fois que l'accroissement de l'or est plus lent que cette proportion, l'ensemble des prix mondiaux tend à baisser.

Il y a trois ou quatre grandes divisions des mouvements des prix :

- Une hausse de 1851 à 1873.
- Une baisse de 1873 à 1895.
- Une nouvelle hausse de 1895 à 1913.

Les grandes périodes de hausse correspondent à des époques où l'accroissement de la quantité d'or dans le monde a été supérieur à 2,3 %, et la période de baisse à une période où l'accroissement est tombé au-dessous de ce niveau. La guerre a bouleversé tous ces mouvements. L'accroissement annuel de l'or pendant et depuis la guerre, en 1916 et en 1920, est tombé au-dessous de cette proportion de 2,3 à 2,5. Donc vers les années 1915-1916, on aurait dû voir commencer une baisse des prix, qui, si nous la supposons suivre les mouvements antérieurs, aurait dû se poursuivre jusqu'aujourd'hui et nous ramener à un niveau sensiblement égal à celui de 1895, date où les prix ont atteint un minimum. Au lieu de cela, on a assisté à un mouvement tout à fait différent. En 1920, comme le graphique le fait bien voir, les prix-or du monde se sont trouvés brusquement très élevés et sans aucun rapport avec la production de l'or à ce moment. Le niveau de ces prix-or était le résultat des formidables bouleversements de la guerre, il s'est élevé de 50 à 60 % au-dessus du niveau raisonnablement prévisible.

A partir de 1925, quand le monde britannique est revenu à l'étalon-or, on a assisté à une chute très rapide par suite de laquelle la courbe réelle des prix a fini par rejoindre la courbe hypothétique normale basée sur la production de l'or. De sorte que cette chute brusque de prix, ou si l'on préfère cette hausse brusque de la valeur de l'or, se trouve expliquée par des circonstances exceptionnelles et uniques. Le niveau invraisemblablement haut où la guerre a amené les prix, ne pouvait pas tenir à partir du moment où l'on rentrait dans des conditions normales et où s'arrêtait l'inflation. Si l'on considère ces deux courbes, la courbe hypothétique et la courbe réelle, on voit qu'elles se rejoignent aujourd'hui et il n'y a aucune raison de croire que des mouvements aussi violents que ceux auxquels on a assisté depuis quelques années puissent se reproduire, à moins d'une nouvelle guerre.

Nous avons donc une foule de raisons de croire qu'à l'heure actuelle, cette grande évolution est à peu près terminée. Voilà donc une dernière raison qui me paraît indiquer qu'au point de vue britannique, il n'y a plus de difficultés fondamentales dans l'ajustement du dollar et de la livre. Si cet ajustement a lieu – et il me paraît réellement qu'aucun obstacle technique ne peut aujourd'hui s'y opposer alors qu'il y a quelques années, ces obstacles étaient nombreux et variés – il se fera à une parité très voisine de la parité actuelle. Et alors se posera un autre problème, celui qui nous intéresse le plus : c'est de savoir comment le reste des monnaies et des économies s'ajusteront à cette situation nouvelle.

Messieurs, il serait déjà très heureux que la première partie du problème fût résolue. En matière économique, comme ailleurs, on ne résout pas les problèmes tous à la fois. Je crois que c'est déjà une chose importante que les possibilités techniques existent. De la solution du problème dépend la solution de tous les problèmes économiques secondaires. Ce problème résolu, les grosses difficultés auxquelles nous nous heurtons aujourd'hui – c'est-à-dire les difficultés tenant à une baisse de prix prolongée – difficultés qui ne font que répéter celles qu'on a vues bien souvent, sont automatiquement écartées par une stabilisation et une hausse des prix qui rendront plus aisés, plus faciles, les problèmes économiques dont nous cherchons la solution. Dans la vie économique, seules les périodes de hausse des prix entretiennent l'euphorie. Tout ce qu'on a écrit dans les deux derniers siècles sur l'histoire économique des peuples et sur les relations entre leur genre de vie et les mouvements généraux des prix, tend à démontrer que seules les périodes de hausse des prix sont des périodes dont les nations se souviennent avec satisfaction, et que des périodes de baisse, au contraire, chacun cherche à supprimer le plus tôt possible le souvenir quand elles ont disparu. C'est un fait que, lorsque les dettes sont plus faciles à payer, l'ensemble du monde économique se sent plus à son aise.

La difficulté du problème qui nous enserre tous depuis cinq ou six ans, c'est uniquement la difficulté que la baisse des prix a mise au paiement des dettes et à l'exécution des obligations.

Ce grand problème disparu, les autres deviennent plus faciles à résoudre. Avec la hausse des prix, tout redevient plus large et plus aisé, la confiance revient, la prospérité peut renaître.

Charles RIST.

Conférence de M. Jacques Branger (22 février 1935)

LE CONTENU ÉCONOMIQUE DES PLANS... ET LE PLANISME

Il n'était évidemment pas question, dans cette crise mondiale qui remettait en discussion toutes les bases traditionnelles de l'économie, d'attendre une certaine décantation des idées pour se décider à l'action.

Les plans d'action se voulant moyens concrets de construction et non simples programmes de vagues aspirations, se sont donc multipliés. Il en est résulté une telle effervescence qu'une sorte de mode s'en est suivie : le « planisme ».

Cette abondance de plans et ce planisme, événements importants de ces années de dépression, ont mis à jour un état d'esprit tourné passionnément vers l'action et auquel le Centre Polytechnicien d'Etudes Economiques ne pouvait que s'intéresser.

Jacques Branger qui a été un des premiers fidèles de ce Centre et un de ses membres les plus actifs, notamment par les nombreuses communications publiées dans ses bulletins, en donne, ci-après, une analyse vivante.

Mesdames, Messieurs, depuis la conjonction en France des crises économique et politique, mais plus précisément depuis un an – depuis février dernier – deux idées dominent dans l'esprit des Français qui se refusent à choisir entre la violence et le désordre : ils veulent, tout ensemble, et éviter la violence, et faire cesser le désordre, mettre fin à ce « grand désarroi des hommes et des choses », non point tant en construisant un nouveau régime qu'en construisant à nouveau leur régime.

Dans la confusion des esprits, l'idée de plan fut – vous me permettrez bien ici une comparaison empruntée à la chimie – le « catalyseur » des réactions de l'opinion publique. Les plans se sont « précipités ». Il en est de toutes couleurs ; ils forment presque un nouvel arc-en-ciel politique.

Le plan a fait fureur cet hiver. Le mot est à la mode et naturellement il a fait fortune ; au point qu'aujourd'hui, les documents qui ne contiennent que des réformes usées, recherchent, pour avoir audience, le titre de « plan » et, sans doute pour le mériter, posent, tout simplement, comme postulat initial, la faillite du régime... probablement pour avoir à reconstruire !

Méfions-nous donc des imitations.

Actuellement, pour les hommes et les groupes politiques, il est devenu nécessaire d'« avoir un plan » ; c'est une expression que l'on conjugue tout au long des harangues politiques. Comptons plutôt ! J'avoue avoir lu une trentaine de plans. Rassurez-vous, je ne tirerai pas de l'ombre ceux qui s'y sont réfugiés ; je ne vous présenterai, par rang d'âge si possible, que quelques-uns de ces frères – parfois ennemis !

Voici d'abord l'aîné, qui a déjà des enfants ! le plan de Man adopté à Noël 1933 par le parti ouvrier belge. Je signale ici en passant deux autres plans étrangers publiés en français. Le plan polonais de Alter et le plan britannique de la Socialist League (Cripps).

Voici des jumeaux : les plans du radicalisme français, le plan Roche (accepté par le parti radical), le plan réformateur du Comité de Vigilance et le plan des jeunes Radicaux.

1934 voyait naître en juin le plan syndical et coopératif que publiait le *Nouvel Age*. Puis le « 9 juillet » donnait son nom à un plan, né de la collaboration de techniciens et des représentants des différents partis politiques, des « néos aux Croix de feu » disait une bande sensationnelle ! Une longue controverse s'est engagée autour du plan du « 9 juillet », qu'avait préfacé M. J. Romains, elle contribua fort à accréditer l'idée de plan.

Encore des jumeaux : les trois documents publiés par de grandes associations d'anciens combattants : la Confédération, l'Union Nationale et l'Union fédérale. Le plan de l'Union est paru le 11 novembre dernier sous le titre : « La République des Combattants ».

Voici, maintenant, « last but not least » : le plan de la C.G.T. du mois de septembre 1934 – précédé, dès avril, d'un avant-projet dressé par les Etats Généraux du Travail – autour duquel s'amorce un rassemblement des forces politiques. Lacoste vous en parlera[1].

Enfin, on dit que le Gouvernement aurait un plan... qu'il hésiterait à baptiser ! Le Français ne s'en étonne plus ; chaque jour, non sans humour, ses journaux ne lui affirment-ils pas la foire aux plans qui se tient en ce moment, il y a beaucoup de vols à l'étalage.

Aujourd'hui, le planisme est donc un fait.

Il préoccupe même les économistes. C'est pourquoi le C.P.E.E. l'étudie, car il ne saurait se désintéresser d'un mouvement qui est caractérisé d'abord par son extrême généralité.

Qu'est-ce donc qu'un plan ?

Dire ce que l'on veut, c'est exposer un programme : dire ce que l'on peut, c'est dresser un plan. Le programme esquisse des désirs, alors que le plan précise une volonté et surtout une possibilité d'action. Les programmes sont une simple énumération de revendications, le plan, au contraire, est un ensemble de mesures qui se conditionnent mutuellement ; il envisage un ordre d'exécution, lie le but à atteindre à l'activité politique du moment. En outre, le plan, ce « pont entre la doctrine et les faits » doit être, selon De Man, un engagement précis, une « tranche faite dans un programme » en vue d'une réalisation immédiate. Nous demanderons à une étude récente de M. le professeur Noyelle – à qui nous emprunterons beaucoup – une définition que nous retiendrons « *Les programmes résument les aspirations de la doctrine en termes idéologiques ou au moins abstraits, tandis que les plans définissent les moyens concrets d'action constructive...* »

Hélas, les plans ne se trouvent presque jamais à l'« état pur ». Loin d'être des « corps purs », ils sont en fait, le plus souvent, des « mélanges » de programmes, de programmes minima, d'exposés doctrinaux. Pour les caractériser, nous retiendrons qu'un plan ne mérite vraiment ce titre, que s'il articule des « moyens » pour « tout de suite ».

Nous sommes donc en droit d'attendre des solutions techniques à un problème, qui est d'ailleurs énoncé par tous les plans dans les mêmes termes.

Ils s'attaquent tous au désordre économique actuel qui résulte d'un défaut de coordination des activités individuelles. Ils dénoncent tous l'absurdité d'un régime qui produit aujourd'hui assez pour nourrir, habiller et loger décemment chaque être humain, mais qui force au chômage, contre leur gré, des millions d'hommes et les condamnent à la faim bien qu'ils veuillent travailler pour satisfaire leurs besoins. Tous les plans affirment encore que le temps des palliatifs et même des remèdes aux crises cycliques est dépassé. Il ne peut plus s'agir de réformes de répartition ; il faut maintenant proposer des réformes

1. Voir la conférence de Robert Lacoste page 158.

de structure pour obtenir un équilibre stable de la production et de la consommation. Je ne connais pas de plan qui ne débute par ces affirmations et ces intentions. Les plans se posent donc à eux-mêmes un problème de réforme de structure. Ils ne seront vraiment des plans que s'ils apportent les moyens précis de les réaliser.

*

* *

S'il était possible de classer les plans en familles économiques bien nettement différenciées, leurs divergences apparaîtraient d'elles-mêmes.

Les objectifs poursuivis sont semblables, avons-nous dit, et ne peuvent, par suite, nous servir à classer.

Les fins sociales poursuivies par les divers plans diffèrent certes d'un document à l'autre, bien que tous tendent à créer un régime qui, tout en laissant à l'argent sa fonction technique lui enlèverait sa fonction sociale. Cependant, elles permettraient peut-être une classification d'ordre politique ; mais ce n'est pas notre propos ce soir. Du reste, elle serait fort délicate, car elle nous obligerait à formuler des jugements sur la sincérité des auteurs de plans. Jugements de valeur qui s'exprimeraient par des mots qui ont bien trop servis comme épithètes dans les luttes politiques. J'avoue ici une dérobade.

Quant aux méthodes préconisées pour la mise en œuvre des divers plans, elles sont non d'ordre économique, mais d'ordre politique. Et les mesures politiques ne nous intéressent, ici, qu'autant qu'elles apparaissent comme les conditions des réformes économiques.

Je préférerais, pour ma part, une autre classification, moins articulée, plus grossière, mais où le tracé de la ligne de démarcation requiert, peut-être, quelque subtilité et sépare précisément deux camps chez les planistes.

Parmi les plans, les uns cherchent à sauvegarder du régime capitaliste tout ce qui peut encore en être sauvé, l'âge d'or est derrière nous ; les autres gardent, au contraire, du régime capitaliste que ce qui ne peut pas en être détruit, l'âge d'or est devant nous.

Laissons là ces vains exercices. Du reste, de telles classifications sont en la matière de véritables hérésies, parce que tous les plans, à la différence des vieux partis, se sont efforcés de rechercher non les divergences théoriques, mais les convergences pratiques. On ne saurait alors s'étonner de ne trouver les premières. Rencontre-t-on les secondes ? – Ainsi se pose maintenant la question des convergences pratiques, des tendances communes.

*

* *

Remarquons, d'abord, que, dans une économie strictement individualiste ou économie atomistique, il n'y a pas de plan possible. Il ne devient concevable qu'avec une économie de masse. Il est même nécessaire à tout mouvement de masse. C'est une vieille idée militaire et nous avons connu pendant la guerre, l'Angleterre surtout a connu, une économie rigoureusement planée.

Le plan apparaît actuellement possible parce que l'évolution qui s'accomplit dans le sens de la concentration et de l'association se fait au détriment de l'indépendance individuelle. Cette évolution répudie à la fois les formes extrêmes de l'individualisme et du socialisme communiste. Telles sont les deux limites entre lesquelles, nécessairement, le plan doit s'insérer en tenant compte de ce qui subsiste d'individualisme et de ce qui relève déjà du collectivisme à la suite du remplacement progressif des individus par les groupes.

Aussi le maître trait des divers plans est-il l'institution d'une « *économie mixte* », autrement dit la division de l'économie en deux secteurs : « un secteur plané » et un secteur libre. La répartition des entreprises entre les deux secteurs varie selon les plans. Le secteur plané comprend tantôt les productions correspondant aux besoins vitaux des individus – il y a alors en quelque sorte indépendance et juxtaposition de deux économies – tantôt il comprend le crédit et les industries monopolisées en fait. Le passage du secteur libre au secteur plané est déterminé, soit par le fait de la monopolisation, soit par le fait de la surproduction : lorsque la production est inférieure aux besoins, un régime de liberté semble souhaitable, tandis qu'au contraire, lorsque la production dépasse les besoins, la réglementation devient nécessaire.

Nous remarquons que les plans ne proposent pas une extrapolation de l'économie actuelle, à demi dirigée dans son ensemble, et partant mal dirigée.

Les auteurs de plans ne méconnaissent pas la part de vérité que renferment les arguments libéraux, ils s'efforcent seulement de limiter les souffrances ou les abus qu'occasionne le jeu des prix.

Ainsi donc les plans marquent d'une part un retour certain vers le libéralisme. Ils cherchent à circonscrire le champ du désordre afin de sauvegarder tout ce qui peut encore être laissé à l'initiative privée, à ce mécanisme des prix qui a la souplesse voulue pour permettre des adaptations aux besoins imprévisibles. On délimite deux domaines : et le libéralisme peut retrouver ainsi dans l'un d'eux les conditions nécessaires à son fonctionnement et à sa perennité. Est-ce là du néo-libéralisme ? je ne sais, car il est difficile de marquer des frontières entre les doctrines à une heure où elles cherchent moins à s'affirmer qu'à se faire de mutuels emprunts. Je retiendrai à l'appui de mes affirmations cette phrase de M. Rist : « *Le libéralisme pur n'est pas toute la doctrine libérale. On doit admettre que le libéralisme est un mélange de liberté et d'organisation.* » Les plans s'efforcent d'apporter cette nécessaire organisation, de doser ce mélange.

Je n'ai donc aucun scrupule à affirmer que, pour partie de l'économie, nous sommes bien dans la ligne libérale. Mais, pour l'autre partie, nous sommes évidemment dans une ligne moins classique.

Je dirai que tous les plans sont des plans de **concurrence dirigée**.

On y trouve les quatre formes de « directionnisme » qu'a séparées M. le doyen Dechesne : *le directionnisme monétaire et financier, le directionnisme anglo-saxon mettant en œuvre des « codes », le directionnisme corporatif, le directionnisme des syndicats industriels.*

En réalité, les plans comportent un mélange de ces différentes formes de directionnismes, sinon nous aurions là une classification excellente. Presque tous les plans font en fait allusion et à un contrôle du crédit – baptisé quelquefois nationalisation du crédit – et à un plan prévisionnel, sorte de budget économique : acte de prévision, d'autorisation pour une période déterminée. Ce dernier est parfois oublié. Il n'en constitue pas moins la pièce maîtresse de tout le système.

Le désir de dresser ainsi un budget économique qui, du reste, de plus en plus, se répand dans les entreprises privées, a donné aux planistes un goût de la statistique et de la documentation qui conduit à la création des organes nécessaires à la prévision économique. Dans ce but, sont formulées diverses suggestions : organisation d'un service public de documentation, extension du rôle du Conseil national économique, abolition du secret des entreprises, pour conduire à une économie transparente. Bref, initiatives diverses pour faire reposer la politique économique sur des données scientifiques.

Les organes nécessaires à la direction de l'économie une fois créés, à qui confier la mission de diriger cette économie.

Ici apparaissent certaines divergences. Celles qui nous ont permis d'esquisser la première classification doctrinale que je proposais tout à l'heure. Cependant les plans venant des points les plus divers de l'éventail des doctrines nous mettent en garde contre l'extension abusive des attributions de l'Etat. *Les plans sont anti-étatistes.* Ils tiennent en effet à conserver une certaine souplesse à l'économie.

Les plus récentes théories socialistes elles-mêmes se détournent de l'étatisme pur et recherchent des formes intermédiaires entre la régie d'Etat et l'entreprise particulière.

Parler de la nécessité d'une direction de l'économie n'implique point l'entremise exclusive de la puissance publique, « le directionnisme ne requiert l'initiative de l'Etat que faute par les particuliers de déployer la leur selon les injonctions de la nécessité ». Ici on trouve des solutions moyennes qui s'échelonnent de l'organisation volontaire à la direction autoritaire. On va, en nuançant plus que je ne l'indique, de l'économie concertée libre à l'économie contrainte en passant naturellement par l'économie concertée obligatoire. Au reste, cette cartellisation obligatoire se retrouve dans toutes les expériences actuelles d'économie dirigée. En fait, « lorsque les plans admettent la nécessité de l'action de l'Etat dans certains cas, ils n'appellent pas de leurs vœux une société nouvelle ». Ils constatent ce qui est et le légitiment. Ne cachons pas que les plans contiennent une extension de l'économie publique. Mais elle ne s'effectue pas forcément aux dépens des progrès de l'économie capitaliste privée.

Cependant, il n'est pas niable qu'en apparence l'économie mixte marque un progrès juridique de la gestion publique. Puisqu'il en est ainsi, il importe en tous cas d'adapter l'Etat à ses missions nouvelles.

Devant la nécessité de concilier l'économique et le politique, les plans généralement désireux de séparer « l'administration des choses du gouvernement des personnes », s'orientent généralement vers des solutions conciliatrices qui se glissent entre deux courants extrêmes. Le premier conduisant à l'asservissement de l'économie, à la puissance de l'Etat, assurant la primauté du politique, – c'est la solution corporative fasciste, – le second tendant à l'absorption des organismes politiques par des institutions économiques, – c'est la solution du syndicalisme extrémiste.

Ces solutions conciliatrices sont fournies par l'un des faits les plus frappants de l'évolution contemporaine de la société, l'organisation des activités humaines sur le plan de la profession. La représentation qualifiée des intérêts professionnels sera une solution particulièrement retenue car elle permet, selon le mot de Nitti, « de concilier les formes économiques de coopération avec des formes politiques de liberté ». Et ici les solutions varient, mais on aboutit généralement à la création d'un corps consultatif représentant les intérêts économiques du pays, ce qui nécessite l'organisation professionnelle sur la base syndicale et la transformation des organismes ouvriers et patronaux en organismes de droit public.

Les plans soulignent, en se proposant de l'accentuer, la dissociation qui existe déjà entre la propriété et la gestion du capital. « *L'essence du planisme est moins le transfert de propriété que le transfert d'autorité* ou, plus exactement, ajoute Henri De Man, le problème de la gestion prend le pas sur celui de la possession, et les modifications du régime de la propriété sont fonction des modifications du régime de l'autorité requise par l'économie dirigée. »

Le développement technique a accéléré cette dissociation entre la possession et la direction des entreprises. Il en est résulté, fait notable, une différence de mentalité entre deux catégories de dirigeants économiques, une opposition entre « *l'esprit ingénieur* » et « *l'esprit financier* ».

L'homme, dont la fonction est d'organiser la production, est naturellement porté à exalter cette activité par rapport au rôle qu'il considère volontiers comme subordonné, comme parasitaire du détenteur des capitaux, du spéculateur. De Man remarque qu'on trouve « dans les grandes associations d'ingénieurs un esprit technicien très différent de l'esprit propriétaire ou actionnaire ».

Le problème essentiel de toute transformation d'ensemble de l'économie se réduit, en pratique, à cette question des mobiles d'action.

Aussi presque tous les plans proposent-ils de substituer à la notion d'intérêt personnel, *la notion de service social.*

Dans une certaine mesure, le planisme tend à remplacer les mobiles classiques du capitaliste par des mobiles d'ingénieurs. « En vérité, une production réellement rationalisée est une production qui fonctionne et se développe sans avoir besoin du mobile du profit parce qu'elle le remplace par des mobiles plus rationnels. L'idéal vers lequel tend la rationalisation, souvent même sans s'en rendre compte, c'est une économie soumise à la seule loi de l'efficience dont l'objectif est le rendement et non le profit.

Les plans nous sont en somme apparus comme des tentatives ayant pour but de substituer, la tendance interventionniste à la tendance libérale, la direction à l'automatisme, la politique au laissez-faire, la réflexion au réflexe et la raison à la nature. Tentatives qui, dans l'ensemble, visent à étendre la rationalisation du seul domaine de la production matérielle à toute l'organisation de la société.

Plusieurs fois nous avons pu constater que le *pluralisme* apporté dans les solutions est la caractéristique dominante, et même la nouveauté de ces plans de reconstruction économique. Ce pluralisme nous est apparu avant tout dans la division de l'économie en secteurs soumis à des dogmes différents. La supériorité des plans sur la doctrine est justement d'avoir aperçu ce pluralisme nécessaire. Il s'infiltre actuellement dans la doctrine, qui en viendra, semble-t-il, à proposer, en saine orthodoxie, la coexistence de régimes économiques profondément dissemblables.

« Sous leur influence réciproque, doctrines et plans se nuancent, écrit le professeur Pirou, mais perdent par leur complexité les vertus motrices et la force d'attraction qu'offrent les systèmes de lignes mieux accusées. Peut-être existe-t-il de ce point de vue un conflit entre les besoins de l'action qui ne peut se passer de mythes et les exigences de la science qui ne se soucie que de vérité. »

Mais ce mythe, ne serait-ce pas le planisme que je voudrais maintenant caractériser à grands traits ?

*

* *

Le planisme... le mot a eu du succès, l'idée a aujourd'hui ses journaux. En fait, on discute toujours sur le planisme et non sur les plans – pratique que j'ai, sans doute, voulu illustrer ce soir ! – « Qu'importe les plans, dit Marcel Déat : ce qui compte c'est le planisme. » Aujourd'hui s'est instituée une nouvelle querelle des anciens et des modernes, la querelle des planistes et des anti-planistes, qui, à n'en pas douter, reprendra ici ce soir.

Qu'est-ce donc que le planisme ?

Pour certains, pour les anti-planistes, c'est la manie de lancer des « flottilles de petits bateaux sur l'océan de l'Utopie », la maladie de faire des plans. C'est en tous cas une erreur, presqu'une folie criminelle.

Mais où est l'utopie ? Ce n'est pas que le plan, s'il était appliqué, ne fonctionnerait point bien ; c'est plutôt, je crois, que la puissance qui pourrait en forcer l'application n'existe pas encore et là, je concède aux anti-planistes qu'ils ont peut-être raison.

A ses tenants, *le planisme apparaît comme une forme nouvelle du socialisme* qui a déjà ses docteurs : plus largement entendu, il apparaît enfin comme une attitude devant les malheurs actuels, comme une doctrine d'action.

Et d'abord le planisme est une nouvelle forme du socialisme.

Il tente de renouveler le socialisme traditionnel, de l'adapter à l'évolution du capitalisme en tenant compte du développement de la crise.

Il dépasse, à la fois, le vieux réformisme en recherchant des réformes de structure et non plus de répartition, et la vieille conception insurrectionnaliste en préparant l'accession au pouvoir « par et pour le plan ». Le planisme continue certaines des traditions socialistes. Il reste gradualiste, mélioriste, démocratique et libéral. Ses fondements doctrinaux sont contenus dans les treize thèses que De Man a énoncées lors des entretiens de Pontigny.

Mais le planisme ne se présente pas comme étroitement socialiste.

Il peut, sans cesser d'être efficace, assumer les formes les plus diverses, depuis une socialisation encore plus accentuée que celle du régime soviétique jusqu'à la coordination volontaire de la production par les organisations capitalistes elles-mêmes. Il comporte un ensemble de « mesures de sauvetage », présenté à la nation, offert à la collaboration de tous les « hommes de bonne volonté »... C'est presqu'une attitude héroïque.

Quels en sont les traits ?

D'abord, c'est une attitude de lutte, une lutte « anti-crise », une lutte non plus théorique contre le capitalisme, mais une lutte actuelle et pratique contre le capitalisme ou plutôt contre la crise du capitalisme.

Le planisme est ensuite une tournure d'esprit pragmatiste, ennemie de toute systématisation ; nous la trouvons dans toutes les grandes expériences économiques actuelles. Les planistes pensent, avec raison, que les événements ne sont pas à la disposition de l'homme mais que c'est l'homme qui est à la disposition des événements. La vie n'a en effet que faire de plans doctrinaux *a priori,* c'est à notre prétention de les lui imposer que sont dus nos plus grands déboires.

Le planisme implique aussi la croyance en la possibilité de forcer l'histoire. Il exige une intervention immédiate et précise dans l'indétermination des événements faite sans autre idée préconçue que la nécessité d'en sortir. Bref, c'est une attitude qui ne croit plus au laisser faire, qui ne croit plus que l'histoire se fait toute seule mais que l'histoire se « laissera faire ».

Me hasardant davantage, je dirai volontiers que le planisme m'apparaît comme une réaction contre l'attitude opportuniste prise aujourd'hui par tous les partis. L'opportunisme attend les changements pour les subir ; il ne dirige ni ne résiste. Le progrès consiste à résister autant qu'à avancer. *Résister et entreprendre, tels me semblent être les mots d'ordre du planisme.* Le plan, œuvre constructive, est aussi le refus des hommes de céder devant la crise.

Le planisme s'inscrit en faux contre les affirmations d'un Ghandi, devenu le prophète inattendu d'un certain monde bourgeois quand il dit : « La suprême sagesse est de ne jamais rien entreprendre... ». « Le malheur c'est d'agir ». Il me paraîtrait assez juste de dire que le planisme, c'est de « l'anti-ghandisme ».

Ainsi donc le planisme naît entre deux positions d'esprit pétrifiées, inactuelles. La position d'esprit résolument conservatrice, chère à ceux qui entrent à reculons dans l'avenir, et la position d'esprit stérilement révolutionnaire. Il peut permettre, à une heure où l'on cherche aussi bien les partis que les idées politiques, le renouveau et d'un esprit de droite et d'un esprit de gauche. D'un esprit de droite qui se donnerait pour mission d'assurer la continuité de certaines valeurs sociales à travers les changements. D'un esprit de gauche que L. Romier définit comme préconisant « l'adaptation incessante, raisonnée et dynamique de la société humaine aux changements du milieu ».

Ne retrouve-t-on pas là le thème majeur de ces nombreux mouvements qui ont pour but de ressusciter la dignité de la personne ?

N'est-ce pas là, au fond, l'éternelle affirmation de l'humanisme ? Aussi le planisme apparaît-il à de Man comme *l'exécuteur testamentaire de tout le passé humaniste de notre civilisation.*

En somme, le plan reste peut-être à faire. Qu'importe... si le plan est avant tout un mythe et le planisme une mystique qui requerra des planistes l'art de faire de leur but un idéal pour les autres.

Le Président Caillaux a dit : « La crise, c'est la faillite de l'intelligence humaine ». Sa réhabilitation est tentée par le planisme qui est un suprême recours à l'intelligence. Peut-être est-ce là, du reste, à la longue, la condamnation du système.

Qu'importe encore... si le planisme permet maintenant d'agir ?

Jacques BRANGER.

B) MÉTHODE HISTORIQUE

X-Crise ne pouvait manquer de donner la parole aux savants qui s'étaient préoccupés particulièrement de trouver dans les méthodes expérimentales et par conséquent dans les recherches historiques, des explications aux dérèglements économiques des années 1930.

François Simiand, Professeur au Collège de France, a prononcé le 19 mai 1933 une conférence sur « le Déroulement de la Crise Mondiale ». Elle reprenait les bases de ses travaux considérables sur les fluctuations économiques tirées du dépouillement de données de diverses natures et reposant sur de longues périodes, pour établir sa thèse des grandes phases cycliques.

Comme, dans le bulletin n° 1 de Janvier 1933, a été publiée une analyse de Jean Coutrot sur un livre très important de François Simiand, à la conférence longue et détaillée de l'auteur a été préférée cette étude relativement courte qui donne d'une façon vivante l'essentiel des réflexions de cet historien économiste.

D'autre part, Louis Vallon, lors de la mort de François Simiand, a fait paraître dans un bulletin d'X-Crise de 1935 des réflexions sur l'œuvre de cet historien, réflexions dont est donné ensuite un extrait qui complète le point de vue de Jean Coutrot.

Marc Bloch, spécialiste de l'histoire économique, devait s'interroger sur sa spécialité en se demandant : « A quoi sert l'Histoire ? ». Sa réponse mérite aussi de figurer dans ce choix de conférences polytechniciennes, par l'éminente qualité de son analyse.

Critique d'un ouvrage récent de Monsieur Simiand,
Professeur au Collège de France

« LES FLUCTUATIONS ÉCONOMIQUES A LONGUE PÉRIODE ET LA CRISE MONDIALE »[1]

par Jean Coutrot (janvier 1933)

Ce très intéressant petit livre de 140 pages in-16 contient le résumé et les conclusions de recherches économiques poursuivies par l'auteur depuis de longues années et publiées par lui en plusieurs gros volumes. Il est écrit dans un style curieux, compliqué, bourré de surcharges et de rajouts, qui fait songer à Proust et à Péguy ; mais au travers duquel la pensée se laisse assez aisément suivre.

Ces remarquables études procèdent d'une méthode essentiellement historique, analogue aux études de la conjoncture, mais portent sur une période plus longue que celle envisagée d'ordinaire puisqu'elles remontent jusqu'au XVIe siècle. Cette méthode est aussi essentiellement empirique : elle étudie les courbes des différents indices, le décalage ou la simultanéité de leurs ondulations et ne présente qu'ultérieurement une tentative d'explication du mécanisme interne des phénomènes : cette explication, pour vraisemblable qu'elle puisse paraître à certains, ne possède pas une rigueur absolue et n'aboutit pas à une représentation simple et détaillée des faits élémentaires.

La démarche de M. Simiand diffère ainsi de celle des sciences expérimentales d'aujourd'hui, qui construisent quelques modèles simples des phénomènes étudiés, et en déduisent par ce langage rigoureux qu'est le calcul, des conséquences chiffrées, sûrement compatibles avec les prémisses d'où elles découlent nécessairement : seules ces conséquences peuvent être utilement soumises au contrôle de l'expérience.

Il n'en est que plus remarquable de constater que les conclusions auxquelles conduit cette dernière méthode sont plus précises, mais dans l'ensemble, voisines de celles de M. Simiand (bien que celui-ci déclare, d'une manière un peu sommaire, s'intéresser plus à la variation relative du stock monétaire qu'à la production annuelle d'or : négligeant, semble-t-il, la relation qui les unit).

1. Chez Alcan.

M. Simiand commence par rassurer ses lecteurs en citant un grand nombre de textes, qui décrivent à merveille les détails de la crise actuelle, mais dont les dates s'échelonnent entre 1615 et 1886. L'atmosphère ainsi rassérénée par cette réconfortante érudition, il expose sa thèse principale : nous sommes au tournant d'une fluctuation économique semi-séculaire, comme il s'en produit depuis trois siècles, et qui sont elles-mêmes frangées d'ondulations à peu près décennales.

Les phases semi-séculaires du type A (hausse majeure ou niveau relativement élevé de l'ensemble des prix) se situent dans notre économie progressive :

Du début du XVIe siècle au milieu du XVIIe.

D'avant 1789 à 1820.

Du milieu du XIXe à 1875-1880.

Les phases B (baisse majeure ou en tout cas différenciation nette d'avec les caractères majeurs de A) s'intercalent naturellement entre les phases A.

En phase A, on observe particulièrement :

« Les grandes migrations et guerres.

« Le développement **simultané** des divers régimes de production (artisanat, paysannerie, entreprises individuelles, sociétés, cartels, ententes).

« L'accroissement des quantités produites en même temps que des prix.

« L'accroissement plus lent du coût de la main-d'œuvre et du capital.

« L'accroissement plus rapide des profits et des échanges internationaux.

« Des mouvements sociaux et délits de moralité économique.

« La rapidité d'évolution du système économique, avec progrès techniques marqués, sélection non seulement entre les entreprises mais entre les divers régimes de la production (et non plus développement simultané), distinction des classes par des traits économiques bien nets, avance de l'industrie par rapport à l'agriculture.

« La restriction des échanges internationaux.

« L'accroissement réduit, parfois, la régression des valeurs produites (provenant beaucoup plus de la régression des prix que de celle des quantités) ».

Le coût de la main-d'œuvre par unité de produit diminue rapidement dans les phases B (effort plus intense, rationalisation, mécanisation car le coût du capital amassé en A est bas) cependant que le salaire-gain résiste à la compression et, de même que le profit par personne patronale subsistante, ne descend guère au-dessous du niveau atteint en phase A.

Cette résistance pleinement légitime aux maux économiques (thèse opposée à celle de nos camarades Wolff et Rueff) n'est ni sans raison, ni sans résultat : elle est même le facteur essentiel du progrès économique.

Le progrès économique (plus de biens produits, un total de revenus plus élevé et d'ensemble, des prix moindres, absolus, relatifs), n'est réalisé que par la succession des phases A (où augmentent les revenus actifs ou directement liés à la production) et des phases B (pour les autres).

Or, l'histoire semble montrer que les phases A sont toujours précédées de quelques années par un accroissement du stock des moyens monétaires (métaux précieux, signes monétaires convertibles ou même non convertibles : billets, crédits), les phases B par une augmentation atténuée ou une légère restriction de ce stock.

M. Simiand voit dans cette concordance, non la liaison rigide des théories quantitatives de la monnaie, mais une liaison souple constituée par l'homme tel qu'il est psychologiquement construit, et permettant des décalages dans le temps et dans l'espace, suivant les conditions spéciales au pays et à l'époque.

Cette constatation empirique accroît son autorité aux yeux de M. Simiand, du fait qu'on peut parallèlement construire une explication rationnelle basée sur les trois principaux mécanismes d'augmentation des biens économiques ou richesses :

1) L'échange réalisé entre des groupes humains à échelles différentes de valeur (qui accroît la valeur du point de vue des deux groupes) : verroterie contre ivoire ou caoutchouc.

2) L'escompte des richesses futures, que nul ne prendrait la peine ni n'aurait les moyens de produire, si l'accroissement du stock monétaire ne permettait l'anticipation.

3) L'utilisation des forces gratuites de la nature (gratuites après amortissement de l'établissement et de l'entretien).

Les deux premiers facteurs jouent surtout en phase A, le troisième en phase B sous la pression conservatrice réciproque du revenu patronal et du salaire qui, seule, peut imposer, sans gain accru, l'augmentation d'effort intellectuel ou musculaire correspondante.

C'est à cet effort que nous convie M. Simiand pour nous adapter à la phase B où nous entrons et où la guerre n'a joué pour lui que le rôle d'une complication accessoire, analogue à une congestion pulmonaire dans une typhoïde. Il écarte un certain nombre d'explications tirées de circonstances qu'il estime accidentelles ou simplement apparentes (surproduction, sous-consommation, rationalisation, exigences patronales ou ouvrières, économie dirigée ou non, perte de confiance) ; il nous met en garde aussi contre des interprétations trop hâtives de l'antécédence monétaire (mauvaise distribution de l'or, etc.) et proclame la fécondité de cette succession de déséquilibres, en quoi se résume la vie économique, comme toutes les vies ; et peut-être même comme tous les phénomènes, au travers desquels transparaît l'universel schéma ondulatoire, atome des explications scientifiques modernes.

Jean COUTROT.

De son côté, Louis Vallon avait écrit en juillet 1935 ce qui suit lors de la disparition de François Simiand :

François Simiand, Professeur au Collège de France et au Conservatoire des Arts-et-Métiers, est mort il y a quelques semaines. Les membres du Centre Polytechnicien d'Etudes Economiques se souviennent certainement du beau visage grave de ce savant qu'ils entendirent il y a deux ans environ et dont la magistrale conférence est reproduite dans le numéro cinq de notre Bulletin.

François Simiand laisse une œuvre immense, puissante et ordonnée, instrument de travail indispensable à tous ceux qui voudront faire progresser la connaissance des faits économiques. Au cours de plus de trente années d'un labeur probe et continu, Simiand a accumulé les éléments de son grand livre : **Le Salaire, L'Evolution Sociale et la Monnaie** (Paris, Alcan, 1932, 3 vol. gr. in-8°). Il publia ensuite une petite brochure de 140 pages : **Les fluctuations économiques à longue période et la crise mondiale** (Paris, Alcan, 1931, in-16). Il y a condensé les conclusions les plus actuelles de ses recherches.

Il n'est guère possible de résumer un livre comme **Le Salaire**, dont la richesse est faite de l'abondance et de la sûreté d'une documentation patiemment accumulée et judicieusement ordonnée.

Contentons-nous de rappeler les idées essentielles que F. Simiand dégagea de ses recherches, et la « théorie expérimentale » à laquelle un examen scrupuleux des faits le conduisit. Tenant compte de l'« antécédence désirable de la physiologie sur la médecine », François Simiand a cherché d'abord à reconnaître en quoi un fait économique, qui se montre un mal apparent, est vraiment pathologique ou non, avant d'envisager le problème des remèdes et de leur efficacité réelle. Deux thèses essentielles se dégagent de ses travaux :

La première, c'est que « des fluctuations à longue période existent, et importantes, centrales même, dans le développement économique moderne et contemporain ».

La seconde, c'est que « la crise mondiale actuelle est un tournant entre deux phases relevant de l'une de ces grandes fluctuations à longue période ».

La conséquence de ces deux thèses est que « le plus pressé pour étudier et si possible comprendre le principal de cette crise est d'étudier et si possible, comprendre les fluctuations à longue période anciennes ». A ce propos, Simiand critique l'opinion de ceux qui voient dans la crise actuelle des traits différentiels ; il cite, à ce sujet, de nombreux textes qui décrivent avec précision certains aspects de la crise actuelle, mais dont les dates s'échelonnent entre 1615 et 1886.

Louis Vallon reprend l'explication des phases A et B et conclut :

L'histoire montrant que les phases A sont précédées par un accroissement du stock des moyens monétaires (métaux précieux, signes monétaires convertibles ou non, billets, crédits), les phases B par une restriction de cet accroissement, François Simiand voit dans cette concordance les éléments d'une explication rationnelle. Cette explication que nous ne saurions résumer ici est différente de celle qu'a tentée l'économie classique pénétrée d'une conception de la science économique sur le type de la mécanique ; elle s'appuie sur la connaissance « de l'homme tel qu'il est », sur « l'être réel agissant et réagissant dans les conditions économiques effectives essentielles » et non point sur **l'homo**

economicus simplifié des classiques. La vie économique apparaît alors comme une succession de déséquilibres, ce qui rapproche singulièrement la science économique de la biologie.

Terminons par une remarque. Dans l'œuvre de Simiand, il y a une théorie expérimentale du crédit et de la monnaie scripturale qui rappelle celle que soutint si brillamment devant nous M. Georges Guillaume sur l'« endettement ». Sans doute notre monde économique complexe est-il loin de ressembler au « modèle » simplifié ; peut-être même par **nature** ne peut-il être assimilé à un tel modèle ; il n'en reste pas moins vrai qu'une étude de ce genre permet de fixer un système de référence utile à la détermination des déséquilibres économiques réels.

L'Economique rationnelle apparaît sous cet aspect comme le complément de l'**Economique expérimentale** de François Simiand, de même que la chimie est un des supports indispensables de la biologie. C'est sans doute par la conjonction des deux méthodes que l'œuvre en tous points remarquable de François Simiand pourrait être le plus efficacement prolongée et développée.

Louis VALLON.

Les méthodes en science économique

Conférence par M. Marc Bloch (29 janvier 1937)

QUE DEMANDER A L'HISTOIRE ?

I

Quand votre aimable secrétaire est venu, en votre nom, m'inviter à vous entretenir ici, ce soir, de la part de l'histoire dans l'élaboration d'une méthode économique positive, je ne lui ai pas dissimulé que ce qu'il me demandait ainsi n'était rien de moins, en vérité, que cette épreuve assez troublante : un examen de conscience public. Car enfin, la question que vous me contraignez ainsi de me poser, sans biaiser, ne revient-elle pas, en somme, à celle-ci : « **à quoi sert l'histoire économique** » ? Ou, plus largement encore : « **à quoi sert l'histoire tout court** » ? Vous le sentez bien, pour un homme qui a donné à l'étude de l'histoire et, plus spécialement, de l'histoire économique, le meilleur de son temps, pour un homme qui a l'honneur de professer dans cette maison même l'histoire économique, il y a, dans un pareil point d'interrogation, quelque chose d'un peu angoissant. Et s'il me fallait répondre, en toute honnêteté, que l'histoire économique ne sert à rien du tout, que les historiens sont des êtres parfaitement inutiles, ce ne serait pas là, après tout, un aveu que je pusse considérer comme très agréable. Franchement, je ne crois pas qu'il faille conclure ainsi. Je vais essayer de vous montrer de mon mieux que nos recherches sont utiles, je dirai même indispensables. A une condition, sur laquelle j'insisterai tout à l'heure : qu'on sache les utiliser, qu'on ne les utilise pas à faux.

II

Mais il convient d'abord de poser nettement le problème.

Il est un point sur lequel nous serons, je pense, tous d'accord. C'est que la science des phénomènes économiques ne saurait être qu'une science d'observation. Elle ne peut, dirons-nous, se contenter de déduire, en partant de données *a priori* (lesquelles ne seraient probablement, en fin de compte, que des observations mal analysées et à demi conscientes). Le raisonnement, dans la science que nous nous efforçons d'élaborer, n'intervient que pour classer et interpréter les faits. Les hypothèses doivent sans cesse se rafraîchir au contact de l'expérience et s'efforcer, péniblement, de se modeler sur celle-ci. A son tour, l'action économique – l'art, si vous voulez, après la science – peut bien tâcher d'utiliser le réel à ses fins (C'est parce qu'elle se propose des fins et qu'elle porte des jugements de valeur qu'elle est action et non plus science). A nier le réel, elle se détruirait elle-même. Là-dessus, encore une fois, il ne s'élèvera pas, j'imagine, entre nous, de contestations. Aussi bien, c'est, à tout prendre, de l'observation – pratiquée selon les méthodes de leur temps – que sont partis les grands constructeurs de l'économie à l'époque classique, un Adam Smith, par exemple, et aussi cet autre penseur, tout pénétré de l'esprit de l'économie classique : Karl Marx.

Or le problème qui se dresse devant nous est le suivant. Cette observation que chacun s'accorde ainsi à reconnaître pour indispensable, suffit-il qu'elle s'applique au **présent** ? Ou faut-il qu'elle s'étende aussi au passé ? A dire vrai, cet énoncé n'est peut-être pas pleinement satisfaisant et, dans la gêne même que j'éprouve en ce moment à formuler ma pensée, il y a sans doute déjà, à y regarder de près, un commencement de solution. Le présent, qu'est-ce que cela veut dire ? Défini en toute rigueur, un point minuscule dans la durée, un instant qui disparaît aussitôt né. A peine ai-je parlé que mes mots sombrent dans le passé. A la vérité, dans le langage courant, le terme a naturellement un sens plus large. Mais, même si nous adoptons les habitudes d'une langue pure de toute philosophie, ce n'est certes pas seulement au présent, dans le sens du vocabulaire usuel, à l'année en cours, aux trois ou quatre dernières années qu'on a jamais prétendu limiter le champ de l'observation économique. En sorte qu'en réalité, le choix dont je parlais tout à l'heure se fait entre le proche passé et un passé plus lointain, – voire tout le passé. D'un côté, l'observation à l'œil nu, sans plus, de l'autre l'observation à la jumelle, voire au télescope. Comme cette dernière forme d'enquête, celle qui s'applique au passé lointain, est, au propre, l'apanage de l'historien, dire qu'on y aura recours, c'est ce qu'on exprime ordinairement en disant qu'on fera appel à l'histoire. Seulement, chacun de nous doit sentir qu'à opter pour la première alternative – je veux dire pour une étude bornée au passé le plus proche –, on évitera difficilement l'arbitraire. « Près » ; « loin » : ne voilà-t-il pas des mots singulièrement vagues et subjectifs ? Et lorsqu'il s'agira de tracer la frontière avec plus de précision, ne risquera-t-on point d'obéir à de simples postulats que la réalité pourrait bien démentir – trop tard ? Je ne voudrais pas avoir l'air d'user ici d'une pointilleuse dialectique. Cependant, aux théoriciens qui prétendraient fonder l'expérience économique uniquement sur l'observation de ce qu'ils appellent le présent – et qui est en réalité, je le répète, le fragment du passé le plus voisin de nous –, j'oserai dire que c'est à eux qu'incombe la charge de la preuve. Il leur faudra d'abord nous démontrer que le passé plus reculé – au delà d'une ligne de démarcation que je leur laisse bien volontiers le soin de fixer eux-mêmes – nous est tout à fait inutile. Ce qui (permettez-moi cette douce pensée de vengeance) les amènera forcément à scruter eux-mêmes ce passé, c'est-à-dire l'histoire. Car sans le connaître, comment établir son inefficacité ? Je suis d'ailleurs tranquille : une fois mieux instruits, ils abandonneront leur tentative de démonstration. Pourquoi ? L'objet de ma causerie est précisément de vous le montrer.

III

Auparavant, toutefois, il me paraît nécessaire de prévenir un très grave malentendu. Si l'histoire, comme instrument de connaissance, a souvent été discréditée, c'est qu'on lui a souvent demandé ce que par définition même elle ne pouvait, elle ne devait pas donner. Pour mieux me faire comprendre, j'userai, si vous le voulez bien, d'un exemple qui est probablement familier à plus d'un d'entre vous, celui de *l'histoire militaire*.

Le cas des professionnels de l'art militaire, est un cas très intéressant pour l'historien ; et l'on peut dire que leur exemple, pour nous autres gens de métier et de cabinet, a quelque chose de particulièrement flatteur. Car ils sont peut-être les seuls hommes d'action qui jusqu'ici aient sciemment cherché à employer nos recherches à des fins pratiques. La raison en est claire, et, en soi, des plus valables. Toute connaissance humaine, les mathématiques mises à part, se fonde sur l'expérience. Mais dans ce vaste champ des disciplines d'observation, il y a un secteur privilégié : celui des sciences qui peuvent *provoquer* l'expérience, en un mot des sciences d'expérimentation. Le physicien isole les phénomènes ; isole leurs facteurs ; combine ceux-ci à son gré ; et c'est par là qu'il acquiert sur le monde une incomparable maîtrise. D'autres disciplines en sont réduites, malheureusement, à constater et à analyser les expériences spontanées que nous offre la réalité. Pour dégager les causes des phénomènes qu'elles étudient, force leur est de se contenter des combinaisons variées qui se produisent d'elles-mêmes, de se borner à regarder, sans y toucher, comment, en fait, la présence de tel ou tel facteur, l'absence de tel ou tel autre affectent le résultat final. Leur rôle se limite à savoir bien découvrir, bien délimiter, bien décomposer, par le raisonnement, ces expériences naturelles. Or, s'il est une expérience que, pour des motifs évidents, il est impossible de réaliser à son gré, c'est une grande bataille. Jamais professeur de l'Ecole de Guerre, désireux d'illustrer son cours, n'a eu l'ambition, alignant les uns contre les autres des milliers d'hommes en armes, de les faire s'entre-tuer, pour montrer à ses élèves comment cela se passe, et tirer de l'événement les leçons nécessaires. Je sais bien qu'il y a les grandes manœuvres. Mais une guerre sans meurtre et sans danger, chacun se rend compte que cela n'a pas avec la guerre véritable beaucoup plus de rapport qu'avec la conduite d'une locomotive l'amusement d'un enfant occupé à pousser sur le plancher un jouet de quarante sous. L'expérimentation étant ainsi interdite à nos stratèges, ils n'ont eu d'autres ressources que de se reporter vers les expériences naturelles du passé. Et c'est pourquoi l'étude analytique de l'histoire militaire est, depuis longtemps, à la base de tout enseignement de l'art militaire lui-même.

Rien de plus juste donc qu'un pareil principe. Qui oserait pourtant affirmer qu'il a toujours donné d'excellents résultats ? S'il a abouti, je le crains, de-ci, de-là, à quelques erreurs, qui d'aventure ont pu peser lourdement sur la pratique, c'est qu'il n'a pas toujours été correctement appliqué. J'entends : dans un esprit véritablement historique. Comment, au regard d'un historien, devrait procéder toute étude de cette expérience qu'est par exemple une campagne ou une bataille napoléonienne ? Certainement par une analyse rigoureuse de tous les facteurs, et, puisqu'il s'agit, en fin de compte, de tirer de cet événement lointain des enseignements pour l'action présente, par une comparaison de ces facteurs avec ceux du présent. Il faudrait, par exemple, nous dire : les routes formaient un réseau beaucoup moins serré qu'aujourd'hui ; l'étendue des reconnaissances était bornée par les possibilités de mouvement et de ravitaillement de la cavalerie (cela dans des limites à préciser rigoureusement) ; les ordres se transmettaient de telle ou telle façon ; les cartes étaient distribuées jusqu'à tel ou tel échelon ; les feux avaient telle ou telle portée, telle ou telle densité. Et si l'enquête prouve que d'une époque à l'autre presque tous ces facteurs se modifient, il ne restera évidemment qu'à s'efforcer de découvrir, dans la suite de l'histoire, l'apparition des changements et qu'à tâcher d'en mesurer les effets. En sorte que peut-être la leçon la plus importante du passé se trouvera être ici de nous suggérer un avenir très différent de ce passé et de nous permettre d'entrevoir quelles seront, à peu près, les différences. Cela, je me garderai bien de dire qu'aucun historien militaire ne l'a fait. Je ne crois pas me tromper en disant qu'ils ne l'ont pas tous fait. Ceux qui ont commis l'erreur ont simplement oublié la maxime fondamentale de toute interprétation d'expérience : le « toutes choses égales d'ailleurs ». Ils ne sont pas les seuls et plus d'un civil s'est rendu coupable de ce délit de lèse-expérience et de lèse-histoire.

Parmi les spectres qu'une mauvaise compréhension du passé fait se lever sur notre route et qu'une connaissance plus juste exorcise, je placerai au premier rang *la fausse analogie*. Nous savons tous des bribes d'histoire. Et volontiers nous reprenons le présent sous l'aspect du passé. Chez nous, Français, – Cournot l'avait déjà remarqué – ce besoin est peut-être moins sensible que chez d'autres peuples. Moins aigu certainement que chez nos voisins d'Allemagne, sans cesse occupés à remuer le lointain des âges pour y trouver des commandements d'action ou la justification des actions présentes : ce qui, soit dit en passant, explique à la fois l'enviable prospérité des études historiques dans ce pays et leur perpétuelle tendance à l'anachronisme. Si révolution veut dire rupture avec ce qui précède – et y a-t-il un meilleur moyen de rompre que d'oublier ? – nous sommes vraiment le peuple des révolutions. Malgré tout, cette disposition d'esprit n'est pas, tant s'en faut, complètement absente de nos milieux cultivés. Dans un jour de sévérité (dont je n'ai pas à rechercher jusqu'à quel point elle eût pu s'appliquer à lui-même). Clémenceau n'a-t-il pas dit que « l'humanité gouvernante trop souvent ne tient au présent que par les débris historiques de sensations périmées » ?

Par ailleurs, vous entendrez quelquefois parler des *leçons de l'histoire* ; vous les entendrez opposer à telle ou telle tentative nouvelle. Ici encore, prenons garde. L'histoire, certes, a ses leçons. Mais elles ne consistent pas à dire : tels ou tels facteurs, autrefois, ont amené telle suite, impossible aujourd'hui. Ce qu'il faut dire, c'est : tels ou tels facteurs, autrefois ont amené tels ou tels résultats ; si les facteurs se sont modifiés, les possibilités se modifient aussi. Or nous savons que les facteurs dominant de la vie sociale sont en perpétuelle évolution et aucun de nous, je crois, ne dirait même plus avec Machiavel : « qu'il y a au moins quelque chose d'immuable, c'est l'homme ». Car l'homme, n'en doutons pas, change aussi, dans sa mentalité et, peut-être, jusque dans les profondeurs de son être physique. Ne serait-ce que parce que son alimentation, au cours des âges, a changé très profondément. En un mot, il n'y a vraisemblablement pas de meilleure définition de l'Histoire que celle-ci : l'Histoire est la science d'un changement et, à bien des égards, une science des différences.

IV

Or cette définition déjà nous fournit, je crois, une des raisons majeures que nous ayons de pousser très loin dans le passé l'observation économique. C'est qu'à limiter celle-ci à une bande trop étroite dans le temps, nous manquerions, précisément, à nous donner l'impérieux sentiment du changement. Ne me dites pas que nous savons bien tous que le monde est perpétuel devenir. « L'eau du fleuve où je me baigne n'est déjà plus celle où je me suis plongé » : nous avons tous appris à l'école ce propos de ce vieil Héraclite. D'accord. Mais une vérité banale n'est pas forcément une vérité présente. Des hommes qui, je vous assure, n'étaient pas des imbéciles, croyaient fermement, au XIIe siècle, vivre encore sous l'Empire romain. Et si je me réfère à la belle conférence que M. Detœuf vous donnait récemment sur la fin du libéralisme, qu'y vois-je, sinon un effort, qui certainement n'était pas inutile, pour démontrer que nous ne vivons plus aujourd'hui sous le signe d'un certain type de capitalisme : celui des années 60 ou 80 du dernier siècle ? Mais si l'on a cru volontiers ce régime éternel et non moins immuables les lois qu'on estimait pouvoir dégager de son examen, n'est-ce point parce qu'on ne se rendait pas compte qu'il représentait seulement un stade dans l'évolution et que, né de circonstances toutes spéciales, dont l'analyse n'est sans doute pas impossible, il risquait de mourir avec elles ? C'est un grand danger que sous le mot « aujourd'hui » sous-entendre « toujours ». Aussi bien un autre exemple vous fera peut-être mieux sentir encore la nécessité de cette obsession du changement. Je l'emprunterai à *l'histoire monétaire*.

Les hommes de ma génération ont été élevés avec l'idée que la monnaie est presque nécessairement une chose stable : je veux dire qu'entre l'unité de compte et sa teneur métallique le rapport est forcément immuable. On savait bien, vaguement, qu'il n'en avait pas toujours été ainsi. Mais ces mutations monétaires semblaient une maladie bizarre autant que périmée et, pour les expliquer, on s'en tirait volontiers en citant quelques vers injurieux à l'adresse du pauvre Philippe le Bel. C'est, chose curieuse, chez les historiens de l'économie que s'est manifestée, avec le plus de persistance, cette foi, proprement indéracinable, dans la pérénité d'un type de monnaie, une fois choisi. Le cas est trop amusant – trop caractéristique aussi – pour que je me refuse le plaisir de vous le citer.

Vous le savez sans doute, dans l'ancienne France, les prix étaient stipulés en unités de compte qui ne soutenaient pas avec les pièces en circulation un rapport stable. Les versements étaient calculés en livres et en sous. Mais il n'y avait pas forcément de pièces d'or et d'argent qui représentassent, chacune, une livre ou un sou ; et d'ailleurs, à peu d'exceptions près, la valeur en unités de comptes n'était jamais portée sur les pièces, que l'on désignait par de simples noms d'usage tirés de leur aspect extérieur : écus, louis, etc. Cette valeur était fixée, en principe du moins, par l'autorité, et elle varia beaucoup. De même, d'ailleurs, que les pièces elles-mêmes, leur poids et leur alliage. De sorte que c'est un grave problème de déterminer, pour chaque moment, l'équivalence métallique de la livre et du sou. Les historiens se sont efforcés pour cela de dresser des tableaux. Mais comment ont procédé ceux du XIXe siècle, à qui nous devons de très précieux travaux de cette sorte ? Ils auraient pu – à mon sens, ils auraient dû – nous dire : à telle date, une livre représentait, par exemple, tant de grammes d'or fin. Ce n'est pas ce qu'ils ont fait. S'imposant un calcul supplémentaire, ils ont divisé le chiffre ainsi obtenu par la valeur métallique or du franc de l'An XI (0 gr. 29, comme vous le savez) et, ne nous livrant que le résultat de ce calcul secondaire, ils nous disent : la livre équivalait, en telle année du règne de Louis XI ou de Louis XIV, à tant de francs-or. Ils pensaient ainsi mieux parler à l'imagination : entendez, sans doute, à celle de tous les lecteurs à venir, jusqu'à la consommation des siècles. Arriva la dévaluation de 1928. A l'imagination des jeunes générations, le franc de l'an XI commença à ne plus rien dire du tout. Que pensez-vous qu'aient fait alors les historiens ? qu'ils sont revenus, bonnement, à la simple appréciation en poids ? Point du tout. Ils ont continué à donner l'équivalence en francs, en multipliant le chiffre précédent par 4,92. Mais, hélas ! la loi d'octobre 1926 est venue, à son tour, et ces chiffres, bientôt, comme les anciens, cesseront de représenter quoi que ce soit de concret à tout autre qu'à des hommes aux cheveux déjà grisonnants.

Or je ne prétends pas du tout dire ici que les mutations et dévaluations soient une bonne chose. Etant historien, je ne porte pas de jugement de valeur. Je sais seulement, étant historien, qu'elles ont des répercussions graves et que si nous mesurons mieux qu'au temps de Philippe le Bel leurs effets immédiats, nous ne sommes peut-être pas beaucoup plus capables de peser, avec quelque certitude, leurs retentissements les plus lointains. Je n'ignore pas non plus qu'entre une mutation d'autrefois et une mutation de nos jours, les conditions différentes de l'économie et notamment l'existence, aujourd'hui, de la monnaie dite fiduciaire et de la monnaie scripturaire, mettent des différences profondes, que ce n'est pas ici le lieu d'analyser. En bref, on peut dire que notre économie actuelle, notre économie « capitaliste », travaille dans un état de perpétuel porte-à-faux ; elle vit d'attente. C'est ce que nous exprimons en constatant qu'elle vit de crédit. D'où une tonalité économique générale profondément opposée à celle des siècles passés. Mais ce que je sais surtout, c'est que le régime de la monnaie stable a été dans notre histoire un épisode très court. Deux siècles à peu près exactement : de 1726 à 1928 (officiellement du moins). Notez en passant la première de ces dates. Elle ne figure généralement pas dans les histoires de France. Tout à fait à tort, à mon avis, Et bien entendu – conformément à la règle indiquée tout à l'heure – il n'y a aucune raison de penser qu'une stabilité, jadis inconnue, ne puisse pas s'introduire un jour. Il y avait cependant, me semble-t-il, un gros intérêt à reconnaître que cette stabilité n'allait pas de soi ; que certaines circonstances, certains phénomènes économiques, certaines pressions sociales, où le caprice des individus tenait bien peu de place, avaient pu autrefois provoquer des changements ; que des causes analogues pouvaient se présenter, qui risquaient d'entraîner des effets voisins. Il y avait intérêt à le savoir pour se préparer à cette éventualité, si l'on veut pour la prévenir ; en tout cas, – parlons en termes de science – pour la comprendre.

V

Mais, penserez-vous peut-être, dire que l'histoire met en relief, avant tout, *le changement,* n'est-ce point, par là-même, la condamner à une utilité en quelque sorte négative ? Savoir que les choses changent est sans doute recommandable. Cela admis, quel intérêt pratique y a-t-il à étudier « ce qui ne s'est vu qu'une fois et ne se reverra jamais plus » ? Je crois bien que le raisonnement a été fait quelquefois. Je crois aussi qu'il convient d'y reconnaître un éclatant sophisme.

Je répondrai d'abord qu'à mettre les choses au pis, l'étude des expériences du passé nous offrirait une indispensable gymnastique, car seule elle nous permet d'étudier des expériences complètes et d'en mesurer jusqu'au bout les effets. Un des plus grands historiens de ce temps, Henri Pirenne, dont la récente disparition a laissé dans notre troupe un vide encore saignant, me disait un jour : « J'ai beaucoup de peine à écrire le dernier volume de mon *Histoire de Belgique,* qui traite de l'histoire contemporaine. Dans un livre de cette sorte, on ne doit retenir que les faits importants. Or qu'est-ce qu'un fait important ? C'est un fait qui a eu de grands résultats. Comment puis-je peser l'importance de faits dont nous attendons encore les résultats ? » Pirenne touchait juste. Vis-à-vis du présent, nous sommes toujours un peu dans la situation du chimiste qui serait obligé de rédiger son procès-verbal d'expérience sans attendre la dernière réaction. Malgré toutes ses difficultés – croyez bien que je ne me les dissimule pas –, l'étude du passé seule est capable de nous entraîner à l'analyse sociale. Oserai-je avouer que parfois le spectacle de l'attitude prise par certains de nos contemporains devant les faits sociaux les plus actuels a quelque chose de confondant pour un esprit tant soit peu dressé aux disciplines historiques ? On a l'impression qu'ils jugent et – pis encore – qu'ils prétendent agir sans connaître. Parmi les adversaires du communisme (et peut-être ses partisans), qui a jamais songé à analyser, avant de conclure, ce fait si frappant et à certains égards si étrange : le communisme de certains milieux paysans ?

Mais il y a plus. Le cas des faits historiques ne diffère après tout que par le degré de celui que nous offrent tous les autres phénomènes de la nature. Jamais un phénomène ne se reproduit exactement pareil à lui-même. Ce qui, par contre, demeure semblable, ce sont certains facteurs dont la combinaison varie plus ou moins. Faut-il le répéter ? faire varier ces facteurs de façon à en apprécier les effets, voilà précisément en quoi consiste une expérience, avec ce que ce mot comporte de regards tournés vers l'avenir. L'expérience naturelle qu'est l'expérience historique est dans la même situation que les autres. Voyez, par exemple, l'histoire des techniques. Rien de plus varié, en apparence, que son cours. Entre l'âge de l'empirisme manuel et celui de l'application raisonnée des sciences théoriques, le contraste est un des plus violents qui se puissent rêver. Pourtant, à y bien regarder, il est visible que certaines causes ont régulièrement les mêmes effets. Telle, la rareté de la main-d'œuvre. Connu depuis l'époque hellénistique, le moulin à eau ne s'est répandu dans nos pays qu'aux derniers siècles de l'Empire romain et au début du Moyen Age, quand la main-d'œuvre servile qu'on employait à tourner la meule est venue à manquer. Tout comme l'abrégement de la journée de travail amènera probablement à adopter de nouvelles machines, déjà inventées ou dont l'invention était déjà possible.

Et il arrive parfois, après tout, que les facteurs essentiels demeurant, la combinaison ne soit pas si différente de l'ancienne. Quitte à vous paraître juger peut-être un peu légèrement de faits contemporains, je voudrais vous donner un exemple.

Chacun se souvient de la cruelle catastrophe qui a atteint, voici quelques années, une très grande firme suédoise. Je ne crois pas trop me tromper en résumant comme il suit, tout à fait en gros, les principes de cette entreprise ; elle consentait des prêts aux Etats, moyennant la concession par ceux-ci de certains monopoles. Or, dans ces méthodes l'historien de l'économie a pu saluer de bien vieilles connaissances. Ainsi a procédé, presque toujours, le grand capitalisme financier en ses débuts. Ainsi faisaient, au XVIe siècle, les Fugger ou les Welser d'Augsbourg, pour ne pas remonter jusqu'au commencement du XIVe siècle, avec les Bardi de Florence. Comment donc ont fini et les Fugger et les Welser et les Bardi, et beaucoup d'autres maisons de jadis occupées d'opérations analogues ? Après une période de prospérité, de puissance et de prestige presque incroyables, par la banqueroute, uniformément. J'entends bien – j'y ai insisté plus haut – que les échecs du passé ne sauraient empêcher le succès du présent. A une condition, toutefois : que les facteurs essentiels de l'échec passé ne pèsent point de nouveau sur le présent. Je n'aurai point l'audace de rechercher – ce n'est pas de ma compétence – si les causes fondamentales des dénouements anciens se retrouvaient toutes dans le cas auquel je faisais allusion à l'instant ; si en particulier il était permis d'espérer que les Etats obérés eussent renoncé à leur habitude millénaire de se tirer d'embarras en manquant à leurs engagements. Tout ce que je veux dire, c'est que, pour les services d'études de certains grands établissements, il n'eût peut-être pas été absolument inutile de méditer les expériences du passé et d'analyser, à leur lumière, l'expérience du présent.

VI

Ce n'est pas tout encore. Nous avons sans cesse parlé de présent, de connaissance du présent. Mais précisément, c'est une question, une très grave question, de *savoir s'il est possible de comprendre le moment de la durée où nous vivons sans connaître ceux qui l'ont précédé.* Prenons-y garde : croire que cela est possible équivaudrait, en somme, à nier la notion de cause, dans la mesure où elle se confond avec celle d'antécédent. Qu'est-ce que le présent sinon la pointe extrême d'un long écoulement, où chaque vague dépend, dans son mouvement, d'une part – je me garderai bien de le nier – des autres vagues voisines qui l'enserrent et la pressent, mais aussi de celles qui derrière elle l'ont poussée en avant ? « Pour connaître le présent, il faut d'abord s'en détourner. » Ainsi s'exprimait, en tête d'un de ses cours, non pas un historien de métier, un sociologue, au contraire, préoccupé avant tout par la recherche du permanent : Emile Durkheim. Et avant lui, dans ce livre étrange et profond qui s'appelle *Le Peuple,* un historien que certaines personnes insuffisamment informées considéraient volontiers, mais bien à tort, comme sensible presque uniquement aux aspects pittoresques et dramatiques du passé, notre grand Michelet, avait écrit : « Celui qui veut s'en tenir au présent, à l'actuel, ne comprendra pas l'actuel. » Aussi bien, que le présent soit inintelligible sans une certaine étude du passé, personne, je pense, n'en doute. L'erreur couramment commise est autre et d'autant plus redoutable que parfois, je regrette d'avoir à le rappeler, elle a été entretenue par une pédagogie historique à courte vue. Nous retrouvons à son propos cette distinction du proche et du lointain dont je dénonçais tout à l'heure les dangers. Car elle consiste à ne reconnaître d'effet causal notable sur le présent qu'aux événements qui l'ont immédiatement précédé. En un mot, à confondre le récent et l'efficace.

Or, raisonner ainsi, c'est démentir les enseignements même de l'histoire.

Tout d'abord, c'est oublier que les sociétés humaines sont douées d'une mémoire, pleine de trous, parfois, mais souvent aussi terriblement tenace. Ou, si vous préférez éviter ce mot de mémoire collective, commode mais un peu fictif, c'est oublier que les générations se transmettent les unes aux autres des souvenirs qui s'incorporent à chaque cerveau individuel. Prenons, si vous le voulez bien, la mentalité ouvrière d'aujourd'hui. Qui osera croire que ses attitudes ne lui sont dictées que par les soucis immédiats du présent ? Certes, peu d'ouvriers, je pense, seraient capables de décrire avec précision les conditions du travail d'usine, aux débuts du capitalisme industriel ; de citer par exemple les chiffres de la première loi interventionniste anglaise, qui, dans l'industrie textile seulement, interdisait le travail des enfants avant l'âge de neuf ans et fixait à douze heures celui des mioches qui avaient dépassé, fut-ce de quelques semaines, cet âge fatidique ; de se rappeler avec exactitude le temps où, sous la monarchie de juillet, le cotonnier, couchant dans les caves de Lille, donnait quinze heures de présence à la fabrique, dont treize heures de travail effectif. Soyez sûrs cependant que l'image, en gros, subsiste. Et que sa présence n'est pas sans force explicative.

Mais confondre le tout proche avec l'important, c'est oublier aussi que les institutions, une fois créées, prennent quelque chose de rigide et, tenant par toutes sortes de liens à l'ensemble du complexe social, poussent de trop fortes racines pour pouvoir être aisément arrachées lorsque leur première raison d'être a disparu. Voici un fait rural que je me trouve avoir spécialement étudié : *le morcellement*. Vous entendrez dire parfois qu'il a sa cause dans le Code Civil ; que pour y porter remède, il suffit donc de modifier le Code Civil. Je ne crains pas de dire que cela n'est pas vrai. Cela n'est pas vrai d'abord, parce que, dans une grande partie de la France, le Code Civil n'a rien innové en matière successorale, et que là où, en effet, ses dispositions ont modifié la coutume locale, celle-ci s'est, dans la pratique, le plus souvent maintenue, grâce à une série de tours de passe-passe juridiques sur lesquels les notaires de nos campagnes vous renseigneraient mieux que moi. Cela n'est pas vrai, surtout, parce que le morcellement est en lui-même un fait très ancien, probablement beaucoup plus que millénaire. Ce qui s'inscrit dans le fouillis des parcelles lorraines ou picardes, c'est en réalité l'histoire de l'occupation du terroir, par des communautés très antiques qu'animait une forte organisation collective et qui, en outre, dans leur conquête du sol, procédaient de proche en proche. Plus tard, si dans l'aggravation certaine de ce morcellement, au cours des âges, certains faits d'ordre social ont agi, ce sont des faits eux aussi très antérieurs au Code Civil : la fragmentation des amples domaines seigneuriaux se place vers le Xe, le XIe ou le XIIe siècles : la dissolution des grandes familles patriarcales d'autrefois, l'avènement de la famille matrimoniale nous reportent, bien souvent, en plein moyen âge. Je pourrais citer beaucoup d'autres exemples, vous montrer par exemple que la répartition actuelle de la propriété rurale s'explique par des faits que, même au sens le plus large du mot, il serait impossible de dire proches. Je me bornerai à résumer ma pensée par une comparaison. Que penseriez-vous d'un astronome qui attacherait beaucoup plus d'importance à l'étude de la Lune qu'à celle du Soleil, sous ce beau prétexte qu'entre l'astre, centre de notre système planétaire, et notre Terre, la distance est environ 390 fois supérieure à celle qui nous sépare de notre satellite ? Inutile de me confier votre jugement ; je le devine d'avance. Sur le prétendu historien qui vous dirait : « par principe, hier est, dans tous les cas, plus important qu'avant-hier », je vous demande de prononcer le même arrêt. Comme l'éther, le milieu humain connaît des actions à longue portée.

VII

Reste enfin une autre possibilité ouverte devant la recherche historique, une possibilité seulement et qui regarde l'avenir de nos études plutôt que leur état actuel. Permettez-moi de me référer ici encore à la conférence de M. Detœuf. En la lisant – puisque je n'ai pas eu le plaisir de l'entendre –, un souvenir s'est obstinément imposé à mon esprit. Je me suis rappelé la vue d'ensemble célèbre qu'Henri Pirenne nous a donnée naguère de l'histoire du capitalisme, depuis ses premiers stades de développement au moyen âge. Il y notait « la régularité véritablement étonnante des phases de liberté économique et des phases de règlementation. La libre expansion du commerce errant aboutit à l'économie urbaine, l'essor individualiste de la Renaissance conduit au mercantilisme et à l'âge du libéralisme succède enfin notre époque de législation sociale. » Ceci était écrit en 1914. Pirenne ajouterait sans doute aujourd'hui : « notre époque de législation sociale et d'économie dirigée ». Et je crois bien que s'il avait connu la conférence de M. Detœuf, il aurait volontiers proposé de l'intituler, non « la fin du libéralisme », mais « le retour – l'éternel retour – à une phase d'antilibéralisme ».

Vous voyez, je pense, où je veux en venir par cet exemple – la question, la simple question qu'il m'incite à poser. Peut-on espérer qu'un jour l'étude du passé nous amène à établir des lois d'évolution ? que ces lois nous permettent de déterminer *certaines ruptures régulières d'équilibre, certaines successions de phases* et, par suite, alors que nous nous trouverions dans une phase donnée, de prévoir en quelque mesure et surtout de préparer la phase suivante ? Cela, bien entendu, sauf à maintenir comme un solide garde-fou le fameux principe du « toutes choses égales d'ailleurs ». Car il devra toujours être nettement spécifié que la loi n'est valable que pour un milieu répondant à certaines conditions données et que, si ces conditions fondamentales viennent à manquer, la périodicité cesse de s'appliquer. Je me suis, un jour, laissé aller à dire que le progrès économique consistait en *une suite de banqueroutes* ? depuis la « levée des dettes », dans l'Athènes de Solon, en passant par la dévalorisation monétaire, qui a réduit à si peu de chose les revenus seigneuriaux du moyen âge, jusqu'à des événements plus récents sur lesquels il est inutile d'insister. Si dans cette boutade, dont je m'excuse, il y a une parcelle de vérité, peut-être jugera-t-on une pareille succession d'équilibres et de déséquilibres bonne à méditer pour les créanciers ! Mais une tentative beaucoup plus sérieuse, une tentative véritablement grandiose, a été récemment tentée dans ce sens des lois périodiques d'évolution : celle de François Simiand. Au sujet de quelques détails de ces thèses déjà fameuses, j'aurais d'ailleurs à exprimer un ou deux doutes. L'effort en lui-même a agrandi notre horizon, et je n'ai pas cru devoir m'interdire le plaisir de faire allusion, dans mes derniers mots, à une éventualité d'espérance.

VIII

Je dois maintenant vous demander pardon de vous avoir retenu si longtemps. Mon excuse, si je puis en invoquer une, est que le sujet dont vous m'aviez proposé le thème est grand autant que passionnant. Je n'ai pu en donner que la plus pâle esquisse. Quant à mes conclusions, je les résumerai assez exactement en disant que le prolongement de l'expérience économique vers le passé, sans factice distinction d'âges, me semble s'imposer pour trois raisons : parce que seule l'étude du passé donne le nécessaire sentiment du changement ; parce que seule l'expérience ainsi prolongée permet d'analyser des cas assez divers pour que l'effet des différents facteurs apparaisse au grand jour ; parce qu'enfin l'évolution humaine est une coulée continue, où les ondes sont susceptibles de se propager des molécules les plus lointaines aux molécules les plus proches. Je dois ajouter que cet enrichissement de notre observation sera possible à une condition seulement. Il faut que les études historiques elles-mêmes prennent de plus en plus clairement conscience de leur tâche – là-dessus aussi, nous aurions, nous autres gens d'atelier, notre examen de conscience à faire –. Il faut qu'elles gardent le contact avec le présent, source de toute vie. Il faut que de plus en plus soigneusement elles s'attachent à l'établissement de leurs questionnaires, à la décomposition rationnelle de leurs expériences. Il faut, en un mot, qu'elles s'appliquent à réaliser de leur mieux cet admirable formule, cette formule presque prophétique de Fustel de Coulanges : « *L'Histoire n'est pas l'accumulation des événements de toute nature qui se sont produits dans le passé. Elle est la science des sociétés humaines.* »

Marc BLOCH.

C) RELATIONS HUMAINES

Toutes ces études théoriques ne faisaient pas oublier aux responsables du Centre Polytechnicien d'Etudes Economiques que l'homme, dans cette crise qui le heurtait de plein fouet, était la pièce de rupture de la machine économique et qu'il subissait tous les coups de ses dérèglements.

L'aspect social de la dépression économique était donc loin d'être négligé, comme en témoignent les nombreuses conférences, observations et notes sur les problèmes de chômage, de durée du travail, de reclassement professionnel, de statut du travail, etc. Ces problèmes ont malheureusement repris aujourd'hui une douloureuse actualité et se posent de nouveau en termes presque identiques.

C'est en s'adressant aux représentants de la classe ouvrière qu'X-Crise pouvait espérer une réponse directe aux questions dont celle-ci cherchait la solution. C'est pourquoi les deux conférences de René Belin et Robert Lacoste, membres actifs de la C.G.T., ont un intérêt majeur par le point de vue auquel les plaçaient leurs responsabilités humaines.

LA POSITION DU SYNDICALISME FRANÇAIS DEVANT LES PROBLÈMES ÉCONOMIQUES ACTUELS

Allocution du Président

En ce même amphithéâtre, le 20 janvier dernier, au moment de passer la parole à un ancien Ministre des Finances comme les années précédentes à M. Piétri, M. Paul Reynaud et M. Charles Rist, j'évoquais « nos cinq années d'études et de recherches désintéressées, conduites en pleine indépendance et avec l'exclusive passion de la raison logique. Voilà de quoi, disais-je, est faite la tradition à laquelle nous serons fidèles et suivant laquelle nous demeurons prêts à la discussion loyale de toute tendance, soucieux uniquement de vérité. »

Nous entendons simplement ce soir en donner une nouvelle preuve. Les fonctions des plus importantes que remplit M. Belin au Secrétariat de la C.G.T. font de sa voix l'une des plus autorisées pour nous exposer les sujets choisis d'un commun accord.

Conférence par M. René Belin (5 février 1937)
Secrétaire général adjoint de la C.G.T.

Monsieur le Président,
Mesdames, Messieurs,

Je pense que j'ai d'abord à me faire pardonner l'audace qui m'amène ce soir à cette tribune. J'avais, à la vérité, cent bonnes raisons de décliner l'invitation cordiale qui m'était adressée. Une seule raison a déterminé cependant mon acceptation : c'est la nécessité que je crois urgente, de défendre ici une organisation à laquelle j'appartiens et que très souvent l'on caricature. Et c'est aussi le désir de plaider la cause des hommes pauvres, qui entendent rejeter la charité et réclamer de la Société la reconnaissance de leurs droits.

Devant nous, les problèmes n'apparaissent pas spécifiquement français. A la vérité, on peut formuler cette observation générale que les préoccupations françaises sont aujourd'hui, ou étaient hier, les préoccupations d'un très grand nombre de pays. Tous les pays, qu'il s'agisse des démocraties ou des dictatures, qu'il s'agisse des Empires ou des Républiques, ont connu le même mal. Que les classes dominantes aient été sages ou téméraires, les Gouvernements imprudents ou avisés, le mal a pénétré partout. Et l'on en peut tirer cette première conclusion : si le mal est ainsi général, c'est qu'il est dû à une cause qui s'applique nécessairement à tous les pays considérés. Et il faut par conséquent rechercher ce qui est commun à tous ces pays pour découvrir la cause du mal. Or, ce qui est commun aux pays en crise, c'est le régime économique.

Tous les pays du monde ont d'abord essayé de se défendre contre la crise par une même formule. La première défense contre la mal a été l'application de la formule dite de déflation. La *déflation* a été assez exactement une tentative pour conjurer le désordre par des moyens purement financiers, ou plus exactement, purement budgétaires. Et quand je parle de budget, je ne parle pas seulement des budgets publics, j'envisage également les budgets des entreprises privées et les budgets des personnes mêmes. Et toutes les tentatives de réaliser des équilibres budgétaires, ont successivement échoué, parce que, dans tous les cas, faisait défaut à cet équilibre un point d'appui solide. Ce n'est pas un mérite que nous revendiquons en tant que syndicalistes, d'avoir, dès le début, condamné la médication qui nous était présentée sous les espèces de la déflation. Ce n'est pas un mérite particulier, parce que nous étions peut-être plus directement touchés par les aspects purement économiques de la crise. C'est un fait singulier, qu'il nous faut noter très objectivement, que l'opinion publique, ou plus exactement ceux qui font l'opinion publique, n'ont découvert la crise que lorsque les grands de ce monde ont été atteints par elle. On fait communément partir le début du cataclysme économique qui s'est abattu sur le monde, du krach boursier de New-York, en 1929. C'était là un phénomène purement financier. Mais à la vérité, avant 1929, n'était-il pas possible de découvrir déjà un certain nombre d'indices marquant, d'une manière certaine, la réalité des difficiles lendemains qui déjà se préparaient ? Avant 1929, l'on pouvait dénombrer dans les pays les plus industrialisés, et j'ajoute les pays si l'on veut les plus capitalistes, près de cinq millions de chômeurs, qui tournaient déjà, en quête d'un emploi, autour des usines, autour des ateliers, alors que ces usines et ces ateliers travaillaient à plein. Plus de deux millions de chômeurs aux Etats-Unis, plus d'un million et demi en Allemagne, plus d'un million en Grande-Bretagne. N'était-ce pas là déjà le symptôme d'un malaise qui allait grandir ? Pareillement, l'on était inattentif au fait que dans l'Amérique du Nord et dans certaines régions européennes, se consommait la ruine des agricoles. Parce que les travailleurs se trouvaient directement frappés par ces phénomènes, ils ont senti, avant d'autres sans doute, la crise venir. Et surtout, ils en ont décidé la nature profonde. Et dès le départ, dès les premières heures, ils ont dénoncé les remèdes purement financiers et ont réclamé des remèdes d'ordre économique.

Quelles étaient les réflexions qu'il était possible de faire dès les premiers mois de la crise ? Nous avons observé deux choses : la première c'est d'abord cette rupture d'attelage entre les possibilités de production qui allaient grandissant sans cesse, et les possibilités de la consommation qui ne se développaient pas au même rythme. Et d'autre part, nous avons eu également à noter la dissociation qui s'était opérée dans le cadre du régime économique, entre le travail et le capital. Pendant très longtemps, le travail a été au centre même des entreprises, et le capital était un complément, qui intervenait pour faciliter, pour augmenter la production. Un phénomène récent : c'est le capital se plaçant au centre de la production et le travail devenant un complément du capital.

En ce qui concerne la première des observations, je pense qu'il faut examiner ce problème au travers de ces termes qui sont décisifs pour nous : chômage, salaires, prix.

Tout d'abord, le syndicalisme a cru et croit encore à la réalité du *chômage technologique.* Il y croit, et il attache à cette croyance une importance particulière, car elle commande son attitude. Existe-t-il un chômage technologique, ou bien n'est-ce là qu'une invention de nos esprits ? Je voudrais apporter ici quelques témoignages de la réalité du chômage technologique.

En 1928, il existait, je l'indiquais tout à l'heure déjà, un chômage très marqué dans les pays industriels, dans les grands pays industriels qui fournissaient cependant un très gros effort de production. C'est là, pensons-nous, une première preuve de la réalité du chômage technologique ; c'est-à-dire du développement d'un chômage, alors même que la prospérité est à son comble, alors même que la production ne ralentit pas.

Nous en venons donc à cette conclusion : c'est qu'en quatre ans, les progrès techniques, la rationalisation introduite dans les entreprises, ont permis une reprise de la production réellement massive sans qu'il y ait une reprise correspondante dans l'emploi. C'est là un chômage qui a une origine technologique.

Sur le chômage technologique, s'est engrené un *chômage de crise*, qui, à certains moments, a pu écarter du travail plus de 30 millions de travailleurs pour ne compter que les grands pays industriels. Mais c'est là une représentation du chômage tout à fait insuffisante, tout à fait inexacte. En 1935, au mois de juin, lors de la conférence internationale du travail, il était possible d'entendre le représentant gouvernemental, le représentant patronal et le représentant ouvrier des Indes britanniques, déclarer que pour leur seul pays, l'on comptait, au début de l'année 1935, 40 millions de chômeurs totaux.

En France, l'indice du chômage demande à être corrigé en raison de deux faits : d'abord, la règle même qui préside à l'inscription sur les listes de chômage des travailleurs sans emploi et d'autre part, la généralisation au cours de ces années écoulées du chômage partiel. Mais il existe en France un indice, assez mal connu généralement et qui exprime assez bien la réalité du chômage français ; je parle de l'indice du nombre des heures de travail dans les établissements utilisant plus de cent employés. Cet indice, pour 100 en 1930 est tombé à 68 à la fin de l'année 1936, ce qui représente, pour les établissements considérés, une chute de 32 0/0.

Il convient d'examiner également *l'élément salaire*. L'encombrement du marché du travail, comme l'on dit, a entraîné une importante baisse des salaires. C'est là une loi du régime. Il est impossible de mesurer avec quelque exactitude, l'importance de la baisse réelle des salaires. L'on peut toutefois examiner, en dehors des indices, un certain nombre de faits précis qui nous montreront quelles sont les diminutions de salaire intervenues pendant cette période de crise. En 1933, pendant le quatrième trimestre, il a été procédé, par le moyen des caisses d'Assurances sociales, à un sondage pour connaître la répartition des salaires dans la classe ouvrière. Il ressort de ces chiffres que, sur un million de travailleurs, ayant entre 25 et 30 ans, 55 0/0 d'entre eux gagnaient moins de 6 000 fr. par an. Prenez quelques autres exemples. En mars 1936, à Paris, de nombreuses vendeuses des grands magasins gagnaient entre 450 et 500 francs par mois, et les vendeuses des « Prix uniques » gagnaient entre 350 et 400 francs par mois. Certaines entreprises, à Paris et en banlieue, payaient leurs ouvriers sur la base de 1 fr. 75 de l'heure. En province, – je me trouvais personnellement dans l'Ardèche au mois de septembre dernier – les salaires horaires, pour des femmes de 30 ans, étaient en moyenne de 0 fr. 85 et de 0 fr 95 de l'heure. Si vous voulez établir par un calcul simple la valeur de la mensualité : elle est inférieure à 200 francs.[1]

1. Prix en mars 1936 : 1 kg pain : 1,70 ; 1 litre lait : 1,10 ; 1 kg viande : 8,00.

Ces quelques exemples sont démonstratifs de la situation dans laquelle se trouvait la classe ouvrière française quant aux salaires. On plaçait cette classe ouvrière, par l'effet conjugué du chômage et de la diminution des salaires, dans cette situation qu'elle ne pouvait plus s'en sortir que par une action directe, certainement violente, certainement révolutionnaire. Il est hors de doute – ceci est une réflexion personnelle, mais je prie qu'on médite sur elle – que si, en juin 1936, la situation internationale avait été différente de ce qu'elle était, il n'était pas impossible que juin 1936 ait sonné le glas de la Troisième République.

Cette misère de la classe ouvrière, il ne faut pas seulement la considérer sur le plan moral, il faut encore la considérer dans le rôle qu'elle jouait sur le plan économique. La production française avait, comme toutes les productions nationales d'ailleurs, perdu la meilleure partie de ses débouchés internationaux : et la misère de la moitié de la population française faisait que le marché intérieur s'était contracté dans des proportions très sensibles. En sorte que la production française était privée à la fois de débouchés extérieurs et de débouchés intérieurs. Il nous faut faire deux observations générales avant d'aller plus loin.

La première concerne la rapidité avec laquelle les progrès techniques ont pénétré la vie industrielle et économique de notre pays. Le progrès technique appelle évidemment les investissements, c'est-à-dire un remplacement du travail par du capital, c'est-à-dire un remplacement des revenus du travail par des revenus donnés au capital. Or, incontestablement, les revenus du travail et du capital sont utilisés de manière différente, ou tout au moins, il y a dans leur utilisation une différence suffisamment sensible pour qu'elle influe sur la vie économique. Les salaires, pour leur meilleure partie, sont immédiatement mis dans la circulation économique. Ils servent, pour l'essentiel, à faire vivre au jour le jour le travailleur. Les revenus du capital servent sans doute aussi à la consommation courante, mais la part qui est soustraite de ces revenus pour être capitalisée et réinvestie, est incontestablement supérieure à la part du revenu du travail épargné par l'ouvrier. De là, se produit un mouvement qui se traduit par une augmentation des revenus pour l'investissement, sans augmentation corrélative des revenus pour la consommation.

La deuxième observation que je voulais faire touche au problème du libéralisme lui-même. Dans le mouvement syndical, nous avons toujours été sensible aux *insuffisances du libéralisme.* Celui-ci est fondé sur la loi des grands nombres et sur l'établissement de moyennes stables. Quand l'on n'est pas dans la moyenne, c'est-à-dire quand l'on est dans un des extrêmes, et à l'extrême faible, on apprécie peu le jeu des moyennes. En tout cas, l'on peut au moins noter sur ce plan des inégalités, la réflexion qui était faite par des économistes américains, – lesquels attribuaient une grande importance au fait suivant : en 1929, au moment même où la crise américaine prenait son aspect financier, il était possible d'établir que le revenu total ou le revenu totalisé par 36 000 familles américaines équivalait au revenu totalisé par 11 653 000 familles. Le rapport du premier groupe au second est de l'ordre de un à 400.

Sur le libéralisme, je n'insisterai pas à la tribune du C.P.E.E. précisément parce que cette question a fait l'objet de l'exposé de l'un des membres sans doute les plus éminents de cette assemblée, lequel a traité la matière de telle sorte que je ne saurai pour ma part y insister.[1]

Pratiquement, quelles sont les positions du syndicalisme devant le problème de chômage, de la sous-consommation et devant le libéralisme lui-même ? Le problème le plus immédiat se pose pour nous en termes de *durée du travail, de rémunération du travail, d'organisation économique.* Nous sommes pour la réduction du temps de travail, parce, – je l'ai indiqué tout à l'heure – nous croyons à la réalité du chômage technologique. Or, nous nous sommes trouvés, lorsque nous avons posé le problème de la réduction du temps de travail, devant un refus brutal, devant un refus total d'engager même la discussion sur ce point. A aucun moment, nous n'avons pu engager cette discussion, et les efforts que nous avons dû déployer pour notre propagande en faveur de cette réduction du temps de travail, ont dû prendre une forme simpliste : l'application des 40 heures. Et comme nous voulons que la redistribution du travail ne s'accompagnât pas d'une diminution des salaires perçus par chaque travailleur, nous ajoutions : « avec maintien des salaires hebdomadaires ». Cette campagne a été faite. Elle a fait son chemin. Je veux dire par là qu'elle a pénétré l'esprit des masses ouvrières. Si la discussion avait pu s'ouvrir au moment même où le problème des 40 heures était posé par nous, il n'est pas douteux qu'il eût été possible d'obtenir des solutions infiniment plus souples, qui auraient peut-être mieux correspondu à certaines nécessités. Si aujourd'hui les quarante heures s'appliquent, parce que les travailleurs ont su retrouver, – au moins pour un temps, et ils s'efforceront que ce temps soit aussi long que possible –, une certaine puissance dans le pays, d'une manière assez brutale, la responsabilité ne leur en incombe point : elle incombe incontestablement à ceux qui, autrefois, refusèrent la discussion. D'aussi bien, pour vous donner mon sentiment, je ne pense pas que les 40 heures constituent un péril pour la vie industrielle du pays. Il est hors de doute qu'une période d'adaptation s'impose. Mais à tous les refus qui nous ont été opposés, nous opposons à notre tour un refus qui est de juger de l'application des 40 heures sur un laps de temps trop court.

En 1919, la loi de huit heures était imposée en France. C'est en 1936, la loi de 40 heures qui est imposée. Voulez-vous que nous établissions la différence entre les conditions qui ont présidé en 1919 à l'établissement de la loi de 8 heures et les conditions qui président en 1936 à l'établissement de la loi de 40 heures ? En 1919, ce pays avait à se reconstruire presque entièrement : un quart du territoire au moins avait subi l'invasion et devait être reconstruit. Dans ces régions dévastées, se trouvaient précisément les plus riches régions industrielles. Le reste du pays lui-même avait fourni, au cours de la période

1. Voir la Conférence d'A. Detœuf « La fin du Libéralisme » page 71.

d'hostilité, un immense effort. Les usines s'étaient orientées vers des productions spéciales de guerre ; l'équipement national du pays avait été usé jusqu'à l'extrême : les routes, les chemins de fer, les canaux, les édifices publics avaient été soumis à un rude régime sans qu'à aucun moment nul entretien, nulle adaptation ne viennent faciliter l'effort exigé d'eux. Il fallait reconstruire, rétablir les stocks, réorganiser une économie, qui, pendant quatre années, se tournait vers des buts bien particuliers. Et pour accomplir cette tâche immense, gigantesque, la classe ouvrière française était décimée. Plus d'un million de travailleurs était resté dans la zone maudite. Ceux qui en étaient revenus, pour quelques millions d'entre eux, étaient malades ou invalides. Et ceux qui avait sauvé l'intégralité de leur peau de l'aventure avaient – ils étaient quelque peu excusables – perdu l'habitude de l'atelier. Ainsi en 1919 : un travail gigantesque à mener à bien et une classe ouvrière décimée.

En 1936 : nous nous trouvons devant une situation qui est tout de même différente. D'une part, le pays a été reconstruit. Je ne prétends pas que l'outillage actuel soit un outillage parfait, idéal, devant lequel il ne reste plus qu'à se croiser les bras. Incontestablement, des efforts nouveaux devront être faits. Mais il est hors de doute que le principal a été fait et que le travail le plus urgent a été accompli. D'un autre côté, la classe ouvrière a comblé ses vides au point que le manque de main-d'œuvre de 1919 est devenu la pléthore de main-d'œuvre 1936. Ainsi, les conditions de 1936 de la loi sont différentes des conditions de 1919. Et je voudrais ajouter ceci : c'est qu'en valeur absolue, comme en valeur relative, il est infiniment plus facile de passer des 48 heures par semaine aux 40 heures qu'il n'était facile de passer des 60 aux 48 heures.

Notre volonté est incontestablement de maintenir le pouvoir d'achat enfermé dans le salaire ouvrier. J'ai marqué tout à l'heure quelle était la faiblesse des salaires ouvriers à la veille du mouvement de juin. Il y a eu depuis une revalorisation que l'on peut en moyenne – mais il faut se défier des moyennes, je le répète – évaluer à 20 0/0. Cela veut dire que certains salaires ont été augmentés dans une proportion inférieure à 10 0/0. Et déjà, les augmentations intervenues dans les prix de détail ont absorbé la hausse des salaires intervenues en juin. Un certain nombre de facteurs joue, sur une amplitude de temps d'ailleurs restreinte, en faveur de la hausse des prix. Il y a eu d'abord, à l'origine de cette élévation des prix l'augmentation générale des salaires qui ne pouvait pas passer sans que les prix de revient en soient affectés et sans qu'on en retrouve l'écho, affaibli sans doute, dans les prix de gros et ensuite dans les prix de détail. Mais l'on s'apercevra bien vite que dans la somme des raisons qui ont fait monter les prix, la part du salaire est de loin la plus petite.

Après l'augmentation de salaires, sont en effet intervenus un certain nombre d'éléments qui ont favorisé la hausse : comme par exemple la revalorisation des produits agricoles entraînant une hausse directe du coût de la vie ; c'est ensuite l'application de certaines lois sociales telles que les congés payés ; c'est ensuite la dévaluation monétaire entraînant à son tour une hausse des prix. L'application des 40 heures ne saurait pénétrer la vie industrielle sans que les prix en soient affectés. Et couronnant le tout, plus important peut-être que les autres facteurs, celui-ci qui est la hausse mondiale des prix, laquelle se traduit particulièrement par la hausse des matières premières. De mai 1936 au 30 janvier 1937, cette hausse a été de l'ordre de 30 0/0. Par conséquent, nous avons devant nous une perspective de hausse des prix. Hausse des prix qui se poursuivra au cours des mois qui viennent à un rythme plus ou moins accéléré. Il faut bien considérer que l'équilibre des prix ne sera pas atteint avant une dizaine de mois peut-être. Par conséquent, le problème des salaires, considéré au travers du mouvement des prix, est un problème que nous aurons à connaître au cours de toute l'année 1937. C'est ici que nous nous sommes trouvés devant des positions contradictoires. Nous avions d'une part un désir très fervent : celui de voir la production française se maintenir et se développer même avec l'application des 40 heures à l'industrie et au commerce. Et nous avions en même temps le désir de maintenir la réalité des salaires ouvriers. La contradiction est apparente lorsqu'on se rappelle que *l'échelle mobile des salaires* que nous avions demandée nous avait été refusée. L'échelle mobile, automatique des salaires, c'est-à-dire le système adaptant le salaire au coût de la vie d'une manière automatique permettait de maintenir l'ouvrier à l'usine sans qu'aucun incident n'intervienne, venant gêner la production, sans que des grèves se produisent. L'échelle mobile des salaires refusée, c'était la perspective de litiges nombreux entre les organisations ouvrières et les directions patronales. Litiges qui, s'ils ne recevaient pas une solution satisfaisante par la voie des discussions directes, pouvaient entraîner à des cessations répétées du travail. La cessation du travail, c'est l'arrêt de la production directement intéressée, c'est la gêne et quelquefois l'arrêt pour d'autres productions. L'action pour l'ajustement des salaires pouvait donc être un danger pour l'expérience tout entière fondée sur ce principe : augmenter la consommation pour que celle-ci puisse rattraper la production en vue de maintenir entre l'une et l'autre un contact indispensable à l'équilibre des choses. Par conséquent, notre préoccupation ici a été de rechercher les formules qui, suppléant à l'échelle mobile, nous permettent cependant de trouver une solution satisfaisante à ces données contradictoires. C'est la raison, l'unique raison pour laquelle nous avons accepté *la procédure de conciliation et d'arbitrage obligatoire*. La conciliation et l'arbitrage obligatoire apparaissent à nos yeux comme un procédé permettant de régler, sans qu'il y ait gêne pour la production, les litiges qui peuvent surgir, principalement à propos des salaires.

Il y a, dans les événements français, comme dans les événements internationaux, un sens profond qu'il faudrait s'efforcer de définir. Quel est le sens de cette grande poussée des choses que l'on rencontre dans les événements internationaux ? Dans quel sens général agit-on ? Je pense qu'il y a dans le monde une immense action qui se poursuit, avec vigueur, avec frénésie, pour créer plus de sécurité, pour obtenir moins d'inégalités, pour qu'un peu plus de rationalisme pénètre l'organisation économique.

A la vérité, depuis que les hommes s'agitent et depuis qu'ils recherchent le bien-être, ils cherchent effectivement plus de sécurité, ils cherchent effectivement moins d'inégalité et le rationalisme s'introduit dans tous les rouages de l'organisation humaine à mesure que les siècles passent. Par conséquent, il semble bien que nous soyons dans une ligne dont la direction nous est donnée par le mouvement des siècles lui-même. Et sur le plan purement français, nous découvrons, au travers des positions affirmées par nous et réalisées en partie, les mêmes causes : à savoir cette recherche de la sécurité, ce désir d'une inégalité moins grande, cette volonté d'introduire un peu de prévoyance, un peu de rationnel dans les rouages de l'économie.

Plus généralement encore, l'on doit pouvoir affirmer que les hommes sont aujourd'hui soucieux de créer une sorte de liberté nouvelle. Car le libéralisme n'est pas la liberté. Le libéralisme : c'est effectivement le droit laissé aux plus forts d'écraser les plus faibles. Le libéralisme, c'est, à l'intérieur des relations humaines, une sorte de loi de la jungle. Le libéralisme, c'est une liberté purement naturelle, animale. Les hommes veulent créer une autre liberté ; une liberté qui soit plus humaine, qui soit par conséquent plus rationnelle, qui soit l'expression d'une civilisation plus poussée, une liberté dans laquelle l'homme respectera l'homme, une liberté dans laquelle le faible sera protégé contre le fort, une liberté dans laquelle pourra s'exprimer, d'une manière plus complète, plus totale, ce désir, qui est en chaque individu, de se sentir libre dans la mesure même où l'exercice de sa liberté ne gêne pas celle du voisin.

Incontestablement, le libéralisme recule, et surgissent les aspects nouveaux d'une démocratie économique dans laquelle cette liberté sera créée.

Il y a un siècle et demi que la Révolution Française s'accomplissait. Il n'est pas interdit de penser que le moment est venu de donner aux hommes une liberté nouvelle qui sera la liberté économique et de les émanciper un peu plus qu'ils ne le sont.

Je ne voudrais pas exagérer la valeur du mouvement que je représente. Mais je pense que les travailleurs, dans l'histoire même des siècles, peuvent revendiquer d'avoir été presque toujours à l'avant-garde et d'avoir ainsi considérablement facilité le cheminement de cette humanité à la recherche d'une terre promise qui toujours, semble-t-il, s'éloigne devant elle.

Pour notre part, nous entendons être des idéalistes ; c'est-à-dire que nous entendons nous laisser guider par un grand idéal que nous voyons au loin. Mais nous entendons aussi être des réalistes, et, dans la mesure où nous marchons vers notre idéal, nous jetons également les yeux sur le sol où nos pas s'alignent, car nous sommes soucieux d'éviter les fondrières. Nous sommes soucieux d'éviter la douleur. Nous sommes soucieux d'éviter les brutalités. Nous sommes soucieux de réaliser le progrès dans les conditions les meilleures pour tous. C'est, je crois, dans le sein des organisations ouvrières, ou plus exactement dans le sien de la classe ouvrière, que se rencontre la vraie fraternité. Cette fraternité se rencontrera, se retrouvera toujours, même après les grandes périodes de turbulences et de violences, car elle est au fond de l'esprit des travailleurs.

Le peuple de notre pays voulait, je pense, sortir de la misère dans laquelle il était. Il voulait sortir de l'ornière et risquer ses pas vers un horizon nouveau. Nous nous sommes efforcés, quant à nous, de l'aider. Nous ne regrettons rien.

Nous savons que nous avons d'immenses difficultés devant nous. Nous nous efforcerons de les résoudre dans l'esprit que j'indiquais tout à l'heure, avec cette certitude absolue que, comme pouvait le dire Nietzsche, « il n'y a pas de bien et il n'y a pas de mal qui soient impérissables ». En sorte que l'avenir appartient à tous, et que nous avons tous le devoir de travailler à sa réalisation. La classe ouvrière réclame le droit de lutter pour la construction de ce monde meilleur.

René BELIN.

LE SYNDICALISME FRANÇAIS ET LE REDRESSEMENT NATIONAL

Allocution du Président

A la suite de la substantielle conférence que nous a faite ici M. Belin, il y a exactement cinq semaines, et dont la valeur s'est trouvée soulignée par les interventions auxquelles elle a donné lieu, nous avons été à même de constater que beaucoup d'entre nous ne pouvaient considérer comme épuisé un sujet aussi vaste et comportant des aspects aussi multiples que l'influence exercée par le Syndicalisme français sur notre évolution économique.

Conférence de M. Robert Lacoste (12 mars 1937)
Membre de la Commission administrative de la C.G.T.

Monsieur le Président,
Mesdames, Messieurs,

Il y a quelques semaines, mon ami René Belin, Secrétaire général adjoint de la C.G.T., vous a parlé de la position du syndicalisme français devant les problèmes économiques que pose une longue crise qui a touché notre pays, comme tous les autres pays du monde. Il l'a fait avec une éloquence à la fois chaude et sobre que vous avez fort justement appréciée et une élévation de pensée que vous avez unanimement partagée. Chômage, salaires et prix ont été les termes essentiels des problèmes que Belin a examinés devant vous.

Mon propos, ce soir, est de m'attaquer à une autre catégorie de questions et d'esquisser les voies par lesquelles le syndicalisme français peut et doit concourir au redressement de la Nation française.

Rassurez-vous, je me garderai avec la plus scrupuleuse vigilance de m'abandonner à l'esprit de polémique. Je n'oublie pas d'ailleurs que nous sommes dans un lieu où cet esprit n'a pas le droit de souffler ; aussi bien, il me suffira d'écouter le conseil implicitement contenu dans l'affirmation répétée fréquemment, durant ces derniers mois, devant le mouvement syndical, par mon camarade et chef de file Léon Jouhaux : « Les réformes sociales, pour être opérantes, doivent s'inscrire dans le cadre d'une renaissance économique générale », autant dire dans le souci de l'intérêt de tous.

Ce souci, je vous montrerai comment, depuis de longues années, il s'est incorporé à notre tradition pourtant si riche car, Mesdames et Messieurs, parmi toutes les familles morales et idéologiques dont l'ensemble forme le visage rayonnant de la France, il n'en est guère de plus originale que le syndicalisme ; il n'en est pas, à coup sûr, dont l'action puisse être plus propice à la rénovation de notre droit, de nos institutions, de notre économie, en un mot, de notre pays.

Syndicalisme et partis politiques.

Mais, d'abord, une question avant de développer ces divers points, une question que je ne fuis pas et à laquelle je veux répondre loyalement. En quoi, me dira-t-on, la prétention rénovatrice du syndicalisme peut-elle s'affirmer plus légitime que celle de tel ou tel parti politique ? Le syndicalisme n'est-il pas politique ?

Je réponds : Aucune filiation ou collusion n'existe entre lui et un parti quelconque : telle est notre loi – qui est la célèbre Charte d'Amiens – et tel est le fait. Cette charte assure à tous les syndiqués la liberté de professer toutes les opinions qu'il leur plaît à la condition, pour eux, de ne pas introduire ces opinions dans le syndicat ; elle stipule, en outre, que l'action syndicale doit s'exercer directement sans que les groupements qui la mènent aient à se préoccuper des « partis ou des sectes ». C'est de cette charte que découle, pour les dirigeants de la C.G.T. et la plus grande partie des militants des Fédérations, la défense de solliciter du corps électoral des mandats législatifs. Sans doute, brochés sur un antiétatisme foncier, l'esprit antiparlementaire et la répugnance à l'égard de l'action électorale, qui furent, bien avant la guerre, dès la naissance même de la C.G.T., les sources de cette attitude, se sont très fortement atténués jusqu'à disparaître presque, mais l'attitude reste.

Démocratie active et économie dirigée.

La position du syndicalisme découle simplement de la perception de plus en plus vive qu'ont les salariés de l'insuffisance d'une action soit uniquement corporative, soit exclusivement ouvrière. L'évolution du Syndicalisme dans les pays de démocratie, en Angleterre, aux Etats-Unis et en France – évolution fort bien décrite par André Philip dans un livre récent – fait que les ouvriers insèrent de plus en plus leurs revendications particulières dans un cadre de revendications générales qui visent à agir sur la situation économique du pays dont dépend la moindre acquisition dans l'ordre corporatif. Pour cette action, les ouvriers recherchent systématiquement l'alliance de catégories sociales telles les classes moyennes, dont ils ne se souciaient pas au temps de l'ouvriérisme. Le syndicalisme est amené ainsi à s'intéresser de plus en plus à la formation de l'opinion et aux actes des pouvoirs : politique générale donc, mais non lutte des partis, de clans ou de factions, politique générale dont le but est hautement avouable : il s'agit de créer en France un climat de démocratie active, c'est-à-dire sociale et en continuel perfectionnement.

Le cadre de cette démocratie active, c'est une économie dirigée : son instrument : un droit nouveau.

L'économie dirigée, vous le savez, vise à agir sur le mécanisme des prix des produits, ou du travail pour obtenir, soit des prix rémunérateurs, soit des salaires sociaux et enfin, elle tend à substituer à la seule recherche de l'intérêt personnel d'autres moteurs à l'activité économique. Quels moteurs ? Ils dépendent du but que l'on donne à l'économie dirigée. Toutes les considérations sur quoi la C.G.T. fonde son sentiment quant à ce but pourraient, je crois, entrer dans une phrase de M. Roosevelt qui dit : « *La reconstruction économique dépend de l'adaptation de valeurs sociales plus nobles que le simple gain d'argent* ». A quoi j'ajouterai une autre phrase, d'Henri de Man, celle-là : « *Le critérium essentiel d'un régime économique désirable serait un niveau de vie élevée et une économie sans crise.* »

M. Butler, directeur du Bureau International du Travail, lui aussi, dans un de ses rapports annuels, définit le but de l'économie dirigée en des termes que les syndicalistes peuvent accepter ; mieux, je puis dire que l'éminent directeur a parfaitement indiqué l'évolution que ces derniers ont fait subir à la notion d'économie dirigée : « Le planning, dit-il, n'est plus considéré simplement comme un moyen d'atteindre un plus haut degré d'efficience destiné à connaître le volume de la production ou à conquérir de plus larges débouchés sur le marché mondial ; son but essentiel est d'ordre social et ne consiste pas à créer plus de richesse, mais aussi à assurer une meilleure répartition de celle-ci. »

C'est en 1918, quelques jours après l'armistice, dans un manifeste où elle s'inquiétait de l'état dans lequel la guerre laissait le monde et la France, que la C.G.T. dressait les fondements d'une économie dirigée. Comment le syndicalisme en était-il venu à la perception de cette notion abstraite ? Comment, de là, est-il allé jusqu'à l'idée de Plan ? Voilà une évolution que je voudrais décrire et qui vous montrera l'extraordinaire capacité de créer des normes juridiques et économiques nouvelles que l'action spontanée de l'organisation syndicale recèle en ses flancs par une sorte de miracle.

Un droit nouveau et des institutions nouvelles.

« *La loi qui constitue les pouvoirs et la forme du Gouvernement n'est pas aussi importante, elle n'a pas tant d'influence sur le bonheur des nations que celle qui constitue les propriétés et en règle l'exercice* », disait Saint-Simon et, lui faisant écho, Maxime Leroy a émis cette boutade, que le mode d'élection du Président de la République intéresse moins la classe ouvrière que les rapports entre la production et la consommation. On peut dire que le syndicalisme français traditionnel partage ces avis : il a été continuellement hanté par l'idée d'établir la suprématie de l'économique sur le politique.

« *Tout le pouvoir au syndicat* », ont dit et disent les syndicalistes intégraux, ceux de la Révolution prolétarienne et tous ceux qu'influence encore la philosophie sorélienne. Les tenants de cette thèse absolue opposent le producteur – homme réel – au citoyen et au partisan – homme abstrait – l'action réaliste du syndicalisme à l'idéologie abstraite et désuète des politiciens, l'effort créateur du producteur libre au parasitisme du représentant de l'autorité, l'inefficacité de la lutte syndicale à l'impuissance de la démocratie parlementaire incompétente. Proudhon rêvait déjà de « *fondre, d'immerger et de faire disparaître le système politique et gouvernemental dans le système économique, en réduisant, simplifiant, décentralisant, supprimant l'un après l'autre, tous les rouages qui ont nom Gouvernement et Etat* ». C'est proprement une intégration de l'Etat dans l'économie ; d'une manière concrète, cela peut se traduire par le fait que le Comité National de la C.G.T., groupant les diverses fédérations d'industrie, coordonnerait les activités économiques groupées fédérativement.

Je n'ai pas besoin de dire la vigoureuse originalité et la beauté idéale de cette philosophie révolutionnaire. Elle n'a point perdu de sa vertu, si j'en juge par l'éloge que viennent d'en faire les sympathiques protagonistes de l'*Ordre Nouveau* qui, partant, eux aussi, de la négation de l'Etat politique et parlementaire, aboutissent à une sorte de fédéralisme syndicaliste.

Mais il y a des positions moins accusées, c'est ainsi que, bien en avance sur ses congénères politiques, M. Paul-Boncour a parlé, en 1901, d'un *fédéralisme économique à base syndicale* qu'il n'évoque jamais sans une certaine tendresse mélancolique. L'idée en est aujourd'hui fortement répandue ; on la trouve renouvelée et très accentuée chez certains continuateurs de Georges Sorel, tels M. Georges Valois. Il ne s'agit plus ici de socialiser la propriété des moyens de production, mais la fonction de direction. Tous les travailleurs, employeurs et employés, groupés en syndicats, éliraient un *Parlement syndical* où siègeraient également les représentants des Fédérations ; l'exécutif serait une sorte de bureau technique, placé sous les ordres de l'Assemblée et exécutant les plans d'ensemble de cette dernière. C'est un schéma de démocratie industrielle.

Démocratie industrielle également, le régime qui résulterait des nationalisations industrialisées présentées par la C.G.T. après la guerre.

Nous sommes, en ce domaine de la démocratie industrielle, devant de grandes idées novatrices ; à la loi et aux règlements élaborés par le pouvoir politique et aux actes arbitraires des individus, se substituent les conventions collectives conclues entre groupements syndicaux et économiques ; à la place des pouvoirs qui gouvernent, il y a un fédéralisme coordinateur ; à la contrainte qui vient d'en haut succède la contrainte mutuelle s'exerçant de groupe à groupe ; c'est la fin du code individualiste et du droit napoléonien et leur remplacement par le droit syndical.

D'autres, parmi vous, attestent par leurs efforts la fécondité de ces idées ; je veux parler de ceux qui transportent les conventions collectives du domaine du travail où elles sont nées dans celui de la production. On parle même de conventions de distribution entre groupements de producteurs et groupements de consommateurs. C'est là tout un droit nouveau mais revenons-en aux institutions.

Les projets d'Etat technique et de démocratie industrielle tendent, tout comme le syndicalisme intégral, à résorber le pouvoir politique ; ils suppriment le Parlement. Le régime parlementaire reposant sur le Suffrage universel, c'est-à-dire sur les individus, paraît correspondre, aux yeux de leurs auteurs, à une période révolue de l'économie : celle où les entreprises étaient à peu près toutes individuelles et où les compétitions économiques ne dépassaient pas ce stade ; avec la concentration capitaliste, le développement du syndicalisme et la floraison des groupements d'intérêt collectif, il paraît de plus en plus difficile que le Parlement ait la possibilité d'intervenir efficacement sur le terrain économique.

Cependant la C.G.T., raisonnable et profondément démocrate, s'est arrêtée, dès 1918, à une conception moins absolue qui devait être ultérieurement confirmée par l'éclosion de régimes autoritaires où la suppression du Parlement a accompagné l'écrasement de l'individu sous le poids des mécanismes totalitaires : cette conception proclame que la volonté populaire fait la loi dans l'Etat, mais à côté d'elle, pour l'éclairer et accomplir les tâches dont elle n'est pas capable, il est nécessaire de placer un *Conseil national économique*. Ce Conseil, émanation de toutes les forces économiques organisées de la Nation, serait chargé d'harmoniser, dans le cadre des lois votées par la représentation nationale dans son absolue souveraineté, les besoins et les plans de production des diverses branches de l'activité économique, et d'équilibrer ensuite production et consommation.

C'est une pièce maîtresse de l'économie organisée, mais ce n'est pas la seule.

Les nationalisations.

Dès 1918, la C.G.T. affirmait qu'il n'y a point de réorganisation économique possible si les grandes concentrations industrielles, affectant la forme de monopoles de fait, restent dépositaires à leur profit exclusif d'une puissance qui leur permet de tenir en échec l'intérêt des travailleurs, celui des industries libres ou non abritées, celui des producteurs individuels appartenant aux classes moyennes et enfin l'intérêt même de la nation. Ces industries doivent être nationalisées.

Qu'est-ce qu'une industrie nationalisée ?

Voilà un mot qui a subi bien des déformations. C'est le sort de tous les mots dont s'empare la polémique politique. Cependant le syndicalisme a répété sans se lasser toutes les paroles qu'il fallait dire pour dissiper toute équivoque. « *Une industrie est nationalisée lorsqu'elle n'est plus exploitée qu'en vue des besoins de la communauté, et qu'elle n'a d'autre but que de procurer aux consommateurs le maximum d'utilité et d'économie* », a dit la C.G.T.

Cette exploitation en vue des besoins de la communauté, c'est-à-dire de la Nation, peut se faire sous l'aiguillon d'un contrôle. Mais l'expérience a montré que le contrôle est souvent bien illusoire, quelquefois parce que le contrôleur n'est pas compétent, en d'autres occasions parce qu'il n'est pas soutenu par les autorités qui lui sont supérieures, enfin parce qu'il peut ne pas être insensible à certaines formes de corruption de la part du contrôlé. On peut socialiser : ici, nous disons non ; en aucun cas, pour des raisons politiques, économiques et sociales, nous ne faisons de l'expropriation la condition des nationalisations.

Etatisation, alors ? Non, parce que l'économie mourrait d'être conduite selon des règlements rigides.

Le mode de nationalisation prévu par la C.G.T. associe à la direction de l'industrie les représentants des producteurs (ouvriers et techniciens), ceux des consommateurs et ceux des collectivités publiques : elle respecte en outre les droits légitimes de l'épargne investie. On n'a donc pas le droit de parler de spoliation ou d'étatisation bureaucratique. Il ne faut pas non plus brandir les nationalisations comme un épouvantail pour les classes moyennes puisque :

1) la nationalisation ne touche nullement les activités économiques auxquelles s'adonnent essentiellement les classes moyennes ; ces dernières forment un secteur libre où leur génie inventif et leurs qualités morales extraordinaires continuent de se donner libre cours ;
2) dans les industries et entreprises nationalisées les techniciens – qui sont des membres des classes moyennes – participent à la direction, c'est-à-dire qu'ils prennent une importance qu'ils n'ont pas toujours à présent ;
3) les usagers des industries nationalisées ont la possibilité d'agir sur les prix de vente de ces industries et quand on se rappelle la fameuse dispute entre le secteur abrité et le secteur non abrité à propos de la rigidité des prix de monopole – prix de produits de base et de services indispensables – on mesure l'importance de cette faculté donnée aux producteurs libres ;
4) je le répète : pas d'expropriations et rémunération légitime du capital investi, c'est-à-dire respect de l'épargne.

L'esprit qui a présidé à l'éclosion de l'idée de nationalisation, c'est celui inclus dans les propos de Roosevelt que je vous rapportais tout à l'heure : « *La reconstruction économique dépend de l'adoption de valeurs sociales plus nobles que le simple gain d'argent* » ; la formule syndicale de nationalisation est un compromis entre la nécessité de faire passer l'économie sous la toise de l'intérêt général tout en maintenant très haut le drapeau de la Liberté. Qui de vous niera que ce compromis, on le cherche maintenant partout à travers le monde ? Au surplus, il est évident que bien des tentatives faites pour mettre à jour des formes nouvelles de gestion économique peuvent se placer sur la voie de nos nationalisations et quelquefois aboutissent à des réalisations qui s'en rapprochent beaucoup jusqu'à se confondre avec elles.

Direction du crédit.

Droit syndical et régime de conventions collectives, Conseil économique et nationalisations groupées en face d'un secteur libre, tels sont les éléments fondamentaux de l'économie dirigée selon la doctrine syndicale. Mais on n'a pas été complet si l'on n'a pas souligné que la plus importante de ces nationalisations, celle qui est absolument indispensable, qui est le moyen principal de la direction économique, c'est *la nationalisation du crédit.* Le Plan de la C.G.T. a mis vigoureusement l'accent sur ce point et on pourrait placer en exergue de ce document la phrase de Proudhon : « *La banque est le véritable gouvernement de l'économie* ». Voici quelques-uns de ces arguments :

« L'orientation du crédit ne peut plus être laissée à l'initiative des banquiers et des financiers guidés par le seul souci de leurs commissions ou de leurs rivalités. »

« La répartition du crédit a pour but le développement de l'activité et du bien-être général, et non pas l'accroissement du dividende des établissements qui le distribuent. »

« La Banque doit être au service de l'économie, et non l'économie au service de la Banque. »

« Cela implique que les leviers de commande des deux systèmes soient placés sous la direction de l'assemblée économique, laquelle est l'expression des besoins généraux de l'économie. »

« Ainsi, une tâche importante de l'assemblée économique sera celle de distributeur et répartiteur de crédit. »

La politique de résorption du chômage et de lutte contre la crise envisagée par ces organisations se fonde sur l'accroissement du pouvoir d'achat des masses et que tous les procédés qui peuvent être imaginés pour provoquer cet accroissement : dévaluation monétaire, hausse des salaires ou grands travaux, tous exigent, pour leur réussite, la maîtrise de la monnaie et du marché financier et une certaine orientation de l'activité économique.

Le Plan du Travail.

Je suis arrivé ainsi au terme même de l'évolution du syndicalisme français. Vous avez vu son pouvoir extraordinairement créateur sur le terrain du droit, dans le domaine des institutions et dans l'économie. Le dernier état de cette évolution est le *Plan du Travail.* J'ai dégagé un à un les éléments essentiels de sa structure. Si je veux maintenant l'examiner en lui-même, ce n'est point pour entrer dans ses détails techniques ou pour vous montrer les beautés d'une épure, – et d'ailleurs ce plan n'est pas une épure, – mais c'est pour dégager sa portée politique et morale, son influence possible dans l'œuvre de redressement de la nation française.

Tout d'abord, la volonté d'agir d'une façon directe contre la crise est le premier sentiment qui a poussé à l'élaboration du plan du travail.

Plan économique et programmes politiques.

Ensuite, l'idée de plan se confond avec l'idée d'étape et de progression dans l'accomplissement de toute œuvre humaine. Le politicien, parce qu'il n'est pas forcé de réaliser, se présente devant son public avec un programme, jamais avec un plan. Dans son programme, il aligne à la suite les unes des autres, pêle-mêle, des propositions plus ou moins alléchantes ou rationnelles. Et cela lui sert très souvent d'alibi quand il est au gouvernement et qu'il ne réalise rien d'essentiel. Le plan prévoit, au contraire, un ensemble de mesures étroitement coordonnées, dépendant les unes des autres, selon un ordre rationnel, mais surtout il indique un point de départ obligé et un point d'arrivée. La première chose à faire, dit le plan du travail de la C.G.T., d'accord avec les plans de toutes les organisations ouvrières de l'Europe occidentale, c'est de résorber le chômage et d'augmenter le pouvoir d'achat des classes ouvrières et de la nation.

Une notion nouvelle qui, elle aussi, est absente des programmes politiques, c'est qu'on ne peut pas obtenir d'avantages sociaux durables si l'on n'aménage pas l'économie de telle façon qu'elle puisse s'en accommoder et les supporter. Nous avons proclamé la nécessité de l'augmentation du pouvoir d'achat depuis près de quatre ans. A cette époque, il y avait un moyen de la réaliser, un moyen classique qu'ont employé de nombreux pays à travers le monde : c'était de recourir à la *dévaluation de la monnaie,* et Léon Jouhaux, très fréquemment, s'est prononcé pour cette opération de liquidation. Par là, il entendait déterminer la rentrée en France des capitaux exportés provoquer la déthésaurisation et affecter à des grands travaux le profit de la réévaluation de l'encaisse de la Banque de France. De cette façon l'augmentation du pouvoir d'achat était réalisée, non pas d'une façon artificielle, mais solide ; il sortait de lui-même de la reprise du mouvement des affaires. On n'a pas écouté la Confédération Générale du Travail quand elle a tenu ce langage. La misère de la déflation devait forcément aboutir à la ruée sociale de juin bien compréhensible quand on sait à quel niveau était tombée la condition ouvrière. Mais que disions-nous à cette époque précise ? Nous disions que puisqu'on ne procédait pas à l'alignement monétaire, il fallait recourir sans retard aux grands travaux pour élargir le courant des affaires et atténuer le poids des lois sociales en le répartissant sur une plus large surface. On nous a dit que cette politique n'était pas raisonnable et pleine de périls. Cependant, on peut bien dire que, dans une appréciable mesure, l'économie française s'est trouvée revigorée par des travaux d'une nature exceptionnelle : les travaux d'armement. La politique des grands travaux s'est trouvée ainsi justifiée par les faits.

Alliance avec les classes moyennes.

Le plan c'est encore autre chose : c'est l'appel à la collaboration de tous les producteurs touchés par la crise, l'alliance offerte par la classe ouvrière aux catégories moyennes et aux techniciens, car les créateurs du plan se présentaient devant toutes les victimes de la crise, quelles qu'elles fussent et leur disaient : « Nous voulons absolument sortir du marasme économique dans lequel nous sommes et dont nous souffrons tous et dont une des conséquences qui ne nous est pas la moins sensible est l'arrêt complet du progrès social. Vous avez intérêt, vous aussi, à cette lutte, entamons-la coude à coude. » On a dit, Mesdames et Messieurs, que les classes moyennes ne pouvaient pas entendre notre appel, or elles l'ont entendu. Mais pour qu'elles y restent fidèles il eût fallu apporter à ces classes moyennes, non pas des temporisations et des marques de timidité, mais au contraire de la hardiesse. Que demandaient-elles ? Elles demandaient que l'on accroisse notablement le volume des affaires pour qu'elles puissent étaler sur un volume accru la charge des lois sociales votées en juin. C'est la même chose que répéte d'ailleurs avec beaucoup de courage mon ami Belin lorsqu'il dit : « Le seul moyen de rendre viable l'expérience des quarante heures et des hausses de salaires, c'est d'augmenter la production. » Et pour cela, une fois de plus, nous avons proposé notre politique de grands travaux.

Idée de lutte directe contre la crise, idée d'étapes dans le développement de cette lutte, alliance avec toutes les catégories sociales souffrant de la crise : tel est le socle idéologique sur lequel repose le plan de la Confédération Générale du Travail.

Sortir de l'ornière.

Idées neuves et intéressantes ? Nous nous trouvons devant un effort tout à fait original de la part du syndicalisme qui s'efforce de penser intelligemment et d'agir en ordre pour sortir ce pays de l'ornière. Par ailleurs, il vous a apporté des normes juridiques nouvelles dont vous avez vous-même reconnu l'excellence en les faisant passer dans les faits et en les étendant du marché du travail au domaine de la production et de la distribution. Il a imaginé des institutions nouvelles qui vous permettent de parer aux défaillances et aux insuffisances du régime parlementaire et de respecter les impératifs abusifs des luttes de partis. Il se présente enfin à tous avec une foi ardente dans une démocratie active et réalisatrice.

Vous sentez combien tout cela est, en soi, riche et chargé de pouvoir novateur. Je suis intimement sûr – et je le proclame avec toute ma foi – que le syndicalisme français est un des facteurs de progrès de la nation française les plus certains et les plus efficaces. A vous, messieurs, qui êtes des pionniers acharnés à lutter contre les forces de la nature pour changer le visage physique de la France et mettre en valeur ses richesses, je vous demande de voir qu'à côté de vous, dans le syndicalisme, il y a des pionniers d'un autre genre, également utiles : des pionniers sociaux. Bâtissons ensemble une nation nouvelle pour l'offrir en exemple à tant d'autres pays qui cherchent péniblement leur destin dans des expériences douloureuses au cours desquelles ils côtoient chaque jour les pires dangers et les abîmes de la déraison.

Robert LACOSTE.

D) POINT DE VUE PHILOSOPHIQUE

Dans « les circonstances difficiles, économiques, politiques, matérielles, l'état des nations, des intérêts, des nerfs et l'orageuse atmosphère qui nous fait respirer l'inquiétude », un homme écrivait (« Regards sur le monde actuel - La liberté de l'esprit ») : « Je voudrais, si vous me permettez d'exprimer un vœu, que la France, quoique en proie à de toutes autres préoccupations, se fasse le conservatoire, le temple où l'on conserve les traditions de la plus haute et de la plus fine culture, celle du véritable grand art, celle qui se marque par la pureté de la forme et la rigueur de la pensée ; qu'elle accueille aussi et conserve tout de ce qui se fait de plus haut et de plus libre dans la production des idées : c'est ce que je souhaite à mon pays ! » (1939).

Cet homme était Paul Valéry, un esprit de clarté et d'intelligence, de clarté au point d'écrire : « L'esprit clair fait comprendre ce qu'il ne comprend pas », d'intelligence en écrivant : « Ce qui est simple est toujours faux. Ce qui ne l'est pas est inutilisable ».

X-Crise a eu la bonne fortune d'avoir Paul Valéry comme conférencier et, quoique, par accident, son exposé n'ait pu être enregistré intégralement, les notes prises au cours de sa conférence représentent un document de prix à ajouter à son œuvre.

MES IMPRESSIONS DE SCIENCE ET DE PHILOSOPHIE

par M. Paul VALÉRY, de l'Académie Française

Conférence donnée le 10 mars 1938,
à l'Amphithéâtre de Physique de l'École Polytechnique,
sous le Haut Patronage du Général Nollet (82)
Grand Chancelier de la Légion d'Honneur

Allocution du Camarade Boris (97)

L'idée de cette conférence remonte à l'an dernier, à l'époque où la célébration du tricentenaire de Descartes était en préparation : le C.P.E.E., dont les fondateurs – renouvelant inconsciemment le cas des nombreux Saint-Simoniens évoqué depuis – avec quel charme souverain – par M. Bouglé, Directeur de l'Ecole Normale Supérieure, ici-même et sous nos auspices – ont mis leur commune formation cartésienne à la base de recherches désintéressées, se devait d'envisager dans celles-ci une pause – si j'ose dire – dédiée à la philosophie, et pour laquelle une leçon du Président du Congrès Descartes semblait particulièrement indiquée.

On sait, de reste, que les problèmes auxquels nous nous attachons ne laissent pas de retenir les réflexions de M. Paul Valéry : certains des regards qu'il a posés « sur le monde actuel » ne lui ont-ils pas inspiré quant au progrès, et singulièrement à celui qu'a fait la lumière, des notations qui s'étendent du scientifique jusqu'à l'économique ?

Bien plus, le Maître lui-même ne me faisait-il pas récemment observer qu'il avait choisi, dans la leçon inaugurale de son cours, d'emprunter au langage économique les mots de *production,* de *consommation* et de *valeur,* pour les transposer dans l'univers de l'esprit ?

D'autre part, nous n'éprouvons aucune gêne à nous enorgueillir d'avoir établi entre notre Ecole et l'illustre Poète une conjonction effective : depuis l'époque lointaine, où, déambulant une nuit d'été aux côtés de notre regretté antique Arthur Fontaine, tous deux nous récitions mutuellement les vers encore peu répandus de *La Jeune Parque* ou de *Charmes* – jusqu'à ces leçons du Collège de France où tel camarade des Tabacs s'inscrit, pour mon envie, en disciple assidu, sans doute maint autre Polytechnicien s'est passionné pour ce Maître du Nombre et de l'intelligence.

Mais aussi, c'est dans une large mesure qu'il s'est adonné à notre chère et sereine Mathématique, dont le reflet n'est pas sans éclairer telles facettes des remarques qu'il propose. Témoin cette notation si curieusement précise touchant le langage des poètes, dans lequel les mots – je cite textuellement – « sont chargés de deux valeurs simultanément engagées et d'importances équivalentes : leur son et leur effet psychique instantané. Ils font songer alors à ces nombres complexes des géomètres, et l'accouplement de la *variable phonétique* avec la *variable sémantique* engendre des problèmes de prolongement et de convergence que les poètes résolvent... de temps à autre... »

Ainsi, M. Paul Valéry est assuré de trouver ici une communion toute préparée à plusieurs titres : je n'hésite pas à dire, dès maintenant, toute la reconnaissante admiration qui va vers lui, pour les bienfaits que son génie dispense, comme pour le lustre qu'il vient jeter sur l'Ecole et sur notre Groupement.

Compte-rendu et résumé de la Conférence

Les camarades, élèves à l'Ecole qui se pressaient aux premiers rangs, sur les gradins latéraux, et dans les tribunes de l'amphithéâtre, pour composer en majorité le jeune auditoire auquel M. P. Valéry avait marqué son vœu de s'adresser plus particulièrement, auront conservé, comme tous nos adhérents présents, maint souvenir subtil et précis de l'improvisation si simple et si riche à la fois dont ils ont eu le privilège. Improvisation certes, puisque le Maître n'avait à la main qu'un feuillet de quelques quinze lignes, bien rarement consultées, et que, pressenti pour amener les phrases et surtout réparer les lacunes du sténogramme, il a donné cette réponse, à retenir : « Je n'y puis rien : je ne l'ai pas entendue, cette conférence. »

Aussi, tant pour ne pas enfreindre en un pareil cas, notre usage de n'insérer au Bulletin que des textes revus par leurs auteurs, que pour éviter de déflorer celui que nous espérons recevoir bientôt de M. P. Valéry, nous bornerons-nous à la rédaction suivante, établie, il est à peine besoin de le dire, avec le scrupule de la plus respectueuse fidélité.

M. P. Valéry, confessant son attrait de profane pour les mathématiques et rappelant qu'il a été tout naturellement conduit à faire appel à des notions économiques dans son cours de Poétique du Collège de France, définit la civilisation comme une capitalisation des travaux humains et proclame la connexité des diverses disciplines.

Il évoque ses dix-neuf ans, la poésie à laquelle il s'adonnait alors, et cette tradition poétique – fin du Parnasse et débuts du Symbolisme – qui amenait le poète, par la considération de ce principal instrument, cet excitateur même de notre pensée, qu'est le langage, à des recherches dans le domaine où s'exercent ses fonctions diverses, à savoir celui de l'Esprit, celui de l'activité mentale.

Se prenant lui-même comme exemple, il montre ensuite comment un sens nouveau apparaît pour la poésie à partir d'un certain état particulier, qu'il appelle l'« état chantant » et dans lequel une impression rythmique demande à se justifier, préexistante aux mots eux-mêmes : l'ancien sens étant celui dans lequel on dit d'un paysage, d'une personne, d'une situation qu'elles sont poétiques, c'est-à-dire que l'état chantant se révèle. Question nullement mystérieuse au surplus, si ce n'est au point de vue physiologique : différence analogue entre la corde lâche qui peut faire des paquets, et la corde tendue qui peut produire des sons.

La fabrication du poème est ensuite une chose plus ou moins consciente, savante et réfléchie, et M. P. Valéry regrette qu'elle ait actuellement beaucoup perdu de son importance. Meubler une strophe ou un vers avec des syllabes, des sons et un sens, fait porter l'attention sur la source même de ce langage des mots, dans lequel c'est chose remarquable que nous puissions avoir un son et un sens correspondants, avec priorité de l'un ou de l'autre indifféremment.

En d'autres matières – science et philosophie – la partie principale est la significative, obtenue en accumulant des sens, toute œuvre étant au fond une addition, jusqu'à une somme, qui est la matière même de l'ouvrage. Le poète diffère de ses contemporains en ce que la question de sens se présente pour lui de façon discontinue : dans la poésie véritable, le son et le sens ont à peu près la même importance. M. P. Valéry indique à ce propos comment il procède pour juger des vers qui lui sont soumis, en regardant si l'auteur possède « une oreille inventive » et « le sens du son des mots ».

Aussi bien une théorie rigoureuse du langage comporterait-elle plus de deux variables. Sens à combiner, images à introduire, musique à incorporer... d'où « le travail étrange du poète », qui se doit d'observer une certaine logique dans le maniement de ces variables multiples, mais qui est « perdu pour la poésie, s'il est assez pervers » pour porter son attention dans ses poèmes sur des questions de cet ordre : débauche qui lui fait rejoindre de façon imprévue des préoccupations scientifiques, en suivant la voie indiquée par le langage.

Il faut que le vers produise une impression magique. Au XVIe siècle, « charme » voulait dire poème – traduction du latin Carmen, lequel, bien avant l'époque d'Horace, signifiait chant magique, chant d'évocation : d'où l'on se trouve ramené à l'incarnation par la parole. Tandis que, antérieurement à l'écriture, la poésie avait essentiellement un caractère mnémotechnique.

Dans ces deux directions, la poésie, par structure, diffère de la prose. Mais ici se pose le problème de définir la phrase avec tout ce qu'on pourrait appeler ses opérateurs, et ces signes qui permettent de la comparer à une équation : anthropomorphisme de l'algèbre, et logique mathématique de la grammaire avec ses propositions de lieu notamment. Toutes questions qui touchent de près aux études polytechniciennes.

L'allemand dit que le mot *entre* est un mot magique ; le mot *pouvoir* est « impossible » à définir. Problèmes de compréhension. Comprendre, c'est marquer sa volonté de vaincre, c'est trouver en soi de quoi « se faire origine », cause de la phrase dite, jusqu'à en devenir l'auteur ; s'agissant de ce qui est écrit pour être compris, le lecteur poursuit la destruction radicale de ce qui a servi à construire, de telle sorte que ce qui est compris se trouve égalé à zéro.

La poésie a pour objet de se servir du langage pour obtenir du consommateur, mis dans l'état chantant, la récupération de la forme. La prose implique destruction de la forme ; dans la poésie, au contraire, comme dans la formule magique ou mnémotechnique, il y a essentiellement conservation de la forme aux fins de transmission, et c'est une similitude avec les formules de la Physique. Au surplus, sans aborder les problèmes de la diction, où l'on se trouve souvent trahi, même par soi-même, la poésie n'existe qu'au moment où elle vibre, où toute sa valeur sonore, auditive est donnée.

M. P. Valéry espère avoir ainsi montré comment, de la simple composition poétique, il a pu arriver à des pensées tout autres et propose de procéder, toujours en partant du langage, au reste de son exploration.

Il ne croit pas trop à la division, au cloisonnement de l'esprit humain dans des disciplines distinctes – science et philosophie, art et littérature, facultés des lettres et des sciences, écoles spéciales et sections de l'Institut. Outre que le même homme fait tour à tour des mathématiques ou du latin ou écrit, qu'il y ait transformation absolument profonde, il se sert toujours du langage avec ses propositions et ses termes les plus ordinaires. Or le langage comporte des *questions,* invention aussi considérable que l'algèbre ou les mathématiques, l'un des moyens d'expression les plus puissants, qui a conduit en particulier à la philosophie.

Aucun philosophe n'a su dire ce qu'est la philosophie, ou plutôt tous l'ont dit, mais différemment. Le philosophe emploie une terminologie qui gêne énormément les non-initiés : qu'est ce donc qu'un *concept* ? Et quant aux problèmes traités par les philosophes, ils sont peut-être plus difficiles encore à définir ; le problème de la réalité ne revient-il pas à se demander si le mètre qui est déposé à Meudon a vraiment un mètre de longueur ? De même que Arago, Directeur de l'Observatoire de Paris sous Louis-Philippe, s'est entendu, un soir, poser, par un personnage de la cour à qui il montrait le ciel, la question suivante : « Vous êtes bien sûr que cette magnifique étoile s'appelle véritablement Sirius ? »

Et M. P. Valéry rapporte ce mot récent de son illustre confrère et ami, M. Bergson : « Les philosophes, ils sont pleins de clichés. »

Cependant la philosophie est une grande chose. Seulement le malheur des temps veut qu'elle soit obligée de se mettre à la remorque de la science, après avoir été pendant des siècles, au contraire, l'inspiratrice de toutes les connaissances. Des systèmes ont été échafaudés qui touchaient à des points que les sciences ont pu vérifier, et par une découverte ou une expérience nouvelle, ces théories se sont trouvées bouleversées. Nous ne savons certes pas exactement ce qu'est l'esprit dont nous parlons tant, mais quant à la matière, nous commençons à savoir que nous ne savons rien ; la philosophie s'est jadis embarquée dans les matières continues, alors que maintenant elles nous apparaissent comme discontinues...

Une grande crise affecte la philosophie de la science. L'édifice pyramidal du savoir conçu par l'esprit humain visait à cette unité future de la connaissance escomptée par Raymond Lulle et que Leibnitz voulait symboliser en formules pour en circonscrire le domaine. Newton, d'Alembert, Laplace ont fait concevoir d'immenses espoirs dans un édifice de la dynamique si parfait, que tout le reste de l'expérience devait s'y loger sans difficulté, depuis le mouvement des planètes jusqu'à la tension superficielle ou l'attraction électrostatique. Et de même dans l'ordre biologique.

Pourquoi sommes-nous si loin de compte ? C'est que jusqu'en 1800, la science ne s'occupait que de faits connus depuis toujours, sans changement des données ; depuis lors, les découvertes nouvelles de la science (courant magnétique...) ont réagi sur elle en lui fournissant non seulement des faits nouveaux, mais des moyens nouveaux. D'où la découverte, depuis une trentaine d'années surtout, de phénomènes tout à fait neufs, par l'observation de la nature non plus seulement avec nos yeux ou même des instruments de verre, mais avec des relais, qui ont ouvert encore des abîmes insoupçonnés autour de nous.

La théorie n'est plus le but de la science, mais son instrument ; comme on prend tour à tour un thermomètre et un décimètre, on peut prendre des théories contradictoires, et puis les rejeter, mais on a obtenu un résultat.

C'est la suppression de l'imagination, parce que nous sommes au-dessous de notre échelle : corps défini, corpuscule en mouvement sont loin derrière et ne peuvent plus entrer en ligne de compte. Le pouvoir, l'action, dominent le savoir, pour lequel les théories ne sont que des instruments divers, également admissibles ; on pourra même essayer de les combiner avec des prodiges imaginatifs, sachant qu'on sera dépassé.

Plus d'unité du savoir depuis les changements d'échelles auxquels on est exposé par ces fameux relais, plus aucun moyen de nous figurer les emboitements de l'univers si différents entre eux et dans leurs comportements.

La science actuelle est en quelque sorte « en équilibre mobile avec ses moyens » ; que ce qu'elle donnera demain soit plus ou moins facile à condenser dans des formules – affaire des jeunes générations polytechniciennes – la philosophie s'en trouvera complètement séparée. Elle a essayé de survivre, en prétendant exercer une critique sur la science, mais elle est arrivée et arrivera toujours trop tard, puisque le savant est prêt à faire bon marché de la théorie au nom des résultats réels du laboratoire qui lui donnent une puissance de plus sur la matière et sur les choses.

C'est pourquoi M. P. Valéry, soulignant, en terminant, qu'à travers ces fluctuations il a pu rejoindre sa propre pensée, dit aux philosophes : séparez-vous radicalement de la science, donnez-vous un objet propre. A considérer sa propre expérience, ce qu'il voit autour de lui, ce qu'il touche, sans s'inquiéter des électrons constituants – dénués selon certains d'espace et de temps ! – et qui ne peuvent être décelés que par des instruments, des procédés spéciaux, un homme intelligent et conscient de lui-même pourra d'abord porter sa pensée à un certain maximum de netteté d'expression intéressant, et même essayer de se construire un univers tangent à lui, et l'exprimer dans des conditions qui fassent que cette philosophie sienne prenne une valeur d'œuvre d'art.

Paul VALÉRY.

E) LES EXPÉRIENCES ÉTRANGÈRES

Les exposés donnés dans tout ce qui précède, ont souvent fait mention de ce qui se passait au point de vue économique dans les autres pays. Le Centre Polytechnicien d'Etudes Economiques s'est senti toutefois obligé de pousser plus loin l'étude des crises économiques dans ceux des pays étrangers ayant une influence marquée sur les échanges internationaux ou constituant une expérience révolutionnaire, cas des Etats-Unis et de l'U.R.S.S.

La situation économique des Etats-Unis a été examinée par un esprit aussi averti des problèmes américains que Georges Boris, économiste, qui a su dégager l'ampleur prise par la dépression dans un pays dont l'énorme puissance industrielle avait déclenché la crise mondiale.

En ce qui concerne l'U.R.S.S., le destin a voulu que ce soit un des plus grands patrons français, responsable d'un grand nombre de sociétés industrielles (notamment dans l'électricité et le pétrole), qui a, dans une conférence explosive (« Les difficultés d'un voyage en U.R.S.S. commencent au retour », devait-il déclarer au début de son exposé), trouvé le courage de donner un tableau objectif de la Russie en 1935 et de démontrer l'urgence de s'en faire une alliée pour faire front contre l'Allemagne nazie.

Conférence de M. Georges Boris (20 avril 1934)

L'EXPÉRIENCE ROOSEVELT

Il y a maintenant un peu plus d'un an que les Etats-Unis d'Amérique sont transformés en un véritable laboratoire social où se poursuit – sur un peuple de 125 millions d'êtres, – une expérience, ou plutôt une série d'expériences, – dont le double objectif est de retrouver les remèdes à la crise économique et de découvrir les règles d'un ordre nouveau, mieux équilibré, plus harmonieux et plus juste.

Il serait excessif d'affirmer qu'à ces expériences ne préside aucune idée préconçue. Le respect des instincts individualistes de l'Américain, le souci de ne recourir à aucune violence, mais au contraire de ménager les transitions, interdisent les sauts brusques auxquels, d'après les savants anciens, sinon d'après les physiciens modernes, la nature répugne.

Néanmoins les cadres sont suffisamment élastiques pour que la méthode expérimentale puisse se mouvoir avec une aisance qui donne à la révolution américaine un caractère exceptionnel et sans doute même unique dans l'histoire.

Absence de préjugés, absence de système, absence de doctrine, tout cela n'est pas pour plaire aux tenants de telle discipline économique ou de telle autre.

M. Roosevelt peut reprendre à son compte le mot de Montaigne : « Au Gibelin j'étais Guelfe, au Guelfe Gibelin ».

Mais l'esprit scientifique n'est ni guelfe ni gibelin. Il attend de l'expérimentation en matière sociale autant qu'il attend d'elle en tout autre domaine. C'est pourquoi il étudiera sans parti pris les événements d'Amérique afin d'en dégager les enseignements qu'ils comportent.

Je vais donc apporter devant vous les faits que j'ai recueillis tant au cours d'une récente enquête menée sur place que dans les lectures qui l'ont précédée ou suivie.

J'ajoute que s'il est souvent malaisé d'interpréter les faits, ils sont du moins faciles à connaître, car en Amérique la documentation est aussi abondante que la liberté de critique est entière.

L'administration Roosevelt dont le souci primordial est de maintenir avec les masses un contact intime et permanent, de renseigner le peuple américain et de s'inspirer de ses réactions, ne tente d'étouffer ni les manifestations de la vérité, ni celles de l'opinion. Je dirai qu'aucun régime ne mérite moins d'être qualifié de dictature. Bien que les considérations d'ordre politique soient en dehors de mon propos, je ne crois pas qu'une constatation aussi importante pouvait être omise.

Je diviserai mon exposé en trois parties.

Dans la première, je dépeindrai à grands traits la situation du début de 1933, et celle du début de 1934. Ce seront des faits sans interprétation dans lesquels on pourra voir les résultats provisoires de l'expérience.

Puis j'examinerai, dans un ordre et suivant une méthode qui impliqueront une certaine interprétation de ma part, les mesures et les réformes grâce auxquelles ces résultats ont été obtenus.

Enfin, je me hasarderai à faire quelques pronostics sur l'évolution future du système économique et social de l'Amérique.

*
* *

Situation de 1933 à 1934.

Au début de 1933 la grande crise qui s'était abattue sur l'Amérique depuis l'automne 1929 avait atteint un paroxysme tragique.

Caractérisée par une chute verticale des prix des matières premières sans baisse correspondante des objets manufacturés ni du coût de la vie et sans réduction aucune du poids de l'endettement, elle avait plongé le peuple américain dans une détresse profonde.

Les fermiers étaient accablés sous la charge des dettes hypothécaires ; les produits qu'ils vendaient ne leur rapportaient plus que le tiers ou le quart de ce qu'ils en obtenaient en 1926, les objets qu'ils achetaient leur coûtaient les trois quarts des prix anciens. La révolte grondait dans les campagnes.

La réduction du pouvoir d'achat des masses avait paralysé successivement le commerce de détail, le commerce de gros et l'industrie. Le nombre des chômeurs s'élevait, suivant les estimations, à 13, 14 ou même 17 millions, alors qu'en temps normal il est de 2, 3 ou 4 millions au maximum.

La baisse générale des matières premières, des propriétés et des titres avait mis en posture périlleuse les caisses d'épargne, les compagnies d'assurances et les banques. Si l'on avait établi des bilans sincères, presque tous les établissements fussent apparus en état de faillite.

Les déposants n'ignoraient pas bien entendu cette situation. Aussi les runs sur les banques succédaient-ils aux runs. Une véritable psychose s'était emparée du public qui, estimant que le seul refuge réside dans l'or ou la monnaie, accumulait des pièces ou des billets et thésaurisait à un degré dont l'histoire n'offre pas de précédents.

Les banques, à leur tour, pour faire face aux retraits de fonds, exigeaient le remboursement de leurs créances et précipitaient les faillites commerciales et industrielles.

L'Amérique présentait le spectacle d'un pays où l'insolvabilité était devenue générale, où les finances des Etats, des comtés et des municipalités étaient banqueroutières, où les contrats devenus inexécutables avaient dans l'ensemble perdu jusqu'à leur valeur légale, où 60 millions d'individus, au moins sur 123 étaient plongés dans le dénuement et obligés de recourir à l'assistance ou à la charité, d'ailleurs trop souvent défaillantes.

A la veille de l'accession au pouvoir du président Roosevelt une série de runs et de moratoires partiels avaient contraint le gouvernement fédéral de déclarer un moratoire général. La paralysie gagnait l'économie américaine tout entière et la ruine imminente menaçait ceux qui, dans le naufrage général, avaient réussi à surnager jusqu'alors.

Au début de 1934 le voyageur ne pouvait pas rencontrer un seul Américain qui ne reconnût que la situation s'était littéralement transformée. D'ailleurs le spectacle même de la rue ou de la campagne en apportait un vivant témoignage. Presque plus de mendiants dans les villes, ni de vagabonds sur les routes, ni les files de miséreux à la porte des soupes populaires.

Mais mieux vaut juger sur les chiffres que sur les apparences.

L'objectif immédiat de la politique de redressement économique avait été bien entendu la hausse des prix des matières premières et en particulier des denrées agricoles sans hausse correspondante du coût de la vie.

Or en janvier dernier, l'indice général des prix de gros accusait une hausse de 20 p. 100 sur l'an dernier et celui des denrées agricoles une hausse de 50 p. 100. Les produits principaux de l'agriculture américaine : blé, maïs et coton avaient plus que doublé de valeur.

Par contre – et ceci est capital – le coût de la vie n'avait que très peu varié. L'indice pondéré publié par le Département du Travail, et qui tient compte de presque toutes les dépenses d'un ménage ne s'était relevé en décembre dernier que de 2,2 p. 100 sur le niveau de décembre 1932. Il demeurait encore de 20 p. 100 inférieur au chiffre de 1927-1928.

On juge par là de la hausse considérable du pouvoir d'achat des producteurs.

Simultanément, le rachat des dettes hypothécaires par l'Etat et la réduction de leur taux d'intérêt ont soulagé les fermiers des charges qui les accablaient. Aussi, l'état d'esprit des campagnes a-t-il complètement changé. Dans le commerce de détail l'augmentation de la vente est considérable. Parmi les industries, celles qui produisent des objets de consommation approchent du niveau d'activité normal. L'industrie de l'automobile a fabriqué au mois de mars autant de voitures qu'en septembre 1929, dernier mois de l'ère de prospérité. Les autres industries, celles qui fabriquent des instruments de production et qu'on appelle parfois industries de capital, sont encore retardataires. Cependant l'amélioration y est déjà très nette, ainsi qu'en témoigne le cas de l'industrie de l'acier, qui travaille à 50 p. 100 de sa capacité, contre 16 p. 100 il y a un an.

Le nombre des faillites a diminué de plus de moitié ; les chemins de fer enregistrent des recettes de 200 p. 100 supérieures à celles de la période correspondante.

Quant au chômage, en l'absence de statistiques exactes, il est impossible de fournir des chiffres précis. Cependant, les évaluations données par diverses institutions officielles ou privées sont à l'heure actuelle à peu près concordantes pour fixer le nombre des chômeurs à 7 millions ou 7 millions 1/2, et à 2 millions de plus si l'on y comprend les personnes auxquelles le gouvernement a donné du travail à titre temporaire. Ainsi selon les bases adoptées et selon le mode de calcul, la diminution du chômage est évaluée au moins à 40, voire même à 55 p. 100. Simultanément le bordereau des salaires s'est relevé de 49 p. 100 de mars à décembre 1933.

De leur côté, les banques qui avaient été fermées ont été graduellement rouvertes. Une garantie de remboursement a été accordée à tous les dépôts inférieurs à 2 500 dollars, de sorte que tout prétexte à la thésaurisation a été supprimé.

Voilà les faits, voilà les résultats. Ils parlent d'eux-mêmes.

*
* *

Mesures et réformes.

Voyons maintenant quels remèdes ont été appliqués à l'économie américaine par l'administration Roosevelt.

*
* *

Réforme monétaire.

Le point de départ de *la réforme monétaire* a été, comme on sait, l'abandon de l'étalon-or, abandon réalisé en deux temps, d'abord par l'embargo provisoire de mars 1933, que le gouvernement accompagnait de déclarations d'attachement à la saine monnaie, c'est-à-dire à la monnaie-or. Ensuite, six semaines plus tard, l'abandon officiel sanctionné par un vote du Congrès.

En réalité, M. Roosevelt et ses conseillers avaient commencé par croire à la vertu de la déflation et de l'équilibre rigoureux du budget. Par respect pour cette doctrine, les guichets d'environ 5 000 banques, fermés au moment du moratoire, demeuraient clos, 5 milliards de dépôts restaient congelés. On réduisait les traitements des fonctionnaires et les pensions des retraités.

Le résultat ne se fit pas attendre. En dépit d'une première impression de confiance donnée par le sang-froid et l'énergie du président, la crise, loin de s'atténuer, s'accentuait. En même temps que les banques, nombre d'usines avaient dû fermer leurs portes. De nouveaux bataillons de chômeurs étaient venus rejoindre les anciens. Les titulaires des dépôts gelés avaient grossi la foule des miséreux. Les fermiers menaçaient de se soulever. Au Congrès, les représentants des états agricoles manifestaient une opposition qui, de sourde d'abord, devenait bientôt ouverte et se traduisait soit par des manœuvres d'obstruction aux lois proposées par la Maison Blanche, soit par le vote d'amendements inflationnistes.

Le tension au début d'avril était devenu extrême. En prévision d'une révolte du Sénat contre le Président, la spéculation s'était mise à jouer à la baisse du dollar et les capitaux à fuir. Pour soutenir le change on exporta de l'or. En quelques jours les sorties menacèrent d'atteindre les mêmes proportions qu'à la fin de février. Sous la pression irrésistible des événements, M. Roosevelt céda à contre-cœur. Ce fut le coup de théâtre du 19 avril, que la délégation de M. Herriot connut en mer et que l'Europe s'expliqua si mal.

Le président – pas plus que son entourage – ne croyait néanmoins à l'efficacité de l'arme monétaire. Pendant près de six mois encore, il hésitera à s'en servir.

Et pourtant, il avait lieu de se réjouir des premiers effets de l'abandon de l'étalon-or. La monnaie, le dollar ayant perdu sensiblement sa qualité de refuge, une fuite s'était produite vers les biens réels qui déterminait aussitôt la hausse des prix, hausse tant désirée par les fermiers, les producteurs, les débiteurs et par l'administration elle-même. Il s'agissait évidemment d'un mouvement *spéculatif* à la hausse, mais qui succèdait à une attitude tout aussi *spéculative* à la baisse.

C'est sous le couvert de ce premier redressement que M. Roosevelt va pouvoir entreprendre durant l'été *sa réforme industrielle,* la fameuse N.R.A. dont je vous entretiendrai dans un instant.

La N.R.A., c'est-à-dire les codes industriels, devait, dans l'esprit de ses auteurs, rendre du travail à 6 millions de chômeurs avant le mois d'octobre.

Les résultats, pour diverses raisons, n'allaient pas répondre à cette attente. La déception fut grande au gouvernement et dans le pays ; elle s'aggravait de la faiblesse persistante des cours des denrées agricoles, qui de nouveau provoquait chez les fermiers des manifestations violentes et des menaces de révolte.

De nouveau, le problème des prix des matières premières revenait au premier plan des préoccupations de l'Administration.

M. Roosevelt se souvint alors qu'en avril et mai il avait pu mesurer la puissance de l'arme monétaire. Une *dévaluation* avait alors déterminé une hausse générale des prix. Une *nouvelle dévaluation* voulue et méthodiquement conduite, celle-là – obtiendrait sans doute le même résultat. Le professeur Warren, disciple lui-même du professeur Irving Fisher, qui soutenait cette thèse, devint le conseiller écouté de la Maison Blanche.

Les professeurs Warren et Fischer partent, comme on sait, de l'idée qu'à tout moment l'or a un pouvoir d'achat déterminé et qu'il suffit, par conséquent, de faire varier le contenu d'or du dollar pour faire monter ou baisser les prix à volonté. En l'occurence la hausse étant désirée, il n'y avait qu'à dévaluer graduellement le dollar en offrant sur le marché de plus en plus de dollars pour le même poids d'or.

Ce fut la politique des achats d'or à des prix croissants qui suscita tant de polémiques et qui dura d'octobre à janvier dernier. Elle ne devait donner d'autres résultats que celui d'endiguer la baisse et de l'arrêter. Ce demi-échec tient à diverses causes qu'il serait trop long d'analyser en détail. L'essentiel est, à mon sens, que le système ne s'applique rigoureusement que dans un petit pays. La Suède, par exemple, où il a été pratiqué avec succès ; mais que dans un grand, les prix ont leur inertie propre et n'obéissent qu'incomplètement et qu'avec retard au mécanisme de Fisher, cependant que les prix-or mondiaux se trouvent eux-mêmes ébranlés par cette action.

En janvier dernier, le président modifia fort habilement sa tactique monétaire, en donnant satisfaction à toutes les écoles et en apaisant presque toutes les critiques. Il fit voter une loi qui fixait au dollar une valeur-or maximum, soit 59,2 p. 100 de sa valeur ancienne, tout en réservant le droit de le dévaluer ultérieurement jusqu'à 50 p. 100, et qui procédait à une première réévaluation de la réserve d'or. Aux partisans de la saine monnaie, la mesure apparaissait comme un premier pas dans la voie de la stabilisation : pour le professeur Warren et son école, le principe de l'élasticité monétaire était maintenu. Enfin, aux yeux des partisans d'une inflation, la réévaluation du stock d'or allait fournir la base légale d'une expansion monétaire.

A mon avis – et je crois que l'expérience est en train de le confirmer – ce sont les partisans d'une expansion monétaire ou plus exactement d'*une reflation de crédit* qui l'emportent.

Que faut-il entendre exactement par reflation de crédit et pourquoi apparaît-elle nécessaire ?

Pour le comprendre, il faut savoir à quel point la déflation est profonde en Amérique. Deux ou trois chiffres vont vous en donner une idée.

Dans un pays où, comme aux Etats-Unis, les paiements se font principalement par virements et par chèques, le volume des instruments monétaires se mesure à l'importance de la quantité de la monnaie bancaire ou scripturale, c'est-à-dire des dépôts ou encore des « Prêts et Investissements des banques ». Or ceux-ci, qui étaient de l'ordre de 12 milliards de dollars avant la grande inflation de crédit et qui avaient largement dépassé 48 milliards au sommet du boom de 1929, étaient retombés à 43 en 1931, à 35 en automne 1932 et à 30 milliards en juin 1933. Soit une chute verticale de 37,8 p. 100.

Et j'ajoute qu'à l'heure présente, la remontée est encore à peine perceptible.

Ainsi donc, parler en ce moment d'inflation en Amérique, c'est un peu comme si l'on parlait d'inondations dans une maison qui brûle.

Et j'en conclus que, conscients ou inconscients, la plupart des effets de l'administration Roosevelt pour le redressement économique tendent à la reflation de crédit. C'est de l'échec ou de la réussite de cette tentative que dépend en fin de compte le succès ou la faillite de l'expérience américaine.

Reflation de crédit signifie en effet constitution de nouveaux dépôts, c'est-à-dire de capitaux liquides qui, s'ils pénètrent et circulent dans l'économie, vont être répartis sous forme de revenus nouveaux, donc de nouveau pouvoir d'achat. Or, c'est au développement du pouvoir d'achat national qu'aspire le gouvernement américain. La reflation de crédit est donc forcément son objectif.

Théoriquement, elle ne se heurte à aucun obstacle. Sur la base de la dernière réévaluation des réserves métalliques des Banques fédérales – elles dépassent 7 milliards de dollars – il est légalement possible de construire un édifice de crédit bancaire supérieur à 200 milliards, soit 7 fois plus que le chiffre actuel. La marge de reflation possible est donc énorme. Sans toucher à l'actuelle loi monétaire, le gouvernement américain peut même procéder à une inflation colossale, ce qui n'est certes pas son objectif.

Mais comment peut-il procéder pratiquement à l'indispensable reflation ?

Il n'a en fait à sa disposition qu'un seul moyen, c'est de dépenser plus d'argent qu'il n'en perçoit par l'impôt et de couvrir cet excédent de dépenses par des emprunts. Ceux-ci sont d'une manière générale souscrits par les banques qui fabriquent du crédit à cet effet.

Vous savez que le gouvernement Roosevelt a délibérément déséquilibré son budget et que le déficit doit atteindre près de 10 milliards de dollars en deux ans.

Il y a en premier lieu l'œuvre de la Reconstruction Finance Corporation, la grande Banque d'Etat dont la fondation remonte à la présidence de M. Hoover. Elle emprunte avec la garantie de l'Etat et emploie ses fonds à soutenir les compagnies de chemins de fer, les caisses hypothécaires et, depuis quelques mois, les banques dont elle souscrit les actions, de sorte que l'Etat possède pratiquement le contrôle de plusieurs milliers d'établissements financiers et parmi eux figurent les plus importants du pays.

En second lieu, le gouvernement américain fait exécuter *un immense programme de travaux publics* dont le total s'élève à 3 milliards 300 millions de dollars. Ce programme avait été voté dès le mois de mai 1933. Mais, pour des raisons diverses, la mise en œuvre s'en est trouvée retardée jusqu'au mois de décembre dernier. Et c'est dans ce retard, et dans le retard rencontré par conséquent par la politique de reflation, qu'il faut voir la cause des déboires éprouvés par l'administration Roosevelt en septembre, octobre et novembre derniers, quand on a vu s'arrêter le mouvement de reprise et fléchir de nouveau les indices et les courbes.

C'est à ce moment critique, nous l'avons vu, que fut instituée *la politique des achats d'or.* Mais deux semaines plus tard, comme l'amélioration escomptée ne s'était pas produite, M. Roosevelt prit une seconde résolution d'une importance capitale.

Il décidait en effet le 8 novembre que pour franchir la période creuse jusqu'à ce que les travaux publics marchassent à plein, 100 millions de dollars seraient dépensés par le gouvernement fédéral pour distribuer pendant *trois mois du travail, payé à salaire normal, à 3 ou 4 millions de chômeurs.* Douze jours plus tard, 1 100 000 chômeurs touchaient leur première paye, et à la fin de décembre les travailleurs embauchés par l'Administration des travaux civils, la Civil Works Administration (C.W.A.), – c'est ainsi que se nommait la nouvelle entreprise, – atteignaient le chiffre de 3 600 000. Ce serait en soi le sujet d'une conférence que d'exposer l'œuvre de la C.W.A. C'est en effet quelque chose qui renverse les idées reçues qu'une institution dont l'objectif est de dépenser le plus vite possible le plus d'argent possible pour le bénéfice d'un plus grand nombre.

Qu'il y ait eu des abus, c'est incontestable. Mais d'autre part, qu'on songe aux millions d'êtres qui ont subitement connu la joie du travail et du gagne-pain retrouvés, à tous ces chômeurs honteux de leur misère à qui leur parti avait interdit jusqu'alors de s'inscrire sur les listes d'assistance.

Mais l'œuvre matérielle n'est pas moins remarquable que l'œuvre morale. Quantité de travaux, d'utilité collective ont été entrepris dont les projets ont été le plus souvent établis par les chômeurs eux-mêmes, tels que la construction de parcs de sports, le drainage des régions infestées de malaria, la destruction des rats porteurs de typhus, la construction d'installations sanitaires dans les maisons rurales.

Des emplois ont été donnés aux chômeurs, intellectuels : recensements, études économiques, classement, répertoires et catalogues de bibliothèques, recherches médicales, recherches d'archéologie. Les artistes n'ont pas été oubliés. Peintres, sculpteurs et graveurs ont été invités à décorer les monuments publics. Des troupes d'acteurs ont été constituées qui donnent des représentations dans les hôpitaux et les écoles.

La C.W.A. a apporté au pays entier, et de façon presque instantanée, un immense réconfort matériel et moral. En outre, la distribution de centaines de millions de dollars de salaires a développé le pouvoir d'achat et la consommation. Dès le mois de décembre, l'activité économique s'en est ressentie : les ventes ont repris dans les magasins, l'industrie a reçu des commandes. On peut dire que la manœuvre antidéflationniste confiée à la C.W.A. a pleinement réussi et que son action de démarrage a été puissante.

Et pour l'avenir, M. Roosevelt a compris que cette étonnante expérience de quatre mois avait inculqué dans l'esprit du peuple américain la notion du droit au travail normalement rétribué, par opposition au simple droit à l'assistance. Il a donc annoncé qu'à titre permanent, seront dressés les programmes de travaux d'utilité collective dont l'exécution sera confiée aux chômeurs.

C'est l'amorce d'une grande réforme sociale, dont je tiens à souligner qu'elle est née de la réforme monétaire et qu'elle n'eût été ni concevable ni réalisable dans le cadre des règles monétaires classiques, lesquelles exigent, comme chacun sait, des économies sur le budget national en temps de crise.

*
* *

L'importance et la complexité de la réforme monétaire et de ses conséquences m'ont obligé à un assez long développement. Je pourrai vous exposer plus brièvement la réforme agraire et la réforme industrielle.

Réforme agraire.

La réforme agraire – véritable planification de l'agriculture américaine – a été conçue par M. Henry Wallace, secrétaire de l'Agriculture, l'un des hommes les plus remarquables de la nouvelle administration. Aussi est-elle seule à apparaître comme procédant d'un plan préétabli et raisonné.

L'argumentation de M. Wallace est la suivante. Avant la guerre, les Etats-Unis étaient une nation débitrice. Aussi, pour s'acquitter de leurs dettes envers l'étranger, trouvaient-ils tout naturellement des débouchés extérieurs à l'excédent de leur production agricole. Pendant la guerre, les fermiers, autant par patriotisme que par intérêt, furent incités à produire et à exporter encore davantage.

Mais, dans le même temps, l'Amérique, de débitrice devenait créditrice. Les conséquences normales de cette situation avaient dû être, d'une part, la réduction de la production agricole, d'autre part, l'augmentation des importations. Au lieu de cela, pendant quelque temps encore on parvint à réaliser un faux équilibre, en continuant la politique des prêts à l'étranger, qui servaient à payer les fournitures faites par l'Amérique au dehors. Simultanément, on relevait les tarifs et l'on opposait des barrières infranchissables aux importations étrangères.

En 1930, la crise financière vint renverser le fragile échafaudage. Brusquement, la véritable situation fut mise à nu. Elle se résume ainsi : les Etats-Unis exigent le paiement de ce qui leur est dû, soit un milliard par an. Cependant, ils ne veulent pas acheter de marchandises étrangères. Et au contraire, ils veulent exporter leurs produits.

Ces antinomies, M. Wallace les expose, avec un courage rare chez un homme politique, aussi bien dans ses rapports officiels que dans ses discours aux fermiers. Et il continue : « Aussi longtemps que les Etats-Unis poursuivront leur politique de hauts tarifs et leur politique des dettes, l'agriculture américaine devra renoncer à la plus grande partie de la production destinée à l'exportation. Il faut donc se résoudre à réduire les ensemencements et les emblavements, voire à détruire des récoltes. C'est absurde, c'est monstrueux, mais c'est indispensable. »

La loi de réadaptation agricole prévoit donc une diminution des productions des denrées d'exportation, soit du blé, du tabac, du coton, des porcs et du maïs. A cet effet, les fermiers sont invités à signer des contrats qui enregistrent leurs engagements. En contre-partie, ils reçoivent des indemnités. Mais ces indemnités, qui doit en équité en supporter les charges, si ce n'est le peuple américain tout entier, puisque c'est lui qui est attaché à la politique protectionniste d'où le mal est né ? C'est donc au moyen de taxes à la première transformation que sont obtenues les sommes nécessaires à l'indemnisation des fermiers, et la charge de ces taxes retombe sur les consommateurs.

Sous l'effet de la réforme agraire – complétée par le réaménagement des hypothèques – et de la réforme monétaire, la situation de l'agriculture américaine s'est considérablement améliorée depuis le mois de mars de l'année dernière. On estime que les revenus de la population rurale, en 1933, ont déjà dépassé d'un quart le niveau de 1932.

*
* *

Réforme industrielle.

J'en arrive au troisième volet du triptyque : *la réforme industrielle, la fameuse N.R.A.*, initiales par lesquelles on désigne parfois, à tort, l'ensemble de la politique de M. Roosevelt.

La N.R.A., c'est l'Administration de Redressement Nationale chargée de veiller à l'application de la loi de Redressement Industriel (N.I.R.A.) et aux Codes dits de loyale concurrence.

L'administration voulait, en limitant les heures de travail, en fixant des salaires minima, provoquer une réduction du chômage et une augmentation du pouvoir d'achat des masses.

Les **ouvriers** présentaient, bien entendu, leur cahier des charges traditionnel.

Quant aux **patrons**, ils avaient vu pendant plus de trois ans se désintégrer graduellement l'armature industrielle qu'ils avaient construite et dont ils étaient fiers. Ils dénonçaient donc *l'anarchie industrielle* dont profitent les concurrents déloyaux, ceux qui pratiquent la concurrence à couper la gorge. Si bien qu'en fin de compte, dans un pays où la consommation était maintenant réduite à sa plus simple expression, l'avantage demeurait à l'employeur qui avait le moins d'outillage à amortir et qui payait le moins sa main-d'œuvre. Par exemple, les usines textiles du Sud, où les nègres reçoivent des salaires de famine, battaient sur les marchés et finissaient par ruiner les usines du Nord-Est, aux machines perfectionnées, aux ouvriers normalement rétribués.

De tous ces besoins et tendances diverses, l'administration Roosevelt a tenté la synthèse dans les textes que la N.R.A. est chargée d'appliquer.

D'une manière générale, ces textes réglementent la durée du travail qui est fixée, suivant les professions, à 32, 36 et 40 heures : ils stipulent un salaire minimum. Ils interdisent le travail des enfants : ils enregistrent la reconnaissance de droits syndicaux plus étendus qu'auparavant.

D'autre part, pour empêcher que les avantages matériels accordés aux salariés ne soient immédiatement compensés par une augmentation du coût de la vie, ils prévoient souvent des limitations de prix à la hausse.

Les sanctions prévues par la N.R.A. sont en réalité illusoires. L'administration le sait bien, et c'est pourquoi elle compte sur l'action des organisations ouvrières, et c'est pourquoi aussi elle a fait appel au public pour contrôler l'application des codes, en l'engageant à boycotter les réfractaires.

Du point de vue du redressement économique, la N.R.A. a rencontré *un demi-échec,* puisque la diminution du chômage a été sensiblement inférieure aux prévisions.

Ce demi-échec s'explique facilement par ce que nous savons déjà du retard subi par la politique de reflation, par suite de l'exécution trop lente des travaux publics. Au moment où la N.R.A. a été mise en vigueur, un grand nombre d'industries étaient encore déficitaires. Pour que l'on pût attribuer une part des profits capitalistes à la classe ouvrière, encore fallait-il qu'il y eût des profits. Le but des grands travaux publics était précisément de donner des commandes aux industries et de les rendre profitables.

Les auteurs de la loi N.R.A. l'avaient fort bien compris puisqu'ils avaient inséré dans cette même loi tous les textes relatifs au programme des travaux publics.

Néanmoins, à la faveur du redressement déjà opéré antérieurement, et grâce aussi aux tempéraments apportés dans l'application des codes, la N.R.A. a été finalement accueillie avec faveur par presque toutes les classes de la population.

Il est incontestable que la réduction des heures de travail a obligé les patrons à embaucher de nouveaux ouvriers. Incontestable aussi que les feuilles des salaires ont dans l'ensemble augmenté. Incontestable enfin que certaines industries, comme celles du textile et du pétrole, ont été ressuscitées et sauvées par l'application des Codes. L'odieux sweating system a été aboli, et aboli aussi le travail des enfants, cette honte de l'Amérique moderne.

La N.R.A. a fait faire un pas décisif à la législation sociale des Etats-Unis. La reconnaissance des droits syndicaux, tout en donnant lieu encore à de nombreuses contestations, s'est traduite par une augmentation extraordinaire des effectifs des Trade Unions. D'une manière générale, la classe ouvrière a reçu des armes nouvelles pour défendre ses intérêts.

Mais voici des ombres au tableau :

Obligés de payer un taux minimum de salaire, beaucoup de patrons ont licencié le personnel à faible rendement, vieillards ou femmes, pour le remplacer par des ouvriers ou employés plus habiles et plus actifs. Pour la même raison, on a substitué dans bien des cas la main-d'œuvre blanche à la main-d'œuvre noire.

Je voudrais dire deux mots encore de quelques conséquences plus lointaines et qui n'avaient peut-être pas toutes été prévues par les auteurs de la réforme.

A longue échéance, les industries les plus fortement organisées, les mieux outillées, celles où le machinisme est le plus développé, celles qui peuvent payer le mieux leur main-d'œuvre, sont naturellement favorisées par la réduction des heures de travail et l'institution du salaire minimum. Ainsi, la N.R.A. tend à réorienter l'économie américaine dans sa direction traditionnelle définie par les trois termes : cherté de la main-d'œuvre, perfectionnement de l'outillage, production massive.

Dans le même ordre d'idées, la N.R.A. pousse à la concentration industrielle, en même temps qu'elle facilite la cartellisation.

Par ailleurs, la limitation des profits, qui augmente le pouvoir d'achat des masses, doit favoriser le développement des industries de consommation au détriment des industries de capital.

Enfin, la N.R.A. tend aussi à égaliser les conditions de travail et d'existence sur cet immense territoire, sur ce continent aux climats divers, qu'occupe un extraordinaire mélange de peuples et de races.

Elle fait donc œuvre d'unification nationale. En quoi elle répond à une nécessité historique.

*
* *

J'ai passé en revue les grandes réformes en cours de réalisations, et vous en connaissez aussi les premiers résultats.

Pronostics.

Je veux – et ce sera la dernière partie de cet exposé – hasarder maintenant quelques *pronostics.*

Parmi les observateurs de l'expérience Roosevelt, il y en a beaucoup qui n'en voient pas la logique interne, logique déterminée par les événements, sinon par la volonté des hommes. Ils considèrent les remèdes appliqués à l'économie américaine comme une série de piqûres qui ont pu rendre provisoirement vigueur au malade et lui donner l'illusion de la guérison. Mais ils pensent aussi bien que la rechute sera d'autant plus terrible que le traitement aura éveillé de plus grandes espérances.

Ces sombres prophéties qu'on répète depuis un an ne sont pas réalisées, et je ne crois pas qu'elles se réaliseront.

C'est que d'abord, en effet, sur le mal le plus grave dont souffrait l'Amérique, je veux dire sur la *thésaurisation,* M. Roosevelt paraît avoir remporté une victoire définitive, à partir du moment où il a commencé à dévaluer le dollar.

En second lieu, le gouvernement américain, devenu maître de sa monnaie, puisqu'il en a retiré le contrôle aux Banques de Réserve Fédérale, l'oriente dans le sens de *la reflation de crédit.* Et la reflation, on l'a vu, en augmentant les revenus individuels, en développant le pouvoir d'achat, ne peut que ranimer les échanges et l'activité économique. Le précédent de 1917-1918 est là pour le prouver.

L'administration devra donc – et elle s'en préoccupe – organiser la distribution du crédit, soit en créant des organismes financiers nouveaux, soit en assumant elle-même une partie des risques.

Ce problème étant supposé résolu, il en restera un autre, c'est celui des capitaux à long terme dont l'industrie a besoin pour renouveler et développer son outillage – capitaux qu'en temps normal elle se procure par des émissions d'actions et d'obligations sur le marché, grâce auxquelles les épargnes sont mobilisées et remises en circulation.

C'est *le problème de l'investissement* au sujet duquel M. Roosevelt va devoir à bref délai faire un choix décisif et dont dépend l'avenir de l'Amérique. Il s'agit de savoir quel régime l'emportera, du capitalisme privé ou du socialisme d'Etat.

En effet, depuis quelques mois, le marché des capitaux est à peu près fermé aux initiatives privées. Il l'est par le jeu d'une loi de protection de l'épargne dont les stipulations et surtout les sanctions sont si rigoureuses que financiers et banquiers n'osent plus procéder à d'autres émissions qu'à celles des emprunts d'Etat.

Si cette loi est intégralement maintenue, l'Etat continuera d'exercer pratiquement le monopole des émissions, c'est donc lui qui devra se charger de mobiliser les capitaux pour financer l'industrie. C'est lui qui deviendra le principal obligataire et le principal actionnaire des sociétés industrielles.

Mais si la loi est modifiée ou interprétée dans un sens moins strict, si les entreprises peuvent de nouveau faire directement appel à l'épargne, c'est le retour au capitalisme privé.

Pour beaucoup de raisons, les unes matérielles, et les autres psychologiques, et que je ne puis énumérer, j'incline à croire à l'adoption d'une solution intermédiaire. On imagine sans peine la coexistence en Amérique du capitalisme d'Etat et du capitalisme privé, chacun régnant dans un secteur plus ou moins nettement délimité.

Le problème des investissements, c'est-à-dire de la construction et du développement de l'outillage, présente encore un autre aspect important pour l'avenir.

Vous avez tous entendu que l'Amérique est déjà suréquipée et qu'un nouvel accroissement des investissements est inconcevable, qu'il provoquerait la surproduction et précipiterait une nouvelle crise. Ainsi parlent ceux qui, contrairement aux enseignements de l'histoire, croient à la permanence du chômage technologique, c'est-à-dire du chômage créé par le machinisme.

J'ai déjà partiellement répondu à leurs craintes en indiquant que sous le nouveau régime de l'Amérique les profits capitalistes sont limités, et le pouvoir d'achat, donc de consommation des masses, augmenté. Sans doute verra-t-on s'édifier moins de constructions prodigieuses et moins d'énormes fortunes, mais le bien-être général sera accru.

Mais prétendre qu'il n'y a plus de place pour les investissements nouveaux est une absurdité.

Combien d'usines anciennes dont l'outillage est à renouveler ! Combien d'autres à construire pour appliquer les inventions nouvelles, pour introduire et généraliser les nouveaux conforts !

Et je n'ai pas parlé de cet immense réseau de chemins de fer qu'il est indispensable de rééquiper complètement et sans plus de délai.

Mais il est un champ plus vaste encore à l'activité d'une des principales industries de capital, celle du *bâtiment.* Aux Etats-Unis, la plupart des maisons d'habitation, tant à la campagne qu'à la ville, sont en effet à reconstruire. L'Américain qui possède sa radio, son frigorifique, son auto et bien d'autres choses qui chez nous ressortissent au luxe, est l'un des êtres les plus mal et les plus chèrement logés du monde civilisé.

Si les moyens pratiques étaient trouvés de résoudre le problème du logement en Amérique, si un grand programme de construction de maisons neuves pouvait être exécuté, des millions de chômeurs trouveraient du travail, et, de proche en proche, une extraordinaire prospérité gagnerait toutes les industries. On assisterait à un phénomène analogue à celui qui s'est produit au début du siècle, quand l'industrie électrique a pris son essor et a joué un rôle stimulateur, ou plus récemment, quand l'industrie automobile a connu une fortune semblable.

Le Gouvernement Roosevelt ne l'ignore pas, mais il sait aussi qu'un des principaux obstacles à la solution de ce problème réside dans la valeur excessive des terrains dans les villes. Comme je m'étonnais auprès d'un membre du Cabinet de l'insuffisance des sommes consacrées par l'Administration des Travaux Publics à la construction d'habitations à bon marché, je reçus cette réponse : « Nous voulons payer des salaires, nous ne voulons pas verser des centaines de millions à des propriétaires et à des spéculateurs. »

Je me demande, dans ces conditions, si M. Roosevelt ne sera pas conduit d'ici peu à procéder à de vastes expropriations. Et peut-être verra-t-on se produire aux Etats-Unis une révolution immobilière urbaine, de même qu'à la fin du XVIIIe siècle la France a connu une révolution immobilière rurale. Ce qui m'incite à le croire, c'est que la solution du problème du logement donnerait la clef de la plupart des problèmes économiques de l'Amérique moderne.

J'aurais voulu, en terminant, envisager *la transformation morale* que l'expérience Roosevelt a fait subir au peuple américain, je veux dire le changement de son idéologie, de son idéal de vie. Ce serait un sujet en soi.

Je me bornerai à vous indiquer quelques-unes des notions nouvelles que le New Deal, la Nouvelle Donne, a rendues familières et qu'elle a popularisées :

Dominant tout le reste, il y a la conception générale que **le progrès technique ne doit pas se traduire par des restrictions ou des privations, mais par une augmentation du bien-être général.** C'est une conception nettement antidéflationniste, diamétralement opposée à celle qui a cours aujourd'hui sur le continent européen.

La notion d'une **distribution équitable des revenus et d'un contrôle de cette distribution** en est le premier corollaire.

En découlent ensuite le principe de la **limitation des profits**, celui de la **réduction des heures de travail** et celui du **salaire minimum**, qui doit permettre « une vie décente, une vie plus abondante », comme dit M. Roosevelt.

Pour garantir l'application de ces principes, on juge nécessaire l'extension **des droits syndicaux** et l'établissement de contrats collectifs. Enfin, la notion **du droit au travail** a fait des progrès si rapides qu'elle va sans doute être inscrite sous peu dans la législation fédérale.

Telles sont, en quelques mots, quelques-unes des idées nouvelles qui ont pénétré dans le cerveau de l'Américain et auxquelles il s'est attaché au cours de trois années fertiles en souffrances, en désillusions et en humiliations. De tels moments sont favorables au repli sur soi-même, et à la réestimation des valeurs.

Les Américains n'ont toutefois pas renié encore leur vieil idéal individualiste : la tradition des pionniers et des immigrants demeure solidement enracinée : Les Etats-Unis ne sont pas mûrs pour le socialisme intégral. Il faut même s'attendre à de très vives réactions de l'individualisme, et toutes les réformes du New Deal ne sont probablement pas définitives. Mais quelques-uns des vieux dieux qui sont tombés de leur piédestal ne seront jamais plus relevés.

Il y a quelques semaines, l'un des membres les plus influents du Cabinet Roosevelt, M. Ickes, s'écriait dans un discours :

« Je crois que nous sommes à l'aurore d'une ère où l'homme, la femme, l'enfant moyen, auront la possibilité d'une vie plus riche et plus heureuse. Il est juste et désirable qu'il en soit ainsi. Après tout, nous ne sommes pas dans ce monde pour travailler comme des galériens durant de longues heures à des tâches pénibles pour accumuler aux mains de 2 p. 100 de la population les 80 p. 100 de la fortune nationale. »

Cet espoir, cette croyance, je suis persuadé que la grande majorité du peuple américain les partage. La politique de M. Roosevelt a soulagé sa misère, elle lui a rendu confiance et courage. Le voilà parti pour une nouvelle destinée, sans qu'il ait fallu pour cela le nourrir d'une mystique de violence.

Georges BORIS.

Réponse de M. Ernest Mercier lors de la séance du 20 février 1936 à la suite de sa conférence « Retour d'U.R.S.S. »

Après cette exposition de la façon dont l'économie américaine était parvenue à maîtriser sa dépression, l'étude de la situation de l'économie soviétique constituait une contrepartie indispensable à ce tour d'horizon des économies étrangères.

Ernest Mercier, grand industriel, qui avait joué un rôle éminent dans le développement énergétique français, apporté une contribution importante dans la stabilisation monétaire de 1928 et fondé le « Redressement Français », avait trouvé à X-Crise une tribune pour exposer les réflexions que lui avait inspirées un voyage très documenté en U.R.S.S. fin 1935.

Sa conférence du 29 janvier 1932 montrait objectivement les côtés positifs et négatifs de l'expérience soviétique : elle a eu un tel impact sur l'opinion de l'époque qu'il a fallu deux autres réunions pour que contradicteurs ou sympathisants puissent tous expliquer leurs positions et demander des explications à Ernest Mercier. C'est cette réponse en quelque sorte prophétique et prononcée de la tribune choisie par l'orateur pour lui donner tout son éclat qui représente un tableau remarquable de la vie en U.R.S.S. avant la guerre.

Du fait de « la montée des périls » qui la rend dramatique, ce document est d'une exceptionnelle valeur.

La tâche à laquelle on m'a convié dépasse les forces humaines. Je ne me flatte pas d'y satisfaire. Je ferai de mon mieux, tout en n'ignorant pas que je ne saurais donner complète satisfaction ni à vous tous, ni à aucun d'entre vous en particulier.

A mon retour de Russie, j'ai été pris à partie, aussi bien par la droite que par la gauche : la simultanéité de ces attaques m'a fait penser qu'à tout prendre je ne devais pas m'être placé sur un trop mauvais terrain.

Je rends hommage au talent et à l'ardeur de mes jeunes camarades ; ils me permettront cependant de leur dire ici que je les ai trouvés peut-être plus russes que les Russes et plus soviétiques que les Soviets :

Il m'est arrivé, en effet, de discuter là-bas avec des dirigeants du Gouvernement Soviétique, des Commissaires du Peuple. Il m'est arrivé même, en ce qui touche les questions de principe de la société collectiviste, de leur exposer des vues opposées aux leurs, et de le faire avec cette certaine brutalité directe qui fait partie de la sincérité ; je n'ai jamais trouvé chez eux que les réactions d'hommes se plaçant sur le même plan et discutant les choses avec le même esprit objectif et sans passion.

Il m'est arrivé, en particulier, d'envisager avec eux, dans l'intérêt commun de nos deux pays, et aussi dans l'intérêt de la Paix, une reprise des relations économiques entre la France et la Russie : je n'en ai jamais trouvé un seul qui m'ait fait l'injure de croire que j'y pouvais chercher la satisfaction d'un intérêt personnel quelconque. Il a fallu, en vérité, que je vienne dans cette salle pour entendre de la bouche de jeunes camarades d'aussi tristes accusations. Vous me permettrez de ne pas y répondre autrement.

Ceci dit, je m'efforcerai, dans les innombrables questions qui m'ont été posées, de traiter seulement les plus essentielles, afin d'en dégager, si possible, quelques conclusions générales.

Je commencerai par les observations formulées avec autant de force que d'éloquence par M. Loustau. Il m'a demandé si j'avais relevé chez les Soviets une tendance quelconque vers *le rétablissement de la propriété personnelle, et spécialement de la propriété des outils de travail.*

Je réponds à cette double question : « Oui, certainement, on constate en Russie le rétablissement d'une certaine forme de propriété personnelle, aussi bien à la campagne que dans les villes. Je n'attache pas cependant à ce rétablissement une signification de valeur très profonde. »

En ce qui concerne la propriété des outils de travail, je répondrai de même : « Non, jusqu'ici, le Gouvernement soviétique s'est opposé d'une manière radicale à une telle évolution. A cet égard, la Société russe conserve ses caractères essentiels propres. »

J'ajouterai que s'il m'est arrivé de souligner à plusieurs reprises ce fait indéniable que, sous la poussée de la nécessité, les dirigeants du régime soviétique avaient été amenés à s'écarter de plus en plus de leur point de départ idéologique, je me suis bien gardé de prétendre qu'ils avaient systématiquement marché vers le rétablissement conscient d'une économie à forme classique.

Notre camarade Lousteau a formulé une remarque d'une portée plus générale et plus large : il a noté que, dans l'économie soviétique, le travailleur est matériellement moins favorisé, moins bien servi, en ce qui concerne les commodités matérielles de la vie, que dans les pays occidentaux, mais qu'il trouve sa compensation dans l'idée qu'il se fait lui-même de son état, et qu'il en résulte pour lui une sorte de bonheur.

Sur ce point, vous me permettrez de vous faire remarquer que c'est justement l'un des éléments sur lesquels j'ai cru devoir insister plus fortement dans mes réflexions « que *l'idée de bonheur est purement subjective, non seulement en Russie, mais dans toutes les sociétés humaines.* » Il n'est donc pas spécialement étonnant de constater que l'ouvrier russe s'estime, en général, heureux, bien que les conditions matérielles de son existence soient nettement moins satisfaisantes qu'en France.

Mais les raisons de son état d'âme sont complexes, elles ne sont pas spontanées.

Il est même permis de dire que le régime collectiviste en Russie n'est pas encore arrivé à un stade tel qu'on puisse dire qu'il ait apporté la preuve de son adaptation à la société russe, qu'il ait reçu l'adhésion générale spontanée du peuple russe : sa stabilité actuelle est, en effet, la résultante d'une infinité de pressions, d'auto-suggestions et de coercitions.

Je sais bien que, sous les régimes précédents déjà, la stabilité était assurée par l'intervention d'une police omniprésente, que la sécurité, la liberté, l'indépendance personnelle, n'y étaient que très relatives : ce sont là des griefs qui ont été reprochés par les révolutionnaires à cette ancienne société. La vérité oblige à dire que la société née de la révolution y prête le flanc d'une manière évidente.

Sous la poussée des dures nécessités, le Gouvernement soviétique a dû adopter à nouveau, comme principal levier pour développer la production, l'esprit de profit. J'ai insisté sur les conséquences multiples de ce changement capital d'attitude : différenciation des salaires, réintroduction des salaires à la prime, à la tâche, du travail à la chaîne, stakhanovisme.

Il est évident qu'au point de vue doctrinal une telle décision comporte une série illimitée de conséquences fatales, qui toutes, je l'ai noté, entraînent la société russe dans une direction diamètralement opposée à celle où la révolution l'avait engagée.

De jeunes enthousiastes pourront dire : C'est entendu, on travaille en Russie pour son profit personnel, mais on ne travaille pas pour le profit d'une classe dirigeante de capitalistes. C'est se payer de mots ; il peut exister des différences de terminologie, le substratum reste le même.

A ce sujet, plusieurs de nos interpellateurs m'ont demandé de leur dire ce que je pensais de *l'évolution ultérieure du monde russe.* Je m'empresserai de leur répondre que je n'en pense rien du tout :

Je crois seulement qu'il est faux de penser que les dirigeants du monde soviétique ont accepté délibérément d'abandonner les idées essentielles de la doctrine communiste et de se résigner définitivement à des formes sociales qui ne conserveront peu à peu plus qu'un souvenir de l'impulsion révolutionnaire originelle. Je crois, tout au contraire, que ces hommes sont restés sincèrement attachés à leur idéal initial. Je crois même que beaucoup d'entre eux demeurent convaincus qu'après une période d'adaptation plus ou moins longue, il sera possible de reprendre la création collectiviste, momentanément interrompue, au point où on l'avait abandonnée.

Ce qu'il est permis de penser, ce n'est qu'une hypothèse, mais une hypothèse raisonnable, c'est qu'un tel retour en arrière apparaîtra de plus en plus difficile et probablement irréalisable, parce que le Gouvernement soviétique, s'il veut s'engager dans cette voie, se trouvera rapidement arrêté et barré par les mêmes nécessités matérielles et économiques qui lui ont dicté précisément la modification de son attitude antérieure.

Pour qu'il en soit autrement, il faudrait qu'entre temps, par le développement d'une éducation toute particulière, on soit arrivé à créer un type vraiment nouveau d'humanité, doté seulement de réflexes collectifs et non plus de réflexes personnels. Il ne semble précisément pas qu'on en prenne le chemin.

C'est une question sur laquelle je reviendrai plus loin. Je me contenterai, pour l'instant, d'ajouter ici qu'après avoir vécu pendant un certain nombre d'années sous un régime moins sévère, après avoir réveillé chez les citoyens des besoins qui s'étaient assoupis, les avoir accoutumés à un contrôle moins strict de leurs actes et de leurs loisirs, il apparaîtra comme beaucoup plus ardu et beaucoup plus aléatoire de rallier la masse à un retour en arrière, vers une situation qui aura laissé dans sa mémoire des traces profondes, et que seule la fraîcheur de l'enthousiasme révolutionnaire, à ses débuts, a pu, dans une certaine mesure, rendre supportable.

Tout ceci montre qu'à côté de la volonté des hommes, quelles que puissent être leur énergie et la vigueur de leur évolution, il existe des forces immanentes auxquelles il faut obéir si l'on veut vivre, et auxquelles un Gouvernement soviétique se trouve plus étroitement condamné que tout autre gouvernement, précisément parce qu'il a fait de la production industrielle l'objet principal de son activité.

Certains interpellateurs m'ont reproché d'avoir, dans mon étude, groupé d'une manière artificielle les faits que j'avais observés autour d'une idée centrale systématique.

Mon but était tout autre. J'espérais avoir été moins desservi par l'expression que j'en ai donnée. Je voulais, en effet, montrer aux théoriciens trop disposés à simplifier les phénomènes, combien, malgré leur indomptable énergie et leurs indéniables qualités de commandement, les dirigeants des Soviets avaient dû accepter de plier leur politique quotidienne à toutes les exigences contradictoires de la vie.

M. Jean-Richard Bloch, dans une pensée nuancée, comme à son ordinaire, a marqué qu'il était sensiblement d'accord sur mes prémisses : qu'il l'était également sur mes conclusions, mais qu'il se séparait complètement de moi en ce qui concerne les raisonnements intermédiaires. Il a fait remarquer que la révolution russe n'était pas terminée, qu'elle était encore en pleine évolution, que la population russe demeurait animée du même esprit révolutionnaire, et qu'en tout cas elle ne connaissait pas cette faiblesse du monde occidental que La Fontaine avait résumée en quelques mots : « Notre ennemi, c'est notre maître. »

Développant plus complètement sa pensée, M. Jean-Richard Bloch ajoute : Un fait subsiste en Russie, un fait capital : *l'exploitation de l'homme par l'homme* y a cessé.

Je crois que sur ce point encore, nous sommes séparés beaucoup plus par des mots, par l'interprétation verbale que nous donnons aux phénomènes, que par les faits réels. Je ne vois pas, en effet, comment on peut dire que l'exploitation de l'homme par l'homme a cessé, dès lors que des hommes commandent et que d'autres obéissent. Je dirai même que, quand on compare le monde occidental et l'U.R.S.S., la différence essentielle est que les hommes qui commandent jouissent d'une autorité infiniment plus étendue, infiniment plus libérée de contre-poids, et que les hommes qui obéissent ne possèdent même pas le droit de protester contre les ordres qu'ils reçoivent.

Je sais bien qu'une différence capitale entre les deux systèmes tient, dans l'esprit de nos interpellateurs, à ce que, dans le monde occidental, les chefs commandent pour leur *profit personnel,* tandis que dans l'U.R.S.S., les chefs commandent dans l'intérêt unique de la collectivité.

Dussé-je froisser bien des opinions communément reçues, je dirai ici encore que cette différence est beaucoup plus apparente que réelle : certes, dans le monde capitaliste, les dirigeants retirent de leur travail d'autres satisfactions que la masse des travailleurs ; mais, précisément en U.R.S.S. également, les dirigeants tirent leur travail d'autres satisfactions que la masse des travailleurs soviétiques. Il y a peut-être entre ces deux classes de dirigeants des différences, ces différences sont quantitatives et non pas qualitatives.

C'est encore une erreur communément répandue, de croire que, dans le monde occidental, baptisé de « capitaliste », les dirigeants des entreprises entreprennent par *goût du profit*. Je me permets de dire ici que ce profit, quand il existe, est la conséquence indirecte du succès de l'entreprise, mais que le levier principal qui pousse les hommes à risquer, à œuvrer, à entreprendre, est essentiellement le même que celui dont j'ai constaté l'épanouissement en U.R.S.S. : le goût, la passion de créer, et aussi la joie de servir la collectivité. Ce qui me confirme dans cette pensée, c'est précisément ce fait, que j'ai constaté à maintes reprises au cours de mon voyage : l'extrême facilité avec laquelle s'établissent, dans les échanges de vues, des contacts avec les dirigeants des administrations soviétiques. Ces derniers s'en montraient quelquefois surpris, et cependant il n'y avait là rien que de naturel, car, au fond, les uns et les autres nous trouvions engagés dans un travail intellectuel de même nature : travail d'édification, de construction, de création.

Que conclure de ces remarques ?

Que s'il est impossible d'affirmer que l'exploitation de l'homme par l'homme n'a plus cours en U.R.S.S., il existe, une fois de plus, entre l'idée que la masse se forme de cette exploitation, des différences, les unes réelles, ténues, subtiles, les autres imaginaires, et par conséquent radicales et décisives, et qu'une fois encore, on se trouve là en présence de phénomènes purement subjectifs.

Il est cependant une autre capitale différence entre les méthodes de direction, et j'emploie ici ces termes pour ne pas utiliser encore les mots « méthodes d'exploitation », en U.R.S.S. et dans le monde occidental, une différence qui, seule, apparaît comme capitale, c'est que ceux qui commandent en U.R.S.S. ne disposent pas seulement des pleins pouvoirs dans le monde matériel, mais qu'ils disposent également de pouvoirs analogues dans le monde spirituel, car c'est à eux qu'il incombe également de dire *la morale,* et c'est une morale à laquelle il n'est pas loisible à la masse de se soustraire.

J'ai cru devoir insister sur une conséquence directe de ce fait capital, et qui est que les détenteurs du pouvoir en U.R.S.S. ne rencontrent dès lors, dans l'exercice de leur autorité, aucun de ces freins qui, fort heureusement, s'interposent dans le monde occidental, pour apporter quelques adoucissements dans les rapports sociaux. C'est ce qui fait qu'un gouvernement à forme soviétique est poussé plus que tout autre à exiger le maximum d'efforts possible de la part des travailleurs.

Ceci me conduit à souligner à nouveau ce que j'ai eu l'occasion de dire, parlant précédemment du mouvement stakhanoviste, que c'était une manière singulièrement optimiste d'envisager ce mouvement comme le développement spontané de l'enthousiasme créateur de la jeunesse communiste. Il faut avoir le courage de dire qu'il ne s'agit nullement d'un phénomène spontané, mais d'un effort méthodique, logique, éveillé de l'extérieur, pour aboutir, par quelques exemples éclatants, au relèvement de la moyenne générale de la production par ouvrier. Il n'y a donc ici à nouveau qu'une forme entre mille de l'exploitation de l'homme par l'homme.

Une fois encore, on me dira ici : Mais, en U.R.S.S., cette exploitation n'a pour but que de créer des biens de jouissance collective, et qui, par conséquent, devront améliorer progressivement à l'avenir les conditions matérielles de l'existence de chacun.

C'est bien d'accord, mais, dans le monde occidental également, l'effort de la production de chacun tend aussi à la création de biens d'usage collectif, et qui doivent progressivement améliorer la situation de chacun, même si ces biens d'usage collectif se trouvent temporairement gérés par des organismes autonomes ou des sociétés anonymes.

Cette analyse ne veut pas dire que, dans son effort actuel de création, l'U.R.S.S. ne soit pas arrivée à inspirer *un certain enthousiasme* dans la population russe ; elle y est parfaitement parvenue, tout au contraire, surtout dans la jeunesse, au sein de laquelle ce sentiment se mêle à l'exubérance de la simple joie de vivre. Le problème est de savoir si ce sentiment d'enthousiasme pourra durer suffisamment longtemps. C'est une grave question à laquelle seul l'avenir répondra. Mais, pour que la réponse soit affirmative, il semble humainement qu'il sera toujours nécessaire de ne pas aller trop loin dans la voie des sacrifices et des efforts demandés à une génération dont les éléments d'élite ressentent l'orgueil de penser qu'elle est une génération sacrifiée.

Ceci dit, j'ai été très frappé, en entendant les précédents orateurs, de constater qu'en somme ce qu'ils prônaient ressemblait beaucoup plus à une société socialisée étatique, qu'à une société communiste. Pour quelques-uns d'entre eux, même, j'ai cru comprendre qu'ils niaient purement et simplement que la Russie ait entendu à l'origine mettre au jour une société réellement communiste.

C'est là, me semble-t-il, une grave erreur. Il apparaît, au contraire, incontestable que les premiers efforts de la révolution ont tendu avec une indéniable et cruelle bonne foi à créer *une société réellement communiste et égalitaire.* Il est incontestable que c'est en vue de ce résultat, qu'on s'est d'abord efforcé de détruire complètement tous les liens rattachant le peuple russe aux formes de la société antérieure, en particulier les coutumes religieuses, les enseignements moraux, les liens de la famille.

Ces efforts correspondaient à une idée très précise : la constitution d'une société d'une forme toute particulière, qu'on a comparée, et que certains, ce soir, n'ont pas hésité à comparer à une colonie d'insectes. J'admets qu'il ne s'agisse ici que d'une image dont il ne faut pas exagérer la valeur d'exactitude. Cette image est cependant juste sur un point essentiel : le fait dominant dans une société d'insectes est l'exacte et parfaite adaptation de chaque individu à sa fonction.

Pour la société communiste pure, le problème à résoudre était précisément *ce problème d'éducation* devant permettre d'arriver à l'adaptation intégrale de l'individu à la tâche sociale à laquelle il est dévolu ; sa subordination intégrale à sa fonction sociale.

Nous avons vu plus haut qu'il n'a pas été possible de persévérer longtemps dans la voie où on s'était engagé, parce que l'imperfection de la formation des êtres humains a rendu indispensable de réintroduire les stimulants classiques pour assurer un rendement suffisant à la production.

Les dirigeants de l'U.R.S.S. ont parfaitement compris que, pour aboutir à une solution communiste stable de la société, il fallait commencer effectivement par inculquer à la population une formation, une éducation toute particulière ; je dis toute particulière, car, effectivement, cette éducation spéciale devait, en somme et en toute rigueur, se réduire pratiquement à un dressage parfait. C'était une question de dressage, et non pas une question de culture.

Je vous demande de méditer une seconde à l'opposition tragique de ces deux mots : La révolution russe n'a pas pu poursuivre dans la voie où elle s'était délibérément engagée, parce qu'elle s'est heurtée à ce sentiment humain que vous sentez chacun vibrer dans le plus intime de vous-même, ce sentiment de dignité supérieure qui exige une culture, et qui repousse avec horreur *la notion de dressage*.

Or, l'U.R.S.S., et il faut lui en savoir gré, a opté pour l'instruction et la culture, et a tourné le dos au dressage. Peut-être, n'a-t-elle pas mesuré les conséquences illimitées d'un pareil choix, peut-être n'a-t-elle pas vu toutes les modifications profondes de structure qu'elle sera contrainte d'accepter lorsque, effectivement, la grande masse de la population russe aura reçu une instruction suffisamment étendue.

Vous voyez ici quelles erreurs on peut commettre, quand on prétend jeter les bases de l'organisation définitive d'un Etat en prétendant se placer exclusivement au point de vue de la production, de l'économie. On s'attache à un problème pratiquement insoluble, parce qu'on oublie l'élément essentiel, qui est que l'homme n'est pas seulement un être capable de réaliser une production déterminée, mais qu'il est doté d'une personnalité infiniment plus riche, plus complexe, plus étendue, plus noble.

Dans le même ordre d'idées, ce qui est important, n'est peut-être pas d'insister sur les différences physiques, intellectuelles ou matérielles qui séparent les hommes, mais de faire naître et de développer entre eux le sentiment réel et absolu de leur égalité morale. A cet égard, il faut détester cette affreuse expression de « l'exploitation de l'homme par l'homme », car si on ne la réserve pas pour stigmatiser des abus qu'il convient de réprimer, on est obligé de l'appliquer à tous les rapports sociaux, et il n'en peut résulter qu'une révolte stérile et inefficace.

En effet, dans une société humaine, où les salaires sont différenciés, il est facile de dire que l'ouvrier sans spécialité, qui travaille à la base de l'organisation pour le plus petit salaire, est exploité par tous les ouvriers, par tous les contremaîtres, les ingénieurs, les dirigeants, qui travaillent pour des salaires plus élevés.

La solution de l'égalité matérielle complète est irréalisable ; nous en avons vu en passant quelques raisons. Mais elle tient en particulier à ce que le monde se compose d'êtres doués de capacités physiques, intellectuelles, morales, infiniment diverses. Le grand problème humain est de rendre à tous ces hommes l'existence aussi supportable que possible, en atténuant aussi largement qu'il est possible ces différences injustes dont ils souffrent et qui sont une des conséquences de leur condition naturelle. La grande affaire est de rapprocher les hommes et d'éveiller chez eux, de développer comme le sentiment social par excellence, leur fraternité humaine.

Je me permets d'attirer votre attention sur ce que les quelques lois simplifiées que j'ai énumérées concernant l'économie soviétique, ne possèdent une valeur intrinsèque directe en incidence immédiate, que dans un pays organisé suivant le modèle de l'U.R.S.S., c'est-à-dire un pays où l'Etat monopolise intégralement toutes les transactions extérieures, et où les citoyens ne disposent que d'une monnaie ne possédant aucun pouvoir d'achat à l'extérieur du pays.

Sous un tel régime, les lois économiques que je rappelais s'appliquent effectivement, avec une rigueur immédiate, sans aucune élasticité.

Dans un pareil système, que signifie le mot « *inflation* » ?

Il signifie simplement que le public dispose de moyens de paiement surabondants par rapport à la valeur des objets qui sont offerts à ses achats, et que, par suite, le prix de ces objets, exprimé avec ces moyens de paiement, s'élève.

Si vous proportionnez à tout instant le nombre des signes monétaires à la valeur des objets offerts au public, il n'y a pratiquement pas d'inflation : vous pouvez augmenter dans la mesure exacte l'abondance des signes monétaires sans que les prix varient.

Dans le monde occidental, les choses ne se passent pas aussi simplement, il intervient, en effet, toute une série d'éléments secondaires qui assurent aux mouvements économiques une extraordinaire élasticité. Les principaux de ces éléments sont les suivants :

– existence de stocks,
– existence d'épargne,
– possibilité d'acquérir à l'étranger,
– possibilité d'effectuer des opérations à terme,
– spéculation,

pour ne pas parler du jeu de l'initiative individuelle, qui tend spontanément à produire les objets de consommation courante quand la demande s'accroît ; sans tenir compte non plus de ce fait que, dans les pays occidentaux, tout se vend et s'achète ; non pas seulement les objets de consommation, mais les terres, les maisons, l'outillage, etc.

Dans un pareil système, l'incidence des lois économiques est infiniment plus complexe, elle est d'ailleurs infiniment plus influencée également par une multitude de facteurs psychologiques, dont certains se traduisent précisément par les gestes de la spéculation.

Dans ces conditions, je répondrai à M. Henri Clerc qu'il est impossible de généraliser sans d'infinies précautions les lois simplifiées qui régissent pratiquement l'économie soviétique.

M. Henri Clerc a, d'autre part, parlé de l'étendue de l'effort soviétique. Je voudrais, à ce sujet, formuler ici une remarque : J'ai insisté avec une sincérité objective, qui m'a valu quelques critiques, sur l'ampleur extraordinaire de l'effort russe.

En effet, la Russie a entendu réaliser en très peu de temps un effort de construction intrinsèquement considérable.

Cela veut-il dire que la Russie soit, dès aujourd'hui, en état de devenir un pays industriel de l'envergure, par exemple, des Etats-Unis ?

Il n'en saurait être question.

Les ressources naturelles de la Russie apparaissent bien, comme je vous l'ai indiqué, d'un ordre de grandeur parfaitement comparable à celui des Etats-Unis, mais l'outillage industriel réalisé aux Etats-Unis par une initiative privée, d'une intensité inouïe, pendant une centaine d'année, a tout de même réalisé un ensemble qui représente encore certainement plus de 10 ou 15 fois ce que la Russie est en train de mettre sur pied.

C'est une des raisons qui me font penser qu'il faudra encore des années, et sans doute des décades d'efforts à la Russie pour qu'elle arrive à donner une satisfaction suffisamment large aux besoins de sa population.

Comme au cours de ce laps de temps, la Russie bénéficiera forcément d'un certain nombre de productions excédentaires, ne seraient-ce que celles de l'or, du platine, du bois, du lin, etc., la Russie sera conduite à vendre ses productions excédentaires à l'étranger, et par voie de conséquence, à acheter à l'étranger ; et naturellement, elle sera poussée à diriger ses achats vers les productions qu'elle ne sera pas encore en état d'assurer par elle-même.

La Russie se trouvera longtemps encore obligée de se consacrer aux productions de série, elle aura donc longtemps encore à acquérir à l'extérieur les productions de qualité. Ce sont précisément celles qui intéressent le plus notre pays, et c'est une des raisons pour lesquelles la reprise des relations économiques avec les Soviets me parait particulièrement intéressante pour notre pays, vous me permettrez d'ajouter, et non spécialement pour les industries dans lesquelles je suis personnellement engagé.

M. Coutrot nous a parlé de certaines appréhensions qu'éveille dans son esprit l'organisation soviétique. Il nous a demandé si cette organisation ne courait pas le risque d'être contaminée si elle venait à entrer en contact avec la pensée étrangère libre.

Je répondrai à M. Coutrot que si, effectivement, le maintien du régime soviétique nécessite de tenir longtemps encore les travailleurs russes dans un état matériel très sensiblement inférieur au standing des ouvriers occidentaux, il sera très difficile de laisser des contacts intellectuels s'établir entre l'occident et le monde russe, car la connaissance de sa situation réelle ruinerait dans l'esprit de l'ouvrier soviétique l'effort, mettons de persuasion, poursuivi par le Gouvernement de l'U.R.S.S. pour éveiller chez lui cette réaction subjective favorable que vous savez.

A cet égard, le contact signalé par M. Coutrot serait évidemment pernicieux.

Il faut remarquer d'ailleurs que, dès l'instant que la Russie s'est orientée, comme nous l'avons déjà noté, vers la diffusion de l'instruction et de la culture dans la population de l'U.R.S.S., le régime, sous sa forme totalitaire présente, se trouvera automatiquement exposé aux mêmes risques : le développement de l'instruction s'accompagne forcément du développement de l'esprit critique, de l'esprit de doute ; il multiplie d'autre part les possibilités de contacts intellectuels, même lorsque les barrières sont extrêmement strictes aux frontières, et, par conséquent, il expose aux mêmes dangers.

Vous voyez donc que, dans les diverses directions où on projette le regard, on discerne maints écueils, dans le développement de la révolution russe.

Est-ce à dire, avec certains de nos orateurs, que nous nions le fait révolutionnaire russe ?

C'est une absurdité ; *la Russie a accompli une révolution, une révolution totale, la révolution la plus révolutionnaire qu'on ait jamais vue.* Que ce formidable ébranlement doive poursuivre ses effets pendant très longtemps, c'est absolument certain.

Quant à l'orientation définitive que prendra ce dynamisme, après qu'il aura été réfléchi et réfracté par les divers obstacles qu'il rencontre, il est encore trop tôt pour pouvoir le pronostiquer. Mais, dès maintenant, il est permis d'affirmer que la révolution russe n'aura pas mis au jour un type d'homme nouveau, avec des réflexes nouveaux, et qu'à mille détails déjà, on constate une formidable poussée vers une différenciation qui tend à rompre l'uniformité d'apparence de la vie russe.

Ici, nous abordons au sujet capital, celui dont la hantise m'a poursuivi pendant tout mon voyage. Je voudrais faire un effort, pour vous soumettre en toute loyauté le fruit de mes réflexions, prêt d'ailleurs à recevoir en retour la réaction des vôtres.

La préoccupation qui assiège mon esprit est provoquée par *le caractère tout spécial de la guerre* telle que l'a transformée la conscription universelle, de la guerre dont l'effroyable crise de 1914-1918 ne nous a donné encore qu'une idée approchée. Il faut bien vous dire, en effet, que la guerre dont on nous menace serait plus différente dans ses méthodes et dans son action de la guerre de 1914, que cette dernière ne l'était de la guerre de 1870.

Déjà, la dernière guerre avait duré quatre années passées, déjà était apparue cette formidable énergie qui, lorsqu'elle est déclenchée, développe irrésistiblement ses effets, sans qu'il soit possible à une volonté humaine de venir les arrêter avant la consomption totale des forces combattantes, c'est-à-dire avant l'épuisement total en hommes des belligérants.

Dans le cas particulier de l'Allemagne, ce dynamisme irrésistible a déjà été déclenché depuis le jour où les préparatifs guerriers de ce pays ont pris une telle ampleur qu'ils sont arrivés à imposer une véritable obsession à la population tout entière, sans distinction de sexe.

La mobilisation lui confère une accélération brutale et dont il faut bien comprendre le mécanisme : Dès la déclaration de guerre, on assiste instantanément à un véritable effondrement de la moralité publique ; en effet, toutes les disciplines de la paix disparaissent, chaque être humain se trouve instantanément délivré des responsabilités austères que faisaient peser sur lui sa fonction dans la société, comme son rôle dans sa famille. Le frein moral se détend d'un coup, il n'existe plus d'autre responsabilité que celle de l'Etat : on n'a plus à réfléchir, on n'a plus à penser, on n'a plus qu'à s'absorber dans une occupation mécanique : les uns tournent des obus, les autres bouclent leur sac au dos, d'autres vont prendre leur service dans les hôpitaux.

Dès cet instant, un nombre incalculable de forces inconscientes agissent pour maintenir le nouvel état social créé. Dès lors, est déclenché le formidable engrenage qui ne peut s'arrêter que lorsqu'il a tout broyé.

Si vous prenez le cas particulier de l'Allemagne, et il s'impose à nous, puisque l'Allemagne est pratiquement le seul grand pays européen qui envisage avec une sombre résolution d'assumer la responsabilité d'une nouvelle guerre, il faut bien comprendre que si l'Allemagne mobilise, quel que puisse être l'objectif initial qu'elle aura assigné à ses coups, il lui sera impossible de démobiliser avant qu'elle ait accompli la totalité de son destin.

Si elle s'ébranle contre les nations orientales, existe-t-il un homme assez simple d'esprit pour penser que, lorsqu'après quelques mois de campagne toutes ses armées, non seulement seront équipées et organisées, mais encore assouplies, articulées dans la main du commandement, que tous ses services auxiliaires fonctionneront, et que toute l'Allemagne, comme une grande usine, leur fournira sans compter tous les approvisionnements nécessaires ; lorsqu'à la même minute notre pays n'aura peut-être même pas mobilisé et qu'il se sera créé une aussi effroyable disparité de forces entre l'Allemagne et lui-même, est-il un homme à l'esprit assez faible pour s'imaginer que l'Allemagne s'arrêtera, qu'elle ne profitera pas d'une chance aussi inouïe pour accomplir enfin son rêve millénaire ?

Je ne crois pas qu'il soit utile d'insister exagérément sur ce point, mais je dis ici que le seul problème est d'empêcher une mobilisation allemande, car une fois la mobilisation allemande accomplie, le sort du monde sera fixé, le désastre du monde occidental sera virtuellement accompli.

Et pour répondre directement à la question directe que m'a posée M. Fabre-Luce, je rappellerai ici cette vérité élémentaire qu'il n'existe aucun moyen de sauver un pays qui n'est pas lui-même d'abord résolu à accomplir, pour sa sauvegarde, tous les sacrifices.

J'en conclus que, quelle que soit la politique, il est peut-être possible d'envisager, pour arriver à éviter la guerre, que les devoirs du pays vis-à-vis de lui-même demeurent rigoureusement identiques.

Dès lors, il n'y a plus à considérer les diverses politiques, sous l'angle des sacrifices qu'elles peuvent demander à la nation, car toutes doivent lui demander pratiquement les mêmes sacrifices.

Il n'y a donc plus à considérer les diverses politiques que pour leur efficacité objective à l'égard de ce but unique : s'efforcer de rendre la guerre impossible. Ceci étant, j'en viens aux critiques de détail qui ont été opposées à mes propositions. On a dit : si vous contractez des alliances, ces alliances, surtout certaines d'entre elles, sont forcément fallacieuses ; elles vous donnent une apparence de supériorité numérique, mais elles vous affaiblissent parce qu'elles vous exposent à toutes les faiblesses et à toutes les déficiences de vos alliés.

Je répondrai que les faiblesses et les déficiences des nations européennes, si elles doivent entraîner la guerre, l'entraîneront encore plus sûrement si ces nations ne sont pas nos alliées que si elles font partie d'un ensemble animé par une volonté puissante, et si la guerre se déclenche, peu importe qu'elle apparaisse à l'origine localisée, elle embrasera plus sûrement toute l'Europe et nous exposera seulement à combattre dans des conditions plus dangereuses, matériellement et moralement.

Je ne comprends pas alors très bien comment le fait d'avoir groupé plus de forces et plus de puissance peut constituer en définitive une faiblesse.

Je n'aperçois pas encore clairement pourquoi, si nous sommes associés avec la Russie, et si, par conséquent, nous évitons à certaines nations de l'Europe Orientale de se livrer à l'Allemagne, nous n'aurons pas opposé un obstacle supplémentaire aux entreprises guerrières de cette dernière.

Il n'y a qu'une solution loyale, digne et moderne : celle qui associe indissolublement et solidairement toutes les nations de l'Europe résolument pacifiques et décidées à s'opposer coûte que coûte à l'explosion nouvelle d'une guerre.

Il y a là une politique dont la force principale provient de sa valeur morale et du fait qu'elle peut se développer en toute vérité, sans rien cacher de ses démarches, du fait qu'elle n'exclut personne, qu'elle ne vise personne, et qu'elle répudie toutes les vieilles méthodes traditionnelles de forces et d'encerclement.

Bien entendu, je ne crois pas une seconde que *le Pacte Franco-Soviétique* constitue une panacée universelle. Je crois encore moins qu'il soit suffisant en lui-même pour nous assurer une période de paix, même de quelques années, mais je considère que ce pacte doit être le complément nécessaire de toutes les associations conclues sous l'égide de la Société des Nations. La force vitale, le cristal central sur lequel tout doit s'échafauder réside dans une entente étroite, complète, loyale et sans réserve avec l'Angleterre.

Tels sont les faits qui solidarisent étroitement la France et l'Angleterre. Ni le jeu sournois de la propagande allemande, ni les affirmations audacieuses du Führer, n'y peuvent rien changer. Là est la vérité, mais si nous nous bornons seulement à grouper un faisceau de forces, et si, de part et d'autre, on continue à se livrer à la folie des armements ; si, de part et d'autre, on s'abandonne à ce dynamisme fatal dont, peu à peu, l'énergie sera capable de tout entraîner et de tout broyer, tout l'effort que l'on aura tenté sera vain : grouper les nations pacifiques, c'est un moyen, le véritable but, c'est d'arriver au désarmement, désarmement total, moral et matériel, désarmement simultané des nations guerrières et des nations pacifiques.

Ceux qui prétendent désarmer d'abord les nations pacifiques ne se rendent pas compte qu'ils poussent à accomplir un véritable crime contre l'humanité.

Ceci dit, si j'ai considéré sans effroi, mais avec précision, les périls qui menacent le monde, je me permets de vous faire remarquer que je n'ai pas prononcé une parole d'animosité ni de haine à l'encontre d'aucun peuple. Au contraire, il faut accorder autant de pitié au péril qui menace le peuple allemand que les autres nations : pour le peuple allemand, il est aussi important que pour nous-mêmes de sortir de dynamisme imbécile et fatal qui précipite nos pays vers le massacre de leurs enfants.

Sortir d'un pareil péril, résultant d'une suite infinie d'erreurs et de maladresses dont chaque pays possède sa part de responsabilités, ne se réalise pas en mettant simplement en jeu un sentiment, aussi sincère soit-il : il y faut encore apporter toute sa volonté et tout son esprit de sacrifice.

A la lueur de ces pensées, vous comprendrez que, quels que soient les désagréments que puissent entraîner pour nous certaines alliances, et notamment l'alliance avec la Russie, ce soient des désagréments auxquels il est possible de parer par des gestes qui ne dépendent que de nous. L'essentiel, pour un pays noblement pacifique comme le nôtre, dans l'état respectif des forces où il se trouve, est qu'il sache grouper autour de lui l'ensemble des nations qui ne peuvent trouver leur sauvegarde que dans notre courage et dans notre sacrifice, en leur demandant de prendre avec nous leur part naturelle des sacrifices nécessaires pour accomplir le sauvetage de l'Europe.

Ceci dit, il n'est pas un homme dans ce pays qui se réjouirait plus que moi-même d'un rapprochement sincère franco-allemand, ni qui serait plus disposé que moi à faire, pour y aboutir, le sacrifice de son sang.

Pour finir, je dirai encore un mot de l'intervention de M. Huet, et je m'empresserai de dire avec lui que tout n'était pas mauvais dans l'ancienne Russie, qu'un effort industriel extrêmement sérieux, auquel d'ailleurs de grandes entreprises françaises avaient participé, s'y était déjà enveloppé, et que, même dans le domaine de la vie paysanne des progrès avaient été accomplis.

Ce que j'ai tenu à indiquer, c'est qu'il n'y a pas de commune mesure entre l'effort ancien, qui avait fini par grouper environ 4 000 ouvriers industriels, et l'effort entrepris par la Russie nouvelle, avec sa population ouvrière de 15 millions d'êtres, et les transformations intensives dans la vie des campagnes, transformations dont je ne dis pas, et dont je n'ai jamais dit, qu'elles avaient toutes été heureuses.

L'une des erreurs qui nous divisent, c'est de croire que les formules résolvent quelque chose, ou encore de penser qu'il n'existe qu'une méthode pour conduire les hommes vers le bonheur social.

Je répèterai ici ce que je disais voici quelques semaines aux dirigeants de l'Economie russe : il est absurde de vouloir faire passer la France du XXe siècle par les chemins sanglants que vient de parcourir la Russie ; cela est absurde parce que la France ne part pas du même point d'où est partie la Russie, si même elle devait tendre vers le même but, elle ne devrait pas passer par le même chemin.

Dans un pays comme la Russie, on pouvait tout détruire, parce que, sur l'immensité de la terre russe, on n'avait pas encore beaucoup construit.

Dans un pays comme le nôtre, riche d'une si ancienne expérience humaine, riche aussi des monuments laissés sur le sol par des siècles d'efforts, de travail, de sagesse, de civilisation, ou la culture, la réflexion, la pensée, ont façonné un type humain extrêmement évolué, ce serait une œuvre folle que de vouloir nous faire reculer de quatre ou cinq siècles afin d'assurer entre nous une fallacieuse égalité.

Le seul sentiment d'égalité véritablement efficace et créateur est celui qui naît de l'exercice total de la liberté.

Aborder dans ces sentiments les problèmes de la vie avec un courage total, l'acceptation totale des risques, la claire perception du bienfait que représente la fraternisation humaine, doit nous permettre de dégager les solutions pratiques et efficaces pour remettre ce pays à sa véritable place, c'est-à-dire à la tête du développement intellectuel, du développement moral, du progrès spirituel, accessoirement, du progrès matériel et du progrès technique.

Vous avez bien compris pourquoi j'ai pris bien soin de ne mettre qu'en dernière ligne « le progrès technique », afin que nous n'oubliions jamais que l'homme est tout autre chose qu'une simple machine à produire.

Ernest MERCIER.

F) RECHERCHES ÉCONOMÉTRIQUES

Si les incidences sociales de la crise avaient été l'origine de la fondation du Centre Polytechnicien d'Etudes Economiques, les analyses de la situation économique d'alors par des polytechniciens devaient les inciter à essayer de leur donner des bases scientifiques. C'est donc dans le domaine des recherches économétriques qu'X-Crise a joué un rôle éminent d'une part par la diffusion des premiers travaux que R. Gibrat a régulièrement étudiés et commentés dans ses « notes sur l'Econométrie », publiés dans chaque bulletin et d'autre part par les études originales qui ont apporté une contribution positive à cette nouvelle science.

L'œuvre des frères Guillaume « l'Economique Rationnelle » a été une des premières manifestations de cette orientation de la pensée économique. On en trouvera un résumé succinct dans ce qui suit.

Mais Divisia, alors professeur d'Économie Politique à l'École Polytechnique où il succédait à Clément Colson, était parfaitement au courant de ces premiers efforts dans cette voie mathématique et a fait devant le C.P.E.E. un inventaire des premiers résultats dans une conférence qui est donnée ci-après.

Jean Ullmo, répétiteur d'Analyse à l'École et qui devait y devenir un remarquable professeur de Sciences Économiques, a été un des premiers en France à établir des modèles mathématiques pour l'étude des phénomènes économiques. Son exposé devant X-Crise donné ci-après a donc une valeur précieuse de témoignage pour ce premier jalon de cette science nouvelle.

Son exposé est suivi dans cet ouvrage de deux conférences de haut niveau de la part de Bernard Chait sur « les problèmes des crises économiques » et de Tinbergen, économiste de grand renom qui devait recevoir en 1969 le prix Nobel de Sciences Économiques, sur ses « recherches économiques ».

Allocution du Président Boris

Nul ici ne s'étonnera, et ceux de nos adhérents qui ne sont pas X ne m'en voudront pas, si je salue avec une particulière chaleur, au nom de la camaraderie qui me permet de l'appeler tout court Divisia, celui que son titre de Professeur à notre chère Ecole me dispense de présenter autrement.

Par ailleurs, n'est-il pas également, à l'Ecole des Ponts et Chaussées, l'héritier du cours de notre éminent antique Colson, qui avait bien voulu encourager de ses interventions les débuts d'« X-Crise ».

Aussi, devant l'œuvre que nous avons entreprise, de recherche désintéressée qui conditionne tout labeur scientifique, nul n'était plus qualifié que Divisia pour nous faire un exposé, à bien des égards fondamental, et dont le profit se répercutera certes bien au-delà de cette séance, sur nos futurs travaux.

Conférence de François Divisia (21 décembre 1933)

TRAVAUX ET MÉTHODES DE LA SOCIÉTÉ D'ÉCONOMÉTRIE

En venant parler de théorie en général, je crains de paraître bien ambitieux : le théoricien veut connaître la vérité comme tout le monde, mais il lui faut la vérité entière, et pas seulement de petites vérités circonstancielles. C'est une attitude difficile à soutenir en matière économique et à une époque comme la nôtre. Pourtant, je voudrais vous signaler une tendance particulière de la recherche économique, non seulement parce qu'elle peut être regardée comme actuelle, mais surtout parce que les milieux polytechniciens sont particulièrement bien placés pour la juger et pour y apporter, si leur jugement est favorable, des contributions intéressantes.

Je ne puis donner de meilleure *définition des buts de la Société d'Econométrie* que celle de l'article premier de ses statuts « La Société d'Econométrie est une société internationale pour l'avancement de la théorie économique dans ses rapports avec la statistique et les mathématiques. La Société doit fonctionner comme une organisation scientifique complètement désintéressée et sans se laisser dévier par aucune tendance politique, sociale, financière ou nationale. Son objet essentiel est de favoriser les études qui visent à unifier le traitement quantitatif théorique et le traitement quantitatif empirique des problèmes économiques, et qui sont animés d'un esprit méthodique et rigoureux, semblable à celui qui règne dans les sciences de la nature. Toute activité susceptible de conduire immédiatement ou plus tard, à une telle liaison entre l'étude théorique et l'observation des faits, en matière économique, entre dans la sphère d'intérêt de la Société. »

La Société a à peine trois ans d'existence. Elle a été constituée le 29 décembre 1930, à **Cleveland** (Ohio, U.S.A.), par 16 membres, dont 4 Européens. Son Président est le Professeur **Irving Fischer**, de l'Université Yale, à New-Haven ; elle a un conseil de 10 membres et édite un journal trimestriel, **Econometrica**, dont le rédacteur en chef est le Professeur **Frisch**, de l'Université d'Oslo. La Société comptait, en octobre 1933, 435 membres : 250 en Europe, 144 aux Etats-Unis et 41 dans le reste du monde, dont 17 en Chine ou au Japon. La répartition entre les principales régions d'Europe était la suivante : France, 42 ; Italie, 39 ; Autriche-Hongrie, Tchécoslovaquie, 38 ; Scandinavie, 29 ; Grande-Bretagne et Irlande, 28 ; Allemagne, 25 ; Hollande, 20 ; autres pays : 14.

Mais on pouvait se demander si la naissance de la Société ne ranimerait pas l'opposition qui s'est manifestée, jadis, entre *les « économistes mathématiciens »* et ceux que **Pareto** avait appelé, justement, mais aussi – et à grand tort – un peu méchamment, les « *économistes littéraires* » : or, non seulement il n'y a pas eu de critique de la part de ces économistes, mais la Société a enregistré parmi eux des adhésions tout à fait précieuses. Des adhésions non moins précieuses sont venues du côté des mathématiciens ; parmi eux, les avis ont toujours été partagés sur la valeur de l'Economie mathématique, mais on peut bien dire que, dans l'ensemble, l'économique n'effarouche plus les mathématiciens[1]. La haute mathématique a même fait son entrée dans les études économiques et il en résulte un aspect de certains travaux qui mérite d'être mentionné.

Je ne reviendrai pas ici sur cette question générale de l'emploi des mathématiques en économique. Je citerai pourtant, aussi, une fine observation de **M. Schumpeter** : les phénomènes de la nature sont à priori de l'ordre de la qualité (une machine tourne **vite**, un corps est **dur**) et la science doit faire un effort constructif pour en extraire des quantités ; au contraire, en économique, nous tombons immédiatement sur les prix...

---

1. C'est ainsi qu'en France un fascicule économique a paru dans le Mémorial des Sciences mathématiques et que des conférences ont été faites l'an dernier par le Professeur Frisch, à l'Institut Poincaré, sur quelques problèmes actuels de l'Econométrie.

Je voudrais aussi dire un mot des dangers d'exagération de la méthode mathématique ; j'en vois deux, très réels et qui peuvent être graves : le plaisir de taquiner les équations et la religion des formules. La sauvegarde sera la vérification numérique des théories (et c'est là l'essence même de l'idée économétrique), mais aussi, mais surtout, ajouterai-je, la mise en œuvre de toutes les ressources de l'investigation et de l'esprit critique. A cet égard, l'Econométrie n'a pas la prétention de constituer toute l'Economique et elle ne demande qu'à être étayée par d'autres disciplines. Cela a été dit et redit. Donc, pas de querelle des méthodes ; les divers modes de recherche ne sont nullement exclusifs.

Ainsi constituée, qu'a fait la Société ?

1) Elle a diffusé un mot nouveau, et c'est beaucoup : peut-être la chose existait-elle depuis longtemps, ce n'est pas sûr...
2) Elle a permis de repérer l'étendue et la nature du mouvement économétrique.
3) Elle a établi, dans le monde entier, une liaison qui peut avoir sa portée dans un domaine très général où l'Econométrie apporte son petit caillou, qui, en tout cas, commence à être effective dans la recherche économétrique ; naturellement, les recherches restent individuelles, mais on se tient au courant, on discute, on collabore. Je voudrais, à cet égard, faire avec vous un tour d'horizon, en m'excusant du caractère très incomplet de mon exposé.

A) Questions de méthode.

1) On tend à substituer l'histoire de la science à celle des doctrines, tout en faisant connaître les auteurs.
2) L'idée de pousser les théories jusqu'aux vérifications numériques tend à écarter de maints domaines le simple recours à des procédés d'investigation statistique tout imprégnés d'empirisme ou simplement fondés sur des jugements vagues faits au sentiment.
3) La même attitude d'esprit doit nous éclairer sur la nature même des régularités économiques ; certains économistes, dont **M. Rueff**[1] (Cf. l'Introduction de sa « Théorie des phénomènes monétaires »), veulent y voir surtout des lois statistiques : mais cette conception n'est pas unanime. (Personnellement, je pense qu'en économique, la plupart des permanences dites statistiques ont un fondement rationnel.) C'est là une question que la vérification économétrique pourra peut-être trancher.
4) L'économétrie est un gros stimulant pour la statistique théorique : cette dernière, purement formelle, n'a toujours qu'à gagner au contact d'une science de fond ; il faut dire, d'ailleurs, que, dans notre domaine, l'esprit de la statistique théorique a déjà évolué selon une tendance plus rationaliste, et, parmi certains économistes statisticiens, alors qu'on calculait naguère l'erreur probable d'une interpolation ou d'une extrapolation, on parle maintenant plus volontiers « d'inférence rationnelle ».

---

1. Camarade de la promotion 1919

B) Applications statistiques en économique.

Elles ne datent, certes, pas d'aujourd'hui, mais, en même temps qu'elles deviennent plus savantes, et profitent notamment des progrès de la biométrie, l'économétrie ne peut qu'en favoriser le développement.

Mentionnons ici les travaux du regretté **Lenoir**[1], qui paraît avoir été le premier à introduire, en 1913, la méthode statistique des corrélations multiples dans l'étude des variations des prix.

En considérant l'ensemble statistique des variations relatives des prix, le regretté **March**[2] a donné une définition statistique précise de *l'indice général des prix,* sujet sur lequel **M. Olivier**[3] a apporté d'intéressantes contributions. Dans une étude fondamentale sur les ensembles économiques en général, **M. Gibrat**[4] a proposé très heureusement de représenter la loi de distribution de tels ensembles par une des généralisations, dues à **Kapteyn**, de la formule de distribution des erreurs, de **Laplace-Gauss** (courbes en cloche asymétrique) après avoir obtenu de saisissantes vérifications de sa formule sur plus de 500 distributions économiques : pour la distribution des revenus, il a trouvé parmi les coefficients de sa formule *un « indice d'inégalité »,* répondant à la plupart des définitions courantes, et qui paraît assez immuable dans le temps, avec une certaine sensibilité aux mouvements cycliques. Dans le même ordre d'idées, plusieurs auteurs ont abordé l'étude de la dispersion des prix comme symptôme des crises économiques, **M. Bowley**, professeur à la « London School of Economics », a suggéré d'étudier systématiquement les distributions, avec l'idée que toute distorsion ou allure normale de la courbe de distribution peut être considérée comme l'indice probable d'un déséquilibre ou de la présence d'un monopole ou d'un contrôle.

D'autre part, l'étude statistique mord sur la définition des qualités. Je citerai à cet égard les travaux de **M. Chayrou**[5] sur le problème de « *l'achat rationnel* », qui tend à substituer aux appréciations de sentiment un criterium rationnel pour le choix entre deux objets qui diffèrent par leur qualité en même temps que par leur prix. La solution du problème consiste, en définitive, en un calcul de prix de revient pour tout ce qui concerne les biens indirects ou biens employés dans la production. De telles études paraissent devoir être fécondes : d'ores et déjà, elles nous conduisent à considérer l'« homo œconomicus » non seulement comme un être logique, mais aussi comme un être statistique dont on peut faire la « biométrie ».

Une autre application de la statistique dans les études économiques consiste à considérer certains ensembles, qui se renouvellent, comme « de véritables populations » dont il faut examiner simultanément la natalité, la mortalité, l'effectif, la durée de vie moyenne, etc., tous éléments « qui ne sont pas indépendants les uns des autres ». C'est par des méthodes empruntées à la démo-

1. Camarade de la promotion 1902.
2. Camarade de la promotion 1878.
3. Camarade de la promotion 1911.
4. Camarade de la promotion 1922.
5. Camarade de la promotion 1885.

graphie qu'il convient d'étudier ces ensembles renouvelés que constituent, par exemple, les fonctionnaires d'une certaine administration, les sommes déposées dans une banque, les navires de la flotte mondiale.

Travaux économiques proprement dits.

Ces travaux sont extrêmement divers ; nous ne pouvons qu'en citer quelques-uns.

1) Un problème abordé par de nombreux économistes est celui de l'étude et de la construction *des « courbes de demande »*, qui indiquent comment varie la quantité vendue d'une marchandise en fonction du prix de cette marchandise, toutes choses égales par ailleurs. On caractérise en général cette courbe par sa pente au moyen *d'un coefficient d'élasticité* qui donne le quotient des accroissements « relatifs » des deux variables. **M. René Roy**[1] a montré comment il est possible d'établir un lien rationnel entre la demande de groupes de marchandises et la courbe de distribution des revenus, et il en a tiré d'intéressantes précisions. La détermination numérique de l'élasticité de la demande paraît devoir comporter de nombreuses applications pratiques : elle est à la base de l'étude des prix de monopole ou de quasi-monopole ; elle peut expliquer certaines erreurs de la rationalisation industrielle provenant de ce que l'abaissement recherché du prix de revient s'accompagne d'une augmentation de la production qui peut conduire elle-même à un abaissement du prix de vente supérieur à l'abaissement du prix de revient ; dans le même ordre d'idées, **M. Vinogradoff**, de la « Westinghouse Electric and Manufacturing Company », a récemment utilisé cette notion d'élasticité de la demande pour une étude précise de certaines conditions du chômage technologique.

2) On étudie dans le même esprit « *la courbe de l'offre* » et *la « courbe du prix de revient »*, en fonction de la quantité produite. La considération de telles courbes paraît indispensable dans bien des cas. Comme l'a exposé **M. Colson**, la dépense de production comprend une partie fixe et une partie sensiblement proportionnelle à la quantité produite ; le coefficient de proportionnalité constitue le « prix de revient partiel » ou prix de revient de l'unité en sus ; les considérations de la courbe du prix de revient et de la notion de prix partiel, approfondies notamment par **M. Erich Schneider**, sont fondamentales et il est étonnant qu'elles ne soient pas utilisées par les practiciens qui auraient très grand profit à le faire.

3) Un autre problème est l'étude du « *polypole* » ou situation d'un marché alimenté, sous un régime de liberté, par un petit nombre de producteurs. Le problème de deux producteurs ou problème du « duopole » avait été abordé déjà par **Cournot** qui pensait pouvoir passer du cas du monopole à celui de deux producteurs, puis de trois, puis de **n**, et aboutir ainsi au cas général de la libre concurrence. Cette solution de **Cournot** n'a pas servi à la théorie classique de la libre concurrence dans le cas d'un très grand nombre de producteurs ; contestée par **Edgeworth** et **Pareto** et abandonnée,

1. Camarade de la promotion 1914.

elle a été reprise et discutée récemment, elle anime actuellement toute une série d'études concernant notamment les marchés alimentés par la grosse industrie sous le régime du polypole.

4) Dans le domaine « du salaire », les études d'économétrie ont été jusqu'ici peu nombreuses, mais il semble bien que la théorie de la détermination du salaire et de l'intérêt de **M. Colson**, si pénétrante et si concrète, doive conduire à toutes sortes d'applications de ce genre. En particulier, elle pose le problème, non résolu jusqu'ici, de l'élasticité de la demande de force de travail : lorsque, par exemple, on réduit la journée des ouvriers de 10 heures à 8 heures, la théorie montre que cette diminution de l'offre de force de travail doit entraîner, toutes choses égales d'ailleurs, un relèvement du prix de l'heure ; mais il serait intéressant de savoir si la nouvelle rémunération des huit heures est supérieure ou inférieure à l'ancienne rémunération des dix heures de travail : c'est un problème dont la solution paraît dépendre de la situation de fait et pourrait, par suite, être recherchée par conjugaison de la théorie et de l'étude statistique.

5) En ce qui concerne « les rapports internationaux », **M. Rueff** a montré combien la disparité des pouvoirs d'achat reste petite et provoque un mécanisme de réaction extrêmement sensible, qui tend à rétablir la balance automatiquement. La connaissance du « degré » de sensibilité de ce mécanisme – qui relève nécessairement d'études quantitatives – est de première importance pour l'étude du problème des transferts qui fut si actuel, et qui conserve son intérêt en tout état de cause, étant donné la vulnérabilité des systèmes monétaires modernes devant les transferts massifs de capitaux.

6) Le domaine « de la monnaie » donne lieu à tout un faisceau de recherches :

a. Les économistes **Irving Fisher** et **Ragnar Frisch** se sont attaqués au problème de la détermination statistique de la courbe « *d'utilité marginale de la monnaie* » et ils sont parvenus à établir trois méthodes de détermination de cette importante caractéristique économique.

b. Antérieurement, *la fameuse « équation des échanges »*[1] étudiée notamment par **M. Aupetit** dans une thèse restée classique, avait reçu du Professeur **Irving Fisher** une expression définitive. On sait que cette équation établit un lien logique entre le niveau général des prix et la quantité de monnaie en circulation, et ce lien logique, qui met en jeu entre autres paramètres la vitesse moyenne de circulation de la monnaie, doit nous conduire à l'étude statistique de la valeur et des variations de cette vitesse moyenne. Il y a là tout un procédé d'investigation qui doit être particulièrement précieux pour l'étude de la monnaie moderne ou monnaie-crédit.

c. De telles études sont d'ailleurs bien loin d'épuiser la question monétaire, notamment celle du « fonctionnement du mécanisme de la monnaie-crédit – et du crédit lui-même – ainsi que l'a montré notamment **M. del Vecchio**, Professeur à l'Université de Bologne, dans une série d'aperçus très pénétrants sur la manière dont doit se développer l'étude mathématique et économique de ce problème si complexe qu'est le problème monétaire.

1. Déjà soupçonnée par Copernic et exprimée de façon suffisamment précise par Montesquieu.

La pratique bancaire a admis jusqu'ici qu'il doit y avoir un certain rapport entre le montant des crédits à découvert faits par les banques et le montant de leur encaisse ; ce rapport ou *taux de couverture* répond jusqu'ici à une notion purement empirique et l'on doit bien dire que toute étude qui suppose connu ou donné le taux de couverture des banques est entachée d'une grave lacune. Il doit exister un problème de la détermination du taux de couverture, problème qui, sans doute, est aussi celui de la stabilité du découvert.

Il est inutile de souligner l'importance pratique que pourraient avoir de telles études du mécanisme du crédit. On sait combien le système de la monnaie à découvert, aujourd'hui universellement répandu dans le monde, a pu donner lieu à des déboires ; pourtant, il est absolument impossible de songer à revenir à un système de monnaie entièrement couverte par de l'or, puisque ce métal représente aujourd'hui à peine 7 à 8 % du total de la monnaie (or, billets ou crédit) circulant dans le monde. La vraie solution aux difficultés de la monnaie-crédit consiste donc, non pas à supprimer le découvert, mais à l'étudier et à en comprendre les conditions de stabilité.

7) « La question des crises », qui constitue assurément l'un des problèmes essentiels de la recherche économique actuelle, n'a pas manqué d'être abordée sous l'angle de la conception économétrique ; c'est peut-être un domaine où une étude précise, avec vérification statistique serrée, est le plus indispensable : en effet, les tentatives d'explication théorique des crises sont actuellement extrêmement nombreuses, puisque, avant la présente dépression, on en comptait déjà, paraît-il, plus de 280, mais le problème ne paraît pas résolu.

Toutes ces explications ne sont, probablement, pas réfutables, puisqu'elles ont leur base dans le postulat de lois économiques bien établies ; mais cela ne suffit pas pour qu'on puisse les considérer comme une véritable explication des crises. En réalité, l'explication ne peut être donnée, semble-t-il, que par une étude beaucoup plus serrée de la question, serrée au point de vue théorique et serrée également au point de vue de la vérification statistique.

En ce qui concerne les crises générales, la vraie manière de les étudier paraît être de se référer à la forme précise des courbes d'oscillation. D'autre part, le seul criterium d'une explication théorique des crises consiste à voir si elle explique véritablement « *le renversement de la tendance* ». Là encore, il semble que le langage ordinaire n'est pas suffisant et que, pour vérifier si on est en présence d'une explication véritable, il convient de traduire en équations le mécanisme explicatif et de vérifier si la courbe répondant au calcul s'infléchit nécessairement vers le bas après avoir eu une partie ascendante.

Il est probable enfin que les crises générales consistent en une synchronisation d'oscillations produites par différentes causes, dans un tout élastiquement solidaire, en sorte que la théorie des crises générales économiques serait une sorte de théorie synthétique englobant l'ensemble de l'univers économique. D'une manière tout à fait générale, un statisticien de La Haye, **M. Tinbergen**, a indiqué comment on peut obtenir en grand nombre des équations dynamiques d'oscillation sous forme d'équations linéaires du second ordre, faisant intervenir, avec le prix, sa dérivée par rapport au temps (qui intervient notamment dans les opérations de spéculation et plus généralement d'achat pour revendre) et, d'autre part, son intégrale qui intervient dans l'expression de tous les éléments résultant d'opérations cumulées.

Mais un problème se pose de toute manière, celui de « l'entretien des oscillations ». A cet égard, deux grands courants de pensée se manifestent, le premier recherchant l'entretien du mouvement dans des influences « exogènes » dues à certains événements, notamment d'ordre extra-économique, l'autre considérant que le système est auto-entretenu, c'est-à-dire que les oscillations sont produites par des causes « endogènes ».

Il se pourrait qu'une théorie générale des crises eût à faire une synthèse de ces divers points de vue qui paraissent tous comporter une interprétation économique intéressante. Reste à savoir si l'observation permettra jamais de les départager.

Action collective. – Méthodes.

Outre la liaison qu'elle établit entre les chercheurs, la Société d'Econométrie pourra rendre des services en ce qui concerne l'« organisation » de la science ; en particulier, l'étude économétrique doit permettre d'élargir et de préciser la terminologie économique, et c'est une question qui est tout à fait d'importance :

Si, jusqu'ici, les termes usités dans la science économique ont souvent une signification vague, ou qui diffère d'un auteur à l'autre, cela ne tient pas, en général, à quelque négligence des économistes ; c'est qu'en réalité, dans ce domaine, rien n'est plus difficile que d'extraire, des conceptions idéales ou des vues de la réalité, des notions suffisamment précises et objectives. Dans ce travail considérable de la « construction des concepts », le point de vue économétrique est intéressant en ce sens qu'il doit nous conduire à la construction de caractéristiques précises parce que quantitatives : tel est déjà le cas des définitions données pour l'inégalité d'une distribution, l'élasticité de la demande, l'élasticité d'un prix de revient, etc.

Quant aux méthodes de travail, ce qui les caractérise au premier chef, c'est l'esprit exclusivement scientifique dans lequel toutes ces études sont abordées. Au cours des réunions, auxquelles j'ai pu prendre part, aucune discussion, même par allusion, de politique économique, n'a jamais eu lieu et il en résulte une sérénité absolue, particulièrement précieuse à l'étude objective des phénomènes.

*
* *

Dans bien des domaines de la technique, le recours aux méthodes statistiques doit s'introduire tout naturellement du fait que, quel que soit le degré d'avancement des études purement théoriques et rationnelles, ces études ne peuvent pas englober tous les éléments du problème concret : par exemple, il semble bien que, jusqu'ici, les calculs les plus savants de l'hydraulique n'aient pas toujours réussi à permettre d'effectuer avec une certitude suffisante la prévision des crues d'une rivière d'après les observations relevées en amont quelques jours avant ; or, il semble qu'une étude statistique basée sur la recherche des corrélations qui peuvent se manifester, dans un grand nombre d'observations, entre les niveaux observés et les niveaux à prévoir, pourrait peut-être aider la théorie à dégager, d'une façon suffisamment précise pour devenir intéressante en pratique, les probabilités que le niveau étudié a d'atteindre tel jour, telle ou telle cote.

Les méthodes de la statistique ont, d'ores et déjà, permis de conduire à un certain nombre d'applications particulièrement frappantes et les techniciens ne sauraient trop s'y intéresser.

François DIVISIA.

Conférence de M. Jean Ullmo (séance du 12 février 1937)
Répétiteur d'Analyse à l'École Polytechnique

LES PROBLÈMES THÉORIQUES DE L'ÉCONOMIE DIRIGÉE

Ma conférence s'intercalant dans une série d'exposés ayant trait à la méthode en science économique, je commencerai par faire allusion à ces exposés et par y opposer, jusqu'à un certain point, ce que je crois être la doctrine économique plus particulièrement du C.P.E.E. auquel nous appartenons ; c'est-à-dire d'un milieu où l'esprit scientifique est estimé par-dessus tout et honoré. Je ne vous cache pas qu'après les assauts assez violents dont elle a été l'objet, je serai ici un peu le défenseur de *l'économie pure.*

Sous ce mot, on vous a représenté quelque chose d'assez bizarre, de très abstrait et on a eu assez beau jeu à le pourfendre après vous en avoir fait un tableau assez peu flatteur. Mais je crois qu'en remettant la chose au point et en précisant ce qu'il faut entendre par économie pure, nous tomberons assez facilement d'accord qu'on ne saurait la rejeter a priori comme moyen d'analyse et comme moyen de recherches dans la science économique qui nous occupe. L'un de mes prédécesseurs, M. Pirou, a reproché principalement à l'économie pure de chercher à définir des systèmes en équilibre, et il a opposé à cette étude des systèmes en équilibre, ce qui serait l'effort principal des économistes français contemporains, à savoir : de constituer une économie dynamique.

Je lui ferai d'abord une querelle de langage. L'équilibre et le dynamique ne s'opposent nullement ; les théories d'équilibre ne sont pas nécessairement des théories statiques : on peut concevoir un équilibre dépendant du temps. En effet, un système trop rigide dans lequel toutes les variables dont dépend le jeu des forces économiques seraient fixées une fois pour toutes, serait incapable de s'adapter au système économique que nous connaissons, lequel est essentiellement fonction du temps.

Il est parfaitement concevable, par contre, de constituer une doctrine des équilibres dépendant du temps ; si vous voulez, on pourrait l'appeler une doctrine adiabatique dans laquelle l'évolution économique serait un jeu de forces se faisant à chaque instant équilibre.

Je reprendrai ce qu'a dit M. Pirou plus précisément, en affirmant que plutôt que d'étudier les équilibres abstraits, les économistes français préfèrent s'occuper des déséquilibres réels, ceux qu'ils rencontrent dans les faits économiques réels. Je me demande s'il n'y a pas là une pétition de principe. Comment parler de déséquilibre si l'on n'a pas, au préalable, défini un équilibre qui permette d'aborder la définition du déséquilibre en question ?

Vous voyez que la notion même de *déséquilibre* employée par M. Pirou suppose une notion implicite d'équilibre, et j'ajouterai : une *notion vague,* par exemple celle qui nous fait penser qu'il y a déséquilibre quand un groupe d'industries protégées est prospère alors qu'un autre groupe, exposé à la concurrence du marché international, se trouve dans une situation plus difficile. C'est sans doute parce que nous avons la notion vague que l'équilibre comporterait une sorte d'égalité entre les différents groupes industriels que nous pensons qu'il y a alors déséquilibre. De même, quand il se forme des stocks invendus ou quand le délai de livraison de certaines industries tend à s'allonger, nous concevons encore qu'on s'écarte d'un certain équilibre. Il y a intérêt à préciser cet équilibre-point de repère, à l'analyser, à le décrire, et même à chercher les conditions théoriques de sa réalisation pour voir si les mesures pratiques prises avec l'espoir plus ou moins vague de s'en rapprocher ne vont pas à l'encontre du but poursuivi.

Je viens de commencer, et vous remarquerez que je me suis déjà beaucoup servi du mot *vague.* Car il me semble que la plupart des recherches et des applications de l'économie politique, qui influent si fortement sur notre existence quotidienne, se font dans le vague. Et d'une façon plus précise, nous pourrions dire : *dans le vague des définitions.* En effet, que l'on ne soit pas d'accord sur les buts à poursuivre, que tels souhaitent le libéralisme, d'autres le socialisme, d'autres encore l'autarchie, la liberté des échanges, toutes ces divergences sont parfaitement admissibles. Bien entendu, dans une étude comme celle de ce soir, nous ne nous en préoccuperons pas du tout. Mais ce qui est beaucoup plus redoutable – et tous les gens qui ont simplement lu les journaux s'en sont rendu compte, – c'est que toutes ces discussions fondamentales se font dans le vague.

Prenons un exemple concret : qu'est-ce que *l'inflation* ? Telle mesure que l'on prend est-elle ou non de l'inflation ? Suivant que le mot sera prononcé par tel ou tel économiste renommé, on verra des effets assez saisissants se produire : on verra le capitaliste moyen inquiet, le marché en effervescence, les Commissions des Finances seront alertées... Mais tout dépend de l'emploi de ce mot. On n'a pas défini ce qu'il fallait entendre par là, et, par suite, quel danger réel naissait d'un tel processus. Ce qui est inflation au centre droit est considéré comme saine gestion au centre gauche. Tous les débats économiques d'après-guerre ont porté sur des erreurs et des malentendus de définitions.

Le procédé le plus fréquemment employé dans les discussions est *l'analogie,* et j'ajouterai, sans vouloir faire d'allusions personnelles, l'analogie purement verbale. Ces analogies sont en général empruntées aux comptes de cuisinières ou, sur un plan un peu supérieur, aux comptes de profits et pertes d'une petite boutique d'épicier. En d'autres termes, on conçoit le système économique, l'ensemble des échanges, comme analogue à ce qui se passe dans un porte-monnaie de cuisinière ou dans un bilan d'épicier. Ce n'est pas dans un esprit de polémique que je fais cette remarque ; je signale simplement le besoin de préciser ces définitions. J'emprunterai donc mes exemples à l'histoire assez reculée.

Nous connaissons la théorie mercantiliste du commerce extérieur qui a sévi en France à partir de la Renaissance jusqu'en plein dix-huitième siècle. Le commerce extérieur d'une nation était assimilé au commerce d'un petit boutiquier. Par conséquent, tout le but du commerce extérieur consistait, pour les mercantilistes qui faisaient la loi, à assurer un stock d'or constamment croissant et à faire rentrer dans la nation des espèces d'or de plus en plus nombreuses. Il a fallu la critique des physiocrates et celle d'Adam Smith pour montrer qu'une telle conception était ruineuse et reposait sur une analogie tout à fait fausse.

Un autre exemple, plus frappant encore, qui a été à l'origine de toutes les difficultés de l'Ancien Régime pour établir des impôts, était une conception de l'impôt par analogie avec les dépenses d'un certain individu : l'impôt, c'était les dépenses de l'Etat. Or, l'Etat, c'était le Roi ; l'impôt était donc les dépenses royales. Et la phrase qui circulait au cours de l'Ancien Régime était : « Le Roi ne doit pas dépenser plus qu'il n'a. » En d'autres termes, les dépenses d'utilité publique devaient être proportionnelles aux ressources du domaine royal. Une telle analogie ne portait pas la conception d'une participation des particuliers aux dépenses d'intérêt général: En vérité, l'impôt n'est pas une dépense, mais un transfert de ressources d'un lieu dans un autre. Et l'impôt est bon si ce transfert développe les ressources de l'ensemble.

Eh bien, c'est au nom d'une fausse analogie de ce genre, dont les représentants types ont été les Parlements égoïstes et malintentionnés de l'Ancien Régime, que, constamment, les classes privilégiées se sont refusées à prendre leur part des justes impôts, et l'histoire de l'ancienne monarchie a été celle d'une suite de crises financières.

Par exemple, en 1760, on a attaqué M. de Calonne en lui reprochant de vouloir ruiner l'Etat en lui faisant dépenser plus qu'il n'avait.

Soixante ans plus tard, le budget de l'Etat était cinq fois supérieur, sans que les ressources du pays se fussent sensiblement accrues, mais on était en pleine prospérité : c'était l'époque heureuse du baron Louis. Par conséquent, il y avait, dans les reproches faits à Calonne, un sophisme évident, reposant sur une fausse analogie.

Nous avons ainsi mis l'accent sur deux défauts essentiels de l'économie contemporaine : *l'emploi de définitions vagues,* et de *raisonnements par analogies purement verbales.* Ne vaut-il pas mieux chercher des définitions précises, et, si l'on veut des analogies, les prendre dans des modèles comportant une analogie avec la réalité, ayant une ressemblance avec les système réels ?

Je n'ai pas besoin de reprendre ce qu'a dit M. Coutrot l'autre jour : vous savez que l'emploi de modèle constitue, dans la plupart des sciences, la méthode fondamentale d'approche. Mais je veux préciser ici en quoi *les modèles* de l'Economie Politique peuvent différer de ceux des sciences ordinaires et où ils doivent limiter leur ambition.

Il paraît bien clair que toute science positive a pour « matière première » la recherche de *relations quantitatives répétables élémentaires* entre éléments mesurables des phénomènes dont elle fait son étude. Ainsi le premier stade est tout d'expérience : mesures et recherche systématique de relations répétables entre des résultats de mesure.

Un second stade, qui fait intervenir l'activité constructrice et logique de l'esprit, est la généralisation de ces relations élémentaires en *lois,* valables pour des intervalles finis de temps, et qui permettent la prévision par extrapolation.

La troisième étape est la construction de *théories* qui donnent de ces lois naturelles une interprétation causale, qui les harmonisent et les hiérarchisent en les ramenant au plus petit nombre possible de causes irrationnelles, de causes sans causes, comme par exemple une particule ultime constituante de toute matière, dans une théorie physique : électron, proton – ou éventuellement propriété irréductible de la nature humaine, en psychologie : tendance de l'être à persévérer dans son être.

On voit que l'élaboration des théories est le couronnement d'une science, que les tentatives d'explications causales par les forces, ou les tendances, ou en général les propriétés de certains êtres ultimes ne doivent intervenir que lorsque l'édifice des lois naturelles (le stade positiviste de la science) est presque entièrement constitué, ou déjà très avancé ; il faut cette base sûre pour les constructions de l'esprit.

Mais pourquoi, dans notre âge cartésien et positiviste, a-t-on assisté en économique à l'éclosion de tant de théories générales, au mépris de l'ordre de succession méthodologique si clairement indiqué par l'expérience des autres sciences ? C'est sans doute que le premier stade présente ici des difficultés particulières (bien qu'il soit partout très difficile) qui nous semblent de deux sortes. La première est classique, et nous n'y reviendrons pas : c'est la difficulté bien connue de l'expérience en science sociale. On sait que c'est l'étude des statistiques portant sur les faits passés, qui constitue cette expérience, et fait l'office des mesures portant sur les faits contemporains dans les sciences physiques.

Désormais, traitant de l'économique, mesure et statistique seront donc pour nous synonymes. Mais ici intervient la seconde difficulté fondamentale : celle de savoir quoi mesurer.

Qu'on nous entende bien : il ne s'agit pas de cette difficulté que rencontrent toutes les sciences de trouver, parmi les éléments distincts, et bien délimités que leur présentent les phénomènes, lesquels donneront lieu à des relations répétables exactes : cette question aussi se posera à l'économique, et donnera lieu, comme ailleurs, aux longues études, aux tâtonnements, aux approximations successives qui ont marqué le développement de toutes les sciences. Mais ici la question est autre, et plus ardue encore : car les éléments eux-mêmes qu'il faudrait mesurer ne sont pas précisés, ne sont pas distincts, ne sont pas définis. Ce sont des éléments abstraits, des universaux si l'on veut, qui ne s'incarnent et se localisent en aucun objet sensible, dont la réalité est certaine (nous ne prétendons pas faire revivre la querelle des universaux), mais la définition imprécise, variable, évanescente. Tel auteur renonce à employer le mot « épargne » pour lequel il a découvert onze sens distincts dans la littérature ; que dire, le bénéfice, endettement, pouvoir d'achat, plus-value, minimum vital, revenu national, prix de revient, etc., etc., tous ces mots sur quoi personne n'est d'accord, qui changent de sens, d'interprétation, de rubrique comptable, suivant le parti politique, le niveau social (le bénéfice d'une société par actions n'a rien de comparable à celui d'une marchande de journaux), le pays ou l'auteur considérés.

Et c'est ici qu'apparaît impérieusement l'utilité, voire la nécessité, des *modèles,* et des modèles algébriques en particulier : aussi rudimentaire, aussi éloignée des conditions vraies du processus économique que soit l'image qu'ils donneront du complexe des productions et des échanges, ils auront joué tout leur rôle s'ils permettent de séparer des notions claires et distinctes ; à chacun des symboles, qui y figurent correspondra une telle notion. Le nom qu'on « collera » sur telle notion aura un sens précis, unique. L'ensemble des notions ainsi définies (arbitrairement) et des relations entre elles exprimées par les équations du modèle, seront non seulement précises, mais non-contradictoires, mais cohérentes ; le mécanisme algébrique pourvoit à cette exigence.

Il faudra, bien entendu, que les notions ainsi définies arbitrairement aient une correspondance dans la réalité économique, que le « bénéfice » du modèle (simple étiquette donnée à un symbole algébrique) ait quelque rapport avec la notion vulgaire du bénéfice, c'est-à-dire tombe (en un point précis) à l'intérieur de cette zone diffuse de sens que les différentes acceptions du mot bénéfice remplissent dans l'expérience courante.

Ces modèles, à qui nous réserverons le nom d'*indicatifs,* seront conçus comme des schémas comptables, résumant les opérations comptables effectivement réalisées à l'occasion de la production et des échanges : à chaque notion bien définie que nous en tirerons, nous chercherons les analogues, les parallèles, les correspondantes (mots volontairement imprécis) dans les comptabilités véritables, dans les opérations effectives du monde économique : ceci guidera notre recherche des éléments à mesurer. Sous un même mot du langage vulgaire, nous verrons parfois se confondre plusieurs grandeurs qui se rattachent à des notions différentes du modèle ; nous parviendrons ainsi à les distinguer. Nous aurons ainsi un guide pour retrouver dans le réel des éléments à définitions précises, et distinguer les éléments différents.

Nous avons ainsi dégagé une première méthode d'analyse du complexe économique : c'est *la construction de modèles cohérents* servant de points de repère et d'instruments de mesures.

La seconde méthode est celle dont a parlé M. Halbwachs : c'est-à-dire *les recherches statistiques systématiques* dans le genre de celles auxquelles a consacré sa vie M. Simiand qui a passé vingt ans à chercher des corrélations statistiques entre les courbes de salaires et les courbes de niveaux de prix au cours de l'histoire. Cette seconde méthode est parfaitement valable, et l'exposé remarquable de M. Darmois vous en a fait apparaître la richesse et la profondeur. Là-dessus, M. Darmois est de la même opinion que moi : à savoir que cette seconde méthode doit s'appuyer sur la construction préalable de modèles, qu'il ne faut pas chercher des corrélations statistiques au hasard. Si on les cherche à propos de n'importe quoi, on ne saura pas interpréter ces corrélations, et on risque de rester longtemps sans en trouver de sérieuses. Cette recherche de *corrélations* doit être guidée par des idées préconçues suggérées par un modèle. Le modèle correspond à l'hypothèse de travail des sciences ordinaires, et je dirai même plus, c'est en sciences sociales qu'il est le plus nécessaire puisqu'on ne peut pas faire d'expérimentation.

J'en viens maintenant à l'explication que vous attendez peut-être, du titre de ma conférence : *les problèmes théoriques de l'économie dirigée.* Il me semble que de nos jours où l'économie dirigée est généralement étudiée, de tels modèles y sont absolument indispensables. On peut à la rigueur se passer d'études abstraites d'économie pure lorsqu'on fait de l'économie libérale : c'est-à-dire quand on déclare qu'en laissant faire les choses, tout ira pour le mieux. Vous l'avez constaté, dès qu'on fait de l'économie contrainte, il faut des plans quinquennaux ou quadriennaux. Seulement, ceux qui appliquaient ces plans savaient quel but ils poursuivaient ; pour la Russie, il s'agissait de s'équiper industriellement ; pour l'Allemagne, il s'agissait de reconstituer sa puissance militaire. Dans les deux cas, on pouvait diriger l'économie en fonction des buts ainsi préfixés. Mais lorsqu'on parle, dans un pays comme le nôtre, d'économie dirigée, lorsqu'on prétend améliorer la condition des échanges et de la production ; encore faut-il savoir ce qu'on prétend réaliser, vers quoi l'on se dirige. Le mot d'économie dirigée, sans une formulation préalable des idées ou du but à remplir, est un mot vide de sens. Les exemples que je viens de citer d'économie dirigée de la Russie et de l'Allemagne sont nets à cet égard. Est-ce là ce qu'on veut faire ? Sacrifier la génération actuelle pour la génération future comme en Russie, on sacrifie le confort de la vie à la volonté de puissance, comme c'est le cas en Allemagne ? Il faut, au préalable, une réflexion abstraite pour savoir ce que l'on veut réaliser.

Pour cela, il faut que nous analysions les modèles abstraits des sociétés à envisager, et que nous choisissions, parmi elles, celle qui nous semble souhaitable.

C'est le rôle qu'a toujours joué l'économie pure. C'est ce qui a fait son succès au dix-neuvième siècle, et c'est pourquoi économie libérale, économie orthodoxe et économie classique sont devenus des mots synonymes. A quoi cela est-il dû ? Cette économie est apparue dans un monde qui ne croyait pas, qui ne connaissait même pas la liberté économique. En développant abstraitement les propriétés d'une économie libre, elle en a fait voir tant de propriétés séduisantes qu'elle a agi positivement en contribuant à faire lever les réglementations et les contraintes, ce qui a permis au progrès technique de s'établir et ce qui a été certainement profitable au progrès humain.

Aujourd'hui, la liberté économique ne satisfait plus guère personne. Nous savons qu'aussi bien le représentant des capitalistes comme M. Detœuf que le représentant des salariés comme M. Belin ont vu les défauts et les inconvénients de l'économie libérale. Cette doctrine a contribué surtout à développer la production. On admet aujourd'hui que celle-ci est suffisamment développée pour que les problèmes de la répartition se posent de façon plus aiguë. On est donc, un peu partout, à la recherche de contraintes, de mécanismes ordonnancées, dont les ententes industrielles ne sont qu'un aspect. Encore faut-il savoir quel idéal on se propose. Pour le premier problème – qui me paraît fondamental – qui consiste à fixer les buts poursuivis, l'économie pure est de toute nécessité : elle remplace le vague par le précis.

Ces recherches d'économie pure que j'ai entreprises et que je vais essayer très rapidement d'appliquer devant vous ce soir, au problème de l'économie dirigée, se fondent sur des *postulats* très différents de l'économie pure libérale.

La première différence essentielle entre ce que j'ai essayé de faire et ce qui a constitué l'économie classique : c'est que j'ai cherché à m'abstraire le plus possible des notions de psychologie individuelle, qui ont encombré toute l'économie libérale. Vous savez qu'elles s'affirment dans la loi de l'offre et de la demande qui est le couronnement de l'édifice libéral. Or, plus on introduit les disparités des psychologies individuelles, moins on a de chances de faire quelque chose d'applicable.

J'ai essayé de remplacer systématiquement la psychologie individuelle par la psychologie collective, et de me passer des courbes d'indifférences obtenues par des *enquêtes* psychologiques, pour atteindre, par des méthodes objectives, c'est-à-dire statistiques, les données dont j'ai besoin pour construire mon économie pure. Les autres conditions dans lesquelles je me suis placé sont très éloignées de celles des grandes constructions du siècle dernier et sont peut-être même en avance sur celles que nous voyons autour de nous. Elles seraient empruntées à un pays plus évolué dans le sens de l'industrialisation que le nôtre. Ce sont à peu près celles qui prévalent aux Etats-Unis. Elles ne sont donc pas très éloignées d'une réalité assez prochaine.

J'ai commencé par remplacer systématiquement la notion d'ophélimité individuelle par une notion relative à une collectivité. Rappelons que c'est cette ophélimité que l'*homo economicus* des économistes classiques poursuit au moyen de son travail et qu'il tend à maximer. La loi de l'offre et de la demande affirme qu'elle peut, en effet, se trouver maximée pour tous les individus simultanément présents sur un marché libre, par des marchandages libres.

J'ai remplacé cette notion d'ophélimité par une notion que j'ai appelée l'*utilité statistique* d'un ensemble de consommations. Pour vous faire comprendre la différence, le plus simple est de faire appel à un exemple. Si vous choisissez, parmi une collectivité très nombreuse, un million de Français absolument au hasard et un autre million de Français également au hasard, et que vous leur distribuiez, disons 10 milliards de salaires de rétribution annuelle pour leur travail, vous assisterez à un fait statistique nouveau, très intéressant, que vous ne pouviez pas prévoir tant que vous ne considériez que les satisfactions individuelles de Pierre et de Paul. Vous assisterez à ce fait vérifié que chaque groupe d'un million de Français fera les mêmes achats, et que si les prix des marchandises changent, ou si les ressources changent (si au lieu de 10 milliards de salaire, vous leur donnez 12 milliards), ils feront encore les mêmes achats. Donc ici, vous avez le droit le plus strict, du point de vue scientifique, de dire que les deux ensembles d'achats toujours les mêmes réalisés par ces deux collections de un million de Français, au moyen des mêmes salaires, représentent pour eux la même utilité statistique.

On pourra parfaitement dire que, pour une population comme la population française, dans laquelle on aura fait un choix non systématique, on trouvera pour des collections d'un million d'individus qu'on aura ainsi sorties, une conscience collective ; c'est-à-dire quelque chose qui sera défini, qui sera même constitué par un taux de suicide constant, ou par un taux de nuptialité constant, ou encore par des conditions d'achat constantes. Par conséquent, il est parfaitement légitime d'introduire cette notion d'*utilité statistique*.

Si nous n'avons plus affaire à des collections choisies au hasard pour lesquelles nous sommes sûrs que les achats sont les mêmes parce que l'expérience est virtuellement faite et correspond tout bonnement à ce que nous appelons la loi des grands nombres, lorsque nous introduirons des groupes plus particularisés comme je le ferai tout à l'heure en associant, pour les étudier, tous les gens produisant le même bien ou le même type de biens, il faudra une précaution, une expérience supplémentaires.

Indiquons tout d'abord que la façon de définir le groupe de producteurs est d'abord de concevoir un produit déterminé, puis de prendre tous les industriels rivaux qui participent à sa fabrication : on voit que certains de ces industriels fabriquent une certaine gamme de produits. On ajoute au groupe tous les industriels fabriquant d'autres produits de cette gamme, etc.

Il est clair qu'on arrivera ainsi à constituer des cycles fermés qui décomposeront un pays comme la France en très grands groupes. On aura, par exemple, l'ensemble des métallurgistes ou des cheminots, des gens travaillant les textiles... On étudiera les collections ainsi choisies, non plus au hasard. Il ne sera pas évident du tout, a priori, que pour elles, jouera une notion telle que l'utilité statistique. Il faudra, au préalable, vérifier la présence de cette utilité statistique. Il suffira de voir si, à salaire égal, il y a achats égaux pour des groupes suffisamment nombreux. Si, à un moment donné, par suite de hasards, vous trouvez deux collections disons l'une de métallurgistes, l'autre de cheminots ayant des salaires égaux et si, par des recherches statistiques, vous voyez que leurs achats sont très comparables, vous pourrez dire qu'il existe, pour ces achats, une utilité statistique correspondant à ces collections. Vous avez donc, en l'utilité statistique, une notion *opérationnelle* : c'est-à-dire qu'on peut reconnaître son existence au moyen d'expériences. Bien entendu, pour certaines collectivités, cette notion ne jouera pas. Si vous mélangez des nègres et des Français, leurs besoins sont tellement différents, que vous ne pourrez pas parler d'utilité statistique.

Il est nécessaire, maintenant, de parler de la notion d'*utilité statistique indirecte*. Pour l'outillage, les travaux publics, on ne peut définir l'utilité statistique, puisqu'ils ne donnent pas lieu à des achats individuels en vue d'une consommation « finale ». Mais on peut la définir indirectement au moyen des produits finalement consommables à la production desquels ils contribuent. On peut en donner une définition très précise en constatant que les rations consommables sont fonctions de ces outillages et, par conséquent, que, par leur intermédiaire, on atteint leur utilité statistique simplement comme fonction de fonction.

Ayant ainsi mis de côté l'ophélimité individuelle pour la remplacer par cette notion d'utilité statistique, j'ai fait reposer mon modèle sur trois types de conditions économiques qui se différencient assez nettement de celles de l'économie classique. Tout d'abord, j'ai entièrement rejeté de mes considérations – en ce sens, j'ai un peu anticipé sur l'évolution actuelle d'un pays comme la France – la notion de production en vue de la consommation personnelle : notion qui a encombré les théories économiques du dix-neuvième siècle. On peut, de nos jours, concevoir que toute production est faite en vue de la vente.

Un second point dont n'ont pas tenu compte les économistes libéraux qui ont surtout traité la question du marché des échanges, en laissant au second plan le problème propre de la production, est celui de la division du travail. Un produit fini, dans mon modèle, n'est plus jamais le résultat de l'effort d'un homme seul : il est toujours le résultat d'une collaboration entre un groupe de producteurs. Or, les entreprises concurrentes n'échangent rien entre elles. Pour moi, l'unité économique échangiste tenant compte au maximum de la division du travail, et éventuellement de la rationalisation, est le groupe de producteurs associés comme je l'ai défini plus haut.

Enfin, un dernier point sur lequel je me sépare de l'école libérale, c'est que je n'ai pas voulu tenir compte, dans mon modèle, de ce qu'on pourrait appeler *le producteur marginal négatif*. De nos jours, les progrès techniques se sont tellement généralisés dans toutes les activités humaines qu'on n'a pas besoin de gens arriérés, donnant un rendement inférieur à la moyenne.

Les conditions suivantes étant ainsi posées : production en vue de la vente, élimination des producteurs mal outillés et développement de la division du travail, un des buts qu'on puisse se proposer en construisant un modèle en vue de l'appliquer à l'économie dirigée : c'est de maximer l'utilité statistique, c'est-à-dire de faire retirer par la collectivité le maximum de satisfactions personnelles, d'utilité statistique, des ressources dont elle dispose. A une époque donnée, les ressources de la technique sont supposées connues, la quantité de main-d'œuvre l'est également ainsi que la liste des biens que la collectivité est susceptible de produire. Il s'agit de tirer le maximum de cet ensemble d'éléments donnés.

La condition nécessaire de la maximation d'utilité statistique d'une société donnée, sera que, toutes choses égales d'ailleurs, un rendement maximum soit obtenu des ressources techniques dont elle dispose, que l'outillage social soit utilisé au mieux. Ceci va nous amener à préciser la vitesse moyenne de production. Il faut, au préalable, dans un groupe de producteurs déterminé, avoir établi une échelle de salaires, une dispersion de salaires assurant le rendement optimum. Je parle de salaires en unités manœuvres.

Je crois que c'est un simple problème de technique et de psychologie industrielle que de déterminer, pour chaque groupe industriel, combien de fois un ingénieur doit gagner autant qu'un manœuvre, etc. Il y a là un problème technique qu'on doit pouvoir résoudre objectivement de façon préalable. Vous connaissez l'exemple de la Russie soviétique où l'on n'a pas, tout d'abord, voulu tenir compte de la nécessité de la dispersion des salaires, où l'on a dit que tous les salaires devaient être à peu près identiques. Le rendement de la machine sociale s'en est trouvé tellement affaibli qu'il a fallu introduire une dispersion des salaires plus forte même que celle qui prévaut dans nos sociétés industrielles plus évoluées. Cela est dû à ce que les techniciens et les ingénieurs sont beaucoup moins nombreux, en Russie soviétique que dans nos sociétés industrielles plus développées.

Ceci étant, pour un groupe de producteurs fixé, l'ensemble des travailleurs qui le constituent (manœuvres, contremaîtres, direction, distributeurs, etc.) est équivalent à un certain nombre d'*unités-manœuvres*. A partir de ce moment, la notion de débit moyen de la production est précise : c'est le débit total divisé par le nombre total d'unités arbitraires ainsi atteintes.

Ce point ainsi établi, il s'agit de voir, dans le modèle, quelles sont les conditions de maximation de l'utilité statistique pour la collectivité. Il s'agit, en somme, de déterminer le système de prix, le système de distribution et le système de production qui maximent l'utilité statistique.

Un premier théorème va nous permettre de décomposer ce travail. Nous sommes sûrs de trouver toujours un système de prix, ou plutôt, de coefficients d'échange assurant la réalisation des échanges complets d'un ensemble de production et de consommation arbitraire, mais conservatif.

Je définis le système conservatif : c'est un système dans lequel, au cours de l'unité de temps, tout ce qui est produit pour être consommé est effectivement consommé. C'est un système dans lequel il ne se forme pas de stocks.

Nous savons définir les coefficients d'échange, – parce que, jusqu'à présent, ils n'ont pas droit au nom de prix, – assurant l'accomplissement effectif du cycle d'échanges ainsi préformé.

Ceci est intéressant, parce que, théoriquement, cette découverte nous permet de nous ramener, pour maximer l'utilité statistique, au problème de la production et de la distribution, en sachant que nous saurons toujours, au moins théoriquement, assurer effectivement les échanges préférables que nous aurons obtenus.

Un second théorème a trait à la distribution optima, et, également, il nous permet de décomposer l'effort que nous voulons faire en isolant le problème de la production et celui de la distribution. Il s'agit toujours de problèmes de maxima liés. On ne peut pas produire et distribuer tout ce qu'on veut parce que les ressources sont limitées. On peut diviser ces problèmes en changeant les conditions de liaison. Dans le second théorème, nous laissons arbitraire et fixe la répartition des travailleurs entre les différents groupes d'activités. Nous ne faisons varier que les salaires et les rations distribuées aux différents travailleurs.

Dans ces conditions, quel que soit le système de production, le système de distribution qui maxime l'utilité statistique est l'équilibre des salaires entre les différentes productions : il ne faut pas qu'il y ait de groupe de producteurs systématiquement désavantagé.

Maintenant, puisque nous savons que, quel que soit le système de production, nous pouvons trouver un système optimum de distribution qui lui corresponde : nous avons isolé le problème de la production optima. La solution de ce problème de production optima sera réalisée lorsqu'on aura égalité entre les utilités statistiques marginales directes et indirectes des différents biens. Précisons ce que cela veut dire. Le prix de la dernière unité produite, de quelque bien que ce soit, doit être strictement proportionnel à l'effort qu'elle a coûté, c'est-à-dire à la fraction de main-d'œuvre totale qu'elle a dû employer. Par conséquent : l'optimum de la production est essentiellement un accord, un équilibre, entre les différentes productions. C'est un équilibre du point de vue des besoins sociaux, de la demande sociale, de la facilité et de la vitesse de débit.

Une conséquence immédiate de cela est que cet équilibre des besoins sociaux doit se traduire par un équilibre des profits, puisqu'en effet, le prix de vente d'un produit : c'est son prix de revient plus le bénéfice, plus une certaine prime de rareté due à l'offre et à la demande.

La production optima sera réalisée lorsque cette prime de rareté sera la même pour tous les produits, lorsque la rareté relative sera la même pour tous les différents biens présentés au marché. Dans ces conditions, la prime de rareté sera également la même. Le profit, pour chaque produit ramené à l'unité de capital, sera le même. Par conséquent, l'expression du profit par unité de capital, qui doit être comparable entre les différentes branches de production, a également un sens très précis. Donc, la production optima est un équilibre des débits ou quantités produites et des profits. La distribution optima est un équilibre des salaires. Enfin, les prix optima sont également des prix d'équilibre. Ce sont des prix qui permettent au circuit des échanges de se fermer sans résidu, sans donner lieu à des stocks invendus ou à des faillites.

Remarquons que, dans ce modèle abstrait, le profit subsiste parfaitement, mais à titre de profit différentiel ; c'est-à-dire qu'il est la récompense de ce groupe de producteurs marginaux positifs, de ceux qui vont de l'avant, de ceux qui rationalisent davantage, de ceux dont le débit moyen est supérieur à la vitesse moyenne de l'ensemble du groupe. De nos jours, le profit, qui est la justification du capitaliste, est strictement fonction du progrès technique, différentiel. Plus ce progrès technique est rapide, plus il permet à un industriel d'améliorer son rendement par rapport au rendement moyen, et plus cet industriel sera en mesure de rétribuer les capitaux dont il aura besoin pour réaliser ces progrès techniques. Dans notre modèle, le profit est la récompense de l'ingéniosité humaine, et l'intérêt des obligataires est une sorte de pari fait sur le progrès technique.

Dans les conditions les plus générales, l'intérêt fixe que doivent attendre les obligataires doit être égal au taux moyen de rationalisation d'une industrie déterminée : c'est la quantité produite en plus avec la même main-d'œuvre totale d'une année à l'autre. Plus le taux moyen de rationalisation est fort, plus l'intérêt des obligataires est grand. Ce taux moyen de rationalisation se rencontre dans très peu d'entreprises ; la plupart ont un taux de rationalisation inférieur. La moyenne est relevée par l'ingéniosité technique de certains industriels progressifs.

Nous arrivons ainsi à la conception d'une société optima dans laquelle, comme vous le voyez, les notions d'économie dirigée trouvent leur place tout naturellement. Si on arrivait à monter des mécanismes par lesquels cet équilibre systématique des salaires, des débits, des profits, soit réalisé, on aurait une société dirigée au mieux. Et c'est dans ce sens que le critérium que je vous ai proposé au début, consistant à maximer l'utilité statistique, lorsqu'on a vu quelles étaient ses conditions de réalisation, apparaît comme un critérium de bon sens.

La notion de *juste profit* sur laquelle des discussions assez nombreuses ont eu lieu au sein même de notre société, se dégage assez nettement de ce qui vient d'être dit. Le juste profit est celui qui naît après que le capital est utilisé au mieux ; c'est-à-dire en appliquant cette loi d'indifférence de la production à laquelle j'ai fait allusion tout à l'heure. Le juste profit est essentiellement un profit d'équilibre : la rétribution du capital « utilisé au mieux » doit être la même pour les différents groupes d'industries.

Au stade de la distribution, c'est également à la notion d'un équilibre que nous sommes parvenus : c'est l'équilibre entre productions différentes. Et ceci se traduit d'un mot : rappelons-le, il ne faut pas qu'il y ait de groupe de production systématiquement privilégiés ou désavantagés.

Un point intéressant est, qu'ayant ainsi atteint la notion d'une production optima indépendante de la distribution et des prix, le fait d'avoir ainsi isolé le problème de la production est avantageux, parce que, à partir de maintenant, nous savons que des recherches statistiques du genre de celles des budgets de familles vont avoir des conséquences très utiles. Elles vont nous permettre de définir le *besoin social* ; c'est-à-dire quelle doit être, dans l'absolu, la production optima.

A première vue, lorsqu'on étudie les préférences de l'homme moyen, fixant une production effectivement optima, on pourrait penser qu'il s'agit là d'un simple problème psychologique. Mais est-il besoin d'aller chercher ces préférences de l'homme moyen dans les mystères de sa nature psychologique, alors qu'elles s'expriment chaque jour par la répartition authentique de ses achats, alors que le plébiscite quotidien des prix désigne et corrige à chaque instant les variations des goûts et des besoins de la société ?

Qu'on songe aux si intéressantes études statistiques sur les budgets familiaux qui se poursuivent, chaque jour améliorées et amplifiées. En comparant, pour des membres de collectivités suffisamment homogènes, les répartitions des achats au total des ressources, elles mettent en évidence les « biens de première nécessité » qui sont ceux dont l'acquisition est strictement proportionnelle au pouvoir d'achat ; les coefficients de proportionnalité sont des indices extrêmement sûrs de la valeur relative du poids, pour l'individu, de ces différents biens de première nécessité. Tout ceci permet d'atteindre ce que devraient être les échanges optima à partir des échanges actuels.

En nous plaçant maintenant en face de ce problème de la production optimum, nous allons pouvoir, grâce au guide qu'il nous fournit, attaquer certaines questions sociales d'un grand intérêt et, en particulier, cette question qui a si longtemps fait le malheur des économistes classiques : la question de l'opposition entre la rentabilité et la productivité, en d'autres termes : la question de savoir si la poursuite de l'intérêt personnel, égoïste, ne pourrait, en définitive, se retourner contre l'intérêt collectif, parce que les entrepreneurs auraient intérêt à augmenter davantage leurs bénéfices plutôt que d'accroître la production brute, c'est-à-dire le total des biens qu'ils produisent. C'est une objection très sérieuse et contre laquelle l'école classique n'a jamais pu de façon définitive trouver d'arguments. Dans notre conception, par contre, notre conclusion est formelle. Comme pour nous, ce qui compte, ce n'est pas la maximation accidentelle des satisfactions égoïstes, mais la maximation de l'utilité statistique, bien entendu, l'essentiel, pour nous, c'est *la productivité* et *non la rentabilité.*

Une société collectiviste idéale pourrait vendre strictement au prix de revient. Pour elle, ce serait l'existence de demandes non satisfaites ou de stocks invendus qui la guiderait dans ses productions futures.

Ce qui est triste dans une société libérale, c'est qu'il semble que ce signal avertisseur, que sont les prix, soit en même temps un facteur de trouble. Les disparités de prix avertissent qu'une production doit être augmentée ou diminuée, mais en même temps créent de nouvelles impossibilités de consommer ce qui a été produit : on est ainsi écarté de cet état optimum, en même temps qu'on est averti d'un écart précédent.

Vous voyez que, dans ce que nous venons de dire, nous avons mis en évidence une notion que je crois assez importante : la notion de *surproduction relative* et, pour la faire comprendre, il faut que je vous rappelle quelles sont les notions de surproduction auxquelles on a eu à faire jusqu'à présent. J'élimine la surproduction absolue qui est bien évidente. Seulement, on s'est aperçu qu'il existait d'autres types de surproductions : toutes les crises qui se sont produites depuis un siècle et demi l'ont démontré. A ce propos, on a établi une théorie intéressante, mais encore très confuse, et que j'essaierai de préciser ailleurs : c'est *la théorie du pouvoir d'achat*. On a cherché à montrer qu'il peut apparaître des surproductions du fait que les biens mis sur le marché ne rencontrent pas en face d'eux des besoins solvables, le mot important étant solvable. Ces biens correspondent bien à des besoins, mais on ne peut pas les acheter.

Les économistes classiques nient l'existence d'une telle surproduction. Il ne peut, étant donné que toute production met sur le marché un pouvoir d'achat rigoureusement égal à sa valeur, – elle trouve, par conséquent, sa contre-partie en pouvoir d'achat, – y avoir déséquilibre fondamental. Si l'on a des ennuis, ils sont dus à des accidents, à des fluctuations partielles, au fait que les consommateurs se sont portés en masse sur certains produits et en ont délaissé d'autres : il peut y avoir surproduction instantanée d'un produit, il ne peut y avoir de crise générale. C'est très contestable, et on démontrera peut-être un jour, de façon précise, que ce n'est pas exact.

Mais ce n'est pas encore cette surproduction-là que nous envisageons, parce qu'en admettant que nous démontrions son existence, elle reposera essentiellement sur les échanges, elle sera due aux disparités créées par les prix. Or, nous venons de mettre en évidence une troisième forme de surproduction : c'est la surproduction relative. Je vous en rappelle l'énoncé : c'est le fait qu'un bien soit produit en quantité excessive par rapport à la portion du pouvoir d'achat optimum que la collectivité est prête à consacrer à l'acquisition de ce bien. Cela veut dire que je me place dans un système où tout marcherait bien, où tous les produits sont susceptibles d'être consommés au moyen d'un pouvoir d'achat mis à la disposition des acheteurs, mais ils ne le sont pas tout de même, parce que du fait d'une mauvaise solution du problème de la production optima, un produit est effectivement surabondant par rapport aux autres. Il y a donc ici une surproduction au stade même de la production, et non pas au stade des échanges. On a, depuis un certain temps, le sentiment qu'il existe un tel type de surproduction, mais je crois savoir que c'est la première fois qu'il est mis en évidence au moyen des théorèmes ici exposés.

Une autre conclusion : c'est que le modèle que je vous ai proposé est en contradiction absolue avec *la loi d'airain* : c'est-à-dire avec le fait que le régime industriel doit tendre à payer l'ouvrier le minimum possible, juste de façon à assurer son existence. La maximation de l'utilité statistique comporte que le dernier manœuvre soit payé de même pour toutes les activités. Comme nous avons su évaluer en unités manœuvre toute la main-d'œuvre utilisée, la ration finale du manœuvre devra être déterminée par le nombre total d'unités manœuvre dont la collectivité se sera servie. Dans une collectivité suffisamment évoluée, il n'y a aucune raison pour que ce quotient soit juste le minimum vital.

En d'autres termes, nous trouvons ici une justification théorique de l'indemnité de chômage. Elle est un correctif nécessaire que le modèle impose, en sorte que cette alternative entre un salaire trop faible ou la misère ne se pose plus, et ne vienne plus détruire l'équilibre des salaires entre les différentes productions qui donne la maximation de l'utilité statistique. Voici un exemple où une *condition* de la maximation de l'utilité statistique suggère un *mécanisme* de cette maximation, à savoir l'indemnité de chômage.

Enfin, si nous avons ainsi donné un appui assez fort à une des thèses socialistes, nous allons voir que notre modèle va donner un appui, au contraire, à une thèse très différente. Nous allons traiter, pour finir, la question de la *juste répartition* des produits du travail.

L'expression est devenue classique dans toutes les écoles socialistes, c'est le fondement même de la revendication socialiste : le travailleur est exploité, il ne reçoit pas la juste rémunération de son travail. Contre cette thèse de la juste répartition telle qu'elle est affirmée par les différents doctrinaires socialistes, je poserai une question préalable. Je crois qu'une telle notion est strictement contradictoire, avec les conditions même de la production industrielle, à savoir la division du travail poussée à l'extrême, et c'est là, comme vous voyez, le problème si important du point de vue philosophique de l'imputation qui se pose. Comment répartir entre un groupe d'individus tous nécessaires à la production, les proportions qui leur reviennent de la valeur ainsi créée ? Dans le cas qui nous occupe de l'imputation aux différents participants à la production de la valeur d'un produit fini obtenu par les méthodes de divisions du travail, je crois qu'un tel problème est parfaitement illusoire. Sur quelles bases le résoudre, comment savoir la part de l'ouvrier qui a serré les écrous et la part de l'ingénieur ? On ne peut le savoir que par les salaires mêmes qu'on leur paye, donc, il faut supposer le problème déjà résolu, donc on tourne là dans un cercle vicieux.

Mais à ce problème, nous avons donné une réponse, et je la crois plus satisfaisante que celles qu'on a données jusqu'à présent. En effet, pour nous, la juste répartition sera essentiellement la répartition permettant d'assurer, en définitive, à la collectivité, et donc à chacun de ses membres, le maximum de satisfactions compatibles avec les ressources techniques de la société envisagée.

Donc, pour nous, le problème de la juste répartition, c'est le problème même que nous sommes en train de traiter, c'est le problème d'assurer, par un système de prix optimum, un système de distribution et un système de production optima, le maximum d'utilité statistique à la collectivité, et par conséquent, la réponse au problème posé tout à l'heure peut être ainsi formulée : la juste répartition c'est effectivement celle qui assure le meilleur rendement dans chaque industrie, ensuite l'équipartition entre toutes les industries, et enfin, la meilleure répartition des activités entre les différentes industries. Ainsi, nous avons, par un biais, résolu, proposé au moins une solution du problème de la justice sociale auquel je ne crois pas qu'on puisse opposer quelque chose, parce qu'on ne peut pas nier qu'en définitive, l'intérêt collectif : c'est d'assurer le rendement maximum de la machine sociale, et tout ce qu'on peut demander, c'est que ce rendement soit bien dirigé pour assurer la satisfaction maxima des besoins. On aura alors, pour chaque ouvrier, pour le dernier ouvrier, la rétribution maxima qu'il puisse espérer pour les conditions sociales dans lesquelles il est placé.

Jean ULLMO.

L'ÉCONOMIQUE RATIONNELLE

par MM. Georges et Edouard Guillaume

Analyse par Jean Constant (juin 1937)

L'ouvrage de MM. Georges et Edouard Guillaume, qui fait l'objet du document n° 6 du Centre Polytechnicien d'Etudes Economiques, présente l'aspect actuel de la doctrine de l'Economique Rationnelle.

On sait les préoccupations scientifiques qui ont poussé MM. Guillaume à chercher la solution des problèmes économiques hors des sentiers déjà battus.

La seule dialectique, l'appel à un certain bon sens qui sont le fondement de l'Economie Politique classique étaient peut-être susceptibles de mettre en évidence certaines relations qualitatives entre les phénomènes économiques, avec cette réserve que les raisonnements d'apparence impeccable pouvaient celer des vices cachés que la méthode adoptée ne permettait pas de découvrir. Elle restait de toute façon impuissante à manifester les lois quantitatives qui ont dans l'espèce une importance première.

La méthode historique, typiquement illustrée par les travaux de Simiand, se proposait d'induire l'avenir à partir des données statistiques fournies par le passé. Son point faible réside dans l'exacte détermination des conditions expérimentales.

La méthode hédonistique, à l'élaboration de laquelle ont participé Cournot, Jevons, Walras, Pareto, laissait encore une part trop grande aux spéculations subjectives, reposant sur une conception métaphysique de la valeur. Elle ne pouvait se prêter à une analyse et à une construction quantitatives.

L'Economie Politique est la science de la valeur, notion dont la nature, l'essence échappent à toute définition. Mais il ne doit pas être impossible de traiter scientifiquement de la valeur : les physiciens n'étaient pas mieux partagés avec les notions d'espace, de temps ou de force.

C'est dans cet esprit que MM. Guillaume ont élaboré *leur théorie mathématique de la valeur.*

Transposition à la notion de valeur des principes généraux des Sciences exactes.

Il n'y a aucune raison de ne pas admettre que le monde économique évolue en passant par une succession d'états de régime dans lesquels il se trouve en équilibre dynamique, les périodes de déséquilibre correspondant à un état transitoire entre deux régimes successifs.

Comme le ferait n'importe quelle autre science, l'Economique Rationnelle se propose d'étudier les *états d'équilibre,* et de parvenir par la connaissance des lois auxquelles ils obéissent à la prévision du sens dans lequel les feront évoluer les phénomènes perturbateurs.

L'Economique Rationnelle ne prétend pas dominer le facteur humain, supputer les décisions qui relèvent du libre arbitre. C'est à l'étude de ces lois physiques que l'Economique Rationnelle entend se borner.

Les sciences exactes n'ont pu progresser que du jour où elles se sont donné les moyens de recourir à l'aide précieuse de l'instrument mathématique. Il leur a fallu pour cela se mettre à même d'écrire des égalités, c'est-à-dire admettre des principes de conservation.

Le principe de la conservation des masses ou de l'énergie a pu paraître, à l'origine, s'adapter imparfaitement à la réalité observée. La science a poursuivi ses recherches pour déterminer « où passaient » les parcelles qui semblaient s'évanouir, et elle a enregistré de nouveaux progrès.

L'Economique Rationnelle met à la base de l'équilibre d'un système *le Principe de la Conservation de la Valeur.* Ce principe soulève la critique facile de ceux qui voient une œuvre d'art ou une matière première changer de prix. C'est dans la comptabilité de l'ensemble des individus qu'il faut chercher la trace des mécanismes de cette fuite.

*

* *

Dans un système économique en équilibre parfait, la production correspond exactement aux besoins de la consommation. C'est le *principe de la conservation des flux de commodité.*

Il s'exprime algébriquement en écrivant qu'à chaque instant la quantité produite d'une commodité est égale aux quantités de cette commodité qu'absorbent les consommateurs et les autres producteurs. Le travail des salariés, celui des entrepreneurs et le capital investi dans les entreprises sont des commodités obéissant aux mêmes lois que les autres.

En outre, la vente de chaque commodité équilibre le coût total de sa production, comprenant les salaires, le profit et la rente du capital. C'est le *principe de la conservation des flux de valeur.*

Sa traduction mathématique s'obtient en écrivant un système d'équations linéaires où entrent des paramètres d'homogénéité qui sont les prix. Ces équations sont compatibles en raison des premières, qui expriment précisément que leur déterminant est nul.

Si l'on veut résoudre par rapport aux prix les équations qui expriment la conservation de la valeur, on ne peut obtenir qu'un système de nombres proportionnels, à moins de prendre arbitrairement l'un des prix comme unité. C'est ce que font MM. Guillaume, qui admettent de rapporter tous les prix à l'or.

Les postulats de l'Economique Rationnelle n'offrent rien de foncièrement inadmissible.

Sa méthode elle-même, spécifiquement comptable, explique la façon dont ces postulats sont formulés.

Si l'on suppose, en effet, que toutes les activités économiques soient comptabilisées en partie double, on conçoit qu'une commodité quelconque une fois inscrite à un actif ne puisse en être extraite que pour être incorporée à un autre actif, sauf s'il se produit une perte conduisant à une « extourne » au compte de Profits et Pertes. C'est le principe de la conservation de la valeur.

Ce seul énoncé permet déjà d'entrevoir quelques conclusions. Celle par exemple qui refusera toute influence à la vitesse de circulation de la monnaie, élément essentiellement extra-comptable.

Etablissement des circuits économiques.

La production et la consommation, ou si l'on veut l'offre et la demande déterminent chez deux individus ou deux entités, voire chez le même individu ou la même entité, deux pôles entre lesquels passera le flux de valeur, l'objet convoité servant de conducteur.

Le circuit s'établira si l'agrément escompté est suffisant pour que soit fourni l'effort nécessaire à la conclusion d'une transaction.

A partir du moment où le circuit est établi, le potentiel des deux pôles est nécessairement égal et de sens contraire, il y a *parité de valeur* pour les deux auteurs de la transaction. S'il arrive qu'entre deux individus identiques l'un ait le sentiment de réaliser une bonne affaire et l'autre une mauvaise, le bénéfice de l'un est égal à la perte de l'autre, et leur somme algébrique, seule intéressante pour la collectivité, reste nulle.

Bénéfice et *enrichissement* ne sont pas synonymes.

Il n'y a d'*enrichissement* pour la collectivité que si celle-ci peut mettre à sa disposition, au prix d'un même effort, une quantité plus grande de commodités. L'accélération de la production est le seul facteur de l'enrichissement : l'accroissement de valeur que représentent les rations produites en excédent subsiste après qu'ont eu lieu les échanges normaux. Il y a création de « rations » dont la collectivité se trouve « enrichie ».

Pour que cet enrichissement puisse être comptabilisé, il faut nécessairement lui fournir une contre-partie comptable en l'absence de laquelle le bilan ne pourrait s'équilibrer que par une dévaluation d'actif : baisse des prix inversement proportionnelle au taux de rationalisation qui a produit l'enrichissement.

La *création de la monnaie* procure précisément cette contrepartie comptable.

La monnaie

Dans un système élémentaire à l'état d'équilibre dynamique et à production constante, les ventes se réalisent par troc ou contre numéraire, c'est-à-dire contre de l'or.

Si la production s'accélère à un autre rythme que la production de l'or, et si la viscosité du milieu ne permet pas une réalisation rapide des migrations qui rétabliraient l'harmonie des cadences, l'écoulement de la production ne reste possible qu'à une condition : que le producteur accepte, au lieu d'un certain poids d'or, la *promesse* de sa livraison à terme.

Dans la mesure où de semblables promesses sont couramment acceptées, elles jouent au moment de leur émission le même rôle que la monnaie métallique. Elles permettent aux transactions de se conclure, à la propriété de se transférer. On remet à plus tard le « règlement », mais on n'en passe pas moins des écritures fermes à son bilan.

La *monnaie ficudiaire* et la *monnaie scripturale,* qu'il s'agisse de crédits donnés en compte par l'Institut d'Emission ou par les banques privées, ont presque perdu pratiquement leur caractère de promesses. Elles sont devenues *argent comptant.*

Ces monnaies sans prix de revient ont la dimension d'un bénéfice absolu pour la collectivité. Elles n'en constituent pas moins une fiction, le principe de convertibilité sur lequel elles reposent étant vrai seulement à l'échelle microscopique, et cessant de l'être à l'échelle macroscopique.

Un billet de banque isolé est convertible en or. L'ensemble de la circulation ne l'est pas. Le montant d'un dépôt en banque est remboursable en billets ; l'ensemble des dépôts ne l'est pas.

Les données pratiques limitent en fait jusqu'à un certain point, la création de la monnaie contractuelle. Le banquier, qui doit assurer *l'équilibre statistique* des opérations de sa clientèle, est tenu d'observer certains rapports entre la monnaie scripturale dont il dispose et la monnaie fiduciaire contre laquelle il doit assurer des conversions journalières, mais pratiquement limitées.

Le producteur qui vend à crédit joue un rôle analogue à celui du banquier. Le crédit qu'il peut consentir reste subordonné à la possibilité qu'il conserve de faire face à ses dépenses de production pour un chiffre d'affaires accru. On observe journellement que les producteurs dimensionnent leurs ventes à crédit en considération de leur fonds de roulement, lequel comprend leur crédit en banque et leur trésorerie propre. Par là se justifie l'hypothèse faite par MM. Guillaume pour les cas simples, à savoir que cette forme d'endettement, comme les autres, est en dernière analyse proportionnelle au stock d'or.

Si l'on poussait les choses plus loin, on constaterait que le producteur dispose d'une seconde source de crédit dans *la rationalisation* qu'il opère : produisant « pour le même prix » des quantités plus grandes, les rations excédentaires peuvent devenir un bénéfice pur. Il n'est pas obligé d'en encaisser le montant pour continuer à travailler. Il peut sans aucune gêne ouvrir un crédit correspondant. Ce crédit devrait être même la seule base rationnelle de l'endettement frais.

L'*endettement* sous ses différentes formes vient s'ajouter à *l'or* pour former la *monnaie totale* dont les variations conditionnent la comptabilité des surplus positifs ou négatifs de la production.

*
* *

« Promettre », c'est introduire dans un exercice comptable ce qui devrait se trouver dans un exercice postérieur. C'est admettre que l'on produit moins de valeur que l'on n'en consomme. Le producteur qui s'endette aura-t-il le moyen de *rattraper le temps perdu ?*

Si tous les producteurs avaient simultanément rationalisé leurs productions à un taux identique, ils auraient été amenés à échanger gratuitement le surplus de leurs productions, sans avoir à s'endetter. C'est parce que certains d'entre eux étaient en retard et se sont endettés que les rationalisateurs ont pu monnayer une partie de leur surplus à prix constant.

Pour rattraper le temps perdu, *les retardataires* devraient rationaliser à leur tour, et plus vite que ne l'ont fait les premiers, ce qui n'est pas possible parce que les vitesses de production ne dépendent pas des fantaisies humaines, mais du progrès technique.

Si *les rationalisateurs* voulaient venir au secours des *retardataires*, il faudrait qu'ils leur fissent cadeau non seulement de leurs surplus, mais d'une fraction du principal en acceptant une hausse de prix des productions retardataires. Il est difficile d'admettre qu'ils y consentent spontanément.

Les *retardataires* n'ont donc aucune chance de rattraper leur retard, du moins si l'on considère leur ensemble. Ils devront par conséquent souscrire de nouvelles promesses de monnaie et devenir débiteurs de sommes au moins égales, le plus souvent croissantes. C'est la *loi de l'irréversibilité de l'endettement.*

*
* *

Un désendettement n'est en effet possible que si le producteur retardataire a la possibilité de rentrer *gratuitement* en possession des promesses qu'il a souscrites, sans se libérer effectivement. Cela veut dire que les producteurs détenteurs des promesses doivent consentir à vendre au-dessous de leurs prix de revient.

S'ils s'y refusent, ils se soustraient aux échanges : les débiteurs n'ont plus la possibilité d'acheter. Le blocage des échanges accélère la faillite des débiteurs qui réalisent au-dessous de leurs prix de revient et amorcent une baisse des prix. Lorsque les débiteurs sont devenus définitivement insolvables, les banques enregistrent une dévalorisation d'actif qui doit nécessairement trouver sa contrepartie au passif. Les créditeurs font sur leur patrimoine le sacrifice qui n'a pas été consenti dès l'origine.

L'état d'équilibre de l'endettement est par définition celui dans lequel l'endettement n'ajoute ni ne retranche de pouvoir d'achat au marché. *L'équilibre suppose donc que l'endettement croisse au taux même où il est contracté.*

Ainsi que le remarquent MM. Guillaume, les conséquences qui découlent de cette loi sont dramatiques.

*

* *

A priori, rien ne s'oppose à la croissance exponentielle de l'endettement, puisque le prix de revient de cette sorte de monnaie est nul. En fait, un problème de trésorerie limite pratiquement la quantité de monnaie que l'on peut créer.

Il faut bien, lorsqu'arrivent les échéances, faire appel aux espèces en caisse ou aux crédits en compte pour assurer les règlements. Idéalement, on pourrait sans doute s'en dispenser. L'expérience montre cependant que les habitudes de paiement d'un pays sont, des données de sa structure, une de celles dont les variations sont les plus lentes. La masse totale de l'endettement se trouve ainsi liée au stock d'or par la nécessité d'un certain *taux de couverture*.

L'accroissement exponentiel de l'endettement appelle donc un accroissement de même loi du stock d'or.

Le drame réside dans la discordance habituelle des deux taux de progression.

Lorsque le stock total de monnaie s'accroît, les prix tendent à s'élever en raison de la baisse du coefficient d'échange de la marchandise offerte en plus grande quantité. La hausse des prix contrarie l'accélération de la production de l'or, et tend ainsi à réduire le coefficient de couverture.

L'endettement trouve donc d'autant plus de difficulté à s'accroître que sa masse est déjà plus forte et son taux plus élevé. Le système économique se met en perte de vitesse. Il faut un blocage des échanges et une baisse corrélative des prix pour que la situation des mines d'or se rétablisse et que l'état de régime soit de nouveau possible.

D'où la périodicité indispensable des crises, lorsque le taux de l'endettement est supérieur au taux d'accélération de la production de l'or. On trouve dans l'ouvrage de MM. Guillaume des exemples de calcul du déséquilibre dans le cadre d'une nation déterminée.

La rationalisation.

Le progrès technique porte en lui une double conséquence.

En accélérant la production d'objets dont la satiété fait enrayer la vente, il crée à côté d'un enrichissement de la collectivité un chômage qui en compense l'effet.

Mais le même progrès engendre des besoins nouveaux qu'il devient possible de satisfaire.

La condition du maintien de l'équilibre d'un système économique où les productions se rationalisent est qu'il se crée constamment de nouvelles industries permettant aux migrations nécessaires de se produire. La mise en œuvre de ces activités nouvelles doit permettre de résorber le chômage créé ailleurs en mettant à la disposition de la collectivité, pour le prix du même effort physique, un nombre de commodités croissant.

La seule source de richesse réelle, ainsi que le remarquent MM. Guillaume, réside dans les vingt-quatre heures quotidiennes dont dispose chaque individu. et dont il doit tendre à augmenter constamment l'efficience.

Les producteurs endettés ne peuvent trouver de quoi payer les intérêts de leur dette que dans l'accélération de leur production. Cette accélération, ayant pour effet de faire baisser les prix, doit être *continuelle.*

Il en résulte une relation de fait entre *le taux de rationalisation* et *le taux de l'intérêt,* le premier ayant constamment tendance à faire monter le second à son propre niveau.

Mais le taux de l'intérêt peut être déjà *supérieur* au taux de rationalisation. Dans ce cas le producteur ne trouvera pas dans la seule accélération de sa production de quoi payer ses intérêts. Il devra emprunter à nouveau une fraction de ces intérêts, ou les prélever sur son patrimoine. L'état du système est « malsain ».

On aperçoit ainsi qu'un équilibre idéal ne saurait être obtenu que dans deux hypothèses bien différentes. Celle d'un équilibre *statique* à production *constante,* ceci entraînant que l'endettement cesse d'être productif d'intérêt. Ou bien celle d'un équilibre *dynamique* à production *constamment croissante,* avec une relation nécessaire entre le taux de rationalisation, le taux de l'intérêt et le taux d'accroissement de la production d'or, par la nécessité du maintien d'un taux de couverture métallique.

Le pouvoir de souscription.

L'endettement doit croître selon une loi exponentielle à raison du taux auquel il est contracté.

Pour que cette croissance se réalise, il convient que les emprunteurs éventuels trouvent des prêteurs, c'est-à-dire un « *pouvoir de souscription* » frais.

On peut considérer que le pouvoir de souscription est ce qui reste du pouvoir d'achat de la collectivité une fois qu'ont été satisfaites les dépenses de production et de consommation et réglés les sinistres éventuels. Rien ne réalise à priori l'égalité nécessaire du pouvoir de souscription et de l'endettement frais.

Le pouvoir de souscription trouve ses sources dans la production de l'or et dans l'accroissement des prêts consentis par les banquiers.

A l'échelle d'une nation, le solde positif de la balance des comptes joue le même rôle que la production d'or.

L'accroissement des prêts bancaires doit se calculer en tenant compte de la fraction des prêts antérieurs qui s'est consolidée sous forme d'obligations, prêts hypothécaires, etc., c'est-à-dire qu'au chiffre brut de la variation des prêts bancaires, il convient d'ajouter le montant des prêts antérieurs consolidés dans l'intervalle.

Si le pouvoir de souscription ainsi déterminé n'est pas égal à l'accroissement total de l'endettement – à diverses corrections près, dont la fiscalité – la différence soit être comblée par des prêts de « patrimoine » nécessairement consentis à des taux croissants. Ceci permet d'entrevoir le mécanisme des taux.

Conclusions

La conservation de l'état d'équilibre dynamique d'un monde économique suppose la croissance exponentielle de l'endettement, et la possibilité corrélative de trouver un pouvoir de souscription équivalent.

Cet équilibre ne reste possible que dans la mesure où le taux de l'endettement est lui-même fonction du pouvoir de souscription : la dette à taux variable peut seule permettre de le maintenir.

*
* *

Telles sont, rapidement exposées, les grandes pages de la théorie de MM. Guillaume.

Si l'on devait, en terminant, dégager la philosophie de l'*Economique Rationnelle,* on serait tenu de constater qu'elle apporte à l'esprit un apaisement et que sa doctrine, purement scientifique, reste extérieure à toute conception proprement politique.

Les deux principes sur lesquels elle se fonde sont essentiellement positifs. Ils nient le miracle économique. Le premier est celui qu'appliquent journellement tous les comptables : lorsqu'un élément d'actif s'évanouit, ou paraît s'évanouir, il faut trouver un phénomène du même ordre au passif.

Le second est celui auquel faisaient implicitement appel quelques contemporains de M. Law, lesquels ne pouvaient comprendre que tout le monde s'enrichisse sans que personne ne perde rien. L'expérience a montré que leur bon sens n'était pas en défaut. Elle s'est renouvelée depuis, et le fera sans doute encore.

Jean CONSTANT.

Conférence de M. Bernard Chait (22 février 1938)
Docteur de l'Université de Paris (Sciences)

LE PROBLÈME DES CRISES ÉCONOMIQUES

Avant de prendre la parole, je voudrais remercier votre Comité de m'avoir invité à parler devant un Centre aussi vivant et aussi éclairé que le vôtre, dont la réputation s'établit aussi au delà des frontières dans les milieux qui s'occupent de questions économiques. En outre, je remercie votre Comité de m'avoir ainsi offert l'occasion, de rendre hommage à la science française dans la personne de MM. Maurice Fréchet, Georges Darmois et François Divisia dont le concours m'a été très précieux pour clarifier certains points d'une thèse qui, à ce qu'on m'a dit, paraît avoir fait quelque bruit pour me valoir l'honneur d'être ce soir à votre tribune.

La conférence a trois parties. Dans la première, je me propose d'évoquer les particularités du problème général des crises économiques ; dans la seconde, j'exposerai une méthode susceptible de résoudre ce problème ; dans la dernière partie il sera fait mention de quelques résultats acquis par la méthode décrite.

Problème

Le problème des crises économiques se pose différemment pour la France ou pour d'autres pays en raison des facteurs économiques et de structure qui leur sont propres. Mais quel que soit le problème particulier qui en découle, il y faut, pour le traiter, observer toujours un même nombre de points de vue identiques. Ces points de vue sont ceux qui nous sont imposés par le problème du diagnostic, du pronostic et de l'action.

Le problème du diagnostic concerne le repérage de la situation dans laquelle on est engagé pour savoir si oui ou non on se trouve en état de crise, et, dans l'affirmative, avec quelle intensité cette crise sévit.

Le problème du pronostic concerne, bien entendu, les anticipations sur le développement plus ou moins prochain de l'état présent.

Le problème de l'action consiste dans le choix des moyens propres à influencer ce développement dans un sens qui soit conforme aux intérêts en jeu.

Vous le voyez, à travers le problème général des crises se dessinent trois problèmes de détail. Et le problème où culmine le problème général est celui du choix de la politique la plus judicieuse. Au fond, ce dernier est seul à intéresser tout le monde et surtout ceux qui ont la responsabilité du destin économique et politique d'un Etat.

Le problème du diagnostic vous paraîtra peut-être artificiel. Vous penserez qu'il ne faut pas chercher un problème là où il n'y en a pas, puisque constater une situation, rien ne paraît plus simple, en vérité : on n'a qu'à relever les indices ou les symptômes qui traduisent la situation du moment. Tel, malheureusement, n'est pas le cas. Car ce qui surnage à la surface, ce qui est visible, et qui s'exprime par les indices en question, ne constitue pas l'expression totale du mécanisme de la vie économique. On ne connaît pas, tout au moins par les méthodes suivies jusqu'ici, les véritables indices dont il convient de tenir compte pour jauger une situation. On s'hypnotise un peu trop sur les tempêtes de surface et on néglige les lames de fond.

Pour comprendre à quel point le problème du diagnostic est réel et difficile, il suffit de se rappeler que le krach qui s'était produit en octobre 1929 à la Bourse de New-York et qui fut à l'origine immédiate de la grande crise survenue depuis, personne ou à peu près ne s'était douté sur l'heure de la portée véritable de cette secousse. C'était vraiment une occasion perdue pour mettre à l'épreuve les moyens d'appréciation, car vous savez que la crise qui a sévi à la suite de ce krach a été telle que l'économie américaine – et sans doute d'autres – ne s'en est pas encore tout à fait remise.

Le problème du diagnostic se pose aujourd'hui avec la même acuité. Vous connaissez la dépression qui a marqué la fin de 1937 sur le marché des valeurs en Europe et qui a pris naissance également à la Bourse de New-York. Disons tout de suite que des flottements marquent ici l'opinion des plus chevronnés. Les avis sont partagés sur le sens à attacher à cette poussée de baisse. Les uns constatent que les stocks, les investissements et les crédits n'ont pas été excessifs dans la période précédant à cet affaissement. De là à conclure que la situation n'annonce rien de particulièrement grave, il n'y a qu'un pas, et ce pas a été effectivement franchi par certains. Notons seulement l'insuffisance de ces données pour étayer un jugement sinon sommaire. Il s'en faut que, par exemple, l'épuisement des stocks détermine une reprise, tant que la production n'est pas rendue rémunératrice par une marge découlant d'un rapport convenable entre les prix et les coûts. En se basant sur les indices relatifs au dernier trimestre de 1937, on constate pour l'économie américaine qu'elle a subi un fléchissement qui dépasse celui de 1929.

Que conclure ? Est-ce là le prélude d'une nouvelle crise ? Si l'on raisonne par analogie, on sera tenté de croire que nous sommes les témoins d'un commencement de crise plus grave que celle dont on est sorti. Non, il serait un peu téméraire de tirer pareille induction sans les réserves voulues parce que les éléments de jugement sont fragmentaires et ne tiennent pas compte des circonstances qui ont accompagné l'ébranlement de la mémorable époque de 1929. Il faut croire que les événements actuels ont donné au facteur politique un relief qu'il n'avait pas lors du déclenchement de l'autre crise.

Ce ne sont, si vous voulez, que des opinions, formulées à la faveur de tableaux incomplets, brossés avec plus ou moins d'optimisme ou de pessimisme. Cela montre combien le problème du diagnostic est difficile. Il est reconnu comme tel par la plupart des économistes. C'est ainsi d'ailleurs que l'Institut de Recherches Economiques et Sociales à Paris, dirigé par M. Charles Rist, au lieu d'insérer le diagnostic économique dans son programme d'activité, s'est récusé par prudence devant cette mission et ne dépasse pas dans ses travaux le stade descriptif. Il se cantonne délibérément dans la description du présent et du passé, dans le but de mettre des renseignements aussi nombreux et aussi complets que possible à la disposition des intéressés pour leurs fins particulières.

J'ai fait ressortir tout à l'heure la raison qui rend difficile la solution du problème du diagnostic. Il y en a une autre, plus sérieuse. La voici. Quand on pose un diagnostic et quand on le veut précis, il ne suffit pas d'indiquer la nature du phénomène qu'on constate. Il ne suffit pas d'affirmer qu'on est dans une phase de dépression ou de prospérité, il faut encore ajouter si la dépression, par exemple, est grave ou non. Il faut en déterminer également l'intensité.

D'autre part, le pronostic est inconcevable sans les données fournies par la solution du premier problème, celui du diagnostic. Les deux problèmes se tiennent ; ils dépendent l'un de l'autre : ils sont conjugués. D'où la nécessité de les résoudre simultanément.

Quant à la solution du troisième problème, celui de l'action, on n'y parvient bien entendu qu'après avoir passé par celle des deux premiers.

Voilà donc précisés les termes dans lesquels s'annonce le problème général des crises et comment s'ordonnent nécessairement ses solutions.

Méthode

A présent, je me propose de vous parler de la méthode qui, nous sommes quelques économistes à le croire, est susceptible d'apporter les solutions sous l'aspect que je viens d'indiquer. Il s'agit de la méthode économétrique que vous n'êtes pas sans connaître pour avoir entendu de belles conférences à ce sujet. M. Divisia vous en a parlé voici quelques années, M. Darmois il y a un an et M. Gibrat vous en a entretenu à plusieurs reprises. Pour ne citer que ceux-là.

La méthode économétrique est faite d'éléments qui n'ont rien d'inédit. Elle constitue en quelque sorte un prolongement d'anciennes méthodes appliquées séparément.

On confond souvent *l'économétrie* avec *l'économie mathématique.* Si les deux disciplines ont quelque chose de commun, elles ne sont pas identiques pour cela. L'économétrie rejoint l'économie mathématique par la méthode de raisonnement, par l'utilisation de l'analyse mathématique. Mais là s'arrête leur parenté. L'économétrie se sépare de l'économie mathématique dans le choix des prémisses et des conclusions. Celle-ci se contente dans ses prémisses de postulats généraux et abstraits, pour aboutir forcément à des affirmations de portée générale et souvent peu précises. L'économétrie, elle, part essentiellement de faits observés pour arriver à formuler des conclusions d'un caractère concret, susceptibles de recoupements, vérifiables et contrôlables dans la réalité. On le voit, au point de départ et au point d'arrivée, elle marque la même allégeance aux faits. C'est là son véritable terrain d'opération.

L'économétrie ne s'en tient pas au concours des sciences économiques et à celui des statistiques à l'effet de consolider sa base expérimentale. Elle tire également parti des mathématiques pour couler dans une forme adéquate la description du mécanisme économique. En effet, la description économétrique prend corps par un ensemble de relations quantitatives qui égrènent les caractéristiques de structure et de fonctionnement telles qu'elles résultent de l'investigation fouillée et méthodique du passé. La forme numérique de l'explication offre un gros avantage sur les théories non mathématiques, en mettant en évidence, dans le cas d'actions opposées, la hiérarchie qui vaut pour les influences antagonistes. Dans ces conditions, il est aisé de déduire avec netteté le sens et la grandeur de la résultante des tendances divergentes.

Un autre avantage est inhérent au traitement mathématique du problème. Pour rendre précis et déterminé l'ensemble économique, il importe que le *système des relations* qui le décrivent, soit *fermé*. Les explications non mathématiques n'observent pas généralement cette nécessité, et opèrent au contraire avec des systèmes dits ouverts. Il en va ainsi des théories qui ramènent les mouvements économiques à une cause commune, par exemple aux variations du taux d'intérêt. Elles ont bien soin de détailler l'action qui émane du taux d'intérêt sans élucider cependant la loi à laquelle ce taux lui-même est assujetti. Dès lors, l'explication du mouvement du tout n'en est pas une, parce qu'elle demeure suspendue à celle du taux d'intérêt qu'on se fait faute de donner, qu'on ne donne pas du moins explicitement. Que penser de la consistance de semblables théories accrochées dans le vide ? Ces théories sont dites à système ouvert parce qu'elles ignorent expressément l'allure de tel des facteurs décisifs. Cette lacune rend indéterminé le comportement de l'ensemble qu'elles s'efforcent d'expliquer.

Comment y obvier ? On lève l'indétermination en englobant dans l'explication tous les facteurs, y compris celui de la cause commune. Les équations constitutives reliées en système ne doivent pas contenir des facteurs qui ne soient pas circonstanciés. En d'autres mots, il importe que les facteurs en jeu s'expliquent les uns par les autres. Remplir cette condition, c'est réaliser le système fermé. On définit celui-ci sur le plan mathématique en disant que *le nombre de ses relations égale le nombre de ses variables.*

Mettons qu'on ait à étudier le mouvement de l'économie française. Qu'est-ce qu'on ferait ? On entreprend l'analyse de l'économie française dans ses éléments constitutifs. Comme il est impossible d'embrasser tous les aspects que comporte l'économie française, il est inévitable qu'on stylise sa réalité. On la représente par un schéma, *par un modèle* enrichi par degrés qui la décrive aussi fidèlement que possible et qui fixe les éléments de sa configuration ondoyante.

A ce compte on dégagera ses quatre secteurs : industriel, agricole, commercial et financier. On pousse ce premier tableau dans ses éléments principaux. On détache les grands marchés qui dominent dans chaque secteur et puis on recherche les facteurs qui déterminent aussi concrètement que possible le fonctionnement de chaque marché.

Supposons qu'on veuille s'expliquer le prix des marchés de matières premières, celui de l'acier. On fait un relevé statistique des prix, c'est-à-dire on fait son historique sous la forme la plus précise qui remonte dans le passé aussi loin que possible. Par un traitement statistique spécial, on dépouille cette série chronologique des éléments fortuits, saisonniers et séculaires qui ne sont pas opérants pour l'analyse qu'on se propose, pour ne s'en tenir finalement qu'à la composante, appelée conjoncturelle ou cyclique. Cette série présente d'habitude des hauts et des bas. On cherche à comprendre par le raisonnement économique pourquoi ces hauts et ces bas se produisent. Le raisonnement économique procède d'une analyse qualitative pour indiquer les éléments qui ont commandé le mouvement des prix tel qu'il vient de se révéler par l'analyse statistique.

Cette première analyse fournit de la sorte un certain nombre de facteurs qui paraissent devoir expliquer *le phénomène prix*. Mais cela ne suffit pas.

Une opération de filtrage s'impose. Comment ? Par l'intervention de la méthode statistique. Dans l'analyse économique de tout à l'heure on a retenu quelques hypothèses de travail touchant le lien qui peut exister entre les séries chronologiques dûment préparées des prix et de ses facteurs (consommation, production, etc.). A présent, il importe de savoir si ces hypothèses sont vraies. On les reprend une à une et on calcule *le coefficient de corrélation* correspondant. Si le coefficient est élevé, il y a tout lieu d'admettre que l'hypothèse en question était bonne ; si le coefficient est insuffisant, on rejette l'hypothèse.

Nous voilà en possession d'un certain nombre de causes explicatives plus limité que celui duquel on est parti. Il s'agit désormais de connaître le poids à attacher à chacune de ces causes. Ceci se calcule par *le coefficient de régression.* Le coefficient de régression détermine l'importance relative qu'il y a lieu d'assigner à chacune des causes dégagées dans l'opération préliminaire. Ce calcul montre que parfois certaines causes sont négligeables parce que leur valeur absolue est petite en comparaison de celle des coefficients de régression, relatifs aux autres causes. Il en résulte une nouvelle simplification qui implique uniquement des causes à corrélation élevée et qui s'avèrent non négligeables.

On est arrivé à un certain nombre de causes effectives dont on a précisé l'importance relative, et le signe algébrique. Ce faisant on est parvenu aux termes additifs de ce qu'on appelle *l'équation de régression linéaire* qui est censée faire comprendre l'évolution par le passé du phénomène prix du marché donné et qui soupèse exactement l'influence que chaque facteur explicatif a exercée sur lui.

Cette équation est telle qu'elle doit permettre la reproduction de l'historique du prix obtenu par voie statistique. A moins du hasard, la reconstitution du mouvement par cette équation ne sera pas absolue. Des écarts se révèleront entre la courbe calculée et celle tirée des observations directes. Pour savoir quel en est le degré d'approximation, on établit *le coefficient de corrélation totale de l'équation de régression.* Ce coefficient de corrélation nous donne une idée de l'approximation atteinte dans l'explication numérique du phénomène prix, obtenue à l'aide de trois genres de contrôles, respectivement au moyen du calcul de corrélation, au moyen du coefficient de régression, enfin par le truchement du raisonnement économique.

Il appartient de rechercher les éléments moteurs de ces facteurs eux-mêmes. L'on reprend le procédé, tel que je viens de l'exposer, à propos de chacun d'eux jusqu'à épuisement de tous les facteurs. Voilà ce qu'il convient de faire, voilà qui est désirable. Mais il y a loin de ce point du programme à l'exécution. Tous les statisticiens qui ont eu affaire à ces méthodes savent combien elles sont lentes et laborieuses. Bien heureux si l'on arrive, au bout de mois et de mois de recherches et de calculs, à *une seule équation de régression* ; alors ne demandez pas ce que représente le même travail lorsqu'il faut le recommencer pour des dizaines de marchés. La méthode statistique à elle seule ne suffit pas pour aboutir au nombre voulu de relations. Par conséquent, on est obligé d'avoir recours à une deuxième série de relations, qu'on appelle des *relations du type logique*. Une variété d'équations se groupent sous ce vocable. Une équation du type logique est celle par exemple qui dit que le bénéfice réalisé à propos d'un bien est égal au prix de vente moins le prix de revient. Une équation du type logique serait encore celle qui détermine que la valeur du volume produit dans un marché donné est égale à la quantité produite multipliée par le prix de l'unité. Et ainsi de suite. Ce sont des relations pouvant se passer de tout contrôle de fait.

Grâce aux relations du type logique, on est en mesure de parfaire le *système fermé* pour élaborer un nombre d'équations égal au nombre des inconnues. C'est de la sorte qu'on a opéré jusqu'ici. C'est ainsi, en particulier, qu'ont procédé M. Tinbergen et ses collaborateurs. A mon sens, ces recherches sont incomplètes parce qu'elles ont négligé en général un phénomène fondamental propre aux marchés en évolution. Ce phénomène, que j'appelle *le phénomène dynamique des marchés,* se déduit d'une *loi de divergence* établie à ce propos. Cette loi formule à peu près ceci : si, après M. Divisia, on considère un marché comme un ensemble renouvelé, composé d'un courant d'entrée de marchandises et d'un courant de sortie et d'un stock résultant de la différence cumulative des débits, et que ce marché est supposé en équilibre statique, alors l'afflux en sera égal au reflux et son stock se maintiendra à un niveau immuable par rapport au temps. Mais dès l'instant où ce marché s'engage dans un régime évolutif, l'intensité du débit de sortie s'écartera de celle du débit d'entrée et le volume du stock va parcourir différentes valeurs.

Voilà le fait extrêmement simple qu'exprime la loi de divergence.

Cette loi a permis d'introduire une nouvelle notion, d'origine mathématique, celle de *l'opérateur*. L'opérateur en langage économique signifie le rapport qui existe entre les intensités d'afflux et de reflux d'un marché ; l'opérateur mesure le mouvement du marché : il s'écarte d'autant plus du nombre un que le marché évolue plus vivement. Il s'avère important pour sonder à la fois l'état et l'intensité d'évolution d'un marché. L'opérateur s'atteste comme une constante dynamique et prend désormais rang parmi les caractéristiques d'un marché, au même titre que le prix, la consommation, etc.

Les facteurs analytiques de l'opérateur sont : *la durée de consommation, la durée de la production* même du bien, sa *durée de distribution* et *un facteur de réserve technique*. Celui-ci résulte de la nécessité de constituer, par exemple, aux chemins de fer une réserve dans le parc du matériel roulant pour assurer soit la continuité de fonctionnement, soit pour faire face aux coups de collier du chef des mouvements saisonniers. Ce facteur de réserve se retrouve dans beaucoup d'autres industries. Il y a aussi le stockage qui joue un rôle. Enfin *le principe d'organisation des marchés* entre également en ligne de compte comme élément dans l'opérateur. Pour gouverne, on a deux organisations fondamentales pour les marchés. On dit qu'ils sont *différenciés verticalement* lorsqu'ils comprennent toutes les opérations nécessaires à la transformation et à la distribution d'un bien, depuis son état brut jusqu'à l'état fini, consommable.

On parle d'une *différenciation horizontale* des marchés chaque fois qu'un marché donné comporte plus qu'un débouché. C'est la règle surtout pour les marchés des matières premières. Le marché de charbon, à titre d'illustration, dessert des quantités de marchés, et il est par conséquent différencié horizontalement.

Dans une étude qu'il a publiée il y a une trentaine d'années, M. Aftalion a attiré l'attention sur la différence des taux d'accroissement qui valent pour les biens de consommation et les biens de capitaux. En effet, lorsque la production d'un bien de consommation augmente, mettons de 10 0/0, la production des capitaux, des outillages nécessaires pour fabriquer ledit bien de consommation, croit inévitablement de plus de 10 0/0. M. Aftalion avait entrevu là un détail d'un intérêt exceptionnel. Ce fait a reçu par la suite chez les Anglo-Saxons, à l'initiative de John Maurice Clark, le nom de *principe d'accélération*.

On en déduit encore *le coefficient de dépréciation totale* du Prof. Frisch qui se rapporte à l'estimation de l'usure de tous les capitaux impliqués consécutivement dans la fabrication d'un bien.

De cette loi découle généralement ce qu'on est convenu d'appeler *le multiplicateur*, dû au Prof. Kahn de Cambridge. Vous savez que ce multiplicateur détermine numériquement la répercussion subie par un ensemble de marchés solidaires du chef d'une impulsion reçue par l'un d'eux. Supposons que pendant une période donnée le marché de l'automobile voit augmenter sa production, ceci va déclencher de proche en proche sur les marchés solidaires, celui de l'outillage, celui des matières premières, etc., une impulsion supplémentaire, et c'est par le multiplicateur qu'on chiffre l'importance de leur suractivité globale.

Maintenant figurez-vous que nous avons devant nous le bel assemblage complet d'équations appartenant aux trois types : *le statistique, le logique et le dynamique,* où chacune représente une explication partielle des causes élémentaires ayant agi sur l'économie nationale. Dans l'espèce, on aura affaire à *un système d'équations différentielles simultanées,* sinon à *un système d'équations à différences finies* ou encore à *un système d'équations mixtes.* Il s'agit de savoir ce qu'il nous enseigne sur le mouvement d'ensemble dans le présent et dans l'avenir. Pour établir le mouvement d'ensemble, on tire parti du fait que les éléments élaborés dans les équations formant un tout et s'engrenant les uns dans les autres, il suffit de rechercher le mouvement d'un seul facteur pour connaître celui de tous. Il est indifférent de prendre à cet effet tel facteur plutôt qu'un autre. On est libre de choisir le prix ayant eu cours sur un marché bien déterminé, sa production, n'importe. En éliminant tous les facteurs, à l'exception du dernier, l'on est conduit par ce processus à ce que les mathématiciens appellent *l'équation caractéristique* qui, elle, n'explicite plus qu'un seul facteur, celui qu'on a retenu arbitrairement comme élément de base.

Interrogeons l'équation caractéristique qui contient implicitement, par extrapolation des événements, toute l'histoire de ce qui va se passer. Elle énonce d'abord que l'économie analysée peut accomplir une infinité de mouvements se ramenant tous à deux types : le stable et l'instable. On parle d'un mouvement stable, s'agissant du mouvement d'un prix par exemple, lorsque celui-ci, pour un motif quelconque, ayant passé de 100 à 110 et étant abandonné à lui-même, tend à rejoindre le niveau de 100. En l'occurrence, le mouvement est dit instable lorsque le prix, au lieu de revenir au niveau primitif, s'en éloigne pour continuer à évoluer, à progresser de 110 à 120, etc. Les réactions, dans les deux cas, s'effectuent soit par un schéma direct, soit par voie ondulatoire. Le critère des régimes définis est *le coefficient d'amortissement* qui mesure la rapidité des réactions. Il aide à supputer la vitesse avec laquelle l'ensemble revient au niveau primitif ou s'en écarte. Le signe de ce coefficient nous instruit sur la nature stable ou non de la détente et apporte du coup la solution du premier problème, celui du diagnostic.

La valeur absolue du coefficient d'amortissement est symptomatique pour l'intensité avec laquelle les réactions vont se développer. Cette évaluation résoud d'emblée le problème du pronostic, car on saura, dans le cas d'un régime stable, au bout de combien de temps une situation qui a fléchi va se redresser. Est-on en présence d'un régime instable, on n'en sera pas moins fixé sur le point de savoir si la situation compromise ira en s'aggravant avec lenteur ou très rapidement.

On le voit, le coefficient d'amortissement occupe une place centrale dans la solution des problèmes conjugués, du diagnostic et du pronostic. Son rôle est tout aussi grand dans le problème de l'action.

Cela étant, notons que le problème de l'action est justement commandé par le coefficient d'amortissement qui lui sert de point de départ. A ce compte, on se donne un coefficient assez élevé pour se conformer à la condition d'un régime suffisamment stable. On décompose le coefficient pour le ramener aux facteurs élémentaires de structure et de fonctionnement dont il y aura lieu de confronter le dosage avec les ressources politiques et économiques du moment. On trouvera là des indications pour les jalons à poser en vue de la meilleure politique tirée de la comparaison de différentes combinaisons de mesures.

La méthode exposée s'attache d'abord à la description du modèle économique, et après un travail extrêmement poussé, fouillé, elle aboutit par étapes à la recherche du *paramètre synthétique* qui est décisif pour l'existence de tel ou tel régime. Les termes de nos trois problèmes pratiques et leurs solutions se répondent parfaitement à l'intervention de ce critère qui s'est précisé au cours de notre examen sous l'aspect du coefficient d'amortissement.

Résultats

Cette méthode d'apparence abstraite, théorique, en tout cas laborieuse et au surplus récente de constitution, a fait ses premières armes par des travaux qui certes n'en imposent pas par la masse mais qui cependant promettent. Dans les résultats acquis par l'économétrie, il convient de distinguer ceux de nature pratique et d'autres de nature théorique.

Il est constant que l'économétrie attache une grosse importance à la description des détails des marchés, puisque le plus clair de sa méthode est de s'élever par le détail concret à l'ensemble concret. Aussi, ses applications pratiques s'amorcent-elles d'habitude par l'examen minitueux de marchés particuliers. C'est par cette voie qu'on a abordé son application aux Etats-Unis, aux Pays-Bas et en Norvège.

Aux Etats-Unis on a analysé les marchés des sucres, des pommes de terre, des cotons, pour déterminer les facteurs explicatifs, l'évolution de ces produits-là au point de vue production, au point de vue consommation, au point de vue prix. On a fait également une analyse du marché du bâtiment pour les Etats-Unis. Je vous signale que pour les Etats-Unis du Nord, M. Roos est arrivé à dégager une courbe qui permet de formuler des prévisions à deux années pour le marché des constructions d'habitation.

Au Farm Board, aux Etats-Unis, on a différencié les équations de régression relatives aux pommes de terre suivant les qualités de celles-ci. De l'importance et de la qualité de la récolte notamment, les fermiers déduisent le prix qu'ils réaliseront au moment de la jeter sur le marché.

A l'Institut de conjoncture à La Haye, que dirige M. Tinbergen, toute une série d'études relatives à des marchés hollandais ont vu le jour, qui concernent particulièrement certains cheptels, le beurre, etc., et qui ont servi de base à des décisions gouvernementales.

Ces études de détail sont intéressantes non seulement pour déterminer judicieusement une politique fiscale et douanière. Elles le sont également pour les entreprises privées, parce que ces investigations renseignent d'une façon numérique sur l'élasticité de la demande, renseignements extrêmement précieux dont tout dirigeant vous dira le parti à en tirer pour une orientation optimum de la politique d'exploitation d'une entreprise surtout si celle-ci est d'envergure.

Venons-en à l'application de la méthode économétrique à des pays tout entiers. C'est là son véritable champ. Deux pays en ont fait l'objet : les Etats-Unis et la Hollande. Ces travaux sont dus à M. Tinbergen. Dans l'étude sur les Etats-Unis qui paraîtra incessamment, il est arrivé à un système fermé de quinze équations à peu près. Il a prouvé que le marché des valeurs constitue le point névralgique de l'économie américaine. Quant à la Hollande, pour laquelle il a pu disposer de plus de statistiques, mieux analysées et plus nuancées, il a élaboré un système de vingt-deux équations. Il est intéressant de retenir deux choses : d'abord, que la Hollande prise en elle-même constitue une économie stable. Mais alors, vous demanderez : comment se fait-il que la Hollande ait eu sa crise, et quelle crise. A l'échelle de la Hollande, la France aurait dû avoir plus de deux millions de chômeurs. Comment est-ce possible ? La réponse que M. Tinbergen tire de ses calculs indique que la dépression de ce pays était due uniquement à la situation extérieure, d'autant plus que la Hollande est un pays fortement orienté vers le commerce international. On avait mis en avant *l'idée de réduire les prix de monopole,* on avait envisagé *l'exécution de travaux publics* échelonnés sur quelques années, et encore d'autres mesures. M. Tinbergen a pu affirmer, chiffres en mains, que tels des remèdes sont intéressants mais ne valent pas, de loin, la dévaluation. *Il a pu préciser que la dévaluation apparaît d'une efficacité de 10 à 20 fois supérieure à celle des autres moyens.*

Au point de vue théorique, l'analyse économétrique m'a permis d'aboutir à quelques conclusions intéressantes. Par exemple, que *l'inflation monétaire* et *la spéculation* ont toutes deux le même effet, celui d'amplifier les réactions de l'ensemble des marchés. La dévaluation, par contre, agit pour atténuer les réactions des marchés. Si on avait appliqué l'inflation dans ce système-là, les oscillations en seraient devenues beaucoup plus importantes et auraient pris plus de temps. Le phénomène cyclique se prolongera tout en accentuant ses réactions. Pour la dévaluation, c'est le contraire : les périodes des ondulations sont plus courtes et s'atténuent de beaucoup.

Un dernier point. Vous connaissez le conflit éternel entre les deux doctrines, *la doctrine libérale* et *la doctrine des interventionnistes.* Chacune impute à l'autre la fréquence et la gravité des dernières crises. Dans cet ordre d'idées, les libéraux mettent en cause toutes les interventions ; les interventionnistes, eux, reprochent – comme ils s'expriment à ce propos – à l'anarchie libérale de s'exercer en mal. Qui des deux a raison ? On pourrait conclure suivant ses préférences, ses positions subjectives, peut-être inconscientes. Toujours est-il qu'entre ces deux points de vue on n'a pas encore su tirer une conclusion bien nette pour les départager, pour dire ce qu'il en est effectivement. Les calculs montrent que ni l'un ni l'autre n'a raison. Tout dépend de la façon dont on pose le problème, car tout est là.

Les libéraux, aussi bien que les interventionnistes en général, raisonnent trop sur des cas abstraits, sans bien en préciser les conditions. Dès qu'on se met à préciser les conditions d'application d'une mesure, la question change aussitôt. J'ai trouvé que si on a affaire à une série de marchés différenciés, tel que cela se présente en réalité, avec des marchés de matières premières, des marchés de produits semi-finis et puis de biens finis, et si dans cet ensemble de marchés on applique le contrôle des prix, par exemple aux marchés des matières premières et des semi-finis, effectivement les libéraux ont raison car, dans ces circonstances, la rigidité des prix ou l'élasticité atténuée des prix a pour action non seulement de déterminer des crises mais encore de les aggraver. Par contre, si on applique le contrôle des prix sur les marchés des biens finis, on constate que sous ce rapport le régime n'est pas en jeu, n'étant d'aucune influence.

Pour résumer, on voit que les seuls marchés qui soient sensibles à une politique de prix par exemple, sont en quelque sorte les marchés périphériques, les marchés-clés des grandes matières premières, des outillages, des produits semi-finis ou mi-ouvrés, tandis que les marchés des biens finis manifestent une sorte d'insensibilité vis-à-vis de la politique qu'on pourrait suivre sur le plan des prix.

Ces résultats méritaient d'être contrôlés. J'avais cherché à obtenir des séries statistiques pour vérifier ces déductions. Quelle ne fut pas ma surprise de constater que certaines observations de la Société des Nations corroborent ces calculs.

Pour finir, je voudrais dire un mot de la valeur de l'économétrie par rapport à l'économie pratique, l'économie des hommes d'Etat.

L'homme d'Etat, renseigné par son entourage, est guidé finalement par sa vision des choses, par son intuition parfois géniale, pour résoudre, la plupart du temps, sur-le-champ, les problèmes qui se pressent. Ce sont des résultats provisoires qu'il poursuit ainsi, faute de mieux. Mais on ne saurait s'en passer.

Pour arriver à des solutions définitives, il faut avoir recours à des méthodes qui permettent de traiter les problèmes économiques en profondeur. L'économétrie y est tout désignée.

L'économétrie commence à se faire valoir dans les pays déjà nommés. Son rôle ne cesse de grandir. Il m'est revenu que la Suède s'apprête présentement à un sérieux effort pour l'adopter. On en organise l'application à Genève depuis fin 1936. Le Prof. Tinbergen y avait été chargé du soin d'en amorcer l'utilisation dans le cadre des recherches économiques de la Société des Nations. Il a entamé l'analyse des marchés des investissements en partant du travail d'ensemble de M. Haberler. Ayant fait son entrée dans un milieu d'une aussi puissante résonance que constitue aujourd'hui Genève, l'économétrie verra activer son rayonnement et se diffusera plus rapidement par la force invincible des choses. On y viendra tôt ou tard ; autant l'accepter tout de suite, afin d'en recueillir dès que possible les avantages.

La France a certainement, elle aussi, intérêt à recourir à cette méthode qui pousse les investigations à un point qu'on n'a pas vu dans les méthodes pratiquées couramment. L'économétrie n'est pas une doctrine ; elle est plutôt une méthode, un critère pour juger avec précision toutes idées et réformes qu'on veut lui soumettre.

Jusqu'ici, dans les controverses touchant les moyens susceptibles de combattre les crises économiques ou leurs effets, on met en avant des mesures dont on s'imagine qu'elles sont plus ou moins efficaces et dont il ne reste qu'à les mettre à l'épreuve. Mais la mise en pratique des mesures peut être onéreuse sinon pire, au cas où quelque erreur a présidé à leur conception. Quand on s'en apercevra, il sera déjà sans doute trop tard pour en corriger totalement l'action. La nouvelle méthode exclut semblables mécomptes parce qu'elle permet en quelque sorte d'expérimenter sur le papier, en calculant d'avance et de façon précise, l'effet visé par les mesures étudiées. Elle permet de porter un jugement de valeur numérique sur chacun des remèdes et nous met en situation de nous prononcer à leur sujet vraiment en connaissance de cause et avec le moins de frais, et surtout avec le moins d'aléas.

On ne saurait retenir l'argument que l'application intégrale de la méthode économétrique est coûteuse : il ne pèse rien auprès de ses avantages.

L'économétrie possède pour vous d'autres titres. Elle a eu comme parrain le Français Cournot qui, il y a près d'un siècle, avait eu l'idée de s'en servir dans la solution scientifique de problèmes d'économie pratique. Cournot avait abordé, en particulier, le problème du monopole et de la concurrence, sous une forme qui est reprise aujourd'hui. Déjà, peu avant la guerre, votre compatriote, le regretté Lenoir, s'était avisé d'utiliser des équations de régression linéaires pour l'étude de quelques marchés français. Cette science comporte chez vous de très éminents représentants. L'intérêt se trouve éveillé dans vos centres universitaires pour la foule des problèmes qui se posent à sa technique encore en pleine formation.

Bernard CHAIT.

Conférence de Jan Tinbergen
Expert temporaire attaché au Secrétariat de la S.D.N.
(9 juin 1938)

RECHERCHES ÉCONOMIQUES SUR L'IMPORTANCE DE LA BOURSE AUX ÉTATS-UNIS

Je voudrais dire dès l'abord que *je considère comme un grand honneur de pouvoir vous dire quelques mots sur mes travaux, car votre Centre a maintenant un renom international. C'est bien un centre unique dans le monde pour les études de cette sorte.* Mais, je le répète, j'espère que ce ne sera pas une trop grande déception pour vous de m'écouter ce soir.

Je voudrais vous parler des travaux que nous avons effectués ces deux dernières années à la S.D.N. Ce sont des travaux qui appliquent la méthode économétrique dont M. Chait a parlé l'autre jour ici et dont peut-être je pourrais pour commencer vous donner une impression d'ensemble.

Il faut ajouter qu'il s'agit de résultats provisoires qui seront encore discutés dans une conférence d'experts ; aussi je vous prie de ne pas considérer comme définitif ce que je vous communiquerai.

Je crois que le moyen le plus clair, le plus simple, d'exposer l'idée principale, le noyau de la méthode dont je vais vous parler est de se demander quelle est la raison des fluctuations qui se sont présentées dans une série donnée, une série historique et économique donnée.

Prenez, par exemple, *la série du volume des investissements* : on peut les mesurer peut-être en prenant la consommation de fer et d'acier, ou encore une mesure plus exacte. Figurez-vous qu'on vous donne les chiffres de la période 1919-1932 et qu'on vous demande pourquoi cette série a fluctué comme elle l'a fait ? Les économistes vous indiqueront plusieurs raisons, qui ont influé sur ce phénomène des investissements, et l'idée centrale de la méthode économétrique est de vérifier à l'aide des statistiques les diverses théories économiques qui ont été données pour l'explication de cette fluctuation.

Dans le cas des investissements, par exemple, il y aura beaucoup d'économistes qui vous diront tout d'abord que *le taux de l'intérêt* a eu une influence ;

le taux de l'intérêt n'a pas été le même pendant toutes les années et la variation du taux de l'intérêt sera peut-être une des raisons des fluctuations des investissements. Ces économistes ajouteront sans doute qu'il y a encore d'autres causes : disons le prix des biens d'investissement.

Je crois qu'il sera plus commode pour vous et pour moi de vous indiquer en commençant quelques symboles. Posons :

v = volume des investissements[1],
m = taux de l'intérêt,
q = prix des biens d'investissements.

Nous aurons donc une théorie d'après laquelle la série v doit être égale ou à peu près égale à une fonction :

$$v = f(m, q) :$$

d'autres séries devront peut-être également être incluses.

Comme première approximation nous pouvons supposer que cette fonction est linéaire ; quand il s'agit de fluctuations pas trop grandes, cette hypothèse ne diminue pas sensiblement la généralité et procure certaines facilités dans les calculs. Si nous indiquons, d'une manière générale, les coefficients par des caractères grecs, disons que ce sera :

$$\rho_1 m + \rho_2 q + \dots$$

L'idée générale de la méthode dite de la *corrélation multiple* c'est maintenant qu'on se procure des chiffres sur la série v, la série m, la série q (et peut-être les autres qu'il faut introduire) et qu'on cherche des nombres constants ρ_1 et ρ_2, tels que la corrélation entre les valeurs observées de v et l'expression, qu'on pourrait appeler la série calculée v^* soit maximum[2]. Il s'agit d'une technique mathématique dont je ne vous parlerai pas, parce que ce n'est pas très intéressant du point de vue économique, mais vous voudrez bien admettre qu'il existe une méthode qui permet de calculer les chiffres ρ_1 et ρ_2, etc. etc.

Maintenant, deux choses peuvent se présenter : tout d'abord, il se peut qu'avec les chiffres ρ_1 ρ_2, obtenus, vous trouviez *une haute corrélation* ; autrement dit, que vous réussissiez à trouver une série calculée qui montre à peu près les mêmes fluctuations que la série observée. Dans ce cas, on peut dire de la théorie dont on est parti qu'en tout cas les faits statistiques ne l'infirment pas. C'est tout ce qu'on peut dire. Mais si le second cas se présente, si, ayant la liberté de choisir les coefficients comme vous le voulez, vous ne réussissez pas même à obtenir une bonne corrélation, dans ce cas-là on peut dire que la théorie que vous avez utilisée est ou bien fausse, ou bien incomplète. Ainsi, on a la possibilité d'une certaine vérification... une *certaine* vérification seulement.

Le rôle du statisticien ne peut donc être ici qu'assez négatif, c'est-à-dire qu'il ne peut donner une certitude qu'au cas où la corrélation n'est pas bonne ; si la

1. En général, nos symboles représenteront des déviations de la moyenne pour la période envisagée.
2. Comme on le sait, l'équation $v^* = \rho_1 m + \rho_2 q$ s'appelle équation de régression.

corrélation est bonne, il ne peut parler que d'une probabilité. En effet, si, dans un cas donné, la corrélation est bonne, cela n'est pas une preuve que la théorie soit juste ; il se pourrait qu'une combinaison d'autres variables vous donne encore une corrélation plus élevée ou du moins aussi bonne. Reste toujours la responsabilité de la théorie aux économistes. Dans le cas où les économistes seraient à peu près d'accord, on pourrait dire qu'on s'approche de la certitude.

La méthode de la corrélation multiple offre encore un autre aspect. Celui dont je viens de parler est celui de la vérification. Le second consiste dans la *mesure* des influences. Figurez-vous que vous trouviez un économiste qui prenne la responsabilité de certaine théorie et qu'en vérifiant cette théorie, vous ayez trouvé une bonne corrélation. Alors, dans ce cas-là, la méthode peut vous indiquer encore autre chose : elle peut vous dire l'importance relative des différents facteurs qui collaborent dans la formule. Si vous trouvez, par exemple, dans cette formule un nombre ρ_2 qui est très bas, un autre nombre ρ_1 qui est très élevé, vous pouvez dire qu'il est assez probable que l'influence du facteur q est petite, tandis que l'influence du facteur m est grande. En tout cas, le calcul vous fournit une indication sur l'ordre de grandeur des différentes régressions. Ainsi se mesurent les influences. Quand les économistes et les statisticiens collaborent de cette manière, on peut arriver à un certain jugement en ce qui concerne l'importance relative des différents facteurs qui expliquent les mouvements de certains phénomènes.

Il y a une seconde application de cette méthode qui, peut-être, est encore plus intéressante : c'est une application qui ne s'occupe pas d'une seule équation, mais de tout *un système d'équations.* Toutes les fois qu'il s'agit d'expliquer le mouvement d'ensemble de l'économie nationale, par exemple dans tous les problèmes de la conjoncture, on a besoin non pas d'une seule équation, mais de tout un système d'équations. L'économie nationale peut être représentée avec plus ou moins d'exactitude, mais en tout cas vous la représenterez par différentes séries économiques, par les valeurs de différentes séries, et vous ne pouvez pas comprendre les mouvements de l'ensemble si vous ne disposez pas d'un nombre d'équations qui soit égal au nombre de variables.

J'espère vous donner encore ce soir des exemples de la nature des conclusions auxquelles on peut arriver avec cette deuxième application.

Je vous donnerai tout de suite un exemple des résultats auxquels nous avons abouti : un grand nombre de cas étudiés en détail permettent de se former l'opinion que l'influence sur les investissements du taux de l'intérêt pris dans le sens restreint (soit le taux à court terme, soit le taux de placement des obligations) n'est pas très grande, spécialement dans la période d'après-guerre. J'y reviendrai encore tout à l'heure, mais ces quelques mots peuvent servir à vous indiquer le sens de la méthode.

Je voudrais maintenant m'occuper de quelques applications et vous donner un compte rendu de nos recherches, particulièrement en ce qui concerne l'influence de la bourse sur l'activité générale.

Dans nos travaux de la S.D.N., nous nous sommes efforcés de représenter la vie économique des Etats-Unis, d'après-guerre par un système de relations qui donne une image – assez grossière naturellement – de l'économie américaine. Il m'est impossible, et il serait peu intéressant pour vous, de discuter toutes ces relations, mais j'ai pris parmi elles celles qui ont immédiatement rapport au cours des actions. Il y a spécialement trois relations dont je voudrais vous parler :

1) *La formation des cours des actions.*

Nous avons pris l'habitude de parler de l'« explication » des cours des actions, entendant par « explication » la formule approchée dont je vous ai parlé au commencement de ma conférence, qui doit refléter les mouvements des cours des actions.

Tout d'abord, nous nous sommes dit que les facteurs explicatifs les plus importants devraient être, d'après presque tous les économistes, le facteur d, soit le dividende en 0/0 du capital, et le facteur m_{Lb} qui représente le taux d'intérêt à long terme ou taux de placement des obligations. Je m'excuse de ces symboles assez compliqués, mais ils sont nécessaires parce que l'alphabet est si restreint !

Une théorie bien connue – théorie plutôt statique – dit que les cours des actions que je représente par n, dépendraient spécialement du quotient des deux grandeurs d et m_{Lb}.

Nous devons donc utiliser dans l'équation de régression ces deux facteurs-là. Nous avons l'expression :

$$n = v_1 d + v_2 m_{Lb}$$

Le calcul nous a montré que l'« explication » des cours des actions aux Etats-Unis pourrait être donnée d'une façon assez satisfaisante pour la période 1919-1932, à l'exception des deux années 1928 et 1929.

Il faut ajouter que la valeur du coefficient v n'est pas exactement celle que la théorie statique aurait indiquée.

Pour améliorer ces explication, nous nous sommes demandé quelle pouvait être la raison des divergences. Nous avons cru la trouver dans *la spéculation.* L'idée semble assez naturelle de supposer que le *taux d'augmentation des cours des actions* joue lui aussi un certain rôle. S'il se produit une vraie hausse à la Bourse, qu'est-ce que la plupart des spéculateurs se disent ? Ils se disent : les cours montent sans cesse : plus ils montent, plus les gains spéculatifs peuvent être élevés, si on achète des valeurs et qu'on les revende rapidement. Nous avons donc songé à introduire, comme troisième facteur explicatif, *le taux d'augmentation des cours des actions,* soit : $(n - n_{-1})$, le cours des actions au moment dont on parle, moins le cours des actions au moment précédent.

Pour vérifier, nous avons établi un diagramme, comparant le cours des actions déjà corrigé pour l'influence statique dont parle la théorie (c'est-à-dire les résidus inexpliqués) au taux d'augmentation des actions, et cela nous a donné un résultat assez remarquable. Il y avait une certaine « organisation » dans ce diagramme. Les résidus inexpliqués semblent en effet dépendre du taux d'augmentation, mais cette dépendance n'est pas linéaire. Avec beaucoup d'approximation on pourrait dire que lorsque l'augmentation des cours des actions est négative ou faible (c'est-à-dire quand les cours tombent ou qu'ils restent à peu près stables), il y a peu d'influence : les cours sont bien déterminés par le principe statique dont parle la théorie économique, tandis qu'en période de grande hausse, lorsque les cours ont une grande « vélocité », cette vélocité elle-même prend de l'influence. Ce phénomène est bien connu, me semble-t-il, de tous ceux qui ont observé la Bourse. Une fois que la Bourse a commencé à monter, il semble que la hausse ne cesse plus, et aille toujours plus vite.

Si l'on inclut linéairement le facteur $n - n_{-1}$ dans l'explication du cours des actions, on obtient certainement une explication meilleure que tout à l'heure ; mais l'explication n'est pas très satisfaisante quand même ; c'est seulement quand on inclut *une relation curviligne* qu'on obtient une explication satisfaisante. C'est ici le premier cas où nous ayons appliqué au lieu de formules linéaires une formule curviligne et nous l'avons même contrôlée par des méthodes dont je ne vous parlerai pas maintenant : je me contente de vous dire que cette curvilignité était bien significative.

On peut se demander alors : est-ce que la théorie économique peut expliquer pourquoi cette relation doit être environ du type que j'ai indiqué ici ? Il me semble qu'on pourrait en donner quelques raisons. En effet, l'explication la plus précise du cours des actions devrait être faite, à mon avis, à l'aide de schémas de la demande et de l'offre ; mais il ne faut pas tenir compte de la demande et de l'offre d'actions qui sont vendues *dans une certaine période* de temps, il faut plutôt regarder toutes les actions qui sont présentes à *un certain moment*. Il faut se demander quelles sont les fonctions de la demande et de l'offre de ces actions. C'est spécialement la fonction de la demande qui nous intéresse. Quels facteurs influencent la demande d'actions et spécialement quelle est l'influence du taux d'augmentation ?

S'il n'y a pas de hausse à la Bourse, s'il y a seulement des cours qui ne varient pas, ou qui baissent, l'intérêt de la plupart des personnes pour les actions n'est pas influencé par le taux d'augmentation, c'est-à-dire que le marché ne consiste presque pas en spéculateurs mais qu'il consiste en ceux qui considèrent les actions comme une forme de placement. Mais si une rapide augmentation des cours se produit, alors il y a beaucoup de gens qui entrent sur le marché et dont la demande pour des actions est bien influencée par le taux d'augmentation. Mais ce phénomène ne peut pas continuer indéfiniment et c'est cela qu'on ne peut pas voir dans le diagramme statistique. Nous avons trouvé une très bonne concordance entre ce diagramme et une fonction du troisième degré. Mais cette fonction du troisième degré (indiquée en trait continu dans la figure 1) monte toujours et cela, comme je l'ai dit, on ne peut pas l'accepter du point de vue théorique ; aussi cette fonction du troisième degré doit-elle être rejetée.

Pourquoi est-ce que cela ne peut pas continuer ? Je crois qu'il y a deux raisons très précises pour cela : tout d'abord la demande d'actions dépend certainement du taux d'augmentation ; mais quand ce taux atteint une certaine limite, le plaisir des spéculateurs diminue ; même le spéculateur le plus hardi se demandera si ce n'est pas un peu trop dangereux. D'autre part, l'influence du cours des actions lui-même sur la demande augmentera. Cette influence, qui est toujours négative (dans toute théorie de la demande on dit que l'influence du prix de l'objet dont on parle est négative) sera intensifiée. En d'autres mots, les considérations basées sur le taux d'augmentation seront remplacées par des considérations basées sur le *niveau* des cours, au fur et à mesure que les cours montent. Cela suffit pour renverser le sens de la courbure dans notre fonction de demande et également dans la fonction du diagramme.

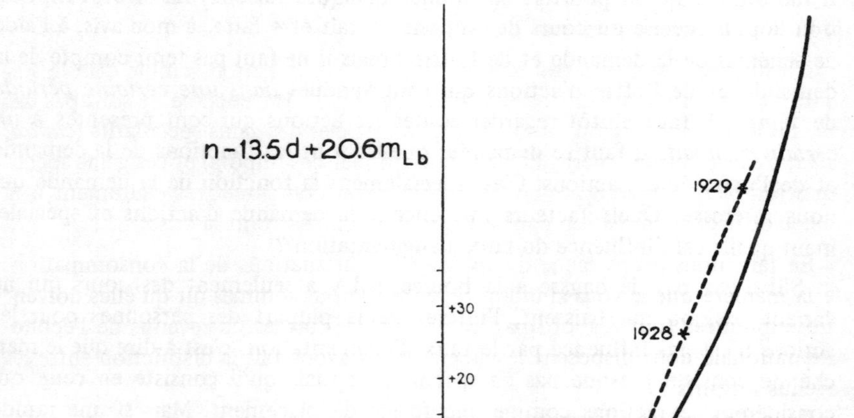

Figure 1

Ce que nous avons fait, en définitive, c'est d'approximer cette relation par trois lignes droites dont deux sont indiquées dans la figure ; vous voyez que la place de la troisième ligne droite est très incertaine et que nous n'avons pas une seule indication que c'est une ligne droite. On peut seulement dire que l'observation la plus élevée dont nous disposons pourrait être sur cette ligne ou qu'elle pourrait être en tout cas dans son voisinage.

Le degré de concordance qu'on obtient à l'aide de cette approximation peut être observé dans la figure 2. La formule correspondant à la branche ascendante est :

$$n = 13{,}5\ d - 20{,}6\ m_{Lb} + 2{,}5\ (n - n_{-1} - 20)$$

Je crois pour le moment en avoir dit assez sur cette explication du cours des actions. J'y reviendrai dans un moment pour une autre raison.

Je m'excuse d'avoir été si technique : j'espère l'être moins dans ce qui va suivre, mais c'était nécessaire pour bien comprendre la suite.

La seconde relation dans laquelle il était question du cours des actions était *l'influence que les cours des actions eux-mêmes exercent sur les autres phénomènes économiques* et, d'après nos recherches provisoires, il semble qu'il y ait deux directions dans lesquelles on observe une influence spéciale des cours :

1) C'est tout d'abord la consommation en général de tous les biens de consommation.
2) Ce sont les investissements.

L'influence des cours des actions sur la consommation semble être la suivante : la spéculation à la Bourse crée des revenus apparents (ce ne sont pas des revenus au sens propre du mot) qu'on peut appeler des gains spéculatifs (*capital gains*, c'est le terme américain, le terme officiel des impôts) et ces gains spéculatifs semblent, en tout cas en Amérique, avoir contribué très clairement à la hausse de la consommation dans les dernières années avant la crise.

En fait, nous avons tâché d'expliquer les fluctuations de la consommation, de la manière que je vous ai indiquée, et nous nous sommes dit qu'elles doivent être expliquées tout d'abord par les différentes formes de revenus de l'économie nationale dont disposent les sujets. Nous avons fait la distinction entre les revenus suivants :

Il y a d'abord les salaires que j'indique par L ;

puis tous les revenus d'autres personnes que les ouvriers, soit les revenus non ouvriers, que j'indique par E ;

enfin les gains spéculatifs que j'indique par G.

Dans la relation II dont je vous parle maintenant on a tenté d'expliquer les fluctuations de la consommation (U') par L, E et G.

Tout économiste vous dira que l'influence de ces différents types de revenus sur la consommation ne sera pas la même. C'est une chose bien connue que l'ouvrier épargne peu tandis que les gens à revenus plus élevés épargnent plus, et il est bien probable que les gains spéculatifs soient épargnés dans une plus grande mesure encore.

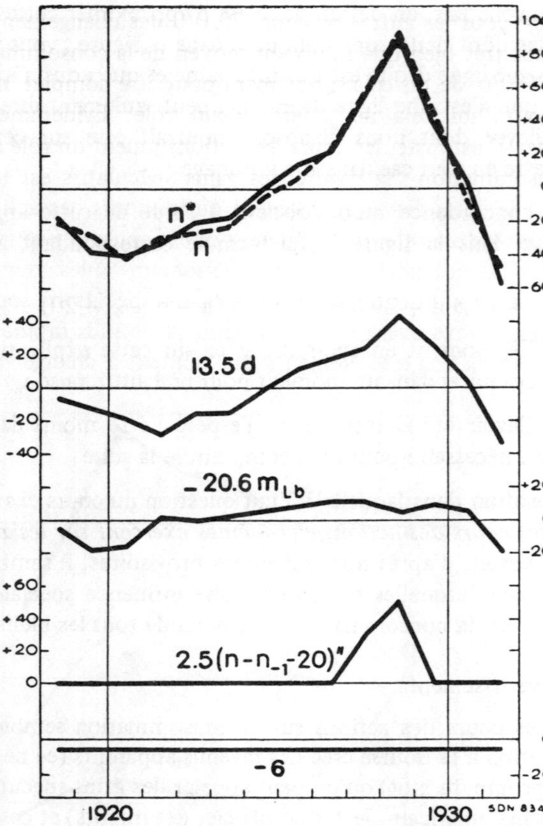

Figure 2

Ce qu'on a trouvé à l'aide de la méthode de la corrélation multiple était bien en concordance avec cette vue à priori : c'est une formule de cette nature (voir fig. 3) :

U' = 0,95 L + 0,70 E + 0,35 G + d'autres termes moins intéressants

Nous avons d'abord supposé que les salaires étaient consommés en entier, et une autre fois que 80 0/0 seulement des salaires étaient consommés. Dans ces cas-là naturellement on obtient d'autres coefficients pour E et pour G et nous avons tâché de voir s'ils pouvaient donner encore d'autres indications. Heureusement pour la thèse d'aujourd'hui, le coefficient de G s'est toujours montré très stable. Il semble que ce coefficient de G dont je voudrais surtout parler soit assez certain. En ce qui concerne le coefficient de E, il est moins stable et très différent, pour différentes valeurs, du coefficient de L ; mais c'est seulement quand le coefficient de L est dans le voisinage de 0,95, que le coefficient de E est moins élevé, comme il doit l'être.

La formule ne dit pas que les salaires sont consommés pour 95 0/0 : ce n'est pas exactement cela ; c'est plutôt que les changements des salaires sont consommés pour 95 0/0 ; pour les autres revenus, 70 0/0 des changements sont consommés ; il se peut très bien que le niveau moyen de la consommation ne soit pas du tout de 70 0/0. Je dis cela simplement pour être complet, mais dans les arguments d'aujourd'hui cela ne jouera aucun rôle. Evidemment si notre « explication » de U' est juste, les cours des actions jouent un rôle assez important dans la consommation ; la nature des gains spéculatifs est telle que ces gains ne sont pas les plus élevés au moment où les cours des actions sont les plus élevés ; ils sont les plus élevés au moment où les cours des actions montent le plus rapidement, ce qui est autre chose. Au moment où les cours des actions sont les plus élevés, ils ne montent plus et les gains spéculatifs sont déjà nuls, tandis que quelque temps avant l'augmentation est la plus rapide. Cela introduit dans la consommation des éléments qui tendent à changer avant que la crise ne commence.

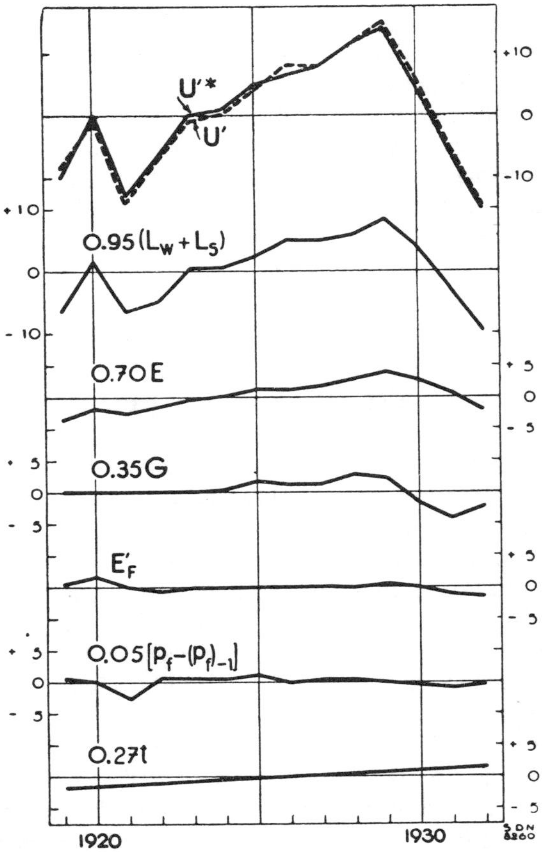

Figure 3

Il y a encore une autre influence qui semble assez importante : c'est celle que les cours des actions exercent *sur le volume des investissements.* J'ai déjà parlé du volume des investissements et d'une relation qui comprendrait deux facteurs, à savoir le taux de l'intérêt et les prix des biens d'investissement. Il faut ajouter immédiatement que nous n'avons pas réussi à donner une explication très bonne en utilisant ces deux facteurs-là, mais que deux autres facteurs semblent être très importants et indispensables pour donner une bonne « explication » : ce sont tout d'abord *les profits* de toutes les entreprises de l'économie nationale, que j'indique par Z, puis un facteur que je voudrais indiquer par m_{Ls} et qui n'est autre que *le taux de rendement des actions.* C'est le quotient du dividende par le cours des actions, soit :

$$m_{Ls} = \frac{d}{n}$$ [1]

En représentant ce phénomène par un symbole m, je veux montrer que, dans un sens, c'est aussi un taux d'intérêt, mais pas dans le sens restreint de ce terme. En effet, quand on émet des actions il n'est pas question que ces actions donnent, comme les obligations, un rendement certain, un rendement fixé d'avance. Mais pourtant, il me semble qu'au moment de l'émission on s'attend à un certain rendement et que les perspectives seront différentes dans des périodes différentes. En période de rendement élevé, on s'attendra à ce que le rendement se maintienne haut dans un futur prochain, tandis que dans d'autres périodes, quand m_{Ls} est bas, on s'attendra peut-être à des rendements moins favorables. En effet c'est une suggestion qui m'a été faite par certains économistes après que nous eussions trouvé que *le taux de placement* aussi bien que *le taux à court terme* ne semblaient pas avoir une grande influence dans le volume des investissements. Ils m'ont dit : c'est peut-être parce que beaucoup de crédits ou en tout cas de capitaux sont obtenus par l'émission d'actions, et il n'est pas question dans ces circonstances-là du taux officiel de l'escompte ou du taux de placement.

Cette suggestion a été très importante, parce qu'en effet l'explication du mouvement des investissements peut être faite d'une manière beaucoup plus complète si on inclut *ce taux de rendement des actions* (voir fig. 4). C'est là la seconde manière dont il semble que les cours des actions influencent les mouvements de l'économie nationale générale. En effet dans la période dont je vous parle on a observé une chose tout à fait remarquable qui, pour autant que je sache, ne s'est pas montrée dans la plupart des autres cycles économiques : pendant l'année 1929 les cours des actions étaient tellement élevés que le taux de rendement était très bas, tandis que, dans les autres cycles, les cycles normaux, d'avant-guerre par exemple, on avait toujours observé que le taux de rendement des actions montait parallèlement au cours des actions pendant la hausse et tombait seulement après la crise. C'était un mouvement parallèle tandis que dans le cycle dont je parle c'était un mouvement contraire. Il semble que ce niveau extrêment bas du taux de rendement par rapport au cours des actions ait encore facilité l'émission des capitaux et de cette façon facilité aussi l'extension du volume des investissements. Il semble que la grande

1. Dans cette formule, les symboles représentent des valeurs absolues et non des déviations de la moyenne.

activité qu'on a observée en 1929 soit la conséquence non seulement du fait que la consommation a été très élevée avant la crise, mais aussi que les investissements ont été très élevés et cela en partie à cause du niveau très haut du cours des actions.

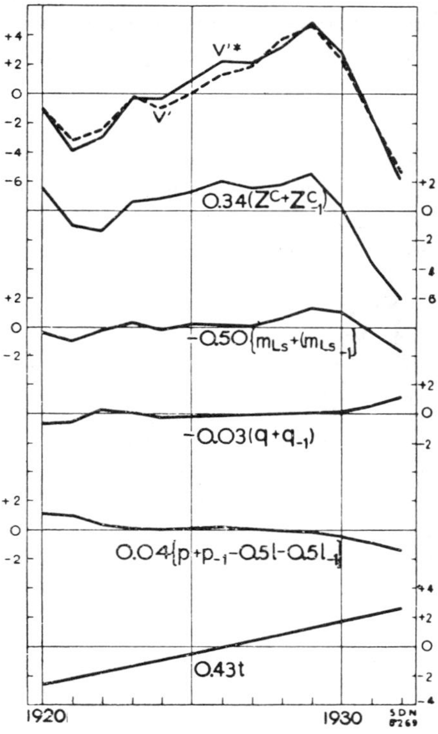

Figure 4

Maintenant, j'espère que vous me permettrez de changer un peu de problème. J'ai parlé jusqu'à présent seulement des influences immédiates qu'exerçaient les cours des actions. On peut se demander comment le cours de l'économie générale est influencé par les cours des actions et spécialement comment le cours de l'économie nationale dans son ensemble est influencé par cette branche remarquable dans la relation (3).

Il semble que ces influences soient très importantes. Nous avons étudié deux cas : d'abord le système économique américain, en supposant que la formation des cours était statique, c'est-à-dire que les hausses extrêmes ne se produisent pas, que cette mentalité de hausse n'existe pas. Alors, tenant compte des quarante équations de notre système, nous avons calculé les fluctuations de l'économie américaine. Il faut dire cela avec toutes les réserves qui sont nécessaires dans de telles recherches, mais je m'excuse de ne pas vous les indiquer parce que cela demanderait toute une soirée. Nous avons trouvé que dans ce cas-là il y avait une tendance à des cycles amortis. Nous avons trouvé une tendance à des cycles d'une période de sept ans avec amortissement d'un quart de l'amplitude originale par année, ce qui veut dire que l'amplitude est réduite aux 3/4 de chaque année.

C'est un mouvement qui montre les caractéristiques bien connues de la conjoncture générale, mais qui va en s'atténuant, de sorte que seuls de nouveaux chocs extérieurs pourraient donner l'image connue des cycles qui se répètent sans cesse. Laissé à lui-même, ce cycle aurait bientôt disparu (voir fig. 5).

Si l'on change de système et que l'on fasse des calculs analogues en supposant qu'il y existe bien un « intervalle spéculatif » où la tendance spéculative indiquée plus haut se manifeste après que les cours ont monté un peu, l'image des cycles change assez considérablement.

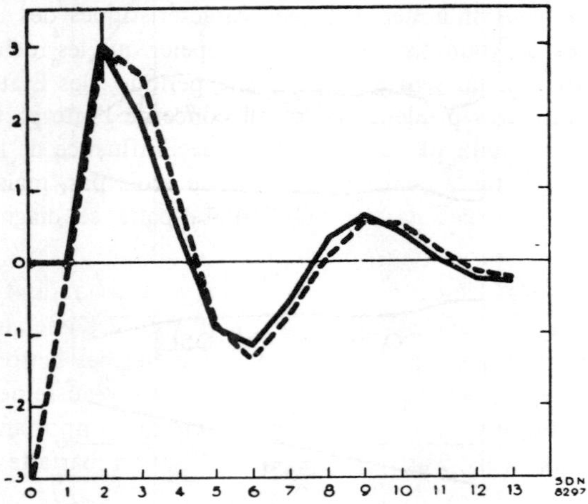

Figure 5

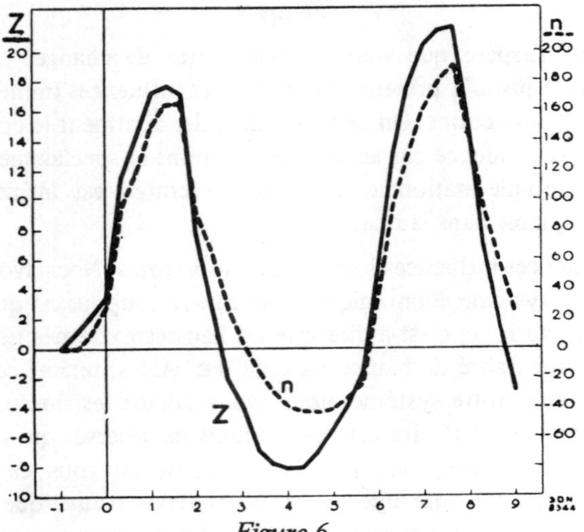

Figure 6

Il est nécessaire de faire ce que nous avons nommé des extrapolations numériques, mais le type des mouvements peut malgré tout être calculé. Les mouvements qu'on trouve sont à peu près du type qu'indique la figure 6.

Tout d'abord le mouvement n'est plus amorti et la forme des mouvements n'est plus sinusoïdale ; elle a plutôt certaines propriétés *des oscillations de relaxation* qu'un de vos compatriotes bien connu, M. Le Corbeiller, a étudiées à plusieurs reprises. C'est la première fois, me semble-t-il, que l'on ait réussi à trouver du côté économique, non du côté mathématique, des relations qui d'une façon assez naturelle nous mènent à un type d'oscillations qui n'est plus symétrique et qui, en effet, se rapproche un peu des oscillations de relaxation, sans être du reste exactement les mêmes.

Je désirerais finir en quelques mots rapides.

J'ai tâché de vous indiquer quelques caractéristiques des recherches que nous avons faites. Je voudrais encore vous rappeler que les recherches dont je parle se rapportent à un seul pays et à une période : les Etats-Unis d'après-guerre. Il faut être très prudent en ce qui concerne l'interprétation générale des résultats. Je ne veux pas du tout dire que l'influence de la Bourse a été toujours aussi importante ; moi-même je ne le crois pas, mais il me semble que pour l'Amérique dans la période dont je parle ce diagnostic est assez acceptable.

Ce qui résulte aussi de ces recherches, c'est qu'une stabilisation des affaires n'est pas possible sans une stabilisation, ou en tout cas une stabilisation partielle, des cours des actions. L'influence des cours des actions est en effet tellement importante que d'après nos calculs, des investissements compensateurs de l'Etat, ou la stabilisation des prix, quoique importants, ne permettraient pas à eux seuls d'arriver à une stabilisation parfaite de l'économie nationale.

Jan TINBERGEN

Les conférences précédentes ne représentent qu'une sélection – forcément arbitraire –, parmi les 100 conférences qui ont été prononcées à X-Crise. Mais les discussions qui ont suivi ces exposés et dont il a été évidemment impossible de fournir des résumés, constituent aussi un ensemble d'une remarquable richesse de pensées.

En effet, à propos de ces discussions accompagnant chacune des conférences, comment ne pas insister sur le caractère ardent mais courtois de tous les échanges auxquels ont pris part des orateurs aussi différents mais également aussi assidus que, par exemple : Jacques Branger, Jean Coutrot, Robert Gibrat, Maurice Lacoin, Robert Lelong, Robert Loustau, Henri Michel, François Moch, Louis Rosenstock-Franck, A. de Saint-Mathieu, Roger Sautereau-Meyer, Louis Vallon, Roland Ziegel – cités par ordre alphabétique –, sans oublier ceux qui, tels Jean Dessirier, apportaient des contributions écrites régulières.

Quelque divergentes qu'aient été souvent les opinions émises, la liberté d'expression était totale et la pluralité des propos échangés était pour l'auditeur source de réflexion : en bref, la contradiction s'avérait constructive.

D'autre part, le Centre Polytechnicien d'Etudes Economiques a édité une série d'ouvrages rédigés soit par leurs auteurs soit par des équipes réunies pour l'étude d'un problème particulier.

Ces ouvrages sont les suivants :

– *n° 1 -* ***Ernest Mercier*** *: « Retour d'U.R.S.S. ».*

– *n° 2 -* ***Louis Vallon*** *: « Socialisme Expérimental ».*

– *n° 3 - « Le Problème des Transports ».*

– *n° 4 -* ***Jean Coutrot*** *: « Humanisme Économique ».*

– *n° 5 - « Questions Agricoles ».*

– *n° 6 et 7 -* ***Georges et Edouard Guillaume*** *: « Économique Rationnelle ».*

– *n° 8 -* ***Alfred Sauvy*** *: « Conjoncture et Prévision Économique ».*

– *n° 9 - « L'Énergie en France ».*

– *n° 10 -* ***Louis Rosenstock-Franck*** *: « Les Étapes de l'Économie Italienne ».*

SECONDE PARTIE

L'ENSEIGNEMENT

La première partie, dans son historique et la reproduction des grandes conférences d'X-Crise, a mis en évidence les personnalités et le jeu des idées qui ont fait l'originalité de ce Centre. Il serait toutefois injuste de limiter l'apport du Centre Polytechnicien d'Etudes Economiques à des échanges d'opinions sur les grands problèmes. Parallèlement à ces débats passionnés se sont développées au sein d'X-Crise des études par petits groupes et notamment une recherche commune portant à la fois sur une meilleure connaissance des faits économiques et sur les méthodes à mettre en œuvre pour les ordonner et les comprendre.

Dans ce travail qui s'est révélé fécond, Alfred Sauvy, d'une part, membre du Bureau du Centre Polytechnicien d'Etudes Economiques, a joué un rôle de premier plan du fait de son action pour créer les moyens en vue d'obtenir une conjoncture économique valable et de poser les problèmes de démographie.

Dans ces domaines, il était alors et est resté un expert dont il est inutile de rappeler l'œuvre magistrale.

C'est lui-même qui a bien voulu, dans ce qui suit, exposer la nature et l'importance des travaux d'X-Crise auxquels il a apporté toutes ses compétences.

Jean Ullmo, d'autre part, également membre du Bureau du Centre Polytechnicien d'Etudes Economiques, était tout désigné, en tant que Président d'Honneur du Département de Sciences Economiques de l'Ecole Polytechnique, pour évoquer le rôle d'X-Crise dans l'évolution des idées qui ont marqué l'histoire économique des années d'après guerre.

Malheureusement, nous avons eu à déplorer la disparition brutale de celui qui avait accepté de rédiger une étude sur cette question en complément de celle qu'il avait fait paraître sur ce sujet dans

« La Jaune et la Rouge », organe de liaison des anciens polytechniciens, en 1977. L'intérêt de cette étude et le souvenir ému que nous gardons de notre ami, nous fait un devoir de reprendre en quasi-totalité le texte qu'il avait consacré à cette remarquable germination des idées lancées en son temps par le Centre Polytechnicien d'Etudes Economiques.

Le déroulement des événements d'il y a cinquante ans et le rappel des analyses proposées alors constituent une rétrospective qui offre de salutaires sujets de réflexion pour tous ceux qui se soucient des difficultés du temps présent.

CONJONCTURE ET POPULATION

par Alfred SAUVY

Dès le début de ces années trente, déjà chargées de tragédie, l'économie tombait, en même temps que la population. Sans vouloir nous attarder une minute sur une grande question de doctrine, nous pouvons observer combien les convergences entre économie et population sont plus fréquentes que l'inverse.

Bien différents en tout cas, les horizons : pour **l'économie**, c'est du minutieux « au mois le mois » qu'il s'agit, alors que, pour la population, l'unité de temps est, le plus souvent, une génération. Le groupe **X-Crise** s'est attaché aux deux domaines et comme il se trouve que j'ai été appelé à donner mon concours dans les deux cas, je vais m'efforcer de retracer ce qui est, après tout, vu d'aujourd'hui, une curieuse aventure.

Méthodes nouvelles

Les deux domaines **conjoncture** et **population** venaient de subir, ou plutôt de bénéficier d'une révolution de méthodes :

En économie, non seulement le terme **conjoncture** était ignoré jusqu'à la guerre, mais, si étonnant que cela nous paraisse, il en était de même, à l'échelle nationale, pour le mot **production.** Les hommes du régime libéral se préoccupaient de « la marche des affaires » : le sens était en jeu, non les quantités.

Les années 20 avaient vu, à la suite de Harvard, l'éclosion des **baromètres**, comme les années 70 verront, un demi siècle plus tard, celle des scénarios. En retard notable (peut-être à juste titre ?), la France n'était guère entrée dans le mouvement : absence de crédits, bien sûr, mais aussi grandes hésitations de la **Statistique Générale** dont Michel Huber[1] était directeur et L. Dugé de Bernonville[2] sous-

1. Camarade de la promotion 1895.
2. Camarade de la promotion 1902.

directeur. Celui-ci. en particulier, montrait quelque appréhension. d'ailleurs fort justifiée. à l'égard des méthodes rigides et des formulations mathématiques, leur reprochant d'atrophier. quelque peu, une qualité indispensable, qu'on appelle le **jugement.** Ce conflit, qui dure encore, nous allons le retrouver, dans un moment, à propos des frères Guillaume. S'il vivait encore, ce de Bernonville. qui connaissait l'économie mondiale comme personne, il insisterait. dans le même style, sur les limites de l'ordinateur. Mais, du coup. Jean Dessirier[1], qui, lui, voulait aller de l'avant et... prévoir, a dû quitter la **Statistique Générale**, pour fonder son propre observatoire artisanal.

Lorsque X-Crise a commencé son activité. les premières préoccupations ont été moins l'observation continue que les grands problèmes. C'est déjà beaucoup que de savoir poser les questions.

Voyons maintenant les méthodes de la **démographie** :

Les années 20 avaient vu aussi leur petite révolution : jusque là les démographes comptaient les hommes comme des grains de blé ; l'on s'attachait surtout aux augmentations et diminutions de population, comme aussi aux **taux bruts** de natalité et de mortalité ; c'était oublier « **l'amortissement** » de tout ce monde.

L'augmentation de la population. fit-on observer, peut être trompeuse, par exemple si elle concerne surtout les personnes âgées, ayant dépassé la période génésique. Ce qui est important, c'est de savoir si, et dans quelle mesure. les générations assurent leur remplacement. Or. dans ces années trente, ce n'était plus le cas. dans les principaux pays d'Europe. alors même que le nombre des hommes continuait à augmenter.

Le taux de mortalité ? Il a son intérêt, mais il est trompeur, car il dépend de deux facteurs, l'état sanitaire de la population et sa répartition par âges. Pour éliminer le second, a été généralisé l'usage de **l'espérance de vie à la naissance**, appelée dans le monde entier e_o.

Ainsi, dans les deux domaines, économie et population, les observateurs étaient un peu mieux armés ; seulement, si faibles étaient leur nombre et leurs moyens, qu'ils ne pouvaient guère éclairer l'opinion, ni même les pouvoirs publics. Le rôle de X-Crise a été, précisément, de répandre des connaissances, d'autant plus utiles qu'il fallait, dans les deux cas, se proposer d'arrêter une descente dommageable et de remonter.

Nous allons maintenant suivre l'activité d'X-Crise, dans les deux domaines.

1. Camarade de la promotion 1911.

I. CONJONCTURE

C'est dans le bulletin n° 4 d'X-Crise, en juin 1933, qu'apparaît, pour la première fois, l'expression « Point économique », en tête du numéro, d'ailleurs. Il s'agit d'une revue de presse, rassemblant non seulement de simples observations, mais des prévisions et des recommandations. Il est bien rare, en conjoncture, que l'observateur parvienne à rester dans son rôle d'éclaireur, laissant aux autres le soin de choisir la route à suivre. En économie, le météorologue complète son bulletin d'observation par des recommandations précises sur l'arrosage du jardin et décide même parfois de la promenade du dimanche. Citons, par curiosité, l'avis, cité dans ce numéro, du président de Courrières :

La crise disparaîtra, en raison des lois naturelles, qui régissent toutes choses, et non à la suite de conférences, plus ou moins mondiales, où se débattent surtout des questions d'intérêt personnel.

S'agit-il d'une simple prévision ?

Nouvelle revue de presse, internationale cette fois, dans le « Point économique » des bulletins d'X-Crise n° 5 et 6, avec accompagnement, dans ce dernier, de quelques statistiques et d'une brève interview de F. Roosevelt.

C'est en octobre-novembre 1933 que paraît le premier essai d'observation générale, sous la plume de Jean Dessirier, à conclusion assez optimiste. Déjà apparaît la difficulté permanente, inhérente au délai qui s'écoule entre le fait et sa mesure. Turgot ne disait-il pas déjà qu'il faut « Prévoir le présent » ? Après la reprise d'un an, 1932-1933, ignorée de la plupart des historiens, le déclin a commencé en été, mais, en novembre, Dessirier n'a pas encore les chiffres d'automne. Ses articles sont d'ailleurs le plus souvent extraits de sa revue « **La conjoncture économique et financière** », cause de retard supplémentaire.

Dans le bulletin de février 1934, le « point » est rédigé par G. Guillaume. Avec son frère, il avait construit une « théorie économique rationnelle », se concrétisant par un **modèle**, pour fournir une réponse prévisionnelle, quasi automatique. En particulier, la courbe de l'indice « G » a, dans les années précédentes, précédé l'indice des valeurs mobilières, lui-même indice précurseur. Malheureusement, comme l'avait déjà montré la débâcle de Harvard, il est assez facile de prévoir rétrospectivement. Le calcul des probabilités nous montre, d'ailleurs, qu'il n'y a pas besoin de théorie, mais seulement d'un nombre suffisant d'essais (un polynôme du nè degré par exemple) pour parvenir à ce résultat.

Le « point » de G. Guillaume est d'ailleurs rédigé ici en style analytique ordinaire, mais il ne fait aucune allusion à la **production**. Tout tient dans le conseil « Surtout ne diminue pas la quantité de monnaie scripturale ». Keynes n'est pas loin et les théories sur le « pouvoir d'achat » se rencontrent déjà à cette époque, à tous les coins de discours.

Dans la suite, le « point économique » est le plus souvent un extrait de « **La conjoncture économique et financière** » de Dessirier. Il faut regretter que ce grand pionnier n'ait pas eu les moyens de travail nécessaires et ait été quelque peu détourné des méthodes scientifiques par ses obligations professionnelles de conseiller en placements.

En juin-juillet 1934, la déflation Doumergue bat, si l'on ose dire, son plein. Dessirier condamne toute nouvelle déflation des prix, sans toutefois oser proposer la solution monétaire (dévaluation), question qui va, pendant deux ans, être au premier plan de l'actualité. X-Crise publie, d'ailleurs, le texte de la conférence[1] de Paul Reynaud (23 novembre 1934), qui fait sensation et même scandale, sans rencontrer d'adhésions réalistes. Au contraire, l'expression « ni déflation, ni dévaluation » satisfait l'esprit.

Dans les « points » qui suivent et particulièrement celui de novembre 1934, Dessirier insiste sur l'excès des charges budgétaires étatistes et sociales, reproche permanent et universel, qui procure un effet de soulagement, tant que n'est pas précisé l'objet des allègements proposés. Il a confiance aussi en une stabilisation de la livre et du dollar.

Une « leçon » de conjoncture.

Dans ce même riche numéro de novembre 1934, figure la conférence d'Henri Michel[2], esprit sensible et affectif. La première partie « Conjoncture économique » annoncerait une simple observation. Mais, une fois de plus, la vigie éprouve le besoin de dicter au pilote la marche à suivre. Il est bien question de Sismondi, de Marx, etc. mais, pour en arriver à conseiller de « se prosterner devant sa Majesté le fait ». Nous lisons cependant :

En toute chose, de la technique, mais pas trop. Avant tout jugement, le sens des réalités, des relativités, des possibilités, des proportions, etc. Pas d'œillères mais de la perspective dans l'esprit.».

Suit un examen de la situation économique mondiale et nationale : estimant que le plus bas est passé, négligeant les contresens de Roosevelt et la position, déjà intenable, du bloc or, indifférent à la question monétaire et aux écarts de prix entre la France et le reste du monde (un fait fondamental cependant), il formule des recommandations, qui sont moins des moyens que des objectifs.

---

1. Voir la relation de cette conférence page 99.
2. Camarade de la promotion 1900.

L'année 1935.

Tout en manifestant la confiance générale vers le mieux, qui ne l'abandonne jamais (c'est le contrecoup de sa résistance remarquable contre la tuberculose qui le ronge et qu'il finira par vaincre), J. Dessirier montre bien la position défavorable du « bloc or », composé de quatre, puis de trois pays. En fait, ils n'ont jamais fait bloc, mais se trouvent isolés par le départ (monétaire) des autres pays. La dévaluation n'est ni annoncée, ni préconisée, et c'est toujours le poids fiscal qui est dénoncé.

A mi-juin, un fait aussi important que la dévaluation du franc belge – la première opération monétaire réfléchie, volontaire, calculée –, n'est même pas mentionné. C'est pourtant le temps de la grande controverse entre F. Baudhuin et H. Michel sur le résultat de cette opération. Devant les perspectives de la déflation Laval qu'il n'ose combattre à fond, J. Dessirier envisage une curieuse « dévaluation des prix-papier intérieurs » ; simple jeu sur les mots (Bulletin de juillet-août 1935).

C'est le temps où se créent, au **Centre Polytechnicien d'Etudes Economiques**, des **équipes.** C'est Coutrot qui a la responsabilité et la présidence de l'équipe de conjoncture, mais ses activités couvrent tout le champ économique et le débordent.

Nous revenons aux méthodes scientifiques d'observation avec L. Dugé de Bernonville, dans un excellent exposé descriptif des indices calculés et publiés par la **Statistique Générale**, avec un soin qui n'a d'égal que l'indifférence manifestée, au dehors, à leur égard. Il est fortement critiqué par G. Guillaume qui voudrait des corrélations, des liens rigoureux, entre les indices, c'est-à-dire un modèle ; confusion regrettable chez un homme de cette valeur, entre les tâches du producteur et celles de l'utilisateur.

Pendant la réunion du 13 février, un exposé de A. Sauvy a porté sur « Finance et Conjoncture » et, plus exactement sur l'utilisation, aux fins d'observation conjoncturelle, des résultats financiers, tels que le rendement de la TVA. Ce fut une occasion pour J. Coutrot de décrire les projets de l'équipe de conjoncture qu'il préside. Pour utiliser tous les indices disparates et passer de l'observation à la prévision, confirme-t-il, il faut disposer d'une méthode, d'un modèle. Pourquié[1] a alors bien précisé les relations entre l'économétrie et la simple observation, tout en se montrant franchement optimiste sur les résultats des dernières années, en particulier aux Etats-Unis. C'était, il est vrai, avant la grande rechute de 1937, qui inspirera la doctrine stagnationniste. Un débat a suivi, plus animé que conclusif.

---

1. Camarade de la promotion 1918.

Et nous voici au printemps 1936 : Dessirier remarque la reprise économique, d'apparence paradoxale, qui suit la déflation Laval, reprise que personne à l'époque n'a su observer, même dans la droite politique, il est vrai très éloignée des méthodes d'observation. Mais, curieusement, J. Dessirier ne note pas le rôle qu'a joué la politique « d'escompte des Bons du Trésor » par la Banque de France, politique qui aurait dû plaire à G. Guillaume, mais qui ignore le problème monétaire, tout en le posant de façon plus nette encore, car les prix français montent, au lieu de baisser.

Le front populaire.

En juin 1936, le désarroi des observateurs devant le pronostic est bien plus grand qu'il le sera plus tard, en juin-juillet 1981. Hésitant à se prononcer sur la mutation socio-politique en cours, J. Dessirier note l'atonie de la conjoncture mondiale. Sans le préconiser expressément, il considère la dévaluation monétaire comme désormais inévitable et réagit contre quelques illusions, notamment celles qui résultent de l'expression à la mode « grands travaux ».

Novembre 1936 ; il s'agit toujours d'extraits de la « **Conjoncture** » de Dessirier. La reprise, classique à cette époque après toute dévaluation, est bien signalée, avec moins de force cependant qu'il le faudrait, – en même temps que les risques que fera peser la semaine de 40 heures sur l'économie et notamment la balance des paiements.

C'est à ce moment que se produit, au Centre Polytechnicien d'Etudes Economiques, un changement en matière de méthode d'observation. L'équipe de conjoncture est placée sous la direction de Sauvy. Plus étoffée en nombre, elle se réunira tous les mois, en relation avec la périodicité mensuelle que prend à ce moment le **Bulletin** et, par suite, la chronique de conjoncture.

Ce changement coïncide à peu près avec le retournement de conjoncture, l'activité étant victime d'une rechute.

Les chroniques mensuelles.

Il est vite apparu, à l'usage, combien était peu praticable l'idée initiale de faire adopter par l'équipe, c'est-à-dire une douzaine de personnes au moins, un texte de plusieurs pages, sur des points souvent délicats. Une semaine de travaux n'eût pas suffi. En fait, les membres se réunissaient tous les mois, un soir, chacun apportant son lot d'informations ; un débat, en général sans vivacité, s'instaurait et A. Sauvy rédigeait ensuite la chronique, à l'intention du bulletin.

Dès la première séance, G. Guillaume a cependant manifesté à nouveau son opposition à la méthode suivie (examen successif des divers indices mensuels, de prix, de production, etc.) pour préconiser l'utilisation d'un modèle. C'est le conflit classique mentionné plus haut et qui dure encore si l'on compare la méthode utilisée par J. Plassard à l'utilisation des scénarios.

A plusieurs reprises, il sera fait appel, dans la chronique, au concours de correspondants locaux. Cette méthode, d'apparence si utile, n'a pas réussi : la plupart des correspondants signalaient des faits isolés, parvenus à leur connaissance, sans saisir les mouvements d'ensemble, ni moins encore leurs causes.

Le déroulement.

Le changement de méthode à X-Crise a coïncidé, disions-nous, avec le retournement de la conjoncture et la rechute de la production. Mais la première chronique, appelée « Situation économique à la fin de janvier » n'est pas encore en mesure de l'annoncer. En effet :

- **l'application de la semaine de 40 heures ne sera totale qu'en mai 1937**. En décembre 1936, seule est touchée (assez lourdement) l'exploitation des mines.
- **entre une cause et ses résultats, il y a toujours un décalage**, par le jeu des diverses inerties.
- **le retard des indices sur les faits** est sinon plus accusé, du moins plus regrettable en période de retournement.

Tel est le retard de l'opinion sur les faits que la reprise, elle-même, annoncée dès le début d'octobre, dûment signalée et mesurée dans la chronique, est encore contestée dans les divers milieux et ignorée du gouvernement. Le ministre du Travail ignore que la durée effective du travail dépasse 47 heures et ignore même que ses services établissent de tels relevés.

En passant, mentionnons, dans le même bulletin n° 34, deux conférences sur les méthodes en science économique :

G. Pirou, un des maîtres les plus en vue de l'Université a parlé de **l'enseignement de l'économie en France.** D'une haute tenue, cette conférence a mentionné l'existence d'un cours de statistique (non obligatoire), mais sans formuler aucune allusion aux méthodes d'observation continue, disons de conjoncture.

G. Darmois, dans sa conférence sur **les mathématiques et la statistique**, mentionne quelques techniques, comme l'élimination des variations saisonnières, rappelle l'expérience malheureuse de Harvard, mais se borne à quelques principes généraux pouvant servir de guide à la prévision.

La rechute économique

En dépit du retard, dont les causes sont exposées plus haut, la chronique de fin février 1937 mentionne déjà le ralentissement de la reprise. La vitesse acquise et l'inertie jouent toujours leur rôle, mais nous voyons ensuite le jugement se préciser chaque mois : l'introduction de la semaine de 40 heures a brisé l'élan qui a suivi la dévaluation, conforme à tous les précédents. C'est dans la chronique « Situation économique à la fin d'avril » qu'est précisée l'influence très défavorable de la réduction de la durée du travail, influence qui se mesure nettement non seulement par la convexité des courbes, mais par l'existence des deux pays témoins, Suisse et Pays-Bas, qui ont dévalué leur monnaie, en même temps que le franc, sans toucher à la semaine de travail.

Constatation analogue, dans la « Situation à la fin du mois de mai 1937 ». En Suisse, le trafic ferroviaire de marchandises a augmenté de 30 % en un an et les logements à construire, plus spéculatifs, de 87 %. En France, l'activité générale reste bloquée aux environs des plus bas niveaux de crise ; seulement, il n'est plus question de **dépression**, puisque l'activité est volontairement freinée.

Même note, de plus en plus précise, dans les chroniques suivantes. L'existence de ressources disponibles, notamment en nombre de chômeurs, ne peut être invoquée, car elle supposerait un ajustement parfait à 100 %, auquel s'opposent diverses rigidités.

A la fin de juin, on peut estimer que le circuit est achevé et l'économie bloquée aux plus bas niveaux de crise.

Aucun journal de l'époque, même d'opposition, aucune revue, aucun discours politique (à l'exception, sans doute, de Paul Reynaud) n'a reproduit le déroulement des faits avec la précision du bulletin d'X-Crise.

L'erreur, si l'on ose dire magistrale, de la réduction du temps de travail aussi inopportune que possible, a été dénoncée également dans le **Bulletin**, en termes très vifs par J. Ullmo. Mais très faible est le nombre de personnes à oser dénoncer un progrès social, si estimé par les centrales syndicales.

Possibilités d'une nouvelle crise « cyclique ».

C'est une brillante conférence du professeur F. Baudhuin, instigateur principal de la dévaluation belge du printemps 1935, qui soulève ce risque, en même temps que la question, plus générale, de la prévision économique.

C'est sur la périodicité des crises que se base son pronostic, plus encore que sur un examen conjoncturel, et, effectivement, l'économie américaine plonge plus rapidement encore qu'en 1929. Mais cette nouvelle crise est loin d'être générale et traduit surtout les erreurs et le malthusianisme du **New Deal**.

Ch. Spinasse, ministre de l'économie nationale, qui a, auprès de lui, J. Coutrot, A. Sauvy et plus encore J. Branger, s'inquiète de la tendance. En mars ou avril, sauf erreur, il demande une consultation aux frères Guillaume. Celle-ci montre combien leur modèle est éloigné des faits : il annonce, par exemple, une vive reprise des valeurs mobilières, alors que celles-ci baisseront jusqu'en avril 1938, marqué par l'arrivée de Daladier au pouvoir. Le texte a été tiré en 25 exemplaires, dont un survivant est à la disposition de ceux qui seraient intéressés par ce précieux document.

Beaucoup d'espoirs étaient mis dans l'**Exposition Universelle**, alors qu'un calcul élémentaire permettait de mesurer l'importance relative de celle-ci. La tendance meilleure observée pendant le 3e trimestre, est due à la seconde dévaluation décidée à la fin de juin par G. Bonnet (franc flottant). Les prix français sont désormais inférieurs aux pris mondiaux.

La ligne droite.

Juillet 1937. L'impression générale est qu'après une série de tournants, l'économie française est maintenant placée dans une ligne droite. La chronique du bulletin n° 40 (situation économique à la fin de juillet) confirme la baisse des prix français, exprimés en or, et signale un changement significatif : la stagnation de la production industrielle n'est plus uniquement due au blocage général, sur le butoir des 40 heures, mais aussi à une légère dépression, qui apparaît dans certaines branches (le textile, par exemple). Au-dessous des 40 heures légales, se reforme ainsi, peu à peu, un chômage partiel. Cette dépression localisée a pour effet d'accentuer encore l'illusion de l'opinion et même celle d'économistes, qui invoquent encore l'insuffisance de la demande. La baisse des commandes va se confirmer de mois en mois. Le pronostic émis par le « point » est défavorable, dès l'instant que le pays entend consommer 45 heures de travail et en produire 40. En dépit de l'abîme qui sépare cette époque de la nôtre, nous pourrions parfois nous croire en 1981.

Mais une fois de plus, l'écho est très faible. Les critiques n'osent pas se prononcer contre une mesure sociale bien dans « le sens de l'histoire ».

Et nous nous retrouvons en automne, passés les mirages de l'Exposition, mais avec une production toujours insuffisante. Aucune contestation : en dépit d'une dévaluation plus élevée que dans les autres pays, la France, est-il observé, est le pays où le nombre de chômeurs a le moins diminué. Cette confiance passive vis-à-vis des calculs arithmétiques n'a pas moins persisté, puisque nous la retrouvons aujourd'hui non seulement dans l'opinion générale, mais dans des modèles en renom notamment à propos de l'élasticité de la production, fatalement surestimée.

Est signalé, à cette époque, dans le **Bulletin**, l'intérêt des travaux du professeur Wagemann, directeur de **l'Institut de Conjoncture** de

Berlin, depuis 1925, avec une avance considérable sur la France. Une conférence de lui est prévue à X-Crise. Curieux homme, philosophe plus qu'économiste, il considère que nous sommes dans une économie décadente, ce qui explique peut-être l'attraction qu'il va subir du parti nazi.

Dans une conférence à X-Crise, M. de L'Escaille, président des **Sociétés Nationales de Construction Aéronautique**, signale ingénument que des commandes importantes de machines-outils ont été passées, mais que les délais de livraison sont trop lents. Tout est là, mais personne ne veut voir plus profond.

Décrochement.

Dès le mois de janvier 1938, la chronique de conjoncture signale la nouvelle tendance défavorable, dont le pouvoir et l'opinion n'auront conscience que plus tard.

Les vues exposées dans « le Point économique » sont confirmées, sur des voies différentes, par J. Constant[1] , qui insiste opportunément sur les goulots et par J. Ullmo, qui analyse le mécanisme des échanges, selon la durée du travail.

C'est à cette époque que le Centre Polytechnicien d'Etudes Economiques publie son document n° 8 **Essai sur la Conjoncture et la Prévision Economique** (A. Sauvy), premier ouvrage en France détachant l'observation pure de la théorie.

Tout au long de l'année se poursuit, si l'on ose dire, la reconstitution du chômage partiel. Les textiles sont déjà tombés à 36,4 heures, moyenne d'un **indice mensuel du coût de la vie**, instrument indispensable que la **Statistique Générale** a toujours refusé de construire par timidité et excès de scrupule.

Revirement.

Après Munich (29 septembre), c'est un moment de désarroi : après une capitulation que E. Daladier a justifiée par la faiblesse extrême du nombre de nos avions, l'insuffisance de la production prend une dimension nouvelle, si bien que ce même Daladier charge Paul Reynaud d'établir un plan novateur, sous forme de décrets lois.

Les décrets, qui paraissent les 12 et 13 novembre, rencontrent une opposition générale, et, surtout, suscitent un pronostic unanimement défavorable : les prix, est-il dit, vont accélérer leur hausse, la production va rester dans le marasme et le chômage augmenter.

---

1. Camarade de la promotion 1922.

Signalons, en passant, qu'un décret prévoit, de façon précise, la création d'un **Institut de Conjoncture**, avec un retard de 13 ans sur l'Allemagne et presque aussi important sur la Belgique. Mais l'application ne verra jamais le jour.

Reprenons le cours des événements : dès le mois de janvier 1939, le « Point » signale (non sans une certaine timidité, tant une telle constatation est encore quelque peu sacrilège), le début de la reprise ; les « points » suivants décrivent la montée franche de tous les indices d'activité et de production, en marche vers les niveaux perdus d'avant la crise. Les progrès se poursuivront, malgré la tension internationale, même sur la construction de logements, peu en rapport avec l'armement.

L'accroissement du nombre d'heures de travail supplémentaires coïncide, est-il fait observer, de façon à peu près constante, avec la diminution du chômage partiel. Saisissant graphique en ciseaux (fin juillet) montrant cette corrélation inverse, réputée paradoxale, mais logique, dans une économie comportant une grande diversité de tâches et d'hommes.

A travers les aléas de cette année troublée (hésitation en particulier, vers avril, après la prise de Prague par les Nazis), la production récupère, pour la première fois depuis 10 ans, le niveau de 1928.

Le « Point » décrivant la situation à la fin de juillet 1939 sera le dernier de la série. Il se place à la fois en période fortement ascendante – trop tardive –, et à la veille du drame.

Reprenons maintenant l'ensemble de ces événements, pour juger le rôle qu'a joué en matière de conjoncture et d'observation, **le Centre Polytechnicien d'Etudes Economiques.**

Vue d'ensemble sur la conjoncture.

Au moment du déclenchement de la crise, en février 1929 (et non pas en octobre, au « vendredi noir », comme le voudrait la légende), l'observation des faits est encore très rudimentaire en France : elle n'est ni enseignée, ni pratiquée systématiquement, en dehors de la, plus que discrète, **Statistique Générale.**

Nous retrouvons, en fin de période, le Centre Polytechnicien d'Etudes Economiques pourvu d'une équipe de conjoncture et disposant, en outre, de jugements de nombreuses personnes, assis en partie sur l'observation. Devant la recherche de l'explication et, par là, du remède, chacun a dû se plier, plus ou moins scientifiquement, à certaines méthodes.

Et cependant, l'ensemble des débats sur divers sujets montre que les divergences entre orateurs et contradicteurs n'étaient pas toujours dues à des écarts de doctrine, mais à une information différente. Il restait beaucoup à faire sur la base même, c'est-à-dire l'observation des faits.

Sans doute, peut-on regretter que la **Statistique Générale** n'ait pas fait un effort pour diffuser et je n'hésite pas à dire pour **vulgariser** ses observations, ses indices et leur portée. Au moment où se présente, en France, en 1981-1982, une situation certes bien différente dans les faits, mais semblable dans les nécessités de connaissance et de lumière, le même reproche peut être formulé, mais à une échelle bien plus étendue. Nous sommes encore loin du moment où certains faits de base élémentaires, indiscutables, seront connus de l'opinion et, par là même, bien loin aussi de pouvoir adapter nos moyens à nos objectifs. Toute idéologie est respectable, mais je me hasarde à dire que les vérités solides – et il y en a – méritent encore plus d'égards.

II. LA POPULATION

En période de crise économique aiguë, les questions de population passent facilement au second plan, le souci premier étant de rétablir le fonctionnement de la machine sociale. Du reste, la démographie influe peu sur l'évolution du cours de la crise. En sens inverse, celle-ci agit, mais, contrairement à une opinion répandue, surtout à cette époque, elle n'a pas d'influence défavorable sur la mortalité, dans les pays développés. La durée moyenne de la vie continue même à s'allonger à un rythme aussi rapide que précédemment ; seuls les suicides marquent une sensible augmentation. C'est sur les mariages et les naissances qu'agit la dépression économique et c'est par là que l'attention de l'opinion se porte quelque peu sur la population.

Elle le fait d'autant plus, en France, que, pour la première fois, en dehors des périodes de guerre et d'épidémies, les décès dépassent les naissances, à partir de 1935. Pour le démographe, ce n'est qu'un accident arithmétique, l'important est que, depuis bien plus longtemps, les générations françaises n'assurent plus leur remplacement. Mais, pour l'ensemble de l'opinion, le fait sérieux est que, selon l'expression courante, « les cercueils l'emportent sur les berceaux ».

Le 27 mars 1936, il est fait appel à A. Sauvy pour une conférence sur les problèmes de population, du point de vue économique. Jusqu'à cette époque, les idées en matière de population et surtout sur le relèvement de la natalité sont inspirées surtout par des arguments moraux (la famille, la morale proprement dite) et militaires (plus de soldats pour se défendre). Ceux qui ne suivant pas ces arguments (partis avancés surtout) sont peu favorables à l'accroissement de la population (arguments de la chair à canon et de la chair à travail) et même aux yeux des milieux conservateurs, l'intérêt proprement économique national semble plutôt dans la modération.

Les vues des uns et des autres sont d'ailleurs bien sommaires : le nombre est à peu près seul en considération, sans prise en compte de la répartition par âges. Il a fallu attendre plus d'un demi siècle, après le commencement du vieillissement de la population française (vers 1980), pour que ce phénomène soit perçu (Leroy-Beaulieu) et sans échos.

L'atmosphère de crise, à cette époque, inspire des sentiments quelque peu contradictoires : la croyance, si répandue, en une surproduction générale, notamment alimentaire, pourrait inciter à ne pas redouter une augmentation du nombre de consommateurs, voire à la souhaiter. Ce n'est pas dans ce sens que s'expriment les opinions. Etant partout, le pessimisme conduit à redouter l'avenir. Cette fois encore, jugement affectif, hors de toute préoccupation scientifique.

L'argument militaire est, dans ces années trente, à la fois moins utilisé et moins combattu qu'avant 1914. Mystique peut-être de la ligne Maginot, idée aussi que la guerre moderne exige moins d'hommes et plus d'armes. Mais l'existence du chômage détourne de l'idée, du reste peu plaisante, d'avoir plus d'ouvriers et de producteurs. L'idée d'une course contre l'Allemagne ne rencontre aucun écho, ni en termes de natalité, ni même en termes de production.

C'est dans ces conditions que se place l'initiative du **Centre Polytechnicien d'Etudes Economiques** : une question importante non étudiée, ignorée de l'Université, réglée par des hasards. Avant de songer à résoudre, il convient d'éclairer.

En termes de natalité, ou, plus exactement, de fécondité, il n'est nullement surprenant que les comportements de l'ensemble des ménages ne coïncident pas avec l'intérêt de la nation. Lorsque ce désaccord est dans le sens de l'insuffisance, la différence peut donc être influencée par une politique améliorant le sort des familles ayant la charge d'enfants.

La conférence a été suivie de trois exposés de M. Huber, de **la Statistique Générale**, de F. Boverat de **l'Alliance Nationale** et de Jean Bourdon, historien, tous trois partisans d'un relèvement de la natalité française. Aucun opposant ne s'est manifesté. C'est là une situation assez propre à la France et quelque peu regrettable : la question de population se heurte souvent à l'indifférence, à l'inertie, ce qui entraîne le refus des mesures appropriées, mais cela sans que la position adverse soit défendue, ni même étudiée scientifiquement.

Aux Etats-Unis, situation bien différente : les démographes sont plutôt de tendance « malthusienne », même à l'égard de leur pays. Tout au moins le débat est-il bien ouvert.

Le 7 février 1939, une autre conférence de A. Sauvy a porté plus particulièrement sur les relations entre **les finances et la population**, champ bien nouveau. L'aspect économique a. cependant, été, lui aussi, examiné, notamment le chômage, lequel ne résulte pas, du moins en France, d'un excès d'hommes, comme l'apparence le laisserait croire. Une attention particulière est donnée au problème des retraites, qui, en raison de l'inflation 1936-1938, commence à préoccuper l'opinion. Toute retraite est, en fait, payée par le travail des actifs, mais cette évidence est particulièrement mal acceptée.

A l'intervention de M. Boverat se sont ajoutées, cette fois, deux observations moins conformes, mettant en cause non la nécessité de relever la natalité, mais les moyens d'y parvenir.

Le Code de la Famille, comportant une aide très étendue à la famille, sera promulgué six mois plus tard.

III. CONCLUSION

L'activité du **Centre Polytechnicien d'Etudes Economiques** en matière de conjoncture et de population a, dans les deux domaines, exercé un effet bienfaisant, non, certes, en résolvant des problèmes, mais en les posant devant une opinion aussi large que possible. Sans doute ce cercle était-il encore assez restreint, mais porter des questions aussi délicates devant un public populaire, c'eut été courir un grand risque de réactions affectives, à l'opposé du but poursuivi. En matière de conjoncture, comme de population, tout était à faire, plus encore peut-être que pour d'autres sujets, en quelque sorte du domaine public, depuis longtemps.

Dans les deux domaines, on peut regretter cependant l'absence d'une opposition véritable ; en particulier, si, en matière de conjoncture, deux tendances opposées s'étaient exprimées, le jeu, disons plutôt la méthode, aurait consisté à laisser les deux parties s'exprimer, tout en leur demandant de conclure par des prévisions aussi précises que possible. En économie, la prévision constitue non pas le meilleur test de la véracité, mais le seul. A vrai dire, il n'y a pas de théories **vraies** ou de théories **fausses** : la plupart des débats montrent une différence de connaissance des données. Dans tous les cas, il s'agit de réaliser une analyse des faits suffisamment précise pour permettre une projection sur l'avenir, guide indispensable de la politique.

Ici comme ailleurs, l'œuvre du **Centre Polytechnicien d'Etudes Economiques** a été interrompue par le drame de la guerre, bien avant d'avoir porté tous ses fruits.

Alfred SAUVY.

POSTFACE
par Thierry de MONTBRIAL

D'anciens élèves de l'Ecole, de plus en plus nombreux, se sont rassemblés dans le Centre Polytechnicien d'Etudes Economiques, couramment appelé X-Crise. Il est essentiel de remarquer qu'ils ont été déterminés par l'importance et l'urgence des problèmes qui se posent à la France, la Crise et ses séquelles, et ce que l'écrivain Jules Romains a nommé « La montée des périls ». Ce milieu polytechnicien, traditionnellement tourné vers la technique et l'administration, ne s'est pas brusquement converti à un intérêt pour la théorie économique abstraite, dont il n'a eu que les plus faibles échos dans un cours marginal lors de son passage à l'Ecole, et qu'il n'a nullement pratiquée par la suite.

On peut dire que ce n'est pas la théorie mais la problématique qui s'est imposée à lui. Et cette origine de la réflexion polytechnicienne, et plus tard de la conversion de l'enseignement de l'Ecole Polytechnique elle-même, vers les phénomènes économiques, a profondément marqué cette réflexion et cet enseignement et leur a donné un caractère opératoire, c'est-à-dire applicable immédiatement à la réalité, qui explique en grande partie la mutation profonde de la société francaise à laquelle nous avons assisté depuis trente ans.

Ce fut en fait une grande chance pour la France que la partie la plus dynamique de ses équipes dirigeantes constituées à partir de l'Ecole, n'ait pas eu à se débarrasser de la théorie économique classique antérieure à 1936 et dont l'insuffisance était criante, mais qui était entourée d'un tel respect dogmatique qu'elle avait entraîné partout les erreurs les plus graves, que ce soit en Angleterre le retour aux parités d'avant-guerre avec Churchill, aux Etats-Unis la gestion à rebours de la crise par Hoover, en Allemagne la déflation de Brüning, en France le fétichisme de la parité-or qui nous avait précipités dans la crise. Tout ce poids mort d'idées reçues ne pesait pas sur les épaules de ces hommes de bonne volonté qui se réunissaient pour essayer de comprendre et pour tirer parti de l'expérience historique qu'ils vivaient.

S'ils étaient heureusement ignorants des prescriptions d'une théorie insuffisante – qui se réduisait d'ailleurs à l'époque à peu près à la loi de l'offre et de la demande et à la théorie de l'équilibre général de Walras – ils étaient par contre sensibilisés, du fait de leur rôle actif dans la société, aux conflits sociaux manifestés par les grèves et les occupations d'usine, à l'injustice sociale révélée par la mise en lumière de la condition ouvrière, des conditions de travail de nombreux employés telles que les vendeuses de grands magasins. Ils avaient eu la perception du chômage massif, face auquel le « laissez-faire » devient impossible et l'intervention de l'Etat, nécessaire. Dans la confusion des tentatives pour lutter contre la crise (telle que la déflation dite du double décime instituée par Laval), ils avaient compris l'importance, des effets seconds qui déjouent le projet poursuivi par les effets immédiats. Ils entrevoyaient la solidarité et l'action réciproque de tous les actes économiques. Le terrain était ainsi préparé pour une économie nouvelle, inconnue à ce jour, qu'on appellerait plus tard la macroéconomie. Et la notion de circuit économique, qui reconnaît que les producteurs sont aussi les consommateurs, que les profits sont aussi des investissements, que les prélèvements de l'Etat peuvent aussi être des transferts, était prête à se substituer aux modèles squelettiques de l'équilibre partiel ou général.

Pendant les deux ans qui précèdent la guerre, X-Crise traite de brûlants sujets d'actualité, mais aussi on s'y évertue, dans des conférences et des groupes d'étude, à lutter contre les tabous et les préjugés qui paralysent les gouvernants et l'opinion publique et s'opposent au redressement français : le tabou de l'équilibre budgétaire avec l'image fameuse du porte-monnaie de la cuisinière qui ne peut dépenser plus qu'il ne contient, image absurde quand on tient compte des effets successifs multipliés du budget de l'Etat et du retour en recettes de ses effets lointains ; préjugé de la « limite de la pression fiscale » toujours infranchissable et toujours dépassée dans une Société en développement, parce que les transferts et les interventions de l'Etat, s'ils sont bien conduits, rendent aux contribuables, par l'effet de circuit, plus qu'il ne leur a été pris ; préjugé encore que les « vertus de l'épargne », qui, si elle prend la forme de thésaurisation, interrompt le circuit des échanges et se retourne contre elle-même par effet de composition, puisque si tous veulent épargner trop, le revenu national baissera et l'épargne souhaitée deviendra impossible.

Toutes ces mises au point étaient bien nécessaires si l'on songe aux balbutiements contemporains d'une nouvelle pensée économique : le projet bizarre d'une « monnaie fondante » esquissait une lutte contre la thésaurisation ; la théorie du pouvoir d'achat mise en avant par le gouvernement du Front Populaire pour relancer la machine économique, comme on disait alors, par des hausses préalables de salaires, caricaturait la pensée de Keynes (d'ailleurs généralement ignorée) en ne tenant pas compte des capacités disponibles, de la répartition de la main-d'œuvre, des goulots d'étranglement, qui aboutissent à traduire en inflation des prix, ce qu'on avait souhaité être un accroissement du volume de production. Dans l'ignorance économique générale, la notion simpliste d'une quantité de travail fixe, à partager comme un « gâteau » entre tous les travailleurs, avait conduit à l'introduction hâtive, inconsidérée et trop rigide de la loi de quarante heures pour lutter contre le chômage, qui avait en fait affaibli la puissance de production du pays dans une période critique. La démonstration de sa nocivité, étant donné les circonstances, fut un des principaux apports d'X-Crise, repris avec beaucoup d'éclat, par les grands journaux de l'époque, le Président du Conseil Edouard Daladier puis le Ministre des Finances Paul Reynaud. Cette démonstration fut le point de départ de la tentative de redressement de l'économie française entreprise à l'automne de 1938, exprimée par les Décrets-lois dont la rédaction avait été souvent confiée aux groupes d'étude d'X-Crise qui préparèrent la transformation de l'économie francaise mais intervinrent malheureusement trop tard pour faire reculer la guerre de 1939.

Outre les idées fausses sur la macroéconomie qu'il fallait balayer avant de reprendre des mesures efficaces, un autre lot d'idées fausses s'épanouissait vis-à-vis de l'entreprise qu'il fallait éliminer aussi. On ne peut guère les imputer à la théorie classique qui était totalement négligée. Mais la pratique même de l'investissement était très mal comprise : la plupart des industriels d'avant-guerre se flattaient de travailler avec du « matériel amorti » qui leur paraissait plus avantageux pour leur capacité de concurrence. L'amortissement lui-même, qui est d'abord une notion physique et plus essentiellement une notion économique, était confondu avec l'amortissement financier des fonds empruntés pour tel ou tel équipement. Le progrès technique n'était pas inconnu de nos ingénieurs, mais il n'était pas intégré dans les comptes et les choix rationnels de l'entreprise. L'innovation paraissait une activité capricieuse réservée à des fantaisistes. Sur ces divers points, à la suite des travaux d'X-Crise, les Décrets-Lois apportèrent des clartés et des précisions qui bousculaient les vieilles routines comptables et les prudences archaïques d'une société en stagnation, et qui allaient ouvrir la voie, après la guerre, à la rénovation de l'industrie francaise. Sur un point particulier les Décrets-Lois allaient plus loin que la législation d'après guerre : ils se proposaient de multiplier les lois de programme pour permettre à des fabrications nouvelles – requises en particulier pour la Défense Nationale – de recevoir la garantie de la durée nécessaire à leur financement, leur implantation et leur amortissement légitime. Tous ces points ignorés de l'économie universitaire, avaient été dégagés par la réflexion de praticiens qui voulaient servir le Pays.

La guerre avait mis fin aux activités d'X-Crise. La Libération ouvrait une époque nouvelle où pourrait s'exercer et se perfectionner l'apprentissage économique entrepris dans les réunions et les débats d'X-Crise. Le Plan, la Comptabilité Nationale, les Missions de Productivité jouèrent alors les premiers rôles dans la reprise et l'application du mouvement des idées qui avaient été esquissées avant-guerre.

On sait que le Plan et la Comptabilité Nationale trouvent leurs instruments privilégiés dans les tableaux d'échanges interindustriels et plus généralement dans les tableaux d'échanges entre agents économiques. Le maniement et la maîtrise de ces tableaux étaient rendus possibles, en dépassant leur simple aspect de figuration statistique, par le fait de les considérer comme des matrices, êtres mathématiques passibles du calcul matriciel, d'où on tirait des vues synthétiques et des conséquences pratiques non immédiates. Ces matrices sont dites de Léontief, parce qu'elles ont été utilisées pendant la guerre aux Etats-Unis sous l'influence de cet économiste mathématicien d'origine russe. Mais les équipes françaises qui s'engagèrent dans la planification autour de Jean Monnet, et dans la comptabilité nationale autour de Gruson[1], étaient déjà familiarisées avec cet instrument de travail qui avait été introduit dans les publications d'X-Crise (« L'Economique rationnelle ») par les frères Guillaume bien avant que le nom même de Léontief fut connu en Occident, et utilisé par moi-même en 1938.

Il faut rappeler ici, car on ne saurait en surestimer l'importance pour l'éveil d'une psychologie nouvelle parmi nos industriels, les Missions de Productivité qu'organisa dans les années qui suivirent immédiatement la fin de la guerre, notre camarade Grimanelli[2], passionné d'Economie, qui devait par la suite moderniser et rationaliser le Monopole des Tabacs en tant que Directeur Général du SEITA. Ce modeste trop méconnu, disparu prématurément en 1966, a rendu en ces circonstances les services les plus éminents.

Sur le plan théorique, outre les matrices de Léontief, les besoins du temps de guerre avaient développé un ensemble de techniques mathématiques appliquées, désigné sous le nom de Recherche Opérationnelle du fait de ses applications originelles aux opérations militaires. Citons, parmi ces applications la programmation linéaire, la gestion des stocks, la théorie des queues, la théorie des graphes, etc. L'introduction de l'ensemble de ces techniques en France allait être bénéfique, outre leur intérêt immédiat, en ce qu'elle allait valoriser la formation mathématique des Grandes Ecoles, et

1. Camarade de la promotion 1929.
2. Camarade de la promotion 1924.

en particulier de l'X, par les nouveaux services que les jeunes ingénieurs étaient ainsi capables de rendre. Et réciproquement, ces services qui n'étaient plus de pure technique et introduisaient des considérations économiques allaient sensibiliser le milieu technicien aux problèmes du « meilleur usage des ressources rares », ce qui est la meilleure définition de l'Economie.

Nous avons pu constater nous-même ce phénomène de sensibilisation lors de la création des équipes de Recherche Opérationnelle de la SNCF et de la Régie Renault auxquelles nous avons contribué. Tout un mouvement s'est développé ainsi autour de l'année 1950, où les premiers rôles ont été joués par G. Th. Guilbaud et notre camarade Ventura[1], et qui a abouti à l'institution d'une société savante, la SOFRO (Société Française de Recherche Opérationnelle) qui a donné l'impulsion aux travaux des entreprises et des sociétés d'études, et a mis la France en excellent rang en ces matières dont l'importance n'a fait que croître.

A ce propos nous voudrions nous attarder un peu sur un point qui nous est cher. Parmi les techniques de la Recherche Opérationnelle, l'une nous paraît avoir joué un rôle fondamental, débordant largement son utilité pratique : il s'agit de la Programmation Linéaire, étendue par la suite à la Programmation en nombres entiers, et Programmation mixte, puis Programmation Générale. Il s'agit à nos yeux d'un renouvellement complet de la théorie économique, propre à la rapprocher effectivement, et toujours davantage du réel concret, des problèmes tangibles qui se posent à l'activité humaine. Un problème de Programmation se résume toujours à maximiser une fonction objectif (c'est-à-dire à réaliser le mieux possible ce qu'on entreprend) sous des **contraintes** imposées aux variables de décision, qui sont en général des niveaux d'activité. C'est l'image même de l'action humaine efficace. Si ces contraintes sont des limitations de ressources physiques ou humaines il s'agit d'éviter le gaspillage ou de ménager l'effort humain. Si ces contraintes sont des exigences de seuils à dépasser, il s'agit de combattre des pénuries ou des insuffisances, ou même de rehausser des ambitions, comme celle du niveau culturel à atteindre pour une population. Les choix de faire ou ne pas faire, les alternatives et les ramifications de décisions, se traduisent dans la Programmation en nombres entiers. Les modèles de Programmation, toujours perfectionnés, épousent au plus près les modalités de l'action rationnelle. L'admirable suite de travaux, poursuivis depuis 25 ans par le service économique de l'EDF, à partir d'un premier modèle de choix d'investissement, encore sommaire mais déjà décisif, présenté par Massé[2] et Gibrat[3],

1. Camarade de la promotion 1935.
2. Camarade de la promotion 1916.
3. Camarade de la promotion 1922.

est la meilleure illustration de cette puissance nouvelle de la méthode économique.

Face à ces développements, les théories classiques de l'équilibre n'apparaissent plus que comme des cas particuliers, où des contraintes beaucoup trop générales et indifférenciées ignorent les conditions concrètes et les obstacles inévitables auxquels se heurte la vie économique. Se trouve ainsi justifiée l'impression d'irréalisme qui s'attachait à cet enseignement traditionnel. La Programmation a eu aussi l'avantage d'apprendre à reconnaître le jeu entre objectifs et contraintes, ce que le desserrement d'une contrainte apporte à l'objectif réalisable (et par conséquence ce qu'il est raisonnable de payer pour desserrer cette contrainte), ce qui par contre doit être abandonné de l'objectif si la contrainte, de limitation ou d'exigence, se fait plus lourde ; c'est tout l'art de la politique économique, du compromis, de la dialectique du souhaitable et du possible, qui se trouve ainsi formalisé.

La notion de **prix duaux**, sous-produits de la Programmation, représente ces coûts et ces bénéfices du déplacement des contraintes. Considérée initialement comme un simple intermédiaire mathématique, elle ne prit tout son sens pour nous (et pensons-nous, pour la première fois dans le monde) qu'au cours d'un exposé dont je me souviens avec émotion, où notre camarade Vaur[1], du service économique de la Shell, présenta, dans un problème de transport de pétrole, l'interprétation d'un prix dual comme le prix d'acquisition rationnel d'une unité supplémentaire de la flotte de transport.

Nous nous sommes souvenu de ces expériences, de ces progrès de la pensée, de cet ajustement au réel de l'exercice intellectuel et pratique constitué par l'interprétation des prix duaux, lorsque nous avons plus tard fondé le nouvel enseignement d'économie à l'Ecole Polytechnique sur la Recherche Opérationnelle, et particulièrement sur la Programmation, et non pas sur les théories classiques. La réponse d'enthousiasme des Elèves, et la valeur des travaux qu'ils ont été capables de produire après quelques mois, nous ont montré que nous n'avions pas fait fausse route.

L'Après-Guerre, les trente dernières années voient se développer une très belle expérience tout ensemble intellectuelle et matérielle qui aboutira à faire de la France une grande puissance industrielle et un Etat moderne, capable de grandes ambitions sociales. Cette affirmation triomphaliste peut surprendre les jeunes Français qui n'ont pas connu l'ancienne France et ne peuvent comparer, et choquera même une grande partie de nos concitoyens qui tiennent pour acquis l'accroissement du niveau de vie, ignorent le développement industriel et surtout se complaisent à multiplier leurs exi-

1. Camarade de la promotion 1949.

gences plus vite que la machine économique et sociale ne peut les satisfaire. Ce dernier point que j'ai nommé « l'effet Sauvy » pour rendre hommage à notre camarade qui fut le premier à le mettre en lumière, est vrai de tous les groupes humains en progrès matériel : le désir s'accélère à mesure qu'il est satisfait : mais la mentalité que l'histoire a donnée aux Français, très revendicative et insatisfaite, accentue chez nous ce phénomène.

En fait, la performance d'un vieux pays comme la France est étonnante si l'on tient compte de l'état de son économie et de sa technique en 1945, des pertes et des retards dus à la Guerre et l'Occupation, d'une sorte de découragement historique qui l'a saisie lorsqu'elle a quitté le premier rang sur la scène de l'Histoire. La France d'Avant-Guerre était profondément malthusienne, tant au sens démographique qu'économique. Sur ce dernier point qui nous occupe seul ici, il a fallu un effort considérable après 1950 pour persuader nos dirigeants d'entreprise d'aller au-delà du niveau de production d'Avant-Guerre qu'on venait de rejoindre par l'effort de la reconstruction. La chance voulut que le Plan Marshall imposât de créer une administration économique pour administrer ses versements, et qu'elle fut confiée à Jean Monnet, personnage d'une extraordinaire activité intellectuelle et pratique, secondé au premier rang par nos camarades Gruson et Dumontier. Cette équipe enthousiaste sut convaincre le Gouvernement d'instituer le Plan français pour succéder au Plan Marshall et convaincre les industriels de se lancer dans la croissance pour dépasser la reconstruction.

Le Plan a été le moteur essentiel de la transformation du Pays par l'effet d'entraînement et d'enseignement qu'il a eu sur toute la machine économique. Ce Plan n'a jamais été une construction a priori, un dogmatisme, il s'est perfectionné de période en période au contact des nouveaux problèmes et des instruments améliorés qu'il élaborait à mesure. Ce Plan, conçu pour une économie mixte où il n'interfère pas avec les projets et les décisions des entreprises privées est une œuvre originale aussi éloignée du « laisser-faire » du dix-neuvième siècle que de la planification rigide et contraignante des Etats Socialistes. C'est essentiellement un cadre de cohérence (inspiré initialement par la cohérence indispensable à la reconstruction primaire) et aussi une prévision raisonnable à cinq ans qui permet de fixer un rendez-vous, une convergence aux initiatives privées qui trouvent leur intérêt à avancer du même pas. Ainsi se résoud la contradiction inhérente au Plan socialiste où s'opposent les intérêts du centre et de la périphérie c'est-à-dire du bureau du Plan qui impose des objectifs et des entreprises exécutantes qui les souhaitent les moins astreignantes possibles.

Il faut ajouter que le Plan Français est en partie volontariste, par les instruments dont l'Etat dispose tels que le Budget et les Entreprises Nationales. Ceci permet de passer de la simple prévision à l'objectif et de préparer des interventions correctrices de l'Etat lorsqu'on s'en éloigne. C'est la régulation d'une économie de croissance rendue possible par l'amélioration de l'information conjoncturelle, par le perfectionnement des statistiques ; et ici il nous faut encore citer Sauvy et X-Crise puisque les premières études de conjoncture ont été publiées par celui-ci dans le bulletin mensuel de l'Association – études qui ont eu tout de suite un grand retentissement.

Toutes les idées précédentes ont été formulées et précisées par Pierre Massé, déjà nommé, qui fut le plus grand des Commissaires Généraux du Plan avec Jean Monnet, le fondateur. Ce fut lui aussi qui créa divers groupes d'études associés au Plan d'où allait sortir le CEPREMAP, qui a donné de remarquables économistes de réputation internationale. Les services du Plan s'appuyèrent sur l'INSEE, en plein développement dans toute cette époque, et sur la Direction de la Prévision créée conjointement au Ministère des Finances et de l'Economie Nationale. Tous ces services se peuplaient de Polytechniciens tournés individuellement vers l'économie, ou sortis de l'ENSAE, Ecole de la Statistique et des Affaires Economiques, école d'application pour les bottiers de la statistique dont le nombre et le niveau s'accroissaient sans cesse. Avec ces moyens renforcés, il devenait possible de formaliser le Plan, c'est-à-dire de construire un modèle de l'économie globale de plus en plus détaillé de mieux en mieux capable par la méthode des variantes de tester les conséquences de telle ou telle politique économique, ou de différentes hypothèses relatives au monde extérieur. La forme la plus élaborée de ces modèles, atteinte vers la fin de la décennie 60, fut le fameux Modèle physico-financier, dit FIFI.

Pour comprendre la transformation de la société française dans les 30 dernières années, il faut analyser les changements d'attitudes et de comportements des divers groupes sociaux qui la constituent. Le changement le plus radical, commun à tous, est la conversion à la notion de la croissance économique, très contraire à une tradition séculaire de quasi-stagnation, mais surtout d'indifférence aux problèmes économiques qui s'effaçaient devant des finalités supérieures. Ces finalités historiques ou politiques paraissaient hors de portée d'une France affaiblie. Le Plan de cinq ans proposait la croissance par le fait même d'indiquer un objectif plus élevé que l'état initial. Après bien des scepticismes, les premiers résultats atteints dissipèrent les doutes, firent goûter les premiers fruits de l'amélioration du niveau de vie, et surtout donnèrent une « raison d'être », une justification à une classe dirigeante d'administrateurs et de producteurs que les faiblesses de l'entre-deux-guerres et les malheurs de la guerre avaient démoralisée. Tout le monde ainsi bénéficiait matériellement et moralement de la croissance. C'est ainsi que celle-ci fut érigée en valeur absolue, premier devoir de l'Etat et « ardente obligation » des citoyens, et qu'on assista pendant plus de quinze ans à un phénomène presque unique dans l'histoire de la France, un « consensus » social qui admettait à la fois la croissance comme but et la rationalité économique comme méthode univoque pour y parvenir.

Cette rationalité prenait naturellement la forme du **calcul économique**, qui compare des coûts et des résultats, des ressources et des emplois, en tenant compte du temps, c'est-à-dire des délais et des échéances. C'était donc le meilleur instrument pour économiser l'effort humain et les ressources disponibles en vue d'atteindre des fins préférées. Nous ne saurions en décrire ici tous les aspects, mais il nous faut citer la théorie de l'investissement où notre pays a joué un rôle pilote. Cette théorie, où s'est illustré notre camarade Desrousseaux[1], ainsi que Pierre Massé, porte d'abord sur la macroéconomie, où il faut déterminer le meilleur partage de la production entre une consommation présente et un effort d'investissement pour accroître la consommation future. D'où se dégage le concept de taux d'investissement visé pour l'économie globale, traduit en **taux d'actualisation technique** proposé par le Plan pour l'évaluation des projets d'équipements publics ou privés.

En microéconomie, pour l'entreprise privée, la théorie de l'investissement a fait aussi des progrès considérables. Nous avons fait allusion déjà aux travaux d'EDF fondés sur la Programmation, étendue plus tard en théorie du contrôle optimum. Une autre voie de progrès décisifs, où Desrousseaux a joué un rôle majeur, a été l'élucidation de la notion d'amortissement : on a passé ainsi de l'amortissement conçu comme la contre-partie de l'usure physique d'un équipement à l'amortissement économique qui mesure la perte de la valeur d'un équipement due à son obsolescence, c'est-à-dire à la nécessité future de le remplacer par un équipement plus moderne, et plus performant, en évitant tout gaspillage de travail direct ou indirectement inclus dans la fabrication des machines, passé, présent ou futur.

Ceci s'applique aussi bien aux filières, c'est-à-dire aux suites d'équipement qui assurent une même production, qu'aux changements de technique, et même à la vie des produits eux-mêmes qui seront remplacés par d'autres préférés.

Ce n'est qu'un exemple de calcul économique, mais on en voit toute l'importance, ainsi que la nécessité d'y associer la compétence technique et la compétence économique. Nous pourrions en donner beaucoup d'autres. Ceux qui précèdent suffisent pour expliquer que le besoin se soit affirmé pour les entreprises d'engager un type nouveau de collaborateur, l'ingénieur-économiste, ainsi que l'écono-

1. Camarade de la promotion 1930.

miste d'entreprise capable d'insérer la firme qui l'emploie dans le mouvement général de l'économie et des acquisitions du calcul économique. Parmi celles-ci, les plus importantes ont trait sans doute à l'élargissement de l'**horizon** économique, qui a fait passer de la myopie de la comptabilité traditionnelle, par étapes successives, à la comptabilité prévisionnelle à un an, puis à la programmation (en un nouveau sens) des investissements et des productions à 3 puis 5 ans, enfin à la prospective à 10 ou 15 ans pour l'étude des débouchés futurs, des évolutions techniques, des diversifications éventuelles et plus généralement des stratégies de croissance interne ou externe à long terme.

Un point qu'il faut souligner encore est l'importance majeure acquise par la notion d'**autofinancement**, tout à fait négligée par l'économie classique. Parce que la croissance exige des investissements considérables, la non-consommation correspondante se fait au mieux, et même ne peut se faire que sous forme d'épargne des entreprises elles-mêmes. S'ajoute ainsi aux ressources, contrepartie de l'amortissement, un autofinancement supplémentaire, dit autofinancement net, qui provient des profits non distribués sous forme de dividendes. L'utilité et la nécessité du profit, moteur de la croissance, sont ainsi pleinement apparues. Cette évidence pratique s'est trouvée en opposition avec les conceptions théoriques sur le profit, tant de la théorie libérale classique qui n'y voyait qu'un accident ou un abus de monopole, que de la théorie marxiste qui le dénonçait comme la manifestation de l'exploitation de l'homme par l'homme. Il fut donc nécessaire de « réhabiliter » le profit, en le débarrassant des scories et abus qui se cachent parfois sous son nom, et c'est une contribution que nous avons personnellement apportée à la pensée économique française.

Après avoir parlé des idées, il nous faut maintenant évoquer les hommes nouveaux qui constituèrent le milieu économique d'Après-Guerre. Comment et où ces hommes se formèrent-ils, quel fut le rôle de l'X ?

Une remarque préalable expliquera sans doute la rapidité et la qualité de cette transformation. La France a bénéficié d'une expérience unique en ce qu'elle a été la seule en cette période à instituer simultanément une planification d'ensemble et la nationalisation de certaines grandes entreprises, fournissant ainsi un domaine d'exercice et de réflexion sans égal. Des progrès très rapides de la pensée et de la pratique économique s'ensuivirent, favorisés par l'homogénéité des équipes dirigeantes, homogénéité due au système des Grandes Ecoles (et donc surtout de l'X) souvent dénoncé mais qui trouva ici sa meilleure justification – Les hommes du Plan, de la Prévision et des Entreprises Nationales parlaient le même langage. Et ce langage fût très vite appris par les nouveaux dirigeants des entreprises privées, surtout grâce à la pédagogie exercée par le Plan et ses Commissions où se retrouvèrent les responsables de l'économie française. On voyait simultanément disparaître le type humain archaïque incarné par le patron héréditaire de droit divin, dédaigneux de la rationalité et du calcul économique, porté par l'agressivité et une intuition sui generis, représentatif d'un capitalisme folklorique, au mieux paternaliste, au pire insupportable.

Ces hommes nouveaux, dans les vingt premières années d'Après-Guerre, ne purent se former qu'individuellement, par un effet de vocation personnelle. Il faut rendre ici hommage à Maurice Allais[1] qui sut passionner pour l'économie les meilleurs de ses élèves à l'Ecole des Mines. Ceux-ci, et bien d'autres, recrutés dès la sortie de l'Ecole ou à la sortie des Ecoles d'Application, allèrent se perfectionner aux Etats-Unis grâce à un système intelligent de bourses et de compléments de traitements, fournis par les Relations Culturelles, qui m'a permis en trente ans d'envoyer deux à trois cents de mes élèves dans les Universités et les Business Schools américaines, où ils réussirent admirablement. La qualité des thèses de Ph D qu'ils ramenèrent des Etats-Unis, ou des travaux qu'ils effectuèrent après leur retour, me persuada que le recrutement polytechnicien, de par sa formation originelle était particulièrement bien adapté à produire ces ingénieurs économistes, ces économistes d'entreprise dont nous avons parlé plus haut, et aussi ces chercheurs en économie, science en plein expansion et renouvellement. Le mélange de théorie et de pratique que comportent cette science et ses applications, pouvait satisfaire aussi bien la tendance théoricienne des forts en maths qui entrent à l'X (on peut dire qu'aujourd'hui la principale problématique mathématique trouve son origine dans l'économie) que le goût du concret et des réalisations qui anime l'esprit ingénieur authentique : tendances théorique et pratique qui se rencontrent parfois dans le même individu. La vocation de l'X à servir l'intérêt général pouvait ainsi se satisfaire dans une discipline dont on pouvait tellement attendre pour le relèvement de notre Pays.

Entre temps, s'esquissait la possibilité d'acquérir une certaine formation en France, particulièrement au Centre d'Etudes des Programmes Economiques (CEPE) et à l'ENSAE dirigée par Malinvaud[2], économiste de premier plan, mais de portée limitée en nombre aussi, lorsqu'avec mon très cher ami Louis Armand[3], Président du Conseil de Perfectionnement de l'Ecole, nous fûmes amenés à réfléchir à partir de 1965 environ à la réforme de l'X, où se manifestait une désaffection évidente pour les enseignements traditionnels, nous décidâmes d'articuler cette réforme autour de

1. Camarade de la promotion 1931.
2. Camarade de la promotion 1942.
3. Camarade de la promotion 1924.

l'enseignement de la Science Economique, qui nous paraissait capable de renouveler l'intérêt des élèves. Les objections et obstructions des traditionnalistes furent brisées par les événements de mai 68, et à partir de là carte blanche me fût donnée pour instituer un enseignement de type entièrement nouveau, fondé sur la jeunesse des enseignants, la constitution sur chaque partie de la macro et de la microéconomie, de dossiers comportant le dernier état des questions, sur la diversité des applications choisies par les Maitres de Conférences aux compétences multiples dans chacune des « petites classes », et enfin l'institution de stages d'un semestre dans les entreprises et les administrations où chaque stagiaire (souvent par couple) aurait à effectuer un travail original, rédigé sous forme de « microthèse ».

Pendant sept ans ce système a fonctionné admirablement dans une atmosphère d'enthousiasme et d'ardeur au travail que l'Ecole n'avait sans doute plus connus depuis Monge. Les microthèses ont donné lieu à des travaux souvent remarquables pour lesquels leurs utilisateurs n'ont pas tari d'éloges. Cet enseignement économique, qui était optionnel, n'a pas cessé de rassembler cent vingt à cent quarante élèves. Il a été couronné plus récemment par l'introduction de l'Economie dans l'enseignement fondamental de l'Ecole, consécration qu'il a fallu payer, évidemment, par une certaine institutionnalisation et assimilation des modes d'enseignement.

L'équipe des jeunes enseignants rassemblés en 1968 et étoffée depuis lors s'est formée par échanges réciproques et a fourni en quelques années des hommes de valeur dont les plus connus, mais non pas les seuls, affirmons-le ici, s'appellent Stoléru, de Montbrial, Attali. La valeur de cette équipe est telle qu'elle nous a fait accuser souvent d'accaparement des meilleures têtes, comme si nous n'avions eu qu'à les choisir parmi des maîtres ayant déjà fait leurs preuves. Ce renouvellement de l'enseignement de l'Ecole a coïncidé avec le développement extrêmement rapide de la rationalité économique au sein des entreprises où les services d'études se sont multipliés au cours de ces années. Nous pouvons dire, sur de nombreux témoignages, que l'exemple donné par la capacité et l'ardeur des stagiaires dont nous avons parlé plus haut n'a pas été sans influence sur cette évolution. L'Ecole d'ailleurs, jouant son rôle traditionnel de pilote vis-à-vis de l'enseignement en général, d'abord dans les autres Grandes Ecoles où se créaient d'excellents enseignements économiques, et aussi dans l'Université où se fondaient des facultés de Sciences Economiques dont la plus connue est Paris-IX-Dauphine, dont nous pouvons témoigner qu'après quelques flottements intérieurs, le développement et le succès ont été remarquables. Un témoignage d'ensemble nous a été fourni par le Concours d'Agrégation de Sciences Economiques et de Gestion de 1973 où nous avons pu constater la mutation des futurs professeurs d'économie devenus capables d'affronter les problèmes d'une société moderne. La symbiose entre les économistes praticiens issus des Grandes Ecoles et les économistes universitaires est un des atouts dont dispose maintenant notre Pays : je crois nécessaire de rendre hommage à mon ami Henri Guitton qui a œuvré dans ce sens pendant toute sa carrière.

Nous assistons donc depuis dix ans à la diffusion rapide dans tout le milieu français des connaissances et des compétences économiques. Le séminaire de notre regretté camarade René Roy[1] a été au premier plan de cette action. Le milieu polytechnicien y a été aidé par des cycles de Conférences Polytechniciennes qui ont mis à sa portée les principaux résultats des enseignements de l'Ecole. L'institution récente d'une option économique à l'entrée de l'Ecole Nationale d'Administration est un signe des temps. Convaincu par notre expérience personnelle de la prédisposition de nos jeunes élites à comprendre et à pratiquer l'Economie, et par là à comprendre et à améliorer la Société où elles vivent, nous y voyons le plus grand espoir pour notre Pays à l'aube de temps difficiles.

Jean ULLMO.
Président d'honneur du Département
des Sciences économiques de l'Ecole polytechnique.

1. Camarade de la promotion 1917.

CONCLUSION

LE ROLE D'X-CRISE ET DES POLYTECHNICIENS DANS L'HISTOIRE ÉCONOMIQUE DES QUARANTE DERNIERES ANNÉES

par Jean ULLMO

En prenant la plume pour rédiger une postface au livre que les trois fondateurs d'X-Crise ont pris l'initiative de publier pour commémorer le cinquantenaire de leur tentative, j'ai conscience de participer à une tâche importante pour trois raisons.

*
* *

En premier lieu, l'existence même du « Centre polytechnicien d'études économiques » fut un phénomène remarquable dans la société française. Qu'un groupe d'hommes aux compétences diverses, de même formation certes, mais de sensibilités politiques très différentes – René Brouillet dans la préface et Gérard Brun dans le chapitre historique nous le rappellent – ait pu se former et se développer dans le seul but de chercher à comprendre la nature de la crise et dans l'espoir d'introduire plus de rationalité dans l'action, avec le seul souci de l'intérêt général, est assurément original dans la société française toujours marquée par le démon de la division, les affrontements idéologiques et une certaine propension à la violence. Quel lecteur n'a pas été frappé à cet égard par la variété, la qualité et la sérénité des textes rassemblés par ce volume, où l'on trouve l'éloge vibrant du libéralisme par Jacques Rueff ; une remarquable analyse de ses limites par Auguste Detœuf : des exposés d'une belle hauteur de vue par deux responsables syndicaux de l'époque, René Belin et Robert Lacoste : des réflexions plus théoriques – dont il faut mesurer le caractère progressiste pour l'époque – comme celles de Jean Ullmo dans son exposé sur les « problèmes théoriques de l'économie dirigée ». Il n'est pas surprenant que des animateurs d'X-Crise aient eu un rôle à jouer à l'époque du Front Populaire, et surtout en 1938 auprès de Paul Reynaud dont les décrets-loi durent beaucoup aux idées débattues dans le groupe polytechnicien. La guerre en interrompt l'activité mais les idées semées ne furent point perdues, puisque l'après-guerre vit l'avènement en France d'une **économie mixte** (j'ai été frappé de trouver cette locution dans le texte de Jacques Branger), associant les vertus d'une planification souple et d'un libéralisme corrigé, adaptée à un univers où coexistent grandes et petites unités, et où la prééminence des préoccupations sociales est enfin reconnue.

Il faut regretter que l'expérience d'X-Crise soit restée singulière et que les différents clubs ou associations qui, depuis la guerre, se sont donné pour tâche de réfléchir aux problèmes économiques et sociaux de notre temps, n'aient pas dépassé le niveau de l'initiative de circonstance ou de l'opération politique engagée. Sur un mode officiel, le Commissariat du Plan, entre les mains de Jean Monnet, a bien entrepris d'organiser la concertation sociale au sein des fameuses Commissions de modernisation. On a ainsi même rêvé, à la grande époque de Pierre Massé, de combiner l'efficacité de l'activité rationalisante d'une technocratie économique compétente, et la justice sociale par le partage équitable des fruits de la croissance économique obtenue à travers la concertation sociale. Malheureusement, le rêve s'est écroulé, en partie certes à cause de l'arrivée d'une nouvelle crise, en partie aussi – il ne faut pas se le dissimuler – du fait de notre tempérament national. Tocqueville notait déjà dans ses **Souvenirs** qu'en France, l'opposition qu'on appelle aujourd'hui de gauche ne se donne pas pour but de « changer la forme de gouvernement », mais « d'altérer l'ordre de la société ». La concertation n'est pas facilitée quand elle n'est, pour certains, que collaboration de classe, et pour d'autres, une entrave inadmissible à « l'ordre naturel ». Il faut cependant reconnaître que la politique des revenus n'a vraiment réussi dans aucun pays. Mais cela ne doit pas empêcher de poser la question : ne faudrait-il pas aujourd'hui redonner vie à X-Crise ? Plus généralement, ne faut-il pas absolument encourager en France les associations non engagées politiquement, donc pluralistes, ayant pour objet non pas de défendre tel ou tel intérêt particulier, mais d'approfondir tel ou tel aspect de ce qu'il ne faut pas avoir honte d'appeler l'intérêt général ?

*
* *

La deuxième raison pour laquelle je tiens ce volume pour important est la contribution qu'il apporte à l'histoire de la pensée économique. Bien que le nom de Keynes ne soit pas cité dans les textes d'X-Crise inclus dans le volume, on revit, en le lisant, la naissance de l'économie keynésienne[1]. On assiste à la prise de conscience de

1. C'est, en effet, à X-Crise qu'ont été présentées pour la première fois en France les thèses de Keynes exposées par les deux interventions de John Nicoletis en avril et juin 1933 (note de la Rédaction).

l'insuffisance de la loi des débouchés de Jean-Baptiste Say et à la découverte de ce que, si l'offre crée la demande, l'inverse est également vrai, de sorte que des situations d'équilibre stable avec sous-emploi des facteurs de production peuvent exister. On entrevoit la solution keynésienne (mise en œuvre avant le texte du maître, il faut le rappeler, aux Etats-Unis avec le New Deal, en Allemagne avec la politique du Dr. Schacht) : au lieu de réduire les dépenses publiques et faire ainsi de la « déflation », il faut au contraire créer du pouvoir d'achat. On lit aussi dans ces pages combien le besoin d'une connaissance factuelle des phénomènes économiques est ressentie de facon impérieuse.

Je ne pense pas, comme certains, que la science économique soit née avec Keynes. Aucun étudiant sérieux de cette discipline ne peut sous-estimer les apports considérables des économistes antérieurs, parmi lesquels je citerai seulement Smith, Say, Ricardo, Marx, Marshall, Pareto, Wicksell, I. Fisher... Aujourd'hui, leurs œuvres continuent de nous inspirer. Mais, si l'on met à part Marx qui cherchait à analyser le capitalisme comme un processus historique débouchant nécessairement sur un socialisme – au contenu d'ailleurs mal défini –, les grands pionniers de la discipline étaient dominés par le paradigme de la loi naturelle, si bien illustré ici par le texte de Rueff. Leur ambition était, pour l'essentiel, de démontrer qu'en laissant faire les choses, tout ne pouvait aller que pour le mieux, sous la seule condition de ne pas perturber les mécanismes naturels de la régulation. L'économie libérale n'avait pas besoin d'être opératoire. Un minimum de ressemblance avec la réalité paraissait suffisant pour la fonder. Elle donnait des choses l'image de l'éternité immuable. Comme est précieux à cet égard, le texte de Marc Bloch, le fondateur avec Lucien Febvre de l'école des Annales qui continue aujourd'hui avec Fernand Braudel et ses disciples, de faire rayonner la tradition historique française. Si la stabilité monétaire du XIXe siècle a inspiré la conception du « mécanisme d'horlogerie » de l'étalon-or dont il n'y aurait qu'à respecter les exigences, Marc Bloch montre qu'à l'échelle de l'histoire, cette stabilité fut un phénomène exceptionnel. Il nous invite, par cet exemple et bien d'autres, à ne pas limiter l'observation économique à une « bande trop étroite dans le temps » car « nous manquerions, précisément, à nous donner l'impérieux sentiment du changement ». Ce n'est pas par hasard qu'en introduction de sa monumentale « **History of Economic Analysis** », Schumpeter place l'histoire économique au plus haut rang des subdivisions de la science économique. La méditation sur l'histoire permet peut-être de mieux s'adapter, et d'éviter le dogmatisme qui toujours guette savants et praticiens. Aujourd'hui, nous commençons à nous faire à l'idée que nous traversons une nouvelle crise, aussi grave peut-être que celle des années trente. Les vingt à vingt-cinq années de prospérité d'après-guerre, nous paraissent aujourd'hui ce qu'elles sont : exceptionnelles. Mais vers 1965, nous pouvions être victimes de l'illusion d'avoir définitivement appris à maîtriser l'économie, comme nous pouvions croire aussi – grâce, si je peux dire à l'équilibre de la terreur –, nous être mis définitivement à l'abri de la guerre. Tout ceci est aujourd'hui remis en question. En fait, à l'échelle historique, nous revenons à la normalité. J'y reviendrai en ce qui concerne l'économie.

L'économie moderne, celle qu'on voit naître sous nos yeux dans ce livre, procède de l'idée profondément étrangère à l'idéologie libérale, selon laquelle on peut agir rationnellement sur l'économie, en vue d'atteindre des objectifs qu'on se donne et qui sont hors de portée spontanément. Mais, pour réaliser une telle ambition, il faut assurer sur des bases rigoureuses l'adéquation de la théorie et des faits. Il faut mesurer les phénomènes et bâtir des modèles. Les conférences de Francois Divisia et de Jan Tinbergen (qui partagea avec Ragnar Frisch le premier prix Nobel en économie) et l'étude de Jean Constant sont très représentatives des recherches effectuées dans les années trente pour fonder cette économie moderne. Je voudrais ici faire quelques remarques sur certains problèmes méthodologiques posés par un projet aussi vaste. Alfred Sauvy, dans le chapitre qu'il a écrit pour ce volume, comme d'ailleurs dans toute son œuvre, insiste sur la nécessité de s'atteler à la connaissance des faits, donc de développer les instruments d'observation. Il montre comment, dans les années trente, s'opposaient déjà les tenants de la prévision « sans modèle » et ceux de la prévision « avec modèle ». Il me semble que dans son texte de 1937, Jean Ullmo démontrait déjà avec force la nécessité de construire des modèles à la fois pour orienter la recherche de relations statistiques signifiantes parmi l'infinité des corrélations a priori envisageables, et pour interpréter les résultats obtenus. On peut affirmer, me semble-t-il, que tout économiste qui « fait parler » une observation statistique s'appuie nécessairement sur un modèle, même s'il n'est pas explicite. La politique économique étant art autant que science, il se peut qu'un analyste dépourvu d'un modèle formalisé fasse mieux qu'un collègue assis sur un système d'équations. Il n'en reste pas moins que l'économie, en tant que science, doit s'efforcer de toujours dégager la logique des relations sur lesquelles elle fonde ses prédictions. Il y a là un débat, né dans les années trente, et qui reste actuel. La constitution des données statistiques elle-même n'est pas indépendante d'une représentation théorique. La comptabilité nationale s'est développée partout, depuis la guerre, en privilégiant les flux (production et revenus) sur lesquelles Keynes avait centré son analyse. L'existence de ces données conditionne en retours l'élaboration des modèles, car on ne peut évidemment pas introduire, dans un modèle destiné à des études empiriques, des variables pour lesquelles on ne dispose pas de données. Naturellement, les études théoriques ne sont pas assujetties à ce type de contraintes, et je ne peux pas accepter la position positiviste qui interdit à l'économiste le droit de réfléchir au moyen de modèles qui ne peuvent être complètement testés. C'est au contraire la fécondité du travail du théoricien qui peut suggérer l'élargissement du champ des statistiques. Je pense ainsi que le développement relativement récent de statistiques patrimoniales, qu'il s'agisse de biens mobiliers (y compris la monnaie) ou immobiliers, a suivi et non précédé la réflexion théorique.

Pour conclure sur une note pratique, je voudrais souligner combien je partage l'avis d'Alfred Sauvy sur la nécessité de **diffuser** et de **vulgariser** les informations économiques. « Nous sommes encore loin, écrit-il, du moment où certains faits de base élémentaires, indiscutables, seront connus de l'opinion et, par là même, bien loin aussi de pouvoir adapter nos moyens à nos objectifs. Toute idéologie est respectable, mais je me hasarde à dire que les vérités solides – et il y en a – méritent encore plus d'égards ». La responsabilité des institutions chargées de constituer et de diffuser l'information statistique est évidemment considérable.

L'intérêt de ce livre en tant que contribution à l'histoire de la pensée économique et encore illustré par les textes de Paul Reynaud et Charles Rist sur les problèmes monétaires qui occupèrent une place capital dans l'entre-deux guerres. Si l'approche de Charles Rist reste assez académique, l'exposé de Paul Reynaud et la réponse de R.P. Duchemin sont remarquablement « modernes ». Le premier effectue l'analyse rigoureuse des effets d'une dévaluation lorsqu'on en néglige ce qu'il est convenu de nos jours d'appeler « les effets pervers ». Le second objecte que les avantages d'une dévaluation peuvent être éliminés par ces effets pervers. Il souligne également le risque de guerre économique : dévaluations compétitives, érection de barrières protectionnistes. Les deux protagonistes avaient raison au niveau de l'identification des problèmes. Trancher entre les deux était une affaire d'ordre de grandeur et de jugement politique.

*

* *

J'en viens maintenant à mon troisième point que j'ai, en fait, déjà laissé entrevoir. Ce livre est important, parce qu'il est actuel. D'abord, le monde traverse une nouvelle crise. Ensuite, certains des problèmes que se pose aujourd'hui la société française sont les mêmes que ceux dont on discutait à X-Crise : le rôle du secteur public, les nationalisations, la réduction du temps de travail, la sécurité des travailleurs, les inégalités... Qu'on relise les textes des syndicalistes René Belin et Robert Lacoste. On peut, – et on devrait –

se demander pourquoi la gauche de 1981 a si peu innové dans le choix de ses thèmes par rapport à celle de 1936 alors que la société française s'est radicalement transformée. Mais c'est à une autre question que je consacrerai les dernières pages. La science économique, orgueilleusement reconstruite sur les décombres de la grande dépression et sur l'œuvre de Keynes a-t-elle en définitive fait faillite ? Les statisticiens et les économistes, les statistiques et les modèles ont-ils échoué au point de nous plonger dans le désarroi ? La rationalité dans les affaires humaines, sur laquelle les pionniers d'X-Crise avaient fondé tant d'espoirs, aboutit-elle à un constat d'échec ? Ce n'est certes pas l'impression que donne le très émouvant article de Jean Ullmo, publié en 1977 dans **La Jaune et La Rouge** et reproduit dans ce volume. Tout l'enthousiasme et toute la foi de ce grand polytechnicien, qui fut l'une des fortes personnalités d'X-Crise, et qui contribua de façon majeure à l'épanouissement de l'économie opératoire de notre pays, y transparaît. Pourtant la question que je viens de poser est légitime, et Jean Ullmo le savait mieux que quiconque. Avant de tenter de porter quelques éclaircissements à ce sujet, je voudrais m'interroger un instant sur la nature de la nouvelle crise économique mondiale. La dégradation du système monétaire international, décelable dès le début des années soixante, et qui s'est accélérée à partir de 1968, puis le quadruplement des prix du pétrole à l'automne 1973 sont deux facteurs d'explication essentiels. Plus profondément, le système économique international s'est largement transformé, à la fois sous l'effet de l'affaiblissement relatif des Etats-Unis vis-à-vis de l'Europe occidentale et du Japon et à cause de la fin de l'ère coloniale, tout ceci se produisant à l'ombre du conflit Est-Ouest. Nous vivons aujourd'hui dans un système hautement interdépendant, mais mal régulé. En partie pour des raisons techniques, en partie pour des raisons politiques, la nouvelle division internationale a bouleversé l'économie de nombreux pays où la restructuration des activités, notamment industrielles, a fait monter le chômage. Dans les pays industrialisés occidentaux, les comportements sociologiques se sont considérablement modifiés. Je pense notamment à la salarisation croissante et au travail des femmes. La relative stabilité de l'ordre mondial d'après-guerre fut associée à la suprématie américaine, comme l'ordre libéral du XIXe siècle avait été lié à l'hégémonie britannique. Les déchirements de l'entre-deux guerres s'expliquent du point de vue de Sirius par les difficultés de la transition d'une économie-monde à une autre, pour parler comme Fernand Braudel. Que nous soyons maintenant en transition vers un « nouvel ordre économique mondial », nul n'en doute. Mais à quoi ressemblera le point d'arrivée et faudra-t-il avant de l'atteindre subir des épreuves majeures : qui peut le dire ? Comprendre les traits généraux d'une situation n'implique pas nécessairement la capacité à la surmonter.

Je peux savoir pourquoi un bateau coule et n'y pouvoir rien. Ceci nous ramène à la première question : sommes-nous actuellement incapables de sauver le bateau ?

Je me souviens qu'à l'époque où je sortais de l'Ecole Polytechnique, en 1965, les économistes étaient généralement très fiers de leurs succès. C'était, encore, l'époque de l'Amérique impériale, Kennedy, puis Johnson, s'étaient entourés de brillants économistes qui avaient tendance à imputer à leur savoir les mérites de la croissance avec plein emploi et stabilité des prix, mais aussi à traiter par le mépris ceux qui, déjà, s'inquiétaient de l'état de la balance des paiements des Etats-Unis. Ailleurs, on cherchait en plus à assurer l'équilibre de la balance des paiements, mais on ne doutait pas vraiment que le « carré magique » fût soluble. Les spécialistes de la politique économique méditaient sur le « fine tuning », le réglage fin de l'économie, car pour ce qui concernait l'essentiel, on croyait avoir toutes les réponses. On espérait que le développement des ordinateurs, parce qu'ils permettaient de traiter des données toujours plus larges et de manipuler des modèles toujours plus grands, fournirait l'instrument grâce auquel l'économie opératoire se rapprocherait toujours plus de la perfection des sciences exactes. Quel triomphe de la raison sur les choses ! Mais les choses se sont dégradées, et malgré nos ordinateurs, nos statistiques et nos modèles, notre maîtrise sur elles a fléchi au point qu'on a pu se demander si ce n'était pas une illusion que d'avoir attribué à notre science les performances des quelques années de prospérité. Il faut être clair : je crois que nos modèles du début des années soixante étaient bons dans l'ensemble. Mais tout modèle, par essence, suppose des simplifications et une interprétation stylisée de la réalité. Or les simplifications pertinentes pour comprendre la réalité de l'entre-deux guerres ou de l'immédiat après-guerre, ne sont plus acceptables aujourd'hui. La pensée keynésienne s'est épanouie en un temps où l'inflation était un problème marginal (à l'exception, bien entendu, de circonstances très particulières comme sous l'Allemagne de Weimar). Le sous-emploi était, dans les faits, associé à la baisse des prix. Historiquement (encore une fois, en excluant les situations exceptionnelles), l'inflation paraissait liée au plein-emploi. Si la déflation, c'est-à-dire dans le vocabulaire ancien la baisse des prix, pouvait provoquer la faillite d'entreprises incapables de rembourser les dettes fixées en termes nominaux, la hausse des prix n'avait que l'inconvénient de léser les créditeurs mais elle favorisait plutôt l'appareil productif. Qu'on se reporte seulement aux dernières lignes de la conférence de Charles Rist dans ce volume qui doivent surprendre un contemporain mal préparé à les lire : « ... Seules les périodes de hausse des prix sont les périodes dont les nations se souviennent avec satisfaction, et des périodes de baisse, au contraire, chacun cherche à supprimer le plus tôt possible le souvenir quand elles ont disparu (...). Avec la hausse des prix, tout redevient plus large et plus aisé, la confiance revient, la prospérité peut renaître ». Dans ces conditions, les théoriciens étudiaient soit l'inflation, en supposant le plein-emploi par hypothèse, soit le chômage en supposant la baisse ou la stabilité des prix, mais excluaient dans leurs réflexions la cœxistence de l'inflation et du chômage, c'est-à-dire ce qu'on a pris l'habitude d'appeler la stagflation. Il me paraît hautement vraisemblable, et en cela je serais certainement proche de la pensée de Marc Bloch, que l'économie politique n'apportera jamais de modèles d'ensemble définitifs, valables pour tous les temps et tous les pays. D'une part, les choses changent d'elles-mêmes ; d'autre part, la société réagit aux remèdes qu'on lui applique. Son auto-organisation, pour employer un terme à la mode, procède par action et réaction.

Le phénomène contemporain, la stagflation, s'explique partiellement par les changements de comportement que plus de vingt années de keynésianisme ont induit, en multipliant notamment les rigidités de toutes sortes qui entravent l'adaptation du système économique. Le prix de la grande dépression a été la misère, au sens propre. Les coûts de la crise actuelle sont très atténués. On n'écrira pas une deuxième fois **Les Raisins de la Colère.** Mais ces adoucissements, que nous devons en partie aux progrès de la connaissance économique, nous les payons par l'émergence de dérèglements nouveaux.

La stagflation est-elle aussi mal comprise de nos jours que le chômage « involontaire » dans les années trente ? Je dirais que nous avons beaucoup de connaissances sur ce phénomène, mais pas d'explication synthétique dotée de la simplicité du modèle keynésien. Ce n'est certainement pas un hasard. C'est que la maladie d'aujourd'hui est beaucoup plus complexe que celle d'autrefois. Pourtant, sur le rôle des anticipations inflationnistes, sur l'importance d'une politique monétaire rigoureuse pour la régulation à long terme, fixant notamment les limites de l'action budgétaire, sur la nécessité d'une action modératrice à la source de la formation des revenus, sur la contradiction entre effets à court et à long terme de certaines initiatives, et sur bien d'autres sujets, la plupart des économistes peuvent actuellement dégager une large zone d'accord. La querelle entre « monétaristes » et « keynésiens » qu'on présente trop souvent comme celle de deux écoles radicalement incompatibles ne porte en réalité que sur des nuances. Ce qui est en tous les cas certain, c'est que les économistes n'ont aujourd'hui aucune panacée à proposer (il faut bien dire qu'accroître les dépenses publiques sans augmenter les impôts avait le caractère de solution miracle), et que les remèdes auxquels ils songent ne sont ni indolores, ni sans inconvénients. Malheureusement, cela est peut-être dans la nature des choses, comme souvent en médecine.

Je conclus ces trop brèves considérations en disant que l'économiste ne mérite ni l'excès d'honneur dont on l'a, un temps, entouré, ni l'excès d'indignité dont il est peut-être aujourd'hui la victime. Il faut comprendre qu'il travaille sur une matière complexe, et même de plus en plus complexe. En tout état de cause, la capacité de prévision des économistes contemporains est loin d'être nulle, et l'on peut affirmer qu'elle est très supérieure à ce à quoi conduit l'extrapolation naïve des tendances observées. Ce n'est déjà pas si mal.

*

* *

Pour terminer, je voudrais faire une remarque qui, encore une fois, jette un pont entre l'expérience des années trente et notre temps. Maintenant comme alors, une grande partie de nos difficultés vient de l'insuffisante cohérence des actions entreprises par les différentes nations. Certes, les principes sur lesquels ont été fondés le FMI et le GATT ont jusqu'ici assez bien résisté, et aucune brêche majeure n'a été introduite dans le système des échanges. De ce point de vue, la leçon du passé a été tirée. Mais la capacité internationale d'action positive reste absolument insuffisante. Les politiques mises en cause à Washington, Londres, Bonn, Tokyo ou Paris sont trop souvent incompatibles, malgré la concertation à divers niveaux et même les réunions au sommet annuelles entre les principaux pays industrialisés. Il s'agit d'un problème politique majeur dont je ne suis pas tout à fait sûr qu'il soit soluble. Un système international très interdépendant, dépourvu d'un « leader », est-il viable ? Derrière cette question à laquelle je m'abstiens de répondre, se dessine celle de l'explication historique des crises, à laquelle j'ai déjà fait allusion.

Voilà donc quelques remarques que m'a inspiré la lecture de ce remarquable ouvrage, commémoratif d'une grande et belle entreprise dont le milieu polytechnicien, légitimement attaché à son passé, peut être fier. J'espère surtout que certains y puiseront l'inspiration d'initiatives comparables, dont j'ai dit au début combien elles sont à mon sens nécessaires à la France.

Thierry de Montbrial (X 6 3)
Professeur et Président du Département
des Sciences Economiques à l'Ecole Polytechnique
Directeur de l'Institut Français des Relations Internationales

TABLE DES MATIERES

Composé par Economica, 49, rue Héricart, 75015 PARIS
Imprimé en France. — Imprimerie JOUVE, 18, rue Saint-Denis, 75001 PARIS
Dépôt légal : 4e trimestre 1981